알아서 잘하는
에이전틱 AI 시스템 구축하기

Building Agentic AI Systems

Copyright © Packt Publishing 2025. First published in the English language under the title
'BUILDING AGENTIC AI SYSTEMS - (978183238753)'.

이 책의 한국어판 저작권은 에이전시 원을 통해 저작권자와의 독점 계약으로 제이펍 출판사에 있습니다.
저작권법에 의해 한국 내에서 보호를 받는 저작물이므로 무단 전재와 무단 복제를 금합니다.

알아서 잘하는 에이전틱 AI 시스템 구축하기

1판 1쇄 발행 2025년 9월 4일

지은이 안자나바 비스와스, 릭 탈루크다르
옮긴이 김모세
펴낸이 장성두
펴낸곳 주식회사 제이펍

출판신고 2009년 11월 10일 제406-2009-000087호
주소 경기도 파주시 회동길 159 3층 / **전화** 070-8201-9010 / **팩스** 02-6280-0405
홈페이지 www.jpub.kr / **투고** submit@jpub.kr / **독자문의** help@jpub.kr / **교재문의** textbook@jpub.kr

소통기획부 김정준, 이상복, 안수정, 박재인, 박새미, 송영화, 김은미, 나준섭, 권유라
소통지원부 민지환, 이승환, 김정미, 박예은 / **디자인부** 이민숙, 최병찬

진행 권유라 / **교정·교열** 이정화 / **내지 디자인** 이민숙 / **내지 편집** 최병찬 / **표지 디자인** 이민숙
용지 에스에이치페이퍼 / **인쇄** 한승문화사 / **제본** 일진제책사

ISBN 979-11-94587-60-6 (93000)
책값은 뒤표지에 있습니다.

※ 이 책은 저작권법에 따라 보호를 받는 저작물이므로 무단 전재와 무단 복제를 금지하며,
  이 책 내용의 전부 또는 일부를 이용하려면 반드시 저작권자와 제이펍의 서면 동의를 받아야 합니다.
※ 잘못된 책은 구입하신 서점에서 바꾸어드립니다.

제이펍은 여러분의 아이디어와 원고를 기다리고 있습니다. 책으로 펴내고자 하는 아이디어나 원고가 있는 분께서는
책의 간단한 개요와 차례, 구성과 지은이/옮긴이 약력 등을 메일(submit@jpub.kr)로 보내주세요.

알아서 잘하는
에이전틱 AI 시스템 구축하기

안자나바 비스와스, 릭 탈루크다르 지음 / 김모세 옮김

\<packt\> Jpub 제이펍

※ 드리는 말씀

- 이 책에 기재된 내용을 기반으로 한 운용 결과에 대해 지은이/옮긴이, 소프트웨어 개발자 및 제공자, 제이펍 출판사는 일체의 책임을 지지 않으므로 양해 바랍니다.
- 이 책에 등장하는 회사명, 제품명은 일반적으로 각 회사의 등록상표 또는 상표입니다. 본문 중에는 ™, ⓒ, ® 등의 기호를 생략했습니다.
- 이 책에서 소개한 URL 등은 시간이 지나면 변경될 수 있습니다.

차례

지은이·옮긴이 소개	x
기술 감수자 소개	xi
옮긴이 머리말	xiii
추천사 I	xiv
추천사 II	xvi
감사의 글	xviii
이 책에 대하여	xx

PART I 생성형 AI와 에이전틱 시스템 기초

CHAPTER 1 생성형 AI 기본 3

- **1.1** 생성형 AI 소개 — 4
- **1.2** 생성형 AI 모델의 유형 — 5
  - **1.2.1** VAE 5 / **1.2.2** GAN 7 / **1.2.3** 자기회귀 모델과 트랜스포머 아키텍처 8
  - **1.2.4** LLM 기반 AI 에이전트 12
- **1.3** 생성형 AI의 응용 — 16
- **1.4** 생성형 AI의 과제와 한계 — 19
  - **1.4.1** 데이터 품질과 편향 19 / **1.4.2** 데이터 프라이버시 20 / **1.4.3** 계산 자원 21
  - **1.4.4** 윤리적, 사회적 함의 21 / **1.4.5** 일반화와 창의성 22
- 요약 — 22
- 질문 — 23
- 답변 — 23
- 더 읽을 거리 — 24

CHAPTER 2 에이전틱 시스템의 원리 25

- 기술 요구사항 — 26
- **2.1** 자기 관리, 주체성, 자율성 이해하기 — 26
  - **2.1.1** 자기 관리 27 / **2.1.2** 주체성 28 / **2.1.3** 자율성 28
  - **2.1.4** 에이전트의 주체성과 자율성에 관한 예시 30
- **2.2** 지능형 에이전트와 그 특성 검토하기 — 33
- **2.3** 에이전틱 시스템 아키텍처 탐색 — 34
  - **2.3.1** 계획 기반형 아키텍처 35 / **2.3.2** 반응형 아키텍처 36
  - **2.3.3** 하이브리드 아키텍처 38

2.4 다중 에이전트 시스템 이해하기 — 40
  2.4.1 MAS의 정의와 특징 41 / 2.4.2 MAS의 상호작용 메커니즘 42
  요약 — 47
  질문 — 48
  답변 — 48

CHAPTER 3 지능형 에이전트의 필수 구성 요소 50

  기술 요구사항 — 51
  3.1 지능형 에이전트에서의 지식 표현 — 51
    3.1.1 의미망 51 / 3.1.2 프레임 53 / 3.1.3 논리 기반 표현 55
  3.2 지능형 에이전트의 추론 — 56
    3.2.1 연역 추론 57 / 3.2.2 귀납 추론 58 / 3.2.3 가설 추론 59
  3.3 적응형 에이전트를 위한 학습 메커니즘 — 61
  3.4 에이전트 시스템에서의 의사결정과 계획 — 63
    3.4.1 유틸리티 함수 63 / 3.4.2 계획 알고리즘 65
  3.5 생성형 AI를 활용한 에이전트 능력 향상 — 69
    3.5.1 에이전틱 AI 구축 시작하기 70
  요약 — 73
  질문 — 73
  답변 — 73

PART II 생성형 AI 기반 에이전트 설계 및 구현

CHAPTER 4 에이전트의 반성과 자기 성찰 77

  기술 요구사항 — 78
  4.1 에이전트에서 반성의 중요성 — 78
    4.1.1 향상된 의사결정 79 / 4.1.2 적응 79 / 4.1.3 윤리적 고려 80
    4.1.4 인간-컴퓨터 상호작용 81 / 4.1.5 지능형 에이전트의 자기 성찰 83
  4.2 반성 기능 구현하기 — 84
    4.2.1 전통적인 추론 84 / 4.2.2 메타 추론 84
    4.2.3 자기 설명 95 / 4.2.4 자기 모델링 99
  4.3 사용 사례와 예시 — 102
    4.3.1 고객 서비스 챗봇 102 / 4.3.2 개인 맞춤 마케팅 에이전트 103
    4.3.3 금융 트레이딩 시스템 104 / 4.3.4 예측 에이전트 105
    4.3.5 전자상거래에서의 가격 전략 107
  요약 — 108

질문 109
답변 109

CHAPTER 5 　**도구 사용 및 계획 수립 기능 활성화**　110

　기술 요구사항 111
　5.1 에이전트에서의 도구 사용 개념 이해 111
　　5.1.1 도구 호출과 함수 호출 112 / 5.1.2 에이전트를 위한 도구 정의 114
　　5.1.3 도구의 유형 116 / 5.1.4 에이전틱 시스템에서의 도구의 중요성 120
　5.2 에이전트를 위한 계획 알고리즘 121
　　5.2.1 낮은 실용성을 가진 계획 알고리즘 121
　　5.2.2 중간 실용성을 가진 계획 알고리즘 122
　　5.2.3 가장 높은 실용성을 가진 계획 알고리즘 124
　5.3 도구 사용과 계획의 통합 131
　　5.3.1 도구에 관한 추론 131 / 5.3.2 도구 사용을 위한 계획 수립 133
　5.4 실용적 구현 탐색 134
　　5.4.1 CrewAI 예제 134 / 5.4.2 AutoGen 예제 136 / 5.4.3 LangGraph 예시 138
　요약 140
　질문 140
　답변 141

CHAPTER 6 　**조정자, 작업자, 위임자 접근 방식 살펴보기**　142

　기술 요구사항 143
　6.1 CWD 모델 이해 143
　　6.1.1 CWD 모델의 핵심 원칙 144 / 6.1.2 지능형 여행 에이전트를 위한 CWD 모델 145
　6.2 역할 할당을 통한 에이전트 설계 148
　　6.2.1 각 에이전트의 역할과 책임 151
　6.3 에이전트 간 커뮤니케이션 및 협업 158
　　6.3.1 커뮤니케이션 158 / 6.3.2 조정 메커니즘 159
　　6.3.3 협상 및 갈등 해결 159 / 6.3.4 지식 공유 160
　6.4 생성형 AI 시스템에서 CWD 접근 방식 구현 161
　　6.4.1 시스템 프롬프트와 에이전트 행동 161 / 6.4.2 지시 형식 지정 162
　　6.4.3 상호작용 패턴 164
　요약 164
　질문 165
　답변 165

CHAPTER 7 효과적인 에이전틱 시스템 설계 기법　167

기술 요구사항 ─ 168

7.1 에이전트를 위한 집중 시스템 프롬프트와 지침 ─ 168
7.1.1 목표 정의 168 / 7.1.2 작업 명세 170 / 7.1.3 콘텍스트 인식 172

7.2 상태 공간 및 환경 모델링 ─ 173
7.2.1 상태 공간 표현 173 / 7.2.2 환경 모델링 175
7.2.3 통합 및 상호작용 패턴 177 / 7.2.4 모니터링과 적응 179

7.3 에이전트 메모리 아키텍처 및 콘텍스트 관리 ─ 180
7.3.1 단기 메모리(작업 메모리) 180 / 7.3.2 장기 메모리(지식 베이스) 181
7.3.3 일화적 메모리(상호작용 기록) 183 / 7.3.4 콘텍스트 관리 184
7.3.5 의사결정과의 통합 185

7.4 순차 및 병렬 처리의 에이전트 워크플로 ─ 186
7.4.1 순차 처리 186 / 7.4.2 병렬 처리 187
7.4.3 워크플로 최적화 188

요약 ─ 190
질문 ─ 191
답변 ─ 191

PART III 신뢰, 안전성, 윤리, 그리고 응용

CHAPTER 8 생성형 AI 시스템에서의 신뢰 구축　195

기술 요구사항 ─ 196

8.1 AI에서 신뢰의 중요성 ─ 196

8.2 신뢰를 구축하기 위한 기술 ─ 197
8.2.1 투명성과 설명 가능성 197 / 8.2.2 불확실성과 편향 처리 202
8.2.3 효과적인 출력 커뮤니케이션 203 / 8.2.4 사용자 제어와 동의 204
8.2.5 윤리적 개발과 책임 205

8.3 투명성과 설명 가능성 구현하기 ─ 207

8.4 불확실성과 편향 처리 ─ 208

요약 ─ 209
질문 ─ 210
답변 ─ 210

CHAPTER 9 안전 및 윤리 고려사항 관리　212

9.1 잠재적 위험 및 도전 과제 이해하기 ─ 213
9.1.1 적대적 공격 213 / 9.1.2 편향과 차별 215 / 9.1.3 허위 정보와 환각 216
9.1.4 데이터 프라이버시 침해 217 / 9.1.5 지적 재산권 위험 219

9.2 안전하고 책임 있는 AI 보장 ··· 220

9.3 윤리 지침 및 프레임워크 탐색 ··· 225
    9.3.1 인간 중심 설계 225 / 9.3.2 책임과 책임 소재 225
    9.3.3 프라이버시 및 데이터 보호 225 / 9.3.4 다양한 이해관계자의 참여 226

9.4 프라이버시 및 보안 문제 대응 ··· 226

요약 ··· 228

질문 ··· 229

답변 ··· 229

CHAPTER 10 일반적인 활용 사례와 응용 분야 231

10.1 크리에이티브 및 예술 분야의 응용 ································ 232
    10.1.1 크리에이티브 및 예술 에이전트의 발전 232
    10.1.2 실제 적용 사례 233

10.2 자연어 처리 및 대화형 에이전트 ································ 236
    10.2.1 언어 에이전트의 발전 236 / 10.2.2 실제 응용 사례 236

10.3 로보틱스와 자율 시스템 ··· 239
    10.3.1 로봇 에이전트의 발전 239 / 10.3.2 실제 응용 사례 240

10.4 의사결정 지원 및 최적화 ··· 243
    10.4.1 의사결정 지원 에이전트의 발전 243 / 10.4.2 실제 응용 사례 243

요약 ··· 247

질문 ··· 248

답변 ··· 248

CHAPTER 11 결론과 미래 전망 250

11.1 핵심 개념 요약 ··· 251

11.2 최신 동향과 연구 방향 ·· 252
    11.2.1 멀티모달 인텔리전스 – 다양한 입력의 통합 252
    11.2.2 고급 언어 이해 253 / 11.2.3 경험적 학습 – 강화 학습의 혁신 253
    11.2.4 산업 전반에 걸친 실질적 영향 254

11.3 인공 일반 지능 ··· 254
    11.3.1 AGI는 무엇이 다른가 254 / 11.3.2 큰 도전 255
    11.3.3 학습 방법 배우기 255 / 11.3.4 현실 세계 이해 255

11.4 도전과 기회 ·· 256

요약 ··· 258

찾아보기 ··· 261

지은이·옮긴이 소개

지은이

안자나바 비스와스 Anjanava Biswas

다수의 수상 경력을 보유한 시니어 AI 스페셜리스트 솔루션 아키텍트로 17년 이상의 산업 경험을 갖고 있다. 머신러닝, 생성형 AI, 자연어 처리 natural language processing NLP, 딥러닝, 데이터 분석, 클라우드 아키텍처 분야를 전문으로 하고 있으며, 대기업들과 협력해 클라우드에서 고도화된 AI 시스템을 구축하고 확장하는 역할을 하고 있다. 응용 AI 분야에 기여하며 널리 인정받고 있으며, 다수의 학술지에 연구 결과를 발표하고, 오픈소스 AI/ML 프로젝트에도 활발히 기여하고 있다. BCS UK(영국 컴퓨터학회), IET UK(영국 공학기술연구소), IETE India(인도 전기전자통신기술자협회) 정회원이자 IEEE 시니어 멤버다. 공개 강연자로도 활동하며 IBM과 오라클 Oracle 등 산업군 내 주요 기업에서 핵심 직책을 맡고 있다. 인도 출신이며, 현재는 미국 캘리포니아 샌디에고에서 아내, 아들과 함께 거주하면서 기술 커뮤니티 안에서 지속적으로 혁신과 영감을 제공하고 있다.

릭 탈루크다르 Wrick Talukdar

아마존 Amazon에서 생성형 인공지능 generative artificial intelligence, generative AI 분야를 선도하는 비전 있는 기술 리더다. AI, 클라우드 컴퓨팅, 제품 리더십과 관련해 20년 이상의 글로벌 경험을 보유하고 있다. AI 기반의 비즈니스 전환을 선도해온 개척자로서, 수백만 명에게 영향을 미치는 대규모 현대화 이니셔티브를 이끌며 엔터프라이즈 성장을 견인해왔다. 그는 수상 경력을 가진 AI/ML 기술의 제품화를 주도했으며, 현재는 포춘 500대 기업을 위한 대규모 AI 시스템으로 실제 환경에 배포되어 실질적인 성과를 창출하고 있다.

릭은 생성형 AI, 멀티모달리티, 자연어 처리 NLP, 컴퓨터 비전 분야에서 활발한 연구 활동을 펼치며 해당 분야에서 널리 인용되는 연구자로 자리매김하고 있다. IEEE 시니어 멤버로서 다양한 산업 포럼의 의장 및 패널리스트로 활동하고 있으며, CTSoc 인더스트리 포럼CTSoc Industry Forum, IEEE NIC와 같은 글로벌 위원회에서 자문 역할을 수행하며 AI 기술의 미래 방향과 업계 표준을 설정하고 있다. 그는 월드 테크놀로지 서밋World Technology Summit, IEEE HKN, ICCE, CERAWeek, ADIPEC 등 주요 기술 콘퍼런스에서 자주 혁신 사례를 발표하며, 최첨단 연구와 실제 산업 적용 간의 가교 역할을 수행하고 있다.

컴퓨터 사이언스를 기반으로 깊이 있는 전문성을 쌓아온 그는 IEEE NIC의 공동 의장으로서 젊은 기술 전문가들을 위한 멘토링에도 힘쓰고 있다. 저자이자 AI 분야의 사고 리더로서, AI의 경계를 넓히고 미래 혁신가들에게 영감을 주는 활동을 계속하고 있다. 릭은 현재 가족과 함께 미국 캘리포니아에 거주하고 있다.

옮긴이

김모세 creatinov.kim@gmail.com

소프트웨어 엔지니어, 소프트웨어 품질 엔지니어, 애자일 코치 등 다양한 부문에서 소프트웨어 개발에 참여했다. 재미있는 일, 나와 조직이 성장하고 성과를 내도록 돕는 일에 보람을 느껴 2019년부터 번역을 시작했으며, 다수의 영어와 일본어 IT 기술서 및 실용서를 번역했다.

기술 감수자 소개

만지트 차크라보티 Manjit Chakraborty

금융 서비스 분야에서 디지털 전환을 주도해온 풍부한 경험을 지닌 기술 리더다. 현재 AWS에서 엔터프라이즈 솔루션 아키텍트로 활동하며, 전 세계 주요 금융기관의 레거시 시스템을 현대화하고 혁신적인 클라우드 네이티브 솔루션을 설계하는 이니셔티브를 이끌고 있다. 비즈니스 및 기술 아키텍처에 대한 검증된 실적을 바탕으로, 데이터 기반 분석을 통해 실행 가능한 통찰을 제공하는 데 탁월한 역량을 보유하고 있다. 전문 분야로는 클라우드 마이그레이션, 메인프레임 현대화 전략, 시스템 통합, 하이브리드 배포, 데이터 분석, 비즈니스 인텔리전스 등이 있다. 다수의 권위 있는 기술 포럼에서 발표한 인기 있는 연사이자 숙련된 저술가로, 다양한 기술 매체에 기고하며 지식을 공유해왔다. 또한 업계 제출물과 학술 논문을 비판적으로 평가하는 뛰어난 리뷰어로서, 기술 발전과 학술 담론에 의미 있는 영향을 미치고 있다. 현재 미국 플로리다(일명 선샤인 스테이트 Sunshine State)를 기반으로 활동하고 있다.

마틴 야네프 Martin Yanev

항공우주 및 의료 기술 산업 등 다양한 분야에서 10년 가까이 경력을 쌓아온 뛰어난 소프트웨어 엔지니어다. 항공 관제 시스템, 크로마토그래피 시스템과 같은 핵심 분야에 첨단 소프트웨어 솔루션을 개발하고 통합하는 데 있어 독보적인 전문성을 보여주고 있다. 피치버그 주립대학교의 컴퓨터 과학 교수이자 저명한 강사로, OpenAI API 전반에 대한 깊은 이해와 생성형 AI 시스템을 구축하고 훈련하며 파인 튜닝하는 데 있어 높은 숙련도를 자랑한다. 저술 활동 또한 활발히 펼치고 있으며, AI 개발의 복잡성을 이해하는 데 도움을 주는 전문 지식을 공유해왔다. 그의 탁월한 실적과 다면적인 기술 역량은 소프트웨어 엔지니어링 분야의 혁신과 변화를 지속적으로 이끌고 있다.

옮긴이 머리말

정해진 일을 정해진 순서대로 묵묵히 수행하는 시스템이 아닌, 스스로 사고하고 적응하며 자율적으로 행동하는 시스템을 과연 만들 수 있을까요? 가능하다면, 우리는 그것을 언제쯤 실현할 수 있을까요? 생성형 AI는 우리에게 그런 가능성을 열어줄 수 있을까요?

사람이 아닌 존재를 사람처럼 느껴지게 만드는 것은 개발자나 엔지니어가 반드시 해결해야 할 과제일까요? 그렇다면 우리는 그런 존재를 어떻게 신뢰할 수 있을까요? 또, 시스템이 사람의 기준과 가치관을 고려하게 만들 수 있을까요?

이 책은 생성형 AI를 활용해 스스로 사고하고 적응하며 자율적으로 행동하는 시스템을 구축할 때, 우리가 반드시 고민해야 할 문제들을 다룹니다. 우리는 이 길의 끝에 무엇이 기다리고 있을지 쉽게 상상할 수 없는 오늘을 살아갑니다.

매일 아침 눈을 뜨고, 어제와는 또 다른 오늘을 살아가는 모든 개발자 여러분께 이 책이 조금이나마 도움이 되기를 바랍니다. 그리고 여러분이 보다 선하고 바람직한 세상을 함께 만들어가기를 기대합니다.

우리가 살아갈 세상은, 사람이 살아가는 세상이기를 바라며...

김모세

추천사 I

인공지능artificial intelligence, AI 발전의 목표는 늘 하나였다. 그저 정해진 일을 수행하는 시스템이 아니라, 스스로 사고하고 적응하며 자율적으로 행동할 수 있는 시스템을 만드는 것이었다. 최근의 생성형 AIgenerative AI 및 에이전틱 시스템agentic systems의 발전으로 인해 이러한 목표에 한 걸음 더 가까워지고 있다. AI 에이전트는 자신의 경험을 돌아보고, 전략을 세우고, 다른 시스템과 자연스럽게 협력할 수 있게 되었다. 이 책은 바로 이 중요한 변화의 시점에서 새롭게 떠오르는 분야에 대해 깊이 있고 포괄적인 내용을 제공한다.

나는 수십 년간 AI 분야에서 연구와 제품 개발을 해왔다. 마이크로소프트 리서치Microsoft Research를 포함해 여러 투자 기반 스타트업에서 기술 리더로 활동하며, 소비자용과 기업용을 모두 아우르는 대규모 AI 제품을 개발하고 실제로 운영하는 일에 깊이 관여해왔다. 또한 전기전자공학자협회 Institute of Electrical and Electronics Engineers, IEEE의 다양한 AI 관련 리더십 활동을 통해 윤리적이고 책임 있는 AI 발전의 중요성 역시 몸소 느꼈다.

IEEE의 글로벌 AI를 진행하면서 릭 탈루크다르와 안자나바 비스와스를 처음 만났다. 두 사람은 AWS에서의 기술적 역할, AI/머신러닝 관련 업무 및 학술적 연구를 통해 매우 뛰어난 전문성을 보여주었다. 그들은 생성형 AI 분야에서 세계적인 전문가이며 혁신적인 AI 플랫폼 설계와 개발 및 글로벌 배포 등에 관한 깊은 경험과 통찰을 가지고 있다. 이 책을 집필하는 데 이들보다 더 적합한 저자는 없다고 생각한다.

이 책은 3부로 구성되어 있다. 1부에서는 생성형 AI와 에이전틱 시스템에 관한 기본 개념을 명확하게 설명하고 이론적 기초를 다진다. 변분 오토인코더, 생성적 적대 신경망, 고급 에이전트 구조 등 핵심 기술을 쉽게 풀어 설명하며 입문자와 전문가 모두 이 복잡한 영역을 자신 있게 이해할 수 있도록 돕는다.

2부에서는 실제 지능형 에이전트를 개발하는 데 필요한 실용적 기법들을 다룬다. 여기에는 반성reflection, 자기 성찰introspection, 계획 수립planning, 다중 에이전트 협업 등과 관련된 내용이 포함되어 있다. AI 시스템이 스스로 학습하고 지속적으로 발전할 수 있게 설계하는 방법을 학습할 수 있다.

3부에서는 생성형 에이전틱 시스템을 현실 세계에 적용할 때 고려해야 할 사회적, 윤리적 측면에 관해 다룬다. 투명성, 설명 가능성, 안전성, 윤리적 관리 등의 주제를 중심으로 고급 AI 기술이 사회적 가치와 기준에 부합하도록 책임 있게 다뤄야 함을 강조한다. 이 책은 이러한 중요한 문제들에 대한 체계적인 관점을 제공함으로써 신뢰할 수 있는 AI 시스템을 만드는 데 큰 도움이 될 것이다.

이 책은 단순한 기술적 참고서에 그치지 않고 생성형 AI와 지능형 에이전트의 미래를 함께 만들어 가기 위해 꼭 필요한 길잡이 역할을 할 것이다. 또한 연구자, 산업 부분의 리더, 혁신가 모두가 책임 있게 기술의 경계를 확장하며, 사회를 풍요롭게 하는 AI의 다음 장을 함께 써나가는 데 도움을 줄 것이다.

이 책은 시기적절한 동시에 통찰력을 가지고 있는 매우 중요한 책이므로, 꼭 읽어볼 것을 권한다. 한 장 한 장 신중하게 책장을 넘기면서 인공지능이라는 흥미롭고 끊임없이 진화하는 분야에 적극적으로 참여하는 여러분의 역할을 기꺼이 받아들이기를 바란다.

매슈 R. 스콧 Matthew R. Scott, **Minset.ai** 최고기술책임자

추천사 II

2022년 11월, ChatGPT가 처음 공개되었을 때 전 세계는 큰 충격에 휩싸였다. 마치 '아하!'의 순간과 같이 인간과 대화하는 느낌을 주는 AI가 나타난 것이다. ChatGPT가 만들어내는 대답은 단순히 문법이 맞는 정도를 넘어 실제로 유익하고 실용적이었다. 이후 이 기술은 놀라운 속도로 발전했으며, 이제는 수억 명의 인간들이 ChatGPT 같은 시스템을 사용해 글을 쓰는 데 도움을 받거나 기존의 웹 검색으로 쉽게 찾을 수 없는 질문들에 대한 답을 얻고 있다.

우리가 비서(인간)를 통해 여행을 예약하는 과정을 생각해보자. 비서는 대답을 하는 데서 그치지 않고 실제 항공편과 호텔 예약까지 수행한다. 이것이 바로 에이전틱 시스템의 핵심이다. ChatGPT에 사용된 것과 같은 대규모 언어 모델을 단순히 텍스트(답변)를 생성하는 것에서 그치지 않고, 실제 행동을 수행하게 만들 수 있다. 예를 들어 코드 생성, API 호출, 웹서비스를 통한 작업 수행 등을 하게 하는 것이다. 마치 과거의 웹이 정적인 정보만 제공하던 것에서 벗어나 오늘날 사용자와 상호작용하는 앱 중심으로 바뀐 것처럼, 에이전틱 시스템도 우리가 AI와 상호작용하는 방식을 혁신적으로 바꿀 준비를 하고 있다.

생성형 AI와 관련된 다른 책들은 에이전틱 시스템의 이론에 중점을 두는 반면, 이 책은 에이전틱 시스템을 실제 구현하는 방법에 초점을 맞추고 있다. 저자들은 실제 코드를 포함한 예제, 실무 활용 사례, 조직 안에서 에이전틱 시스템 워크플로를 통합해 실제 문제를 해결하는 단계별 가이드를 제공한다.

이 책은 소프트웨어 개발자, 머신러닝 엔지니어, 기술 리더, 관리자 등 에이전틱 시스템을 빠르게 이해하고자 하는 독자들을 위한 폭넓고 실용적인 자료다. 이미 ChatGPT 같은 AI 어시스턴트를 사용해봤다면 이러한 시스템이 글쓰기나 코딩에 얼마나 유용한지 잘 알고 있을 것이다. 하지만 종종, AI

는 잘못된 답변도 매우 그럴듯하게 대답하기 때문에 사용자가 맹목적으로 잘못 행동하게 될 위험도 있다. 반면, 인간은 그러한 경우 '잘 모르겠지만 아마도…'같이 주저하는 표현을 사용하곤 한다. 현재의 AI 시스템은 이와 같은 불확실성 표현 기능을 내장하고 있지 않다. 우리는 AI 에이전트가 정확하게 행동하고, 의심이 들 때는 사용자에게 물어보는 시스템이 되기를 기대한다. 그러한 관점에서 이 책은 신뢰의 문제, 투명성, 설명 가능성, 신뢰성 같은 핵심 주제와 함께 편향, 안전성 같은 윤리적 문제까지 깊이 있게 다룬다. 또한 에이전트 시스템이 사용자 맞춤형으로 동작하고, 상황을 인식하며, 자신이 행동한 결과에 따라 계획을 조정하고 반응할 수 있게 만드는 방법도 설명한다.

수십 년 동안 인공지능 분야에서 일한 사람으로서 나는 이 책이 학생, 연구자, 실무자 모두에게 매우 유익한 자료가 될 것이라 확신한다. 이 책은 지능형 시스템이 중심이 되는 새로운 시대에서 앞으로 나아갈 길을 명확히 제시한다. 나는 IEEE의 학회 패널에서 처음 릭 탈루크다르와 만났다. 거기에서 이론과 실무를 연결하는 그의 능력에 깊은 인상을 받았다. 그는 안자바나 비스와스와 함께 이 책을 통해 AI 기반 자동화의 미래를 위한 실용적인 가이드를 제공하는데, 꼭 한번 읽어보기를 권한다.

알렉스 아크로 박사 Dr. Alex Acro, **미국공학한림원 회원, IEEE 회원**

감사의 글

생성형 AI와 관련된 이 여정을 마칠 수 있게 함께해준 모든 분께 진심 어린 감사를 전합니다. 빠르게 진화하는 이 분야에서 좀 더 깊이 생각할 수 있게 도와주고, 열정적으로 함께해주신 과거와 현재의 동료분들께도 감사 인사를 전합니다. 여러분과의 협업은 매우 소중한 자산이었습니다. 멘토 여러분, 제가 가진 아이디어의 가능성을 믿어주시고 지혜와 인내로 이끌어주셔서 감사합니다. 여러분의 신뢰가 바로 이 책의 기반입니다.

열한 살 아들에게, 그의 상상력은 미래는 꿈꾸는 인간의 것이라는 점을 매일 내게 상기시켜주었고, 그의 질문은 복잡한 개념을 명확하게 설명하도록 저를 훈련시켜주는데, 이것은 생성형 AI를 이해하는 데 있어 가장 귀중한 능력입니다. 아내에게, 늦은 밤 획기적인 순간들을 함께해준 그녀의 인내는 이 아이디어들을 쌓아올린 조용한 토대였습니다.

어머니께, 기술을 초월한 지혜와 한계 없는 격려에 감사합니다. 아버지께, 당신의 부재는 깊이 느껴지지만, 제가 받아들이는 모든 도전 속에 당신의 영향력이 남아 있습니다. 아마도 이 책의 페이지를 자랑스럽게 넘기셨을 것입니다.

에이다 러브레이스Ada Lovelace는 다음과 같이 말했습니다.

"해석기관Analytical Engine이 대수적인 패턴을 짜는 것은, 자카드 직기Jacquard loom가 꽃과 나뭇잎을 짜는 것과 같다."

오늘날 생성형 AI는 인간의 창의성과 계산적 가능성의 아름다운 상호작용을 이어가고 있습니다. 제가 그 춤을 기록할 수 있어 영광이었습니다.

기술은 인간성을 훼손하는 것이 아니라 고양해야 한다고 믿는 모든 분께 이 책을 바칩니다.

안자나바 비스와스

메리언 라이트 에델만 Marian Wright Edelman 은 이렇게 말했습니다.

"교육은 타인의 삶을 향상시키고, 우리가 속한 공동체와 세상을 보다 나은 곳으로 남기기 위한 것이다."

이 여정 동안 저를 지지하고, 이끌어주며, 영감을 주신 모든 분께 깊이 감사드립니다.

제 가족에게, 여러분의 변함없는 믿음은 가장 강력한 힘의 원천이었습니다.

아들에게, "아빠는 지금 무슨 일을 하고 있어요?" 그의 끝없는 호기심은 매일 저에게 '탐구'의 이유를 일깨워주었습니다. 그의 놀라운 질문들은 가장 필요한 순간에 아이디어를 떠올리게 했고, 그의 상상력은 작업이 만들어낼 수 있는 무한한 가능성을 일깨워주었습니다. 그는 우주를 설명해줄 수 있을 것이라고 믿는 누군가의 단순한 질문이 가장 큰 영감이 될 수도 있음을 가르쳐주었습니다.

부모님께, 빠르게 변화하는 세상을 이해하려는 갈망, 저에게 보여주신 확신, 변함없는 응원은, 지식은 손에 쥐기 위한 것이 아니라 나누기 위한 것임을 깨닫게 해주었습니다. 삶 전체에서의 학습에 대한 부모님의 믿음은 제 도덕적 나침반이 되었고, 제 작업을 자랑스러워하는 마음은 저에게 가장 큰 동기가 되었습니다.

아내에게, 당신의 조용한 강인함, 인내, 끊임없는 격려는 이 여정을 가능하게 했을 뿐만 아니라 의미 있는 일이 되게 해주었습니다. 긴 밤을 함께 견디고, 모든 장애물 앞에서도 흔들리지 않는 믿음을 보여주었고, 언제나 나를 침착하고 안심할 수 있게 도와주어서 끝까지 완주할 수 있었습니다. 당신은 나에게 닻이었고, 끊임없는 영감이었습니다.

AI 연구 커뮤니티 여러분들께, 여러분의 멈추지 않는 혁신의 추구에 늘 감탄하며 겸손을 표합니다. 수년 동안 연구 논문, 기술 아티클, 블로그를 써 왔습니다. 하지만 첫 책을 집필하는 것은 저에게 복잡함을 명료함으로, 아이디어를 실질적인 영향으로 바꾸는 도전인 동시에 변혁적인 여정이었습니다.

친구들과 응원해주시는 분들께, 여러분은 모든 도전의 순간마다 함께하며 장애물을 이정표로 바꾸어주었습니다. 따뜻한 말 한마디, 함께하는 통찰, 가장 필요할 때 함께해준 여러분의 존재는 어떤 여정도 결코 혼자 걸어가는 것이 아님을 깨닫게 해주었습니다.

이 책은 여러분 모두에게 바치는 헌사입니다. 여러분은 저와 함께 걷고, 제 비전을 믿어주었고, 이 책의 모든 문장을 함께 만들어주었습니다.

릭 탈루크다르

이 책에 대하여

이 책은 생성형 AI와 에이전트 기반 지능agent-based intelligence에 대한 이론적 기반과 실용적 가이드를 모두 제공하기 위해 집필했다. 생성형 AI와 에이전틱 시스템은 차세대 AI의 중심에 있으며, 자동화, 창의성, 의사결정 방식을 이전에는 상상하지 못한 수준으로 변화시키고 있다. 이러한 기술은 기계로 하여금 텍스트, 이미지, 심지어 전략적 계획까지 생성하게 하는 동시에 스스로 추론하고 적응하게 함으로써 의료, 금융, 로봇 공학 등 여러 산업을 근본적으로 바꾸고 있다.

이 책은 가장 먼저 생성형 AI를 소개한다. **변분 오토인코더**variational autoencoders, VAE, **생성적 적대 신경망**generative adversarial network, GAN, 자기회귀 모델autoregressive model 같은 핵심 모델을 다루고, 이들이 콘텐츠 제작, 디자인, 과학 연구에 어떻게 응용되는지를 살펴본다. 동시에 이 모델들이 갖는 한계와 도전 과제도 함께 분석한다.

다음으로, 에이전틱 시스템의 세계로 들어간다. 자율성autonomy, 주체성agency, 다중 에이전트 협업multi-agent collaboration 같은 개념을 정의한 뒤 계획형deliberative, 반응형reactive, 혼합형hybrid 등의 다양한 에이전트 아키텍처에 관해 살펴본다. 그리고 여러 에이전트가 상호작용, 협력, 조정을 통해 어떻게 공동 목표를 달성할 수 있는지 탐색한다.

기초 이론을 다진 후에는 실제 구현으로 넘어간다. 에이전트가 자신의 추론 과정을 반성하고, 계획을 수립하고, 외부 도구를 효과적으로 사용하는 방법에 관해 설명한다. 메타 추론meta-reasoning, 자기 설명self-explanation, 전략적 계획, 다중 에이전트 조정을 위한 실습 기술을 포함한다. 또한 신뢰할 수 있고 지능적인 AI 에이전트 설계의 모범 사례를 제시하며, 자율성과 통제의 균형, 윤리적이고 책임 있는 개발에 대한 내용도 다룬다.

마지막으로, 자연어 처리, 로보틱스, 의사결정 지원, 최적화 등 다양한 분야에서의 실제 활용 사례를 통해 이론이 실현되는 모습을 살펴본다. 신뢰, 투명성, 편향 완화, AI 안전성 등 AI 시스템의 신뢰성을 보장하기 위한 핵심 요소에 관해서도 다룬다.

책 전반에 걸쳐 코드 예제, 실습 과제, 구현 전략을 함께 제시해 이론과 실무 간의 간극을 효과적으로 메꿀 수 있게 구성했다. AI 실무자, 연구자, 엔지니어, 기술 리더 누구든 이 책을 통해 추론하고 협업하며 적응할 수 있는, 자율적이며 진화적인 지능형 AI 에이전트를 설계하고 구현할 수 있도록 지식과 기술을 얻게 될 것이다.

그럼 이 여정을 함께 시작해보자. 한 번에 에이전트를 하나씩 구축하며 지능형 시스템의 미래를 함께 그려보자.

대상 독자

이 책은 자율성, 적응성, 지능을 갖춘 AI 주도 에이전트를 이해하고 구축하고자 하는 AI 실무자, 개발자, 연구자, 엔지니어, 기술 리더를 대상으로 한다. 생성형 모델을 지능형 시스템에 통합하려는 개발자, 고급 에이전트 기능을 탐색하는 AI 아키텍트 모두 이 책을 통해 이론적 기초와 실전 구현 전략을 얻을 수 있을 것이다.

책의 구성

1장, 생성형 AI 기본에서는 생성형 AI가 무엇인지 소개하고, 핵심 개념과 다양한 모델 유형(예: VAE, GAN, 자기회귀 모델 등)에 관해 설명한다. 생성형 AI의 실제 응용 사례와 함께 편향, 한계, 윤리 문제 같은 도전적인 과제들에 관해서도 살펴본다.

2장, 에이전틱 시스템의 원리에서는 에이전틱 시스템의 정의와 지능형 에이전트의 핵심 특징(자율성, 반응성, 주도성, 사회성 등)에 관해 소개한다. 이와 함께 다양한 에이전트 아키텍처 및 다중 에이전트 협업에 관해서도 설명한다.

3장, 지능형 에이전트의 필수 구성 요소에서는 지식 표현, 추론, 학습 메커니즘, 의사결정 방식 등 에이전트의 핵심 구성 요소를 자세히 설명한다. 생성형 AI가 에이전트의 능력을 어떻게 향상시키는지에 관해서도 살펴본다.

4장, 에이전트의 반성과 자기 성찰에서는 지능형 에이전트가 스스로의 추론을 분석하고, 경험에서 학습하고, 의사결정을 개선하는 방식에 관해 설명한다. 메타 추론, 자기 설명, 자기 모델링 등의 기법에 관해서도 살펴본다.

5장, 도구 사용 및 계획 수립 기능 활성화에서는 에이전트가 외부 도구를 활용하고, 계획 알고리즘을 구현하며, 전략적 의사결정에 도구 사용을 통합하는 방법에 관해 설명한다. 목표 달성을 위한 효율성 향상 전략도 함께 살펴본다.

6장, 조정자, 작업자, 위임자 접근 방식 살펴보기에서는 CWD 모델에 관해 소개하고, 다중 에이전트 협업에서 각 에이전트가 맡는 역할(조정자, 작업자, 위임자)에 관해 설명한다. 작업 수행과 자원 배분의 최적화를 목표로 한다.

7장, 효과적인 에이전트 시스템 설계 기법에서는 명확한 지침 제공, 제약 조건 설정, 자율성과 통제의 균형, 투명성과 책임성 확보 등의 실전적 설계 전략에 관해 다룬다.

8장, 생성형 AI 시스템에서의 신뢰 구축에서는 AI 시스템에서의 신뢰를 높이기 위한 투명성, 설명 가능성, 불확실성 처리, 편향 대응 등의 기술에 관해 설명한다. 사용자가 신뢰할 수 있고 해석 가능한 AI를 만드는 방법을 소개한다.

9장, 안전 및 윤리 고려사항 관리에서는 생성형 AI와 관련된 위험과 과제, 책임 있는 AI 개발을 위한 전략, 윤리 지침, 프라이버시와 보안 문제를 다룬다.

10장, 일반적인 활용 사례와 응용 분야에서는 생성형 AI의 실제 활용 사례를 소개한다. 창의적인 콘텐츠 생성, 대화형 AI, 로봇 공학, 의사결정 지원 시스템 등 다양한 분야에서의 응용 사례를 다룬다.

11장, 결론과 미래 전망에서는 책 전반에 걸쳐 다룬 핵심 개념을 정리한다. 그리고 생성형 AI 및 에이전트 지능의 최신 동향, **인공 일반 지능**artificial general intelligence, AGI 및 이 분야에서 앞으로 마주하게 될 도전 과제와 기회에 관해 살펴본다.

사전 지식

다음에 관한 사전 지식이 있다면 이 책의 내용을 이해하기 훨씬 수월할 것이다.

- **AI와 머신러닝 개념에 대한 기본 이해**: 이 책에서는 기본 원칙도 다루지만 AI/ML, 딥러닝, 파이썬 프로그래밍에 관한 기초 지식을 가지고 있다면 더 복잡한 내용을 이해하는 데 큰 도움이 된다.
- **실습 중심의 학습**: 이 책에 포함된 코드 예제와 프레임워크를 사용해 직접 실습하자. 생성형 AI

와 에이전틱 시스템을 구축할 때 국지적 또는 클라우드 기반 개발 환경을 설정해보면 학습 효과가 더욱 높아진다.

- **AI 윤리 및 안전성에 대한 비판적 사고**: 생성형 AI와 자율 에이전트를 다루면서 신뢰, 편향, 책임 있는 AI 설계에 대해 고민해보자. 윤리적 기준에 부합하는 지능형 시스템을 구축하는 데 도움이 된다.

이 책에서 사용하는 소프트웨어 및 하드웨어	운영체제 요구사항
Python, Jupyter Notebooks, CrewAI	Windows, macOS, Linux

예제 코드 다운로드

이 책에서 사용한 전체 코드 번들은 https://github.com/moseskim/Building-Agentic-AI-Systems 에서 확인할 수 있다.

PART I

생성형 AI와 에이전틱 시스템 기초

1부에서는 생성형 AI와 에이전틱 시스템의 기본 개념에 관해 다룬다. 지능적이고 자율적인 에이전트를 이해하고 개발하기 위한 탄탄한 이론적 기반을 제공한다.

1부는 다음 장으로 구성된다.

CHAPTER 1 생성형 AI 기본

CHAPTER 2 에이전틱 시스템의 원리

CHAPTER 3 지능형 에이전트의 필수 구성 요소

CHAPTER 1

생성형 AI 기본

생성형 AI는 **인공지능**artificial intelligence, AI과 머신러닝 분야에서 가장 빠르게 발전하고 있는 변혁적인 기술의 하나이며, 다양한 산업과 활용 사례에서 창의적 프로세스와 문제 해결 방식을 혁신하고 있다. 또한 에이전트 기반 지능형 시스템에서 자율성의 경계를 넓히는 핵심 기술로 떠오르고 있다. 이번 장에서는 생성형 AI의 기초 개념에 관해 다룬다. 생성형 AI가 무엇인지 살펴보고, 그 역사적 배경에 관해 간단하게 소개한 뒤 다양한 생성형 모델의 유형에 관해 설명한다. 여기에는 **변분 오토인코더**variational autoencoder, VAE, **생성적 적대 신경망**generative adversarial network, GAN, 자기회귀autoregressive 모델, 트랜스포머Transformer 모델 등이 있다. 다음으로 생성형 AI의 주요 응용 분야를 탐색한 뒤, 마지막으로 이 기술들이 직면한 한계와 도전에 관해 간단하게 논의한다.

이번 장에서는 다음 주제들을 다룬다. 이 주제들은 생성형 AI에 관한 기본을 확립하는 데 도움이 될 것이며, 이후 이를 활용해 생성형 AI를 기반으로 하는 자율 지능형 에이전트의 능력을 깊이 탐색할 수 있을 것이다.

- 생성형 AI 소개
- 생성형 AI 모델의 유형
- 생성형 AI 응용 분야
- 생성형 AI의 한계와 과제

이번 장을 마친 뒤 여러분은 생성형 AI의 기본 개념, 다양한 응용 사례, 현재의 한계들을 포함해 생성형 AI에 관해 포괄적으로 이해할 수 있을 것이다. 또한 이 기술이 가진 잠재력과 한계를 이해하고 지능형 에이전트 및 에이전틱 시스템의 발전에 있어 생성형 AI가 갖는 핵심적인 역할에 관해 알게 될 것이다.

1.1 생성형 AI 소개

생성형 AI는 텍스트, 이미지, 오디오, 비디오 등 다양한 형태의 콘텐츠를 생성할 수 있는 AI 기술들을 의미한다. 이러한 AI 시스템은 훈련 데이터와 입력 파라미터(대개는 텍스트 프롬프트)를 기반으로 새로운 콘텐츠를 생성할 수 있고, 입력에는 텍스트 외에도 이미지 등 다양한 형태의 데이터를 포함할 수 있다. 최근 생성형 AI가 주목을 받는 이유는 바로 단순함 때문이다. 새로운 사용자는 이 AI 기술들이 제공하는 새로운 사용자 인터페이스를 사용해 고품질의 텍스트, 그래픽, 영상 등을 몇 초 만에 생성할 수 있다

극단적으로 간단하게 말하면 생성형 AI는 학습한 데이터와 유사한 새로운 데이터를 만들어내는 기술이다. 즉 입력 데이터의 패턴, 구조, 분포를 학습한 뒤 모델 내부에서 이를 바탕으로 유사한 방식으로 새로운 데이터를 생성하는 프로세스가 작동한다. 예를 들어 인간 얼굴 데이터셋으로 학습된 생성형 AI 모델은 실제 존재하지는 않지만 매우 그럴싸한 사실적인 새로운 얼굴을 생성할 수 있다. 근본적으로 이러한 생성형 AI 모델은 데이터셋의 확률 분포probability distribution를 학습한 뒤, 그 분포로부터 샘플링sampling을 수행해 새로운 인스턴스를 만든다. 이러한 방식은 데이터 분류classification 학습을 목표로 하는 판별 모델discriminative model과는 다르다. 예를 들어 판별 모델은 학습을 통해 고양이와 개의 사진을 구분하지만, 생성형 모델은 완전히 새로운 고양이나 개의 이미지를 만들어낸다.

생성형 AI의 개념이 최근에 등장한 것은 아니다. 사실 머신러닝 초창기 시절부터 생성형 AI에 관한 아이디어는 존재했다. 다만, 최근 10여 년간 신경망neural networks의 발전과 컴퓨팅 성능의 급격한 향상 덕분에 비로소 본격적으로 주목받기 시작했다. 초기의 생성 모델은 가우시안 혼합 모델Gaussian mixture model과 히든 마르코프 모델hidden Markov model 같은 통계 기반 기법 중심이었다. 이 기법은 비교적 단순한 데이터 분포는 모델링할 수 있었지만, 오늘날처럼 복잡한 데이터 분포를 효과적으로 모델링하기에는 한계가 있었다. 이 한계를 넘어선 것이 바로 딥러닝deep learning이다. 딥러닝은 생성형 AI 분야의 전환점이 되었다. 2010년대 초반에 등장한 VAE 같은 모델들은 심층 신경망deep neural network을 활용해 훨씬 복잡한 데이터 분포를 학습할 수 있게 했다. 같은 시기에 등장

한 GAN은 두 개의 뉴럴 네트워크가 게임 이론 원리를 바탕으로 경쟁하며 데이터를 생성하는 방식을 제안했고, 이는 완전히 새로운 데이터 생성 방식의 패러다임을 열었다. 이러한 기술적 도약은 더욱 사실적인 고품질의 데이터 생성을 가능하게 했으며, 이를 기반으로 생성형 AI의 혁신적 가능성이 본격적으로 열렸다.

생성형 AI 기술은 의료, 금융, 교육, 여행/여가, 제조업 등 다양한 산업 전반에서의 혁신을 일으키고 있다. 크리에이티브 분야에서는 디자이너와 아티스트들이 기존의 고정관념을 깨고 창의적인 콘텐츠 발상을 하는 데 도움을 준다. 의료 분야에서는 새로운 약물의 발견과 개인 맞춤형 치료 방법에 활용된다. 비즈니스에서는 개인화된 콘텐츠와 경험을 제공함으로써 효율적이고 효과적인 고객 대응이 가능해진다. 또한 생성형 AI는 '기계가 크리에이티브와 유사한 결과물을 대량으로 생성할 수 있는 시대에서 과연 창의성은 무엇인가? 누가 진정한 아티스트인가? AI가 생성한 콘텐츠의 윤리적 기준은 어떻게 세워야 하는가?'와 같은 질문을 던지게 한다.

생성형 AI의 개념과 간략한 역사에 관해 이해했으므로, 이제 다양한 유형의 생성형 AI 모델들에 관해 본격적으로 살펴보자.

1.2 생성형 AI 모델의 유형

생성형 AI는 기존 데이터셋이 가진 패턴을 학습하여 새롭고 인공적인 데이터를 생성하는 매우 흥미로운 AI 분야다. 이 분야에서는 학습 데이터의 통계적 특성과 성질이 유사한 출력을 만들어내는 것을 목표로 한다. 다음은 가장 대표적인 생성형 모델의 주요한 유형인 VAE, GAN, 자기회귀 모델에 관해 간략하게 설명한다.

1.2.1 VAE

VAE는 널리 사용되는 생성형 모델 중 하나다. VAE의 핵심 아이디어는 데이터와 잠재 공간latent space 사이의 확률적 매핑을 학습하는 것이다. 즉 실제 데이터를 단순화된 표현(예: 압축된 형태)으로 변환한 뒤, 그것을 다시 실제처럼 보이는 데이터로 복원하는 과정을 반복한다. VAE는 데이터의 생성 가능성likelihood을 높게 유지하면서 구조화된 잠재 공간을 형성함으로써 학습 데이터와 유사한 새로운 샘플을 생성하도록 설계되어 있다.

- **VAE**: 기본적인 모델로 데이터를 압축하고 재구성한다. 학습된 잠재 공간에서 새로운 샘플을 생성할 수 있는 프레임워크를 제공한다. 잠재 공간의 확률 분포를 학습하고, 이로부터 샘플링

을 통해 데이터를 생성한다. 간단하게 말하자면 VAE는 데이터를 이해하고 재구성하는 똑똑한 알고리즘이다. 화가에 비유하자면 정교한 그림을 간단한 스케치로 압축(인코딩)하고, 그 스케치에서 다시 완전한 그림을 복원(디코딩)할 수 있는 능력을 가진 능숙한 화가라고 볼 수 있다. VAE는 단순히 데이터를 복사하는 것이 아니라, 데이터의 본질을 학습해 새로운 데이터를 창조할 수 있다는 점에서 특별하다. 즉 특정 작품을 복제하는 것이 아니라 해당 작품의 스타일을 이해하고 새로운 작품을 창작하는 것이다. 실제 사례로 VAE는 신약 개발 분야에서 새로운 분자 구조를 생성하는 데 활용되기도 했다. 예를 들어 아스트라제네카AstraZeneca 연구진은 VAE를 사용해 화학 공간을 탐색하고, 목표하는 특성을 갖는 새로운 분자 후보군을 제안해 신약 개발 속도를 높이는 데 기여했다.[1]

- **Beta-VAE**: VAE의 확장 모델로, 재구성 품질과 잠재 공간의 분리도disentanglement 사이의 트레이드오프를 조절하는 하이퍼파라미터hyperparameter를 도입했다. 이 모델은 해석 가능한 분리된 표현disentangled representation을 학습할 수 있게 설계되어 있다. Beta-VAE는 좀 더 유연한 VAE라고 이해해도 좋다. Beta-VAE를 사용하면 연구자가 직접 세부 재현과 특징 분해 사이의 균형을 조절할 수 있다. 다시 화가로 비유해보자면, Beta-VAE는 단순히 그림을 복제하는 것이 아니라 그림의 색상, 형태, 스타일 등을 분해하고 이해하게끔 훈련받은 미술 전공 학생이라고 할 수 있다. 이러한 특징 **분해**disentangle 능력은 컴퓨터 비전과 로보틱스robotics 분야에서 특히 유용하다. 예를 들어 연구자들은 Beta-VAE를 활용해 로봇이 사물을 더 잘 이해할 수 있도록 학습시켰다. 크기, 색상, 위치와 같은 요소들을 분리해 학습시키면, 로봇은 다양한 환경에서도 사물을 더 잘 인식하고 조작할 수 있게 된다.[2]

- **CVAE**conditional variational autoencoder: VAE에 조건 지정 기능을 부여한 변형 모델로 클래스 레이블 같은 추가 정보를 조건으로 활용해 데이터를 생성한다. 그 결과 단순히 유사한 데이터를 생성하는 것에 그치지 않고 지정한 조건에 맞는 데이터 샘플을 생성할 수 있다. 화가로 다시 비유하자면, CVAE는 지시된 스타일에 맞춰 그림을 그릴 수 있는 화가라고 할 수 있다. 즉 무작위로 그림을 그리는 것이 아니라 '**풍경화 그려줘**', '**초상화 그려줘**' 같은 명확한 요구에 맞춰 그림을 그릴 수 있다. 이러한 제어 능력은 다양한 실용적 응용에 유용하다. 예를 들어 컴퓨터 게임 개발 분야에서는 CVAE를 활용해 캐릭터 디자인, 레벨 구성, 음악, 효과음 등의 게임 콘텐츠를 자동 생성하는 데 사용하고 있다. '**숲 배경의 레벨을 생성해줘**', '**사막 배경을 생성해줘**'와 같은 조건을 주면 다양한 스타일의 게임 환경을 생성할 수 있다. 이를 통해 디자이너의 작업 시간을 절약할

---

[1] \<Generative Adversarial Networks\> https://arxiv.org/abs/1312.6114
[2] \<beta-VAE: Learning Basic Visual Concepts with a Constrained Variational Framework\> https://openreview.net/forum?id=Sy2fzU9gl

수 있고, 플레이어는 더 다채롭고 흥미로운 게임을 경험할 수 있게 된다.[3]

1.2.2 GAN

GAN은 기본적으로 두 개의 신경망인 **생성기**generator와 **판별기**discriminator로 구성된다. 생성기는 합성 데이터 샘플을 만들어내고, 판별기는 실제 데이터와 생성된 데이터의 차이를 구별하게 학습한다. 이 두 개의 신경망은 적대적 방식으로 함께 학습adversarial training한다. 생성기는 판별기를 속이려고 시도하고, 판별기는 진짜와 가짜 데이터를 정확하게 구별하려고 시도한다. 이 과정에서 생성기는 점점 더 진짜처럼 보이는 데이터를 만들어내는 능력을 얻게 된다. 다음은 주요한 GAN 모델들의 유형이다.

- **GAN**: 기본 모델은 생성기와 판별기가 서로 경쟁하면서 학습하는 가장 단순한 형태다. 대부분의 생성 모델 연구는 이 모델을 기반으로 한다. 비유하자면 GAN은 위조지폐범(생성기)과 수사관(판별기) 사이의 게임과 같다. 위조지폐범은 가짜 돈을 만들고, 수사관은 그것을 찾아낸다. 둘이 경쟁할수록 서로의 능력도 향상된다. 결과적으로, GAN은 극도로 사실적인 이미지나 소리 등의 데이터를 생성할 수 있게 된다.[4]

- **DCGAN**deep convolutional GAN: GAN에 합성곱 신경망convolutional neural network, CNN을 결합한 모델이다. 고해상도 이미지 생성에 최적화된 아키텍처이며 현재도 널리 사용되고 있다. 기본 GAN보다 더 정교한 디지털 화가에 비유할 수 있다. 사용하는 도구가 스케치북에서 디지털 아트 스튜디오로 업그레이드된 것과 같다. 이 덕분에 훨씬 정밀하고 사실적인 이미지를 생성할 수 있다. 특히 복잡한 이미지 패턴을 이해하고 재현하는 데 뛰어나다.[5]

- **WGAN**Wasserstein GAN: 와서스테인 거리Wasserstein distance라는 새로운 손실 함수를 도입한 GAN이다. 기존 GAN 학습이 가진 불안정성과 모드 붕괴 문제를 줄여 좀 더 안정적인 학습과 향상된 샘플 품질을 제공한다. WGAN은 GAN 내에서 화가(생성기)와 비평가(판별기)가 더 정교하게 서로 피드백을 주고받을 수 있게 해주는 방식이다. '**좋다**' 또는 '**나쁘다**' 같은 이분법적인 평가 대신 '**따뜻해지고 있다**' 또는 '**한참 벗어났다**' 같은 세밀한 평가를 할 수 있게 된다. WGAN은 의료 영상 분야에서 이미지 데이터를 생성하는 데 사용되어 왔다. 생성된 이미지들은 진단용 AI 모델의 학습 데이터로 사용되어 X-ray 이미지 등에서 질병 탐지 정확도를 향상시키는 데

---

3 Learning Structured Output Representation using Deep Conditional Generative Models https://papers.nips.cc/paper_files/paper/2015/hash/8d55a249e6baa5c06772297520da2051-Abstract.html

4 <Generative Adversarial Networks> https://arxiv.org/abs/1406.2661

5 <Unsupervised Representation Learning with Deep Convolutional Generative Adversarial Networks> https://arxiv.org/abs/1511.06434

기여한다.[6]

- **StyleGAN**: 고화질의 사실적인 이미지 생성에 최적화된 GAN 모델이다. 특히 스타일과 콘텐츠를 분리해 처리할 수 있는 특징을 갖고 있다. StyleGAN2, StyleGAN3는 이미지 사실성과 현실감을 더욱 향상시키도록 개선되었다. StyleGAN은 단순한 화가가 아니라, 반 고흐의 스타일로 현대 도시 풍경을 그릴 수 있는 디지털 화가와 같다. 스타일과 콘텐츠를 자유롭게 조합할 수 있으므로 이미지 생성의 다양성과 창의성을 극대화할 수 있다.[7]

1.2.3 자기회귀 모델과 트랜스포머 아키텍처

자기회귀 모델은 데이터를 한 번에 하나씩 생성하며, 각 데이터 포인트를 이전의 데이터 포인트에 대한 조건부로 생성한다. 이 방식은 의외로 데이터의 순서나 구조가 중요한 작업, 예를 들어 텍스트 생성이나 이미지 생성에서 매우 중요하다. 트랜스포머 아키텍처transformer architecture는 이러한 자기회귀 모델의 대표적인 구조다. 논문 <Attention Is All You Need>[8]에서 처음 소개되었으며, 특히 **자연어 처리** 분야를 중심으로 하는 순차적 데이터 작업에 혁신적인 전환점이 되었다. 트랜스포머 아키텍처의 핵심 구성 요소는 다음 그림 1.1과 같다.

트랜스포머 아키텍처의 주요 구성 요소는 다음과 같다.

- **셀프 어텐션 메커니즘**self-attention mechanism: 입력의 각 요소를 처리할 때 입력 전체에서 주목할 부분을 동적으로 선택할 수 있게 하는 계산 기법이다.
- **멀티 헤드 어텐션**multi-head attention: 여러 주의 메커니즘을 병렬로 실행해 입력의 여러 측면에 동시에 주목할 수 있다.
- **위치 인코딩**positional encoding: 시퀀스 내 각 요소의 위치 정보를 인코딩해서 모델에 전달한다.
- **순방향 신경망**feed-forward network: 주의 레이어의 출력을 후처리하는 역할을 한다.
- **레이어 정규화 및 잔차 연결**layer normalization and residual connection: 학습을 안정시키고 정보 흐름을 원활하게 유지하는 데 도움을 준다.

트랜스포머는 자기회귀 방식과 비자기 회귀non-autoregressive 방식 모두 사용할 수 있어 다양한 작업에 유연하게 적용할 수 있는 모델이다. 다음은 대표적인 예시다.

---

6 <Wasserstein GAN> https://arxiv.org/abs/1701.07875
7 <Style-Based Generator Architecture for Generative Adversarial Networks> https://ieeexplore.ieee.org/document/8953766
8 <Attention Is All You Need> https://arxiv.org/abs/1706.03762

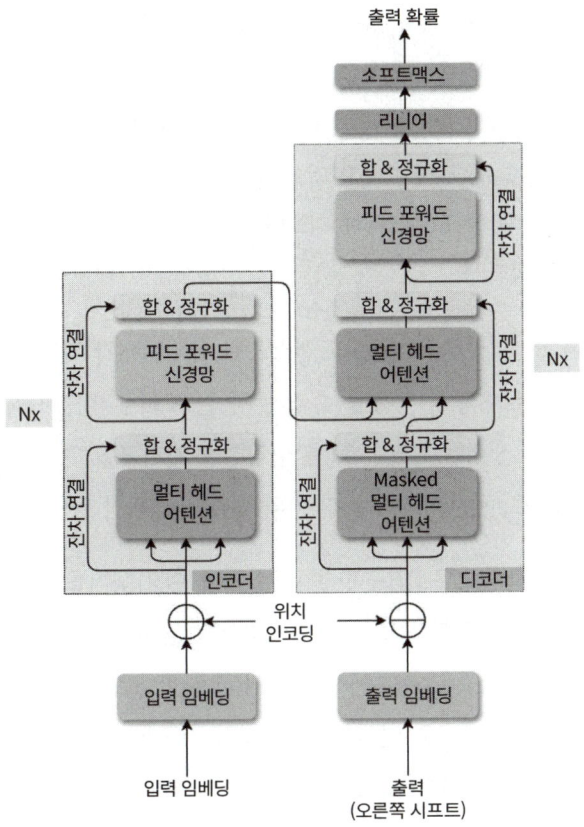

그림 1.1 트랜스포머 아키텍처

- **PixelCNN**: 픽셀 단위로 이미지를 자기회귀적으로 생성한다. 이전 픽셀에 조건부로 다음 픽셀을 생성하며 정밀한 세부 묘사를 포함한 고품질 이미지 생성에 효과적이다.[9]
- **PixelSNAIL**: PixelCNN을 개선한 모델로 셀프 어텐션 메커니즘을 추가해 픽셀 사이의 강한 의존 관계를 학습한다. 그 결과, 더 높은 품질의 이미지를 생성할 수 있다.[10]
- **GPT**generative pre-trained transformer: GPT는 텍스트 생성을 전문으로 하는 트랜스포머 계열의 모델이다. GPT-2, GPT-3, GPT-4 등은 다음 단어를 예측해 콘텍스트에 맞는 텍스트를 생성하는 분야에서 큰 도약을 이루었다.[11, 12]

---

[9] <Conditional Image Generation with PixelCNN Decoders> https://arxiv.org/abs/1606.05328
[10] <PixelSNAIL: An Improved Autoregressive Generative Model> https://www.researchgate.net/publication/322114155_PixelSNAIL_An_Improved_Autoregressive_Generative_Model
[11] <Language Models are Few-Shot Learners> https://arxiv.org/abs/2005.14165
[12] <GPT-4 Technical Report> https://arxiv.org/abs/2303.08774

- **BERT**bidirectional encoder representations from transformers: GPT와 달리, BERT는 양방향 콘텍스트를 이해하는 데 중점을 둔 모델이다. 트랜스포머의 인코더 부분만 사용하며 전체 입력을 동시에 이해해야 하는 작업(예: 문장 분류, 질의응답 등)에 주로 사용된다.[13]
- **T5**text-to-text transfer transformer: 모든 NLP 작업을 텍스트-텍스트 형태로 변환해 처리하는 모델이다. 트랜스포머의 전체 구조(인코더 + 디코더)를 사용하며 텍스트 생성뿐만 아니라 다양한 NLP 작업을 처리할 수 있다.[14]

작업 성격에 따라 다르지만 이러한 모델들은 트랜스포머 아키텍처가 자기회귀 작업(예: GPT)과 비자기회귀 작업(예: BERT) 모두에 어떻게 적용될 수 있는지 잘 보여주며, 순차적 데이터를 유연하게 처리할 수 있음을 인정한다. 각 생성형 모델은 나름의 강점을 가지고 있으며 이 모델들을 활용하면 사실적인 이미지, 일관된 텍스트, 완전히 새로운 데이터 샘플 생성까지 다양한 작업을 수행할 수 있다.

GPT 같은 모델의 성공을 바탕으로, 연구자들은 이러한 아키텍처를 확장해 **대형 언어 모델**large language model, LLM을 개발했다. 이러한 모델들은 일반적으로 인터넷에 공개된 대규모 텍스트 데이터를 기반으로 학습하며, 다양한 응용 분야에서 인간과 유사한 텍스트를 이해하고 생성하는 데 뛰어난 성능을 보여준다. 이로써 LLM은 언어 처리 능력의 정교함과 응용 범위의 다양성을 함께 증명했다. 대표적인 LLM의 예로는 GPT-3, GPT-4, PaLM, BERT-large 등이 있다. 이 모델들은 자연어 처리의 가능성을 한층 더 확장하며 질문 응답, 요약, 창의적 글쓰기, 코드 생성 등 다양한 작업에서 높은 성능을 보여주고 있다. 다음은 일반적인 LLM 모델 유형의 개요다.

- **자기회귀 LLM**autoregressive LLM: 이 모델들은 토큰 단위로 순차적으로 텍스트를 생성한다. 주로 텍스트 생성, 자동 완성, 창의적 글쓰기 작업에 사용된다. 대표적인 예시로는 GPT 계열(GPT-3, GPT-4)과 PaLM이 있다.
- **인코더 전용 LLM**encoder-only LLM: 이 모델들은 **자연어 이해**natural language understanding, NLU 작업에 특화되어 있으며, 이는 새로운 텍스트를 생성하지 않고 입력 텍스트를 분석하고 이해하는 작업을 포함한다. BERT 및 그 변형 모델들(RoBERTa 등)은 인코더 전용 LLM에 해당하며, 입력 텍스트의 콘텍스트와 의미를 파악하는 데 중점을 둔다. 이러한 모델들은 전체 입력 시퀀스를 동시에 처리할 수 있어 콘텍스트를 효과적으로 파악할 수 있다. 텍스트 분류, **개체명 인식**named entity recognition, NER, 감정 분석 같은 작업에 적합하다.

---

[13] <BERT: Pre-training of Deep Bidirectional Transformers for Language Understanding> https://arxiv.org/abs/1810.04805
[14] <Exploring the Limits of Transfer Learning with a Unified Text-to-Text Transformer> https://arxiv.org/abs/1910.10683

- **인코더-디코더 LLM**encoder-decoder LLM: 이 모델들은 인코더와 디코더 아키텍처를 결합한 구조를 가지고 있다. 입력 텍스트의 콘텍스트를 이해할 수 있을 뿐만 아니라(NLU), 텍스트를 생성할 수도 있다. 앞서 소개한 T5 모델이 대표적인 인코더-디코더 LLM이며, 일부 BERT 기반 모델도 여기에 속한다. 이러한 모델들은 언어 번역, 문서 요약, 질의응답 작업에 주로 사용한다.

- **멀티모달 LLM**multimodal LLM: 멀티모달리티multimodality는 AI 모델이 텍스트뿐만 아니라 이미지, 비디오, 오디오 등 다양한 입력 형태modalities를 처리할 수 있는 개념이다. 멀티모달 LLM은 이러한 다양한 형태의 데이터를 처리하고 텍스트, 이미지, 오디오, 비디오 또는 이들의 조합으로 된 콘텐츠를 생성할 수 있다. 이 모델들은 비교적 새로운 개념에 속하며, 최근 컴퓨팅 성능의 발전 덕분에 멀티모달 LLM 학습이 가능하게 되었다. 대표적인 멀티모달 LLM으로는 DALL·E, Stable Diffusion, Flamingo, GPT-4, LlaVa 등이 있다.

- **지시 조정형 LLM**instruction-tuned LLM: 일반적으로 LLM은 인터넷에 공개된 방대한 텍스트 말뭉치를 기반으로 학습한다. 따라서 모델이 한 번도 본 적이 없는 특정 유형의 데이터를 사용하는 작업에서는 사용자의 의도를 제대로 따르지 못할 수 있다. 예를 들어 특정 제조 장비에 대한 사용자 매뉴얼은 도메인에 특화된 언어를 포함하고 있어, 이러한 표현은 모델이 학습 중 접하지 않았을 가능성이 크다. 이럴 때는 도메인에 특화된 데이터를 사용해 모델을 미세 조정fine-tuning함으로써 특정한 지시와 프롬프트를 따르게 조정할 수 있다. 이 특별한 미세 조정은 모델이 원래 갖고 있던 능력 외에도, 해당 도메인에 특화된 작업을 수행할 수 있게 만든다. 이것은 마치 특정 작업에 적합하게 개인화된 모델 복사본을 현지화하는 것과 유사하다. 이러한 유형의 대표적인 예로는 InstructGPT를 들 수 있다. InstructGPT는 GPT-3 모델을 특정 지시에 따라 동작하게 미세 조정한 것으로 챗봇, 가상 비서, 업무 특화 애플리케이션 등 다양한 분야에서 활용한다.

- **도메인 특화 LLM**domain-specific LLM: 앞서 언급했듯이, 대부분의 LLM은 공개된 웹 기반의 대규모 일반 텍스트 데이터를 기반으로 학습한다. 그러나 이러한 모델은 특정 도메인 환경에서는 성능이 저하될 수 있다. 지시 조정형 LLM은 범용 LLM 모델을 특정한 도메인 작업에 맞게 조정하는 하나의 방법이다. 그러나 연구자들은 이에 더해 처음부터 도메인 특화 LLM을 학습시키는 새로운 접근 방식을 개발해왔다. 즉, 이러한 모델들은 고도로 전문화된 도메인 지식을 기반으로 사전 학습된 것이다. 예를 들어 BioBERT는 고도의 전문 의료 데이터, LegalBERT는 법률 문서를 기반으로 학습했다. 이러한 모델들은 의학, 법률, 금융 등과 같은 특정 분야의 특화된 작업에 매우 유용하다.

1.2.4 LLM 기반 AI 에이전트

앞에서 논의한 각 LLM 유형들은 저마다 고유한 장점과 한계를 가지고 있으며, 각기 다른 응용 분야에 적합하게 설계되어 있다. 하지만 우리는 이 책에서 LLM 에이전트agent 기능을 좀 더 깊이 탐구하고, 이를 활용해 고급 시스템을 구축하는 방법을 알아보는 데 초점을 둔다. 여기에서 LLM 에이전트는 특정한 모델 아키텍처 유형에 딱 들어맞는 것은 아니라는 점이 중요하다. 이들은 LLM 기술의 고급 응용 사례로 이해하는 것이 적절하다. 에이전트는 일반적으로 지시 조정형 LLM을 기반 모델로 사용하고, 여기에 다양한 추가 구성 요소와 기능을 결합해 구축한다. 계속해서 이러한 구성 요소들에 관해 자세히 학습할 것이다.

LLM 기반 에이전틱 시스템의 기능을 보여주는 간단한 예시를 하나 살펴보자. 이 예시는 여행 웹 사이트에 포함된 **항공권 예약 어시스턴트**flight booking assistant 챗봇이다. 이 챗봇은 LLM을 기반으로 구축된 대화형 인터페이스를 제공하며, 사용자와의 자연스러운 대화를 통해 항공권 예약을 돕는다. 챗봇은 사용자와 대화를 진행하면서 백엔드에서 여러 작업을 자동으로 수행할 수 있다. 다음은 항공권 예약을 원하는 고객과 챗봇 사이의 대화 예시다.

	항공권 예약 어시스턴트
사용자	안녕하세요. 항공권을 예약하고 싶습니다.
챗봇	안녕하세요! 항공권 예약을 도와드릴게요. 출발 도시와 도착지를 알려주시겠어요?
사용자	샌디에고에서 SFO까지 가고 싶습니다.
챗봇	감사합니다. 샌디에고(SAN)에서 샌프란시스코 국제공항(SFO)으로 가는 항공권을 찾으시는군요. 최적의 항공편을 찾아드리기 위해 몇 가지 정보가 더 필요합니다. 1. 여행 예정일은 언제인가요? 2. 편도인가요, 왕복인가요? 3. 탑승 인원은 몇 명인가요?
사용자	다음 주 금요일에 가서 일요일에 돌아올 거예요. 혼자 여행합니다.
챗봇	추가 정보를 주셔서 감사합니다. 지금까지 입력된 내용을 요약해드릴게요. • 출발: 샌디에고(SAN) → 샌프란시스코(SFO) • 출발 날짜: 다음 주 금요일 - 2024년 8월 23일 • 복귀 날짜: 일요일 - 2024년 8월 25일 • 탑승 인원: 성인 1명 항공편을 검색하기 전에 몇 가지 정보가 더 필요합니다. 1. 선호하는 비행 시간대가 있나요?(오전, 오후, 저녁) 2. 선호 항공사가 있나요, 아니면 모든 항공사를 고려할까요? 3. 좌석 등급은 어떤 것을 원하나요?(이코노미, 프리미엄 이코노미, 비즈니스, 퍼스트 클래스)

	항공권 예약 어시스턴트
사용자	오전 비행이 좋습니다. 항공사는 상관없고, 이코노미면 괜찮습니다.
챗봇	감사합니다. 모든 항공사 대상으로 이코노미 클래스, 오전 출발 항공편을 검색할게요. 잠시만 기다려주세요, 최적의 항공편을 찾고 있습니다. [항공편 검색 중… 잠시만 기다려주세요…]
챗봇	여행 일정에 맞는 몇 가지 항공편을 찾았습니다. 다음은 오전 항공편 중 가장 적합한 옵션입니다. 출발편(SAN → SFO) - 다음 주 금요일(08/23) 1. United Airlines UA1234: 출발 오전 7:15, 도착 오전 8:45 2. Alaska Airlines AS5678: 출발 오전 8:30, 도착 오전 10:00 복귀편(SFO → SAN) – 일요일(08/25) 1. Delta Air Lines DL9876: 출발 오전 9:00, 도착 오전 10:30 2. Southwest Airlines WN5432: 출발 오전 10:15, 도착: 오전 11:45 총 왕복 요금(세금 및 수수료 포함) - 옵션 1(United + Delta): $325 - 옵션 2(Alaska + Southwest): $310 어떤 옵션을 선택하시겠어요? 아니면 다른 항공편을 찾을까요?
사용자	두 번째 옵션이 좋습니다. 그걸로 예약해줄 수 있나요?
챗봇	물론입니다! 두 번째 옵션으로 예약을 진행할게요. 다시 한번 여정을 확인하겠습니다. 출발편: Alaska Airlines AS5678 - 날짜: 2024년 8월 23일(금요일) - 출발: 샌디에고 오전 8:30 - 도착: 샌프란시스코 오전 10:00 복귀편: Southwest Airlines WN5432 - 날짜: 2024년 8월 25일(일요일) - 출발: 샌프란시스코 오전 10:15 - 도착: 샌디에고 오전 11:45 총 요금: $310(세금 및 수수료 포함) 예약을 진행하려면 다음 정보가 필요합니다. 1. 신분증(정부 발급)상의 이름 2. 생년월일 3. 이메일 주소(예약 확인서 발송용) 4. 전화번호 5. 특별 요청 사항(예: 기내식 선호, 좌석 선호 등) 또한 예약을 완료하려면 결제 수단 정보가 필요합니다. 이 정보를 바탕으로 진행할까요?

	항공권 예약 어시스턴트
사용자	네, 준비됐습니다. 이름은 John Smith, 생년월일은 1985년 5월 15일입니다. 이메일은 john.smith@email.com, 전화번호는 555-123-4567입니다. 특별 요청사항은 없습니다.
챗봇	Smith 님, 정보를 제공해주셔서 감사합니다. 예약 시스템에 고객님의 정보를 입력했습니다. 현재까지 입력된 정보는 다음과 같습니다. • 이름: John Smith • 생년월일: 1985년 5월 15일 • 이메일: john.smith@email.com • 전화번호: 555-123-4567 • 특별 요청사항: 없음 마지막으로 항공권 요금 $310를 결제하면 예약이 완료됩니다. 보안상의 이유로 이 채팅에서 신용카드 정보를 직접 수집하지는 않습니다. 대신, 고객님의 이메일(john.smith@email.com)로 보안 결제 링크를 전송하겠습니다. 이메일을 받은 뒤 안내에 따라 결제를 완료해주세요. 결제가 완료되면 시스템이 자동으로 예약을 처리하고 확인 이메일과 e-티켓을 발송해드립니다. 이메일을 전송할까요??
사용자	네, 괜찮습니다. 결제 링크 보내주세요.
챗봇	좋습니다, Smith 님. 지금 보안 결제 링크를 john.smith@email.com으로 전송했습니다. 몇 분 이내로 메일을 수신하실 수 있습니다. 받은 편지함 또는 스팸 메일함을 함께 확인해주세요. 결제가 완료되면 시스템에서 자동으로 항공권 예약을 마치고 다음 항목이 포함된 확인 이메일과 e-티켓을 발송합니다. 1. 예약 확인 번호 2. 상세 항공편 일정 3. 체크인 방법 안내 4. 수하물 허용 정보 5. 항공사 연락처 확인 이메일을 받으면 모든 정보를 검토하신 뒤, 문제가 있거나 궁금한 점이 있으시면 언제든지 문의해주세요. 여행이나 예약 관련해 추가로 도와드릴 것이 있나요?
사용자	아니요, 이걸로 충분합니다. 도와주셔서 감사합니다!
챗봇	천만에요, Smith 님! 샌디에고에서 샌프란시스코로 가는 항공권 예약을 도와드릴 수 있어 기쁩니다. 예약이나 여행과 관련해 추가로 궁금한 점이 있으시면 언제든지 문의해주세요. 저희는 24시간 연중무휴로 도와드리고 있습니다. 다음 주 샌프란시스코 여행, 즐겁게 다녀오시길 바랍니다!

표면적으로 위 예시는 상당히 단순해 보인다. 그러나 실제로는 백엔드에서 다양한 작업이 동시에 수행되고 있다. 먼저 고객은 항공편을 예약하고 싶다는 모호한 요청으로 대화를 시작한다. 이에 대해 AI 어시스턴트는 이 요청을 처리하기 위해 출발지/도착지, 여행 날짜 등과 같은 추가 정보가 필요하다는 것을 이해한다.

대화가 진행됨에 따라 AI 어시스턴트는 예약을 성공적으로 완료하기 위해 필요한 정보를 사용자에게 단계별로 요청한다. AI가 각 단계에서 수집하는 정보들은 백엔드에서 항공권 예약 관련 API를 호출할 때 파라미터값으로 사용된다. 예를 들어 출발지/도착지/여행 날짜/탑승 인원 수 등은 사용 가능한 항공편 정보를 조회하는 API인 `flightLookup`(가상의 API)을 호출하는 데 필요하다. 고객 이름/전화번호/이메일 주소 등은 실제 예약을 진행하기 위한 `bookFlight`라는 API 호출에 필요하다. 그림 1.2는 모델이 내리는 결정, 사용자와의 상호작용 흐름, 각 단계에서 호출되는 도구(API 함수들)를 개략적으로 보여준다.

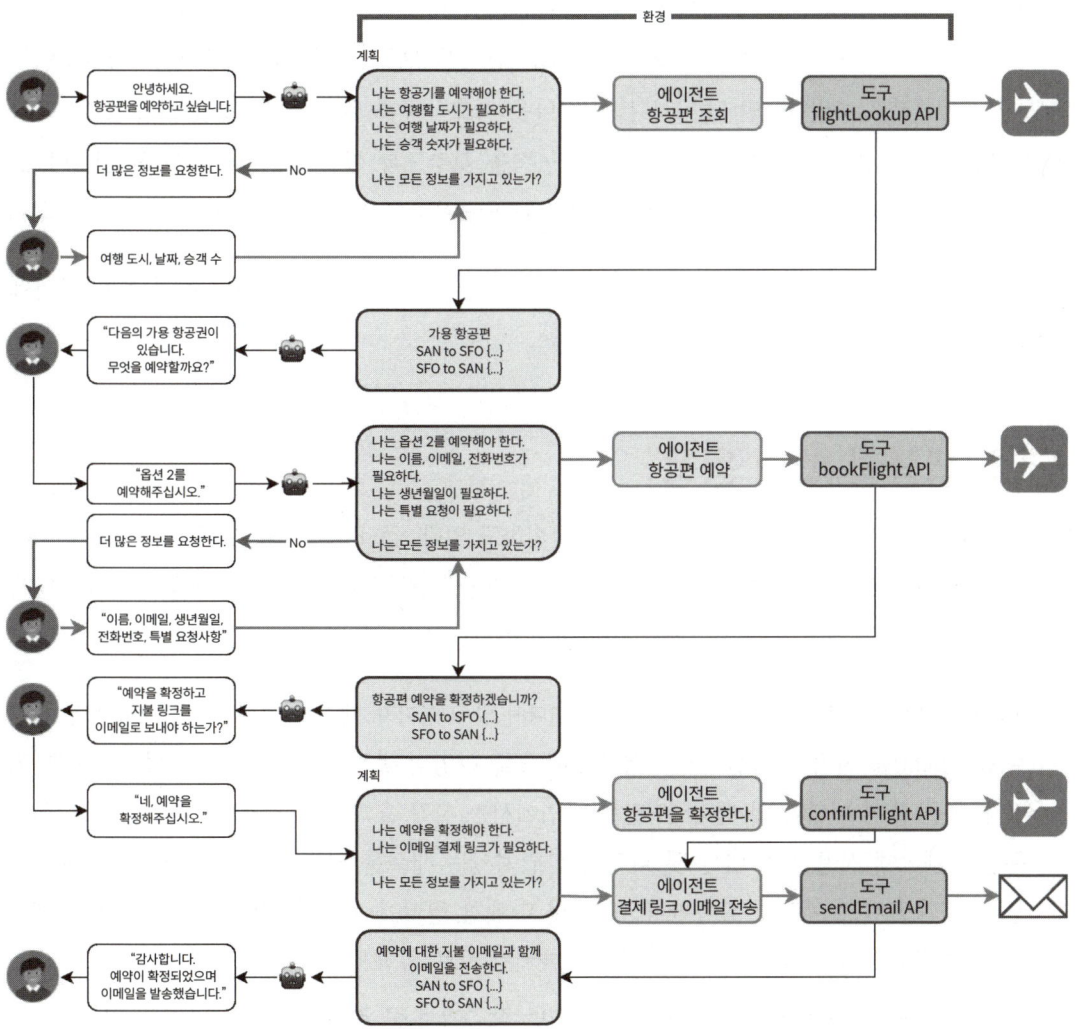

그림 1.2 LLM 기반 다중 에이전트가 포함된 항공권 예약 어시스턴트 챗봇

여기에서는 단순히 도구를 호출하는 것 외에도, 모델이 대화의 시작 부분에서 **생각의 사슬**chain of thought, CoT라고 알려진 약간의 자기 성찰introspection을 수행한다는 점도 알 수 있다. 이것은 백엔드

1.2 생성형 AI 모델의 유형 15

에 있는 모델이 작업을 완수하기 위한 단계별 접근 방식을 구상하며, 그 과정에서 누락된 정보가 있음을 식별한다는 의미다. 그 후 모델은 필요한 정보를 제공해달라는 요청을 고객에게 응답으로 전달한다. 그리고 모델은 고객이 입력한 내용을 바탕으로 특정 도구 호출 여부를 자율적으로 결정하고 에이전트를 통해 해당 작업을 완료한다.

이러한 시스템을 설계할 때는 외부 도구와 API 외에 더욱 많은 요소를 고려해야 한다. 이러한 구성 요소들의 기초적인 내용은 이후에 자세히 다룰 것이다. 지금은 에이전트가 LLM의 고급 응용 형태(예: 이 항공권 예약 AI 어시스턴트)이며 강화 학습reinforcement learning, 계획, 도구 사용 등의 다양한 LLM 유형과 추가적인 AI 기법들이 결합된 새로운 분야를 대표한다는 점만 이해해도 좋다. 이후 장들에서 에이전트는 일반적인 LLM보다 훨씬 나은 상호작용을 하고, 적응 가능하며, 좀 더 복잡하고 다단계로 구성된 작업을 완수할 수 있는 능력을 갖추도록 설계되었음을 알게 될 것이다. 결과적으로 에이전트는 다양한 종류의 복잡한 작업과 워크플로에 적합하다.

에이전틱 시스템의 세부적인 내용에 관해 좀 더 깊이 다루기 전에 먼저 생성형 AI의 응용 분야에 관해 간략하게 살펴보자.

1.3 생성형 AI의 응용

생성형 AI는 다양한 분야에서 혁신적 역량을 발휘하고 있다. 앞서 논의했듯 의료, 금융, 교육, 미디어 및 엔터테인먼트, 마케팅, 제조, 유통 등 많은 산업이 생성형 AI의 이점을 활용할 수 있다. 다음은 생성형 AI의 대표적인 응용 사례들을 간단하게 나타냈다.

- **이미지 및 비디오 생성**: 멀티모달 생성형 모델(다시 말해 이미지, 텍스트, 오디오, 비디오를 모두 다룰 수 있는 LLM)을 사용해 사실적인 시청각 콘텐츠를 다양한 플랫폼과 도구로 생성할 수 있게 되었다. 예를 들어 미디어 및 엔터테인먼트 산업에서는 시각 효과 생성, 아바타 디자인, 가상현실 콘텐츠 제작에 사용한다. 패션 및 디자인 산업에서는 새로운 의류 디자인 구상, 가상 패션쇼 준비, 패션 트렌드 예측에 활용한다. 광고 및 마케팅 영역에서는 맞춤형 광고, 캠페인, 마케팅 문구, 이미지 및 로고와 같은 크리에이티브 마케팅 자료 생성에 사용하고 있다.
- **텍스트 및 콘텐츠 생성**: 생성형 AI는 텍스트 기반 작업에서 큰 진보를 이뤘다. 예를 들어 기사, 블로그 포스트, 마케팅 문구, 제품 설명 등의 콘텐츠를 빠르고 간편하게 생성하는 데 이미 널리 활용하고 있다. 챗봇 및 가상 어시스턴트는 인간처럼 자연스러운 고객 지원을 제공한다. 또한 생성형 AI는 텍스트 번역, 문서 요약, 콘텐츠 지역화에도 활용되며 온라인 학습 플랫폼이나 전

문 검색 엔진 등에서 정보 접근성을 높이는 데 기여하고 있다.

- **음악 및 오디오 생성**: 오리지널 음악, 음향 효과, 음성 합성 등도 생성형 AI가 주도하고 있는 멀티미디어 콘텐츠 생성 분야의 하나다. 이러한 콘텐츠들은 게임 및 엔터테인먼트 산업에서 음성 안내 교육 자료, 자동화 콜센터에서 활용되고 있으며 아마존 알렉사Amazon Alexa, 구글 네스트Google Nest 같은 음성 명령 기반 IoT 기기에도 활용되고 있다.

- **의료 및 신약 개발**: 생성형 AI는 의료 분야에서도 다양한 가능성을 보여주고 있다. 예를 들어 신약 후보 물질 설계, 질병 또는 증상에 대한 치료 가능성 예측에 사용한다. 개인 맞춤형 의료 분야에서는 환자별로 최적화된 치료 계획을 설계하는 데 활용된다. 의료 영상 처리 분야에서는 이미지 품질 개선 및 합성 이미지 생성을 통해 연구 목적에 기여하고 있다.

- **코드 생성**: 코드 생성은 소프트웨어 개발자에게 큰 도움이 되는 최신 기능의 하나다. 이러한 모델은 텍스트 프롬프트를 기반으로 정확한 코드 스니펫code snippet이나 함수 전체를 생성한다. 고급 구현 사례로는 **Visual Studio Code(VS Code)** 같은 다양한 **통합 개발 환경**integrated development environment, IDE에 생성형 AI를 통합한 플러그인을 들 수 있다. 이 모델들은 전체 코드베이스를 인식하고, 오류를 식별하고, 문서화를 생성하며, 단위 테스트 코드를 자동으로 생성할 수 있다. 또 다른 구현 사례로는 자연어 프롬프트를 SQL 쿼리로 변환하는 텍스트-투-쿼리text-to-query가 있다. 변환된 쿼리는 데이터베이스에 실행되어 원하는 결과를 얻을 수 있다. 단, 이 분야는 특히 주의가 필요한 영역이다. 생성한 코드를 실행하기 전 반드시 검증 단계를 거쳐야 하며 악성 코드가 실행될 위험을 방지해야 한다. 대개 LLM이 생성한 코드는 샌드박스 환경에서 실행되며, 자율 실행 환경에서의 실행 가능 여부 및 안정성 여부를 검사한 뒤 사용한다.

- **자율 워크플로 및 로보틱스**: 앞서 설명했듯이 LLM 기반 AI 에이전트는 생성형 AI의 고급 구현 형태이며 LLM을 기반으로 한다. 이러한 에이전트는 다양한 사용 사례에서 여러 작업을 수행할 수 있다. 예를 들어 항공 및 호텔 예약을 도와주는 가상 어시스턴트 챗봇을 포함한 여행 예약 웹사이트는 에이전트를 구현해 사용자의 여행 및 호텔 예약 프로세스를 자동화할 수 있다. 이때, 에이전틱 시스템은 사용자의 대화 콘텍스트를 이해하고 특정 도구(예: 항공편 예약 API 호출)를 활용해 구체적인 작업을 수행할 수 있다. 고급 에이전틱 시스템은 로보틱스 분야에서 특히 중요하다. 로봇의 행동은 대부분 에이전트에 의해 제어된다. 로봇 에이전트는 주어진 환경이나 특정 임무에 따라 어떤 행동을 해야 할지 스스로 결정한다. 그리고 LLM 혼자만으로는 수행할 수 없는 동작을 에이전트를 통해 실행한다. 예를 들어 에이전트는 로봇의 각 관절을 움직이는 액추에이터actuator를 켜거나 끌 수 있다. 로보틱스 분야에서의 인공지능은 매우 새롭고 개방된 연구 영역이며, 특히 제조업에서의 적용을 중심으로 많은 혁신적인 연구와 실용적인 시도들이 등장하고 있다.

앞서 설명한 내용들은 LLM과 함께 사용되는 생성형 AI의 일반적인 활용 사례 중 극히 일부다. 그 밖에도 패션 및 디자인, 합성 데이터 생성, 개인화된 교육 콘텐츠 제작, 금융 모델링 및 예측, 예방 정비 등 다양한 분야에서 그 활용을 찾아볼 수 있다. 다음으로 지금까지 논의된 여러 사용 사례에 활용되고 있는 상용 및 오픈소스 도구에 관해 간단하게 살펴보자.

표 1.1 생성형 AI를 사용하는 상용 및 오픈소스 도구 예

사용 사례	상용 도구	오픈소스 도구
시각 효과/ 아바타 디자인	• **Unreal Engine – MetaHuman Creator**: 게임 및 영화용 사실적 디지털 인간 생성에 유용 • **NVIDIA Omniverse**: 3D 디자인 협업 및 시뮬레이션 플랫폼. 비주얼 이펙트를 만드는데 유용	• **DeepFaceLab**: 얼굴 교체, 디지털 아바타 제작에 유용 • **StyleGAN**: 극도로 사실적인 얼굴을 생성할 수 있어 아바타 생성에 도입할 수 있음
가상현실 콘텐츠 제작	• **Unity**: 강력한 VR 개발 기능 제공(VR 전용은 아님) • **Adobe Aero**: AR 경험 제작	• **A-Frame**: 웹 기반 VR 콘텐츠 프레임워크 • **Godot**: VR을 지원하는 오픈소스 게임 엔진
의류 디자인/ 가상 패션쇼	• **CLO3D**: 가상 의류 디자인 및 쇼룸 구현 • **Browzwear**: 패션 업계용 3D 디자인 설루션	• **Blender**: 3D 모델링 도구, 패션 디자인 및 가상 패션쇼에 활용 가능함.
패션 트렌드 예측	• **WGSN**: AI 기반 패션 트렌드 예측 • **Heuritech**: AI 기반 트렌드 분석 및 예측	없음
마케팅 콘텐츠 및 광고 생성	• **Jasper**: 마케팅 카피 생성용 AI 작성 도우미 • **Midjourney**: 마케팅용 이미지 제작에 유용한 생성형 AI 도구	• **GPT-J**: 마케팅 콘텐츠 생성을 위한 오픈소스 언어 모델 • **Stable Diffusion**: 마케팅 시각 자료 생성 가능
로고 및 이미지 제작	• **DALL·E 2**: 텍스트 설명 기반 이미지/로고 생성 • **Canva**: AI 기능이 포함된 디자인 플랫폼	• **Stable Diffusion**: 로고 및 이미지 생성에 활용 가능 • **Craiyon (구 DALL·E mini)**: DALL·E의 오픈소스 대안
텍스트 및 콘텐츠 생성	• ChatGPT (OpenAI) • Claude AI (Anthropic) • Jasper • Copy.ai • Anyword • Writer • WriteSonic 등	• **Mistral 7B**: 효율성과 정밀도로 주목받는 텍스트 생성 LLM • **LLaMA**: 다양한 파라미터 크기의 오픈소스 생성 모델 모음 • **BLOOM**: 1,000명 이상의 연구자가 협력한 대형 공개 모델
코드 생성	• GitHub Copilot • Amazon Q for Developers • Tabnine • OpenAI Codex 등	• **CodeT5**: 코드 생성, 완성, 언어 간 변환 등 다양한 코드 작업에 대응 • **Polycoder**: 다언어 코드 기반에서 학습한 코드 생성기
자율 워크플로/ 로보틱스	• **UiPath**: RPA에 Generative AI를 통합해 문서 처리, 커뮤니케이션 분석 등 지원 • **Automation Anywhere**: 자동화 Co-Pilot 기능 포함 • **NVIDIA**: 로보틱스 및 자율 시스템을 위한 AI 워크플로 제공	• **OpenAI Gym**: 강화 학습 알고리즘 개발 툴킷, LLM과 통합 가능 • **Hugging Face**: LLM 기반 자율 시스템 구현용 오픈소스 라이브러리 제공 • **LangChain**: LLM을 활용한 지능형 에이전트 및 워크플로 개발용 파이썬 라이브러리

표 1.1이 현재 시장에 나와 있는 상용 및 오픈소스 도구들의 완전한 목록은 아니다. 이 분야는 하루가 다르게 변화하고 있는 매우 역동적인 환경이다. 지금 이 순간에도 생성형 AI를 활용해 현실 세계의 문제를 해결하는 새로운 방법을 제시하는 수많은 스타트업이 등장하고 있다. 동시에 이전보다 더 뛰어나면서도 운영 비용이 훨씬 낮은 최첨단 LLM을 개발하는 새로운 모델 제공업체들도 나타나고 있다. 결과적으로 이러한 현상은 생성형 AI 분야가 얼마나 역동적이고 흥미로운지 명확하게 보여주는 반증이라 할 수 있다.

1.4 생성형 AI의 과제와 한계

생성형 AI는 막대한 이점과 가능성을 제공하지만, 동시에 내재적인 과제와 한계도 포함하고 있다. 이러한 과제와 한계 중 일부는 특정 사용 사례에 생성형 AI 기술을 적용할 때 신중하게 고려해야 할 중요한 요소가 될 수 있다. 다음은 LLM과 관련해 일반적으로 주의해야 할 사항들, 그리고 이를 완화하기 위한 방법들에 관해 간략히 소개한다.

1.4.1 데이터 품질과 편향

생성형 AI 모델의 성능은 훈련 데이터셋에 포함된 데이터의 품질과 다양성에 크게 의존한다. 만약 어떤 모델이 편향되었거나 대표성이 부족한 데이터를 사용해 학습되었다면, 그 모델은 학습 시점에 포함된 동일한 유형의 편향을 그대로 재현하게 된다. 결과적으로 기존의 사회적 편견을 강화하거나, 하나 이상의 집단을 소외시키는 결과를 낳을 수 있다.

이 문제를 해결할 수 있는 한 가지 방법은 다양성과 품질이 풍부한 훈련 데이터를 확보하는 것, 즉 가능한 한 다양한 관점과 배경을 반영할 수 있는 데이터로 학습시키는 것이다. 모든 머신러닝 문제와 마찬가지로 데이터를 사전에 분석하고, 각 기능feature별 분포를 이해하는 것은 편향을 완화하는 데 매우 유용하다. 데이터를 분석해 모델 학습 과정에서 편향을 유발할 수 있는 불균형의 존재 여부를 파악할 수 있다. 편향을 완화하기 위한 알고리즘적 접근 방식도 존재한다. 예를 들어 오버샘플링oversampling 또는 언더샘플링undersampling 같은 방법을 생각할 수 있다. 이 방법들은 편향을 줄이는 데는 도움이 되지만 각 방법은 고유한 장단점을 갖고 있으며, 모든 경우에 적용할 수 있는 것도 아니다. 예를 들어 훈련 데이터셋에 **Class 0** 데이터가 **Class 1** 데이터보다 훨씬 많은 경우를 생각해보자. 이러한 불균형 데이터로 모델을 학습시키면 모델은 자연스럽게 **Class 0**에 '과적합overfit' 되어 **Class 0** 데이터에만 익숙해지고, **Class 1** 데이터에 대해서는 충분한 학습을 할 수 없게 된다. 결과적으로 모델의 전체 성능이 하락하고 심각한 편향을 보이게 된다.

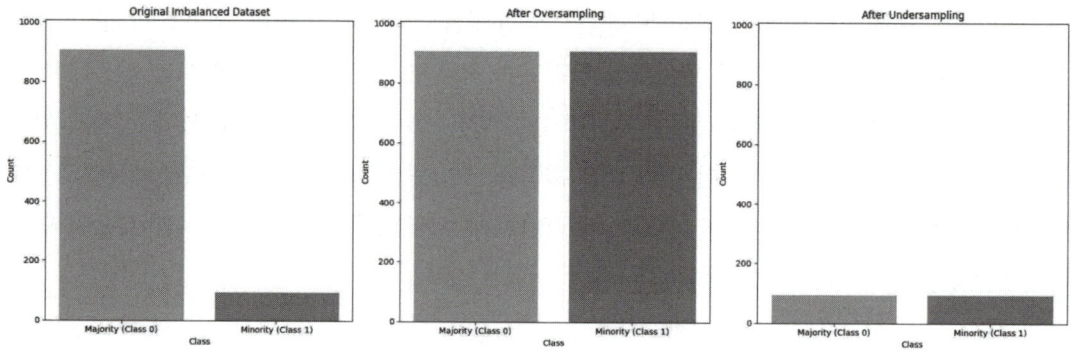

그림 1.3 데이터 불균형과 오버샘플링/언더샘플링의 영향

1.4.2 데이터 프라이버시

수많은 연구자들의 실험 결과를 통해 LLM이 훈련 중 사용된 데이터를 누설하는 경향이 있다는 사실을 명확하게 확인할 수 있다. 이러한 문제는 특히 훈련 데이터에 민감하거나 사적인 정보, 혹은 기업의 독점 데이터가 포함된 경우 더욱 심각해진다. 특정한 프롬프트 스타일이나 기법을 사용하면 모델이 훈련 데이터셋에서 텍스트를 문자 그대로 생성하게 유도할 수 있으며, 이러한 프롬프트 인젝션prompt injection은 기술적으로 복잡하지 않으면서도 효과적으로 정보 유출 공격을 가능하게 만든다. 예를 들어 논문 <Scalable Extraction of Training Data from (Production) Language Models>[15]에서는 연구자들이 약 $200 상당의 OpenAI GPT-3.5 API를 호출하는 것만으로 이러한 프롬프트 삽입 기법을 통해 개인정보를 유출할 수 있음을 입증했다. 유출된 정보에는 이름, 이메일, 실제 주소, 전화번호 등이 포함되어 있었으며, 이 정보들은 의도치 않게 모델 학습 데이터에 포함되었던 것으로 밝혀졌다. 물론, OpenAI와 같은 모델 제공업체들은 이러한 문제를 해결하기 위해 적극적으로 대응하고 있다. 하지만 모델을 자체적으로 학습시키는 기업이나 조직의 경우에는 이 문제를 직접 책임지고, 이러한 문제가 발생하지 않게 해야 하므로 위험성은 여전히 존재한다.

이를 완화하기 위한 일반적인 메커니즘 중에는 모델을 학습시키기 이전에 훈련 데이터를 익명화anonymization 또는 가명화pseudonymization 함으로써 개인정보, 사적 정보 또는 독점 정보를 제거하거나 흐리게 만드는 방법이 있다. 이 두 가지 방법은 모두 훈련 데이터셋에 개인정보 또는 민감 정보가 존재하는지 식별하기 위해 분류 및 개체 탐지를 수행하는 데 사용되는 더 작고, 저렴하고, 빠른 AI 모델을 활용하는 과정을 포함한다. 식별이 완료되면 민감 정보를 흐리게 처리하거나, 마스킹하거나 훈련 데이터셋에서 완전히 제거하기도 한다. 이러한 작업을 수행하는 것은 사용 사례에 따

---

[15] <Scalable Extraction of Training Data from (Production) Language Models> https://arxiv.org/abs/2311.17035

라 여러 가지 영향을 초래할 수 있으므로, 이 작업이 모델 성능에 영향을 주지 않게 특별한 분석을 수행해야 한다.

1.4.3 계산 자원

정교한 생성형 모델을 학습시키는 데는 매우 많은 자원이 필요하고, 높은 수준의 계산 성능이 필요하다. 대형 언어 모델의 학습에는 종종 경제적으로 감당하기 어려울 정도로 많은 비용이 들고 에너지도 많이 소비된다. 이러한 모델의 학습을 가능하게 만든 하드웨어 혁신이 몇 가지 있었지만, 그러한 하드웨어 자원에 접근하기란 여전히 많은 비용이 들고, 특별한 권한이 필요하거나 제한되어 있다. 예를 들어 원래 고해상도 그래픽을 렌더링하기 위한 목적으로 설계된 **그래픽 처리 장치** graphics processing unit, GPU는 현재 AI 모델 학습, 파인 튜닝, 연산에 필수 요소가 되었다. 2006년에 도입된 NVIDIA의 CUDA 아키텍처는 GPU를 범용 연산에 사용할 수 있게 했으며, 이후 NVIDIA의 A100과 H100과 같은 최신 GPU는 AI 작업에 맞춰 특별히 최적화되었다. 하지만 이러한 고성능 GPU를 구매하는 데는 개당 수만 달러의 비용이 든다.

GPT-3 같은 대형 모델을 학습시키는 데는 연산 자원에만 수백만 달러의 비용이 드는 것으로 추산된다. 정확한 비용은 모델의 크기, 학습 기간, 하드웨어 효율성과 같은 요소에 따라 달라진다. 예를 들어 GPT-3의 학습 비용은 약 400만~500만 달러로 추산되며, 더 최근 모델인 GPT-4와 PaLM은 학습 비용은 그보다 더 클 가능성이 높다. 하드웨어 자체뿐만 아니라 전력 소비, 냉각, 데이터 센터 공간과 관련된 인프라 비용도 상당하다. 이러한 높은 비용 때문에 대형 언어 모델의 학습은 주로 대형 기술 기업들이나 자금력이 풍부한 연구 기관들이 수행하고 있다. 클라우드 서비스는 사전 학습된 모델 및 파인 튜닝 기능에 대한 접근을 제공함으로써, 소규모 조직이나 일반 사용자들도 일부 수준의 LLM 작업을 수행할 수 있게 하고 있다. 이러한 과제를 극복하기 위한 방법의 하나로 **소형 언어 모델** small language models, SLM을 고려할 수 있다. SLM은 특정 작업을 수행하게 학습시킬 수 있는 훨씬 작은 규모의 생성형 AI 모델이다. 이러한 모델들은 매우 제한된 도메인 특화 작업에만 적용할 수 있지만, 필요한 계산 자원이 훨씬 적기 때문에 경제적인 관점에서 더 효율적으로 학습시킬 수 있다.

1.4.4 윤리적, 사회적 함의

생성형 AI의 기술적 발전 과정에서 매우 다양한 윤리적, 사회적 문제들이 드러났다. 다음은 그 문제들 중 일부다.

- **딥페이크와 허위 정보**deepfake and misinformation: 생성형 AI는 매우 사실적인 합성 콘텐츠를 생성할 수 있다. 이러한 기술이 악용되면 딥페이크나 허위 정보를 양산할 수 있으며 이는 개인의 프라이버시와 보안은 물론 공공 신뢰에까지 위협이 될 수 있다.
- **지적 재산권**: 기존 콘텐츠와 유사한 콘텐츠를 생성하는 과정에서 저작권, 지적 재산권 문제를 유발할 수 있다. 창작물의 독창성과 적절한 소유권에 대한 법적 복잡성은 매우 혼란스러워질 수 있다.
- **일자리 대체**: 경제학자들은 종종 콘텐츠 생성 및 기타 자동화 작업 부문에서 실질적으로 일자리가 사라지는 것에 대한 우려를 과소평가하곤 한다. 하지만 이러한 영향을 완화하기 위해 재교육 및 조정 전력, 생성형 AI에 영향을 받는 노동자들을 위한 새로운 창업 기회 등에 대한 연구가 필요하다.

윤리적, 사회적 함의를 완화하는 것은 기술적 문제가 아닌 철학적 문제다. 딥페이크 AI 이미지 탐지 및 개인/사적 데이터 탐지 방법과 같은 몇 가지 기술적 대응책들이 존재하지만, 사회적 함의는 AI 기술이 사회에 어떤 혜택을 줄 수 있는가와 관련된 문제이며, 이는 현재 및 미래의 정부 규제 등과 깊은 관련이 있다.

1.4.5 일반화와 창의성

이러한 생성형 AI 모델들이 가지고 있는 큰 문제점 중 하나는 일반화 능력이 매우 부족하다는 점이다. 조금 더 구체적으로 말하자면 이 모델들은 훈련 데이터와 현저히 다른 콘텐츠를 거의 생성하지 않는다. 즉, 반복되는 패턴은 잘 모방하지만 완전히 독창적이거나 새로운 무언가를 창출하지는 못한다. 그 결과, 진정한 의미의 창의성에 대한 잠재력은 매우 제한적이다.

생성형 AI는 앞으로 더 새롭고 다양한 방식으로 발전할 것이고, 이 기술의 책임 있는 활용을 보장하기 위한 새로운 과제들도 끊임없이 나타날 것이다. 우리는 이미 이러한 문제들을 다루는 새로운 연구들과 노력들이 쏟아지는 현장을 목격하고 있다

요약

생성형 AI는 매우 빠르게 성장하고 있는 분야다. 산업 전반에 미칠 수 있는 파괴적 잠재력을 가지고 있으며, 우리 삶의 다양한 영역을 변화시키고 있다. 한편 생성형 AI는 매우 사실적인 이미지 및 텍스트 생성, 신약 개발의 가속화, 풍부한 크리에이티브 표현의 가능성 등의 영역에 적용할 수 있다.

이러한 기술들을 이해하기 위해서는 VAE, GAN, 자기회귀 모델 등 다양한 생성형 모델의 차이점과 작동 방식, 적용 가능성을 파악하는 것이 중요하다. 또한 데이터 품질, 컴퓨팅 자원, 윤리적 고려사항, 창의성의 한계 등 생성형 AI가 가진 여러 문제점과 한계점에 대해서도 분명하게 인식해야 한다.

다음 장에서는 에이전틱 시스템의 원리에 대해 배울 것이다. 여기에는 주체성$_{agency}$과 자율성$_{autonomy}$의 개념, 지능형 에이전트의 특징, 다양한 지능형 시스템 아키텍처, 다중 에이전트 시스템 등이 포함된다.

질문

1. 생성형 AI 모델은 텍스트 데이터만 입력으로 받을 수 있다. 참인가? 거짓인가?

2. 생성형 AI 모델에는 어떤 유형들이 있는가?

3. 생성형 AI가 초래할 수 있는 윤리적, 사회적 함의는 무엇인가?

4. 훈련 데이터의 편향을 완화하기 위한 방법에는 어떤 것들이 있는가?

5. 텍스트 및 콘텐츠 생성에 사용되는 오픈소스 LLM에는 어떤 것들이 있는가?

답변

1. 거짓이다. 생성형 AI 모델은 텍스트뿐만 아니라 이미지, 비디오, 오디오 데이터를 입력으로 받을 수 있다.

2. VAE, GAN, 자기회귀 모델 등이 있다.

3. 딥페이크, 허위 정보, 저작권 또는 지적재산권 문제, 일자리 대체 등이 있다.

4. 일반적인 방법으로는 오버샘플링, 언더샘플링이 있다.

5. Mistral, LLaMA, Bloom 등은 오픈소스 텍스트 및 콘텐츠 생성 LLM이다.

더 읽을 거리

- 《Mastering Machine Learning Algorithms – Second Edition》, Giuseppe Bonaccorso

- 《Machine Learning for Imbalanced Data》, Kumar Abhishek & Dr. Mounir Abdelaziz

- 《Generative AI with Python and TensorFlow 2》, Joseph Babcock & Raghav Bali

CHAPTER 2

에이전틱 시스템의 원리

앞 장에서는 생성형 AI의 기초에 관해 소개하고, 다양한 생성형 AI 모델 유형을 살펴보면서 LLM 기반 AI 에이전트에 대해서도 간략히 논의했다. 이번 장에서는 에이전틱 시스템의 기본 원리에 관해 살펴본다. 먼저 주체성과 자율성의 개념에 관해 간단하게 논의하고, 이어서 지능형 에이전트의 정의와 특성에 관해 다룬다. 다음으로 앞 장에서 살펴본 여행 예약 어시스턴트 예시를 바탕으로 다양한 에이전틱 시스템 아키텍처와 다중 에이전트 시스템에 관해 설명한다.

이번 장에서 다루는 주요 주제는 다음과 같다.

- 자기 관리, 주체성, 자율성 이해하기
- 지능형 에이전트와 그 특성 살펴보기
- 에이전트 시스템 아키텍처의 탐구하기
- 다중 에이전트 시스템 이해하기

이번 장을 마치면 지능형 에이전트의 기본 개념과 에이전틱 시스템을 구축할 때 반드시 고려해야 할 핵심 아키텍처 요소들에 대해 이해할 수 있게 될 것이다.

기술 요구사항

이번 장에서 사용하는 코드 파일은 GitHub 저장소(`https://github.com/moseskim/Building-Agentic-AI-Systems`)에서 다운로드할 수 있다. 저장소의 `README` 파일을 참고해 개발 환경을 설정하자.

2.1 자기 관리, 주체성, 자율성 이해하기

에이전틱 시스템agentic system의 가장 매력적인 측면은 이들이 수행하는 복잡한 의사결정 프로세스다. 이를 통해 특정 상황 안에서 어떻게 선택을 최적화하는지에 대한 귀한 통찰을 얻을 수 있다. 이러한 시스템은 종종 책임accountability과 책임 소재responsibility에 대한 기존 인식에 도전을 던진다.

에이전틱 시스템은 로보틱스, 인공지능, 시스템 엔지니어링 등 다양한 분야에서 혁신과 기술 발전의 핵심 동력으로 작용하고 있다. 이러한 시스템의 개발과 배치는 새로운 형태의 자동화 및 지능적 행동에 대한 탐색과 창조를 촉진해왔다. 에이전틱 시스템이 활발히 적용되고 있는 분야들은 다음과 같다.

- **로보틱스**: 이 분야에서 에이전틱 시스템은 복잡한 환경을 스스로 탐색하고, 정교한 작업을 수행하고, 변화하는 조건에 적응할 수 있는 자율 로봇의 설계 및 구현을 가능하게 했다. 이러한 로봇들은 의사결정 능력과 주체성을 가지고 있으며 제조, 탐사, 구조 활동, 헬스케어 같은 다양한 분야에 적용되고 있다. 예를 들어 에이전틱 행동을 수행하는 로봇은 재난 지역을 자율적으로 탐색하고, 위험을 평가하고, 구조 작업을 지원하기 위한 의사결정을 내린다. 이는 지능적이고 적응적인 행동의 전형적인 예다.

- **인공지능**: 이 분야에서 에이전틱 시스템은 지능형 에이전트 및 의사결정 지원 시스템 개발에 핵심적인 역할을 해왔다. 이러한 시스템은 고급 알고리즘, 머신러닝 기법, 지식 표현 기법을 활용해 데이터를 분석하고, 복잡한 시나리오를 추론하고, 지능적인 추천 또는 자동화된 의사결정 기능을 제공한다. 에이전틱 AI 시스템은 금융, 헬스케어, 운송, 마케팅 등 다양한 영역에서 적용되어 더욱 효율적이고 효과적인 의사결정 프로세스를 가능하게 한다.

- **시스템 엔지니어링**system engineering: 이 분야에서 에이전틱 시스템은 복잡하고, 분산되어 있으며, 적응 가능한 시스템을 설계하고 구현할 수 있게 해준다. 이러한 시스템은 종종 여러 개의 상호작용하는 구성 요소나 하위 시스템으로 구성되며, 각 구성 요소는 에이전틱 행동과 의사결정 능력을 갖추고 있다. 이러한 시스템은 전력망, 교통망, 사이버 물리 시스템cyber-physical systems 등

에서 찾아볼 수 있다. 이러한 환경에서는 지능적이고 자율적인 의사결정이 효율적 운영, 자원 할당, 장애 복원에 필수다.

에이전틱 시스템의 핵심 개념은 자기 관리, 주체성, 자율성이다. 다음 절에서는 이 세 가지 개념에 관해 살펴보고, 이들이 에이전틱 시스템 아키텍처 안에서 어떤 비중과 역할을 담당하는지 자세히 살펴본다.

2.1.1 자기 관리

에이전틱 시스템은 자기 관리self-governance, 적응성adaptability, 상호작용interaction을 갖춘 인공적 시스템 또는 인간 중심 시스템이다. 자기 관리는 외부 지시나 통제 없이도 스스로를 관리하고 통제할 수 있는 능력을 의미한다. 에이전틱 시스템 콘텍스트에서의 자기 관리는 시스템이 스스로 결정을 내리고, 목표를 설정하고 내재된 규칙, 모델, 의사결정 알고리즘을 기반으로 자신의 행동을 조절할 수 있음을 의미한다. 기본적으로 이들은 내부 상태와 규칙에 따라 작동하고, 환경이나 목표가 변경되면 그 행동 방식을 스스로 바꿀 수 있다. 이러한 시스템은 환경 또는 다른 시스템과 상호작용하면서 의미 있는 방식으로 영향을 주고받으며 발전한다.

에이전틱 시스템에서 자기 관리의 핵심 요소는 다음과 같다.

- **자기 조직**self-organization: 외부 개입 없이 스스로 내부 프로세스, 자원, 행동을 조직하고 구조화할 수 있는 능력이다.
- **자기 규제**self-regulation: 외부 환경이나 내부 상태에서 받은 피드백에 기반해 스스로의 행동과 출력을 모니터링하고 조정하는 능력이다. 이를 통해 시스템은 설정된 제한이나 기준 내에서 작동할 수 있다.
- **자기 적응**self-adaptation: 목표를 더욱 효과적으로 달성하기 위해 환경 변화나 내부 상태 변화에 따라 행동, 전략, 의사결정 프로세스를 수정할 수 있는 능력이다.
- **자기 최적화**self-optimization: 학습, 경험, 진화적 프로세스를 통해 스스로의 성능, 효율성, 의사결정 능력을 지속적으로 향상시킬 수 있는 능력이다.
- **자기 결정**self-determination: 외부로부터 전적인 통제를 받지 않고 스스로의 목표, 우선순위, 실행 방안을 내부 의사결정 프로세스를 통해 설정할 수 있는 능력이다.

에이전틱 시스템에서의 자기 관리는 일반적으로 머신러닝, 지식 표현, 추론, 의사결정 알고리즘 등의 다양한 기술, 프레임워크, 방법론의 통합을 통해 구현된다. 이러한 요소들은 시스템이 정보를 처리하고, 데이터와 경험으로부터 학습하며, 획득한 지식과 현재의 상황을 바탕으로 자율적인 결정을 내릴 수 있게 해준다.

2.1.2 주체성

주체성agency은 개인 또는 어떤 개체entity가 독립적으로 행동하고 선택할 수 있는 능력을 의미한다. 인간 또는 인공 시스템 콘텍스트에서 주체성은 다음과 같은 핵심 요소들을 포함한다.

- **의사결정 권한**decisional authority: 선택된 대안이나 행동 방안을 기준으로 행동하고 실행할 수 있는 능력을 의미한다. 주체성을 가진 시스템은 외부 규칙이나 지시에만 따르는 것이 아니라, 내부의 의사결정 프로세스에 따라 여러 옵션을 평가하고 최적의 행동을 선택할 수 있다.
- **의도성**intentionality: 주체성은 행동을 유도하는 의도, 목표, 목적이 존재한다는 것을 전제로 한다. 즉 에이전틱 시스템은 단순히 반응적인 시스템이 아니라 목적 의식이 있고, 특정 목표를 추구하고, 그 목표를 달성하기 위해 행동과 전략을 조정할 수 있다.
- **책임 소재**responsibility: 주체성은 책임 소재와 밀접한 관련이 있다. 이는 자신이 행동한 결과 및 그 결과에 대한 책임을 스스로 지는 것을 의미한다. 주체성을 가진 시스템은 그 결정과 그로 인한 영향에 대해 책임을 가지는 주체로 간주된다.

대부분의 경우 AI 주체성은 해당 시스템이 내부 프로그램, 모델, 처리된 데이터를 기반으로 자율적으로 의사결정을 내릴 수 있는 능력을 가지고 있음을 의미한다. 이러한 결정은 시스템 자체의 작동이나 환경과의 상호작용에 중대한 영향을 미칠 수 있다.

1장에서 설명한 여행 예약 어시스턴트 예시를 다시 떠올려보자. 이 어시스턴트는 항공권 예약뿐만 아니라 호텔 예약도 담당할 수 있다. 이때, 이 시스템은 다음과 같은 방식으로 주체성을 발휘하게 될 것이다. 예를 들어 두 도시 간 항공편의 가용성, 항공편 가격, 사용자가 입력한 좌석 등급 등의 제약 조건을 분석하고 그 조건에 부합하는 항공편과 호텔을 최적화된 방식으로 탐색하는 의사결정을 함으로써 여행 전체 비용을 최소화하는 결과를 만든다. 즉 시스템은 자신이 내린 결정의 결과에 대해 책임지며, 이는 고객의 여행 계획과 전체 비용에 직접적인 영향을 미친다.

2.1.3 자율성

자율성autonomy은 주체성과 밀접하게 관련되어 있지만, 좀 더 구체적으로는 어떤 실체나 시스템이 가지는 독립성의 정도에 초점을 둔 개념이다. 자율성은 다음과 같이 여러 측면으로 나눌 수 있다.

- **운용 자율성**operational autonomy: 시스템이 인간의 직접적인 개입이나 통제 없이 특정 작업 또는 일련의 작업을 수행할 수 있는 능력을 의미한다. 운용 자율성을 가진 시스템은 자체적인 내부 프로세스, 의사결정 알고리즘, 환경 감지 능력을 기반으로 독립적으로 기능할 수 있다.
- **기능 자율성**functional autonomy: 시스템이 자신이 처한 환경 또는 콘텍스트에 따라 목표를 달성하기 위해 선택하고 행동하는 능력을 의미한다. 기능 자율성을 가진 시스템은 조건 변화나 외부 자극에 대응해 행동과 의사결정 방식을 조정할 수 있으며, 자신의 목표를 더 효과적으로 추구할 수 있다.
- **계층적 자율성**hierarchical autonomy: 시스템이 더 큰 구조나 조직 체계 내에서 갖는 의사결정 권한의 정도를 의미한다. 높은 계층적 자율성을 가진 시스템은 자신의 하위 시스템 또는 조직 운영 전반에 영향을 미칠 수 있는 결정을 더 폭넓게 내릴 수 있는 반면, 낮은 계층적 자율성을 가진 시스템은 상위 시스템이나 주체로부터 더 많은 제약이나 감독을 받는다.

AI 및 로보틱스 분야에서 자율성은 시스템이 인간의 지속적인 개입 없이 얼마나 작업을 수행하고 의사결정을 내릴 수 있는지를 나타내는 핵심 개념이다.

앞서 살펴본 여행 예약 어시스턴트 예에서 이 시스템은 항공편이나 호텔을 예약하고, 알림을 관리하고, 여행 정보를 조회하는 등의 작업을 인간의 개입을 최소화하거나 배제하고 수행하므로 운용 자율성을 갖는다. 그리고 사용자 명령을 해석하고, 개인 선호를 이해하고, 사용자 목표와 콘텍스트에 부합하는 방식으로 의사결정을 하므로 기능 자율성을 갖는다고 볼 수 있다. 이러한 시스템에 부여되는 계층적 자율성 수준은 시스템이 처리할 수 있는 민감한 데이터나 자원에 대한 접근 권한 또는 사용자의 개인정보 보호 설정 수준 등에 따라 달라질 수 있다.

AI 및 로보틱스 시스템에서의 자율성은 인간의 감독이나 통제의 완전한 부재를 의미하지는 않는다는 점에 유의하자. 이러한 시스템은 일반적으로 설계자나 운영자가 설정한 명확한 경계와 제약 내에서 작동하면서도 상당 수준의 자율성을 발휘할 수 있다. 예를 들어 여행 예약 챗봇은 항공권 예약을 위해 사용자에게 여행 날짜, 출발지/도착지, 이름, 주소 등 추가 정보를 요청한다. 요청받은 데이터를 기반으로 가능한 항공편과 사용자 선호에 맞는 옵션을 찾아 제안한다. 정보가 누락되었거나 제공받은 정보가 모호하면 챗봇은 사용자에게 명확한 정보를 요청해 정확도를 확보하는 동시에 자신의 프로그래밍된 경계 내에서 자율적으로 작동하게 된다.

자기 관리, 주체성, 자율성은 AI 시스템 내에서 서로 밀접하게 얽혀 있으며 이러한 시스템에 어떤 수준의 자율성을 부여할 것인지, 그리고 그 결정으로 인해 발생할 수 있는 잠재적 위험과 영향에 대한 윤리적 고려와 함께 논의돼야 한다. AI 시스템이 점점 정교해지고 독립적인 의사결정을 내릴 수 있게 되면서, 이들이 인간의 가치 및 윤리적 원칙과 정렬되게 보장하는 것이 매우 중요해지고 있다.

2.1.4 에이전트의 주체성과 자율성에 관한 예시

여행 예약 어시스턴트를 위한 간단한 알고리즘을 사용해 주체성과 자율성의 개념을 묘사해보자. 이 알고리즘은 AI를 아직 사용하지는 않지만 그 개념을 이해하는 데 도움이 될 것이다. 우리가 사용하는 여행 예약 어시스턴트 알고리즘은 다음과 같다.

알고리즘 1: 주체성과 자율성을 가진 여행 예약 어시스턴트 알고리즘

필수 입력: 에이전트 이름 N
보장 결과: 주체성과 자율성을 가진 초기화된 TravelAgent 객체 A

1: 초기화 A ← CreateTravelAgent(N)
2: 초기화 A.goals ← 빈 리스트
3: 초기화 A.knowledge_base ← 빈 딕셔너리

// 주체성: 사용자를 대신해 행동할 수 있는 능력
4: function SetGoal(G)
5: A.goals.Append(G) // 주체성: 목표 설정
6: function UpdateKnowledge(K, V)
7: A.knowledge_base[K] ← V // 주체성: API로부터 정보 획득 및 기록

// 자율성: 독립적으로 동작할 수 있는 능력
8: function MakeDecision(Options)
9: best_option ← max(Options, key = score) // 자율성: 독립적인 의사결정
10: 반환 best_option
11: function BookTravel(Departure, Destination)
12: 출력 "에이전트 A.name이(가) Destination까지의 여행을 예약 중입니다."

// 주체성: 사용자를 대신해 행동 실행
13: SetGoal("Departure에서 Destination까지의 항공편 예약")

```
14: UpdateKnowledge({Departure, Destination})
// 자율성: 최적의 항공편을 찾아 독립적으로 예약 수행
15: MakeDecision()
// 예약 로직을 이곳에 구현하고 결과를 A에 저장
16: 출력 A
```

이 알고리즘은 다음과 같은 방식으로 동작한다. 주체성과 자율성이 어떻게 나타나는지 살펴보자.

1. 먼저 에이전트의 이름을 지정한다. 여기에서는 `TripPlanner`라고 부른다.

2. 다음으로 새 `TravelAgent` 객체를 초기화하고 `N = "TripPlanner"`라는 이름을 부여한다. 이는 주체성과 자율성을 모두 갖춘 개체를 생성하는 과정을 의미한다.

3. 다음으로 에이전트가 수행할 목표를 저장하기 위한 리스트를 생성한다. 이는 에이전트가 사용자 대신 달성하고자 하는 의도 또는 원하는 결과를 나타내므로 주체성과 관련이 있다. `A.goals ← empty list`로 표현했다.

4. 다음으로 에이전트가 사용하는 정보를 저장하기 위한 빈 딕셔너리(맵map 혹은 키-밸류 쌍key-value pair)를 초기화한다. 이것은 주체성(사용자를 대신해 행동함)과 자율성(독립적인 동작)을 위한 핵심요소다. 에이전트가 의사결정을 내리기 위해 사용하는 정보들을 포함하기 때문이다. `A.knowledge_base ← empty dictionary`로 표현했다.

5. 알고리즘 1의 **4, 5단계**에서는 새로운 목표 `G`를 에이전트의 목표 리스트에 추가하는 함수를 정의한다. 이것은 에이전트가 사용자의 요청을 수리하는 것과 같으며 `A.goals.Append(G)`로 표현했다. 예를 들어 사용자가 "**Book flight from San Diego to Seattle**(샌디에고에서 시애틀까지 비행기 예약해줘)"라고 말하면, 해당 문장은 `SetGoal("Book flight from San Diego to Seattle")`으로 처리된다.

6. 알고리즘 1의 **6, 7단계**에서는 새로운 키-밸류 쌍(맵 혹은 딕셔너리)에 기반해 에이전트의 지식을 업데이트하는 함수를 정의한다. 이것은 에이전트가 사용자를 위해 동작하는 데 사용할 정보를 획득하게 함으로써 주체성을 제공한다. 동시에 에이전트가 의사결정을 내릴 때 사용할 수 있는 정보를 제공함으로써 에이전트의 자율성을 제공한다. 이 동작은 `A.knowledge_base[K] ← V`로 표현했다. 이 함수는 여러 여행 관련 (이론상) API를 사용해 두 도시 간 항공편 옵션을 얻고, 지식 베이스에 해당 정보를 구성한다. 동시에 이 항공편 옵션들의 점수를 매긴다. 예를 들어 늦은 항공편에는 낮은 점수를 매기고, 이른 항공편에는 높은 점수를 매긴다.

7. 알고리즘 1의 **8~10단계**에서는 앞과 다소 다른 작업을 수행하는 함수를 정의한다. 이 함수는 옵션 리스트를 입력으로 받고 몇 가지 점수 기준에 따라 가장 높은 점수를 가진 옵션을 선택한다. 에이전트는 인간의 개입 없이 독립적으로 옵션들을 평가하고 의사결정을 내리므로 자율성의 전형적인 예다.

8. 마지막으로 알고리즘 1의 **10~15단계**에서는 이 모든 컴포넌트들이 함께 작동하는 것을 보여준다. 출발지와 도착지를 기반으로 비행 목표를 설정하고, 항공편 조회 API를 사용해 지식 베이스를 업데이트하고, 가용 항공편의 점수를 매긴다. 이어서 `MakeDecision` 함수를 사용해 점수가 가장 높은 최선의 항공편을 찾고 사용자를 위해 항공편을 예약한다.

다음은 이 알고리즘에서 `BookTravel` 함수를 파이썬Python으로 구현한 코드 스니펫이다.

```python
def book_travel(departure: str, destination: str):
    self.set_goal(f"Book flight from {departure} to {destination}")
    self.update_knowledge(departure, destination)

    try:
        best_flight = self.make_decision()
        booking_confirmation = f"BOOKING_#12345"
        self.knowledge_base['booking_confirmation'] = \
            booking_confirmation
        print(f"Booking confirmed: {booking_confirmation}")
    except Exception as e:
        print(f"Booking failed: {str(e)}")

if __name__ == "__main__":
    agent = TravelAgent("TripPlanner")
    agent.book_travel("SAN", "SEA")
    print("\n----------- Final Agent State: -----------")
    print(f"Name: {agent.name}")
    print(f"Goals: {agent.goals}")
    if 'booking_confirmation' in agent.knowledge_base:
        print(f"Booking Confirmation: \
        {agent.knowledge_base['booking_confirmation']}")
```

SAN(샌디에고)에서 SEA(시애틀)로 항공편을 예약하게 에이전트를 초기화한 출력 결과는 다음과 같다.

```
Agent TripPlanner is booking travel from SAN to SEA
Goal set: Book flight from SAN to SEA
Knowledge updated with 3 flight options
Decision made: Selected flight JetBlue
```

```
5 Booking confirmed: BOOK-JetBlue-TRIPPLANNER
6 ----------- Final Agent State: -----------
7 Name: TripPlanner
8 Goals: ['Book flight from SAN to SEA']
9 Booking Confirmation: BOOK-JetBlue-TRIPPLANNER
```

여행 플래너 에이전트의 전체 구현 코드는 `Chapter_02.ipynb` 노트북 파일에서 확인할 수 있다.

이 코드 스니펫에서 `book_travel` 함수는 출발 도시 코드(SAN 또는 SEA 등)를 받아 에이전트가 수행할 목표를 설정하고, 지식 베이스를 업데이트한 뒤 최적의 항공편을 선택하고 예약을 완료한다. 이 에이전트는 주체성과 자율성의 일부 기능은 갖고 있지만 아직 지능은 가지고 있지 않다. 이 에이전트는 사용자가 일반 텍스트로 입력한 메시지를 해석해 사용자가 의도하는 바를 목표로 설정하고, 지식 베이스를 업데이트한 뒤 동작을 수행하지 못한다. 공항 코드를 직접 입력받아야 한다. 하지만 예시에서 본 것처럼 사용자(또는 고객)는 **"Book me a flight from San Diego to Seattle**(샌디에고에서 시애틀로 가는 항공기를 예약해줘)" 같이 일반적인 언어로 자신의 의도를 표현할 것이다.

현재 상태에서 에이전트는 주어진 사용자의 입력(메시지)으로부터 출발지와 도착지가 어디인지, 사용자가 무엇을 요청하는지, 심지어는 입력 텍스트가 무엇을 의미하는지 전혀 판단하지 못한다. 바로 이 역할을 하는 것이 생성형 AI이며, 이후 장에서 이에 관해 살펴볼 것이다. 그에 앞서 에이전트의 특성에 관해서 계속해서 조금 더 살펴보자.

2.2 지능형 에이전트와 그 특성 검토하기

지능형 에이전트는 환경을 인식하고 특정 목표나 목적을 달성하기 위해 행동하는 복잡하고 자율적인 존재다. 이러한 에이전트는 미리 정의된 규칙을 엄격히 따르는 기본적인 시스템에서, 경험을 통해 학습하고 적응할 수 있는 고도로 발전된 시스템까지 매우 다양하다. 지능형 에이전트의 주요 특성은 다음과 같다.

- **반응성**reactivity: 반응형 에이전트는 자신이 속한 환경에서 일어나는 변화나 사건에 실시간으로 반응한다. 반응형 에이전트는 주변을 지속적으로 모니터링하고 그에 따라 행동을 조정한다. 이러한 반응성 덕분에 에이전트는 동적인 조건에 적응하고, 자극에 적절히 대응하며, 효과적으로 상황에 맞게 행동할 수 있다.
- **선제성**proactiveness: 이상적인 지능형 에이전트는 단순히 사건에 반응하는 것에 그치지 않고 선제적으로 행동해야 한다. 선제적인 에이전트는 미래의 필요, 도전 과제, 기회를 예측하고 이에

맞게 주도적으로 계획하고 행동한다. 선제적인 에이전트는 목표 지향적이며, 단순히 상황에 반응하는 것이 아니라 스스로 목표를 달성하기 위한 전략을 추구한다.
- **사회적 능력**social ability: 많은 지능형 에이전트는 다중 에이전트 시스템 내에서 작동하고, 공통된 목표를 달성하기 위해 다른 에이전트 또는 인간과 상호작용하고 협력한다. 사회적 능력에는 의사소통, 조율, 협상 능력이 포함되며 에이전트는 이를 통해 공동 지능이나 자원을 효과적으로 활용해 함께 작업한다.

지능형 에이전트는 이러한 핵심 특성을 바탕으로 다양한 분야와 시나리오에서 놀라운 유연성과 효율성을 보여준다. 이들은 단순한 자동화 프로세스에서부터 실시간 적응과 환경 인식이 요구되는 복잡한 동적 의사결정 작업에 이르기까지 다양한 과제를 성공적으로 수행할 수 있다. 이러한 핵심 특성 외에도 지능형 에이전트는 다음과 같은 고급 능력을 더 갖출 수 있다.

- **학습과 적응**: 지능형 에이전트는 경험을 통해 학습하고 시간이 지남에 따라 자신의 행동을 적응시킬 수 있다. 이들은 새로운 지식을 습득하고, 의사결정 프로세스를 정교화하며, 머신러닝, 강화 학습, 진화 알고리즘과 같은 기법을 통해 성능을 향상시킬 수 있다.
- **추론과 계획**: 지능형 에이전트는 복잡한 상황을 분석하고 전략을 수립하며, 정보에 기반한 결정을 내리기 위해 추론 및 계획 능력을 사용할 수 있다. 이들은 지식 표현, 논리적 추론, 계획 알고리즘 등의 기법을 활용해 복잡한 문제 공간을 탐색하고 최적의 행동 경로를 결정할 수 있다.
- **자율성과 자기 관리**: 지능형 에이전트는 일정 수준의 자율성과 자기 관리 능력을 갖고, 지속적인 인간의 개입 없이 독립적으로 결정하고 행동할 수 있다. 이러한 자율성 덕분에 에이전트는 역동적인 환경이나 지속적인 인간의 통제가 실현 불가능한 상황에서도 효율적으로 작동할 수 있다.

이러한 특성 덕분에 지능형 에이전트는 로보틱스, 의사결정 지원 시스템, 가상 비서, 게임, 시뮬레이션 등 다양한 영역에서 적용 가능하며, 매우 단순한 자동화 작업에서부터 고도로 복잡한 동적 의사결정 작업에 이르기까지 폭넓은 역할을 수행할 수 있다.

2.3 에이전틱 시스템 아키텍처 탐색

에이전틱 시스템은 복잡한 목표를 자율적으로 수행하도록 설계되며, 다양한 아키텍처 패턴을 통해 구현할 수 있다. 일반적으로 이러한 패턴은 시스템이 환경을 인식하고, 추론하며, 학습하고, 행동할 수 있게 하는 구조와 동작 방식을 정의한다. 에이전틱 시스템의 대표적인 아키텍처 패턴에는 계획 기반형deliberative, 반응형reactive, 하이브리드hybrid 아키텍처가 있다. 각 아키텍처에 관해 자세히 살펴보자.

2.3.1 계획 기반형 아키텍처

지식 기반knowledge-based 또는 **기호 기반**symbolic 아키텍처라고도 불린다. 이 아키텍처는 명시적인 지식 표현과 추론 메커니즘을 통해 결정을 내리는 방식이다. 일반적으로 **인지-계획-행동**sense-plan-act 사이클을 따른다. 먼저 환경에 관한 정보를 인지하고, 인지한 내용과 지식에 기반해 행동 계획을 수립하고 계획을 실행한다.

계획 기반형 아키텍처의 주요 장점은 계획 수립, 문제 해결, 의사결정과 같이 복잡한 추론이 필요한 작업을 처리할 수 있다는 점이다. 이러한 아키텍처는 규칙 기반 추론rule-based reasoning, 제약 만족constraint satisfaction, 휴리스틱 탐색heuristic search 같은 기술을 활용해 문제 공간을 탐색하고 적절한 행동 전략을 수립한다.

계획 기반형 아키텍처의 핵심 구성 요소 중 하나는 환경, 목표, 제약 조건, 도메인 지식 등을 기호적으로 표현해 저장하는 지식 기반이다. 이 지식 기반은 일반적으로 형식 언어나 논리 기반으로 인코딩되어 있으며, 이를 통해 논리적 추론을 수행할 수 있다. **인지-계획-행동** 사이클은 다음 단계로 구성된다.

1. **인지**: 에이전트는 다양한 센서나 입력 메커니즘을 활용해 환경에 대한 정보를 인식하고 수집한다.
2. **지식 업데이트**: 에이전트는 수집된 정보를 바탕으로 내부 지식 기반을 업데이트하고 환경의 현재 상태에 대한 정확한 표현을 유지한다.
3. **계획 및 추론**: 에이전트는 업데이트한 지식을 바탕으로 추론 기법과 알고리즘을 사용해 계획을 수립하고 의사결정을 내린다. 여기에는 제약 만족, 논리적 추론, 탐색 알고리즘, 휴리스틱 기반 계획 등을 포함할 수 있다.
4. **계획 실행**: 에이전트는 계획이나 행동 전략을 결정하면 이에 따른 행동을 실행함으로써 환경을 변경하거나 특정 목표를 달성한다.

그림 2.1은 인지–계획–행동 사이클을 따르는 에이전틱 시스템의 계획 기반형 아키텍처를 나타낸다.

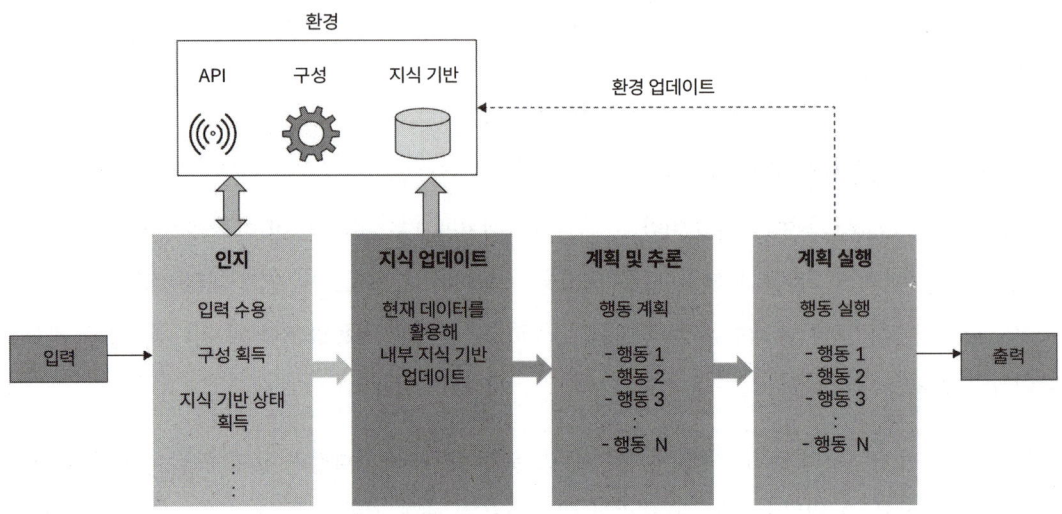

그림 2.1 에이전틱 시스템의 계획 기반형 아키텍처

계획 기반형 아키텍처의 강점은 명확하게 정의된 환경에서 복잡한 추론, 계획 수립, 의사결정이 필요한 작업을 처리하는 것이다. 이러한 시스템은 확률적 추론, 퍼지 논리fuzzy logic, 신념 업데이트belief revision 메커니즘과 같은 기법을 통해 불확실성과 모호함을 효과적으로 처리할 수 있다.

하지만 계획 기반형 아키텍처에는 몇 가지 단점도 있다. 대표적으로 복잡한 지식 기반을 유지하고 그 위에서 추론을 수행하는 데 들어가는 계산 비용이 높다는 점을 들 수 있다. 이로 인해, 빠른 반응이 요구되는 동적인 환경에서는 실시간 대응력이 저하될 수 있다. 또한, 명시적인 지식 표현이 요구되므로 지식을 형식화하기 어렵거나 지속적으로 변하는 도메인에서는 적용하기 어려울 수 있다.

이러한 한계를 극복하기 위해 계획 기반형 아키텍처는 종종 하이브리드 아키텍처의 반응형 또는 행동 기반 요소와 결합한다. 이를 통해 복잡한 추론과 환경 변화에 대한 빠른 반응을 동시에 가능하게 한다.

이러한 제약에도 불구하고 계획 기반형 아키텍처는 로보틱스, 의사결정 지원 시스템, 지능형 튜터링 시스템 등과 같이 복잡한 의사결정, 계획 수립, 추론이 필수 영역에서 여전히 중요한 구성 요소로 활용되고 있다.

2.3.2 반응형 아키텍처

반응형 아키텍처reactive architectures는 **행동 기반**behavior-based 또는 **자극-반응**stimulus-response 아키텍처라고도 불리며, 환경으로부터 들어오는 자극에 즉각적으로 반응하는 데 초점을 둔다. 계획 기반형 아키텍처와 달리 명시적 모델이나 복잡한 추론 과정을 필요로 하지 않는다. 대신, 이러한 시스템은 지각perception과 행동action을 직접 매핑하며, 일반적으로 단순한 조건-행동 규칙이나 신경망을 활용한다. 그림 2.2는 이러한 반응형 아키텍처의 구조를 시각적으로 표현한 것이다.

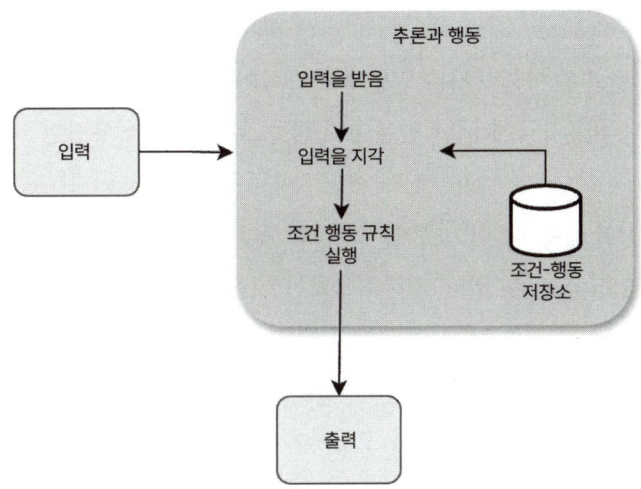

그림 2.2 에이전틱 시스템의 반응형 아키텍처

반응형 아키텍처의 핵심 속성과 특징은 다음을 포함한다.

- **속도와 반응성**speed and responsiveness: 반응형 아키텍처는 환경 변화에 신속하게 반응하도록 설계되어 있다. 지각과 행동을 직접 연결함으로써 시간 소모가 큰 계획 기반 추론 과정을 피하고 신속하게 적시에 반응할 수 있다

- **강건성과 장애 허용성**robustness and fault tolerance: 반응형 아키텍처는 일반적으로 상당히 견고하며 노이즈나 불완전한 정보에 덜 민감하다. 단순하고 독립적인 구조를 갖기 때문에 시스템 전체가 치명적인 장애를 겪을 가능성이 적다. 개별 구성 요소나 행동이 오류 입력 또는 누락된 정보에 의한 영향을 보완하거나 완화하기 때문이다. 특히 계획 기반형 아키텍처와 함께 사용할 경우 이러한 특성이 더욱 두드러진다.

- **불확실성 처리**handling uncertainty: 반응형 아키텍처는 동적 환경에서의 불확실성을 효과적으로 다룰 수 있다. 환경 자극에 직접 반응할 수 있기 때문에, 시스템은 전체 세계에 대한 정확하고 완전한 모델에 의존하지 않고도 현재 상황에 맞춰 행동을 조정하고 적응할 수 있다.

- **병렬 및 분산 처리**parallel and distributed processing: 반응형 아키텍처는 다수의 반응 모듈이 동시에 독립적으로 작동하는 병렬 및 분산 처리를 자주 사용한다. 이러한 분산된 접근 방식 덕분에 복잡한 작업을 효율적으로 처리할 수 있고, 뛰어난 확장성과 모듈성을 제공한다.

- **복잡한 행동의 창발**emergence: 개별 행동이나 규칙이 단순하더라도 여러 반응 컴포넌트 간의 상호작용과 조정을 통해 시스템 수준의 복잡하고 지능적인 행동을 유도할 수 있다.

반응형 아키텍처는 속도, 강건성, 불확실성 처리 같은 장점을 가지고 있지만 다음과 같은 한계도 가지고 있다.

- **장기적 계획 부재**: 반응형 아키텍처는 일반적으로 장기적 계획을 수립하거나 장기적 결과를 추론할 수 없다. 즉각적인 자극에 대한 반응에 초점을 두기 때문에 복잡한 다단계 목표나 전략을 추구하기 어렵다.
- **제한된 추론 및 추상화 능력**: 이 아키텍처는 추상적 추론, 일반화, 기호 기반 표현 조작이 필요한 작업에서는 어려움을 겪을 수 있다. 기본적으로는 낮은 수준의 자극-반응 수준에서 작동하도록 설계되어 있다.
- **제한된 학습 능력**: 많은 반응형 아키텍처는 경험에서 학습하거나 시간의 흐름과 함께 행동을 조정하는 능력이 부족하다. 규칙과 행동이 고정되어 있기 때문에 역동적인 환경이나 지속적인 적응이 필요한 작업에는 부적합할 수 있다.

이러한 한계에도 불구하고 반응형 아키텍처는 로보틱스, AI 기반 비디오 게임, 제어 시스템과 같이 실시간 반응성, 강건성, 불확실성 처리 능력이 중요한 응용 분야에서 널리 사용되고 있다. 또한 반응형 아키텍처는 종종 좀 더 복잡한 하이브리드 아키텍처의 구성 요소로 포함되어 계획 기반이나 학습 기반 시스템을 보완하는 역할을 한다.

2.3.3 하이브리드 아키텍처

연구자들은 계획 기반형 아키텍처와 반응형 아키텍처가 가진 각각의 장점과 한계를 인식하고, 두 접근 방식의 장점을 모두 활용하기 위해 하이브리드 아키텍처를 개발하게 되었다. 이러한 하이브리드 아키텍처는 일반적으로 다음과 같은 계층 구조를 갖는다.

- **반응형 계층**reactive layer은 신속한 저수준의 반응을 담당한다. 반응형 계층은 환경과의 실시간 상호작용을 처리하는 역할을 한다. 외부 자극에 대해 신속하고 상황에 맞는 반응을 제공한다. 이 계층은 반응 속도가 빠르고, 오류에 강하며, 불확실성을 잘 다루도록 설계되어 있다.
- **계획 기반형 계층**deliberative layer은 고수준의 추론 및 계획 수립을 담당한다. 계획 기반형 계층은 고수준의 추론, 계획, 의사결정 단계를 처리하는 역할을 한다. 이 계층은 더 포괄적인 환경 모델, 목표, 제약 조건 등을 유지하며, 복잡한 전략 수립, 추상 개념에 대한 추론, 장기적 행동 계획 등을 가능하게 한다.

이 두 계층 간의 상호작용은 에이전틱 시스템이 변화하는 환경 콘텍스트에 효과적으로 대응하면서도, 동시에 복잡한 계획과 추론을 유지할 수 있도록 하는 데 핵심적인 역할을 한다. 반응형 계층은 실시간 피드백과 콘텍스트 인식을 계획 기반형 계층에 제공해 의사결정 프로세스를 지원한다. 반대로 계획 기반형 계층은 반응형 계층에 고수준의 계획, 목표, 제약을 제공함으로써 행동을 유도한다.

복잡한 목표를 달성하고 두 계층의 장점을 모두 활용하기 위해 하이브리드 아키텍처에서는 다음과 같은 기술들을 자주 사용한다.

- **작업 분해**task decomposition: 복잡한 작업을 저수준의 반응형 계층이 처리할 하위 태스크, 고수준의 계획 기반형 계층이 처리할 수 있는 하위 태스크, 고수준의 계획 기반형 계층이 처리할 하위 태스크로 나눈다.
- **복수 계획 선택**multiplan selection: 계획 기반형 계층은 여러 개의 후보 계획이나 전략을 생성하고, 반응형 계층은 현재 환경 상태에 따라 그중 가장 적절한 계획을 선택하고 실행한다.
- **외부 모듈과의 연계**planning with external module: 계획 기반형 계층은 경로 계획, 자원 할당, 일정 관리 등의 작업을 위해 외부 모듈이나 특화된 알고리즘을 통합한다.
- **성찰 및 개선**reflection and refinement: 계획 기반형 계층은 실행된 계획의 결과를 평가하고, 이를 학습해 계획 및 추론 과정을 개선한다.
- **메모리 기반 계획**memory-augmented planning: 계획 기반형 계층은 과거 경험, 의사결정, 결과를 기억하고 이를 향후 계획 수립 및 추론에 활용한다.

계획 기반형 접근 방식과 반응형 접근 방식의 강점을 조합함으로써 하이브리드 아키텍처는 반응과 추론의 균형을 추구하며 더욱 견고하고, 자율적이며, 적응적인 에이전틱 시스템의 개발을 가능하게 한다. 두 접근 방식의 강점을 활용함으로써 동적인 환경에서 신속하게 반응하는 동시에 복잡한 계획과 추론을 할 수 있는 고도화된 의사결정을 수행할 수 있다.

효율적인 하이브리드 아키텍처의 설계와 구현은 여전히 활발한 연구 분야다. 연구자들은 계획 기반과 반응형 컴포넌트를 매끄럽게 통합하고 조정할 수 있는 아키텍처 개발을 위해 노력하고 있다. 이는 매우 유능하고 지능적인 에이전틱 시스템을 실현하기 위한 핵심이다.

에이전틱 시스템에 적합한 아키텍처 패턴의 선택은 해당 애플리케이션에 대한 구체적인 요구사항에 달려 있다. 이러한 요구사항에는 복잡성, 환경의 불확실성, 실시간 반응 등이 있다. 계획 기반형 아키텍처는 복잡한 추론과 의사결정이 요구되는 시나리오에 탁월하다. 한편, 반응형 아키텍처는 빠르고 적응적인 반응이 필요한 동적 환경에 적합하다. 그리고 하이브리드 아키텍처는 두 접근 방식의 장점을 균형 있게 활용하여, 환경의 복잡성을 유연하게 다룰 수 있는 더 강력하고 적응력 있는 에이전틱 시스템을 개발할 수 있게 해준다.

2.4 다중 에이전트 시스템 이해하기

다중 에이전트 시스템multi-agent system, MAS은 분산 인공지능의 중요한 하위 분야로, 여러 지능형 에이전트가 상호작용하며 협력하고 조율함으로써 복잡한 작업을 수행하고 집단적인 목표를 달성하는 시스템이다. MAS 내의 각 에이전트는 전형적으로 자율성을 가지며, 센서를 통해 환경을 인지하고, 의사결정 메커니즘을 통해 결정을 내리고, 그 결정에 기반해 행동함으로써 설계 목적을 달성한다. 이러한 에이전트들의 집합적 행동과 상호작용은 단일 에이전트 시스템이 감당하기 어려운 복잡한 문제를 해결하는 데 효과적이다.

MAS의 예는 다양한 도메인에서 찾아볼 수 있다. 이는 복잡한 문제 해결에서의 적용 가능성과 그 효과를 보여준다.

- **공급망 관리 및 물류**: MAS는 공급업체, 제조업체, 유통업체, 소매업체 등 다양한 주체를 에이전트로 모델링해 공급망 내 자원 할당, 재고 관리, 운송 계획 등을 최적화하는 데 활용된다. 각 에이전트는 자신의 지역적 정보와 제약 조건을 바탕으로 의사결정을 내리면서도 다른 에이전트들과 협력해 전체 시스템의 효율을 극대화한다.
- **교통 제어 및 운송 시스템**: MAS는 교통 흐름을 관리하고 운송망을 최적화하는 데 사용된다. 개별 차량, 신호등, 교통 관리 센터 등은 개별 에이전트로 설정함으로써 교통 혼잡을 줄이고, 신호를 동기화하며, 실시간 교통 상황에 따라 최적 경로를 제시한다.
- **로봇 공학 및 제조**: 제조 환경에서는 여러 로봇이나 자동화 시스템이 MAS로 구성되어 서로의 작업을 조율한다. 각 로봇은 조립, 용접, 자재 이송 등 특정 작업을 담당하며 다른 에이전트들과 통신하고 조율함으로써 공정 전반의 동기화와 효율을 높인다.
- **환경 모니터링 및 자원 관리**: MAS는 수자원 분배, 산림 관리, 야생 동물 보호와 같은 자연 자원 관리에 활용된다. 에이전트는 이해관계자, 환경 센서, 의사결정 주체 등을 대표하며, 자원 분배나 보존 전략 수립에 협력한다.
- **분산 센서 네트워크**: MAS는 환경 감시, 재난 대응, 감시 시스템 등 분산된 센서 네트워크 기반

애플리케이션에 적합하다. 각 센서 노드는 하나의 에이전트가 되어 국지적 데이터를 수집 및 처리하고, 다른 에이전트들과 협력해 정보를 융합하고, 전체 현황을 종합적으로 파악한다.
- **지능형 가상 환경 및 시뮬레이션**: MAS는 지능형 가상 환경과 시뮬레이션을 만드는 데 사용할 수 있다. 에이전트는 가상 또는 시뮬레이션 환경 안에서 다양한 개체 혹은 행위를 나타낸다. 이 에이전트들은 상호작용하고, 의사결정을 하고, 복잡한 행동을 한다. 이를 통해 실제 같은 사회 시스템, 경제 모델, 군사 작전 등을 시뮬레이션한다.

MAS의 핵심적인 장점은 문제 해결 기능을 분산하고, 집단 지능 및 개별 에이전트들의 전문성을 활용하고, 탈중앙화된 의사결정을 통해 견고함과 장애 자기 성찰을 가지며 모놀리식, 혹은 중앙화된 접근 방식에서는 복잡하고 어려운 동적인 문제들을 해결할 수 있다. 결과적으로, MAS는 복잡하고 동적인 문제를 유연하게 처리할 수 있는 분산형 인공지능 시스템을 구성하는 데 있어 매우 강력한 프레임워크다.

2.4.1 MAS의 정의와 특징

MAS는 여러 개의 자율적인 에이전트들로 구성된 시스템으로 이들 에이전트는 상호작용하고, 협력하며, 공동 목표를 달성하기 위해 협업할 수 있다. 이 에이전트들은 소프트웨어 프로그램, 로봇, 또는 특정 기능과 목표를 지닌 인간일 수도 있다. 에이전트 사이의 상호작용은 MAS의 필수 구성 요소이며 이들이 효율적으로 협력하고, 정보를 공유하며, 각자의 강점과 전문 영역에 따라 작업을 분담할 수 있게 해준다. MAS의 핵심 특징은 다음과 같다.

- **자율성**: MAS 내의 각 에이전트는 환경에 대한 인식과 자신의 목표에 기반해 스스로 판단하고 결정할 수 있는 자율성을 갖는다. 에이전트들은 중앙 제어 없이 독립적으로 작동하며, 자율적으로 행동한다.
- **상호작용**: MAS 내의 에이전트들은 정해진 프로토콜을 통해 서로 통신하고, 정보를 공유하고, 작업을 조절하며, 행동을 조정한다. 이러한 상호작용은 문제의 성격과 에이전트들의 목표에 따라 협력, 조정, 경쟁 등 다양한 형태를 취할 수 있다.
- **적응성**: MAS는 각 에이전트가 속한 환경의 변화나 각 에이전트의 목표 변화에 따라 유연하게 행동을 수정할 수 있다. 이로 인해 MAS는 동적인 상황에서도 안정적이고 유연하게 작동할 수 있다.
- **분산 제어**: MAS는 중앙 집중식 시스템과 달리, 개별 에이전트들 사이에 의사결정과 통제가 분산되어 있다. 이러한 분산 제어는 시스템의 회복력에 기여한다. 하나의 에이전트에 이상이나 고장이 발생하더라도 전체 시스템이 영향을 받지 않는다.

- **확장성**scalability: MAS 아키텍처는 본질적으로 확장 가능하며 필요에 따라 에이전트를 추가하거나 제거할 수 있다. 이를 통해 시스템의 복잡성과 기능을 조절할 수 있어 다양한 응용 분야에 적합하다.
- **이질성**heterogeneity: MAS 내의 에이전트들은 서로 다른 아키텍처, 기능, 목표를 가질 수 있다. 이러한 이질성은 다양한 구성 요소의 통합과 전문성의 활용을 가능하게 하고 전체 시스템의 효율성을 높이는 데 기여한다.
- **탈중앙화된 데이터 및 지식**decentralized data and knowledge: MAS에서는 데이터와 지식이 각 에이전트에 분산되어 존재하며 중앙 집중화되지 않는다. 이러한 구조는 시스템의 강건성을 강화한다. 단일 실패 지점single point of failure이 존재하지 않으며, 에이전트들은 자신이 가진 지역적 정보와 인식에 기반해 독립적으로 작동할 수 있다.

MAS는 문제 해결 능력의 분산, 집단 지능의 활용, 강건성 확보, 다양한 구성 요소의 통합 등을 통해 전통적인 중앙 집중형 시스템으로는 해결하기 어려운 복잡하고 동적인 문제를 해결하는 데 적합한 시스템이다.

2.4.2 MAS의 상호작용 메커니즘

MAS의 상호작용 메커니즘은 에이전트 사이의 효과적인 통신, 협업, 조정을 가능하게 하는 핵심 요소다. MA의 기본 상호작용 메커니즘은 일반적으로 다음과 같이 세 가지 주요 유형으로 분류할 수 있다.

- **협력**cooperation: 협력은 에이전트들이 공동 목표나 목적을 달성하기 위해 함께 작업하는 것을 의미한다. 특히 하나의 에이전트만으로는 달성할 수 없는 목표를 해결해야 하는 상황에서 매우 중요하다.

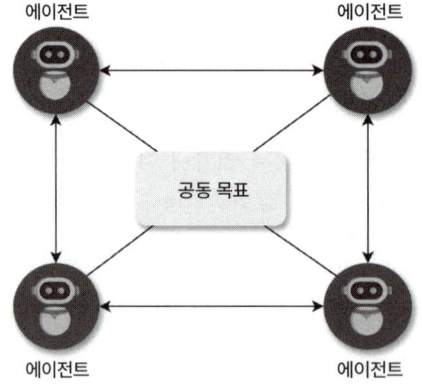

그림 2.3 **MAS에서의 협력**

MAS에서의 협력 중 대표적인 예는 재난 구조 작업이다. 재난 구조 상황에서는 여러 대의 드론과 로봇 에이전트, 인간이 함께 협력하고 협업하여 피해자를 효과적으로 탐색하고 구조해야 한다. MAS는 개별 에이전트 하나로는 해결하기 어려운 복잡한 작업을 완수하기 위해 에이전트들이 지식, 자원, 노력 등을 공유하고 협력하는 데 의존한다. 에이전트들은 작업을 분할하거나, 각자의 전문 역량을 결합하거나, 서로의 능력을 보완하는 방식으로 협력함으로써 복잡한 문제를 더 효율적으로 해결할 수 있다.

- **조정**coordination: 조정은 시스템 내 에이전트들의 행동과 활동으로 인해 발생하는 상호 의존성을 관리하는 것을 의미한다. 에이전트들이 자원을 공유하거나, 책임이 겹치거나, 상충하는 행동을 취할 가능성이 있는 경우에는 반드시 조정이 따라야 한다.

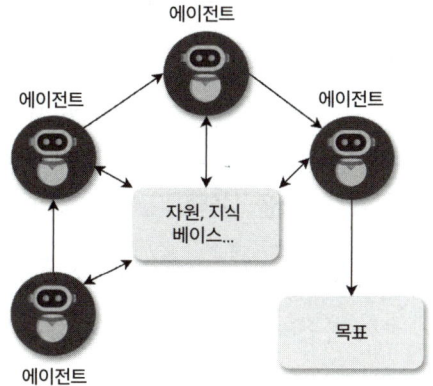

그림 2.4 **MAS에서의 조정**

MAS에서의 조정 메커니즘은 작업 스케줄링, 자원 할당 관리, 충돌 해결 등의 전략을 포함할 수 있다. 예를 들어 제조 환경에서는 생산 라인에 배치된 서로 다른 로봇들을 대표하는 에이전트들이 자원을 효율적으로 사용하고, 간섭을 방지하며, 전반적인 생산 효율을 유지하기 위해 각자의 행동을 조정해야 한다.

- **협상**negotiation: 협상은 에이전트들이 자원 공유, 작업 분배, 갈등 해결 방법 등에 대해 합의에 도달하는 과정을 말한다. 이는 각 에이전트들이 제안과 수정 제안을 주고받으며, 때로는 상충하는 이해관계를 조율해 절충안을 찾는 방식으로 이루어진다.

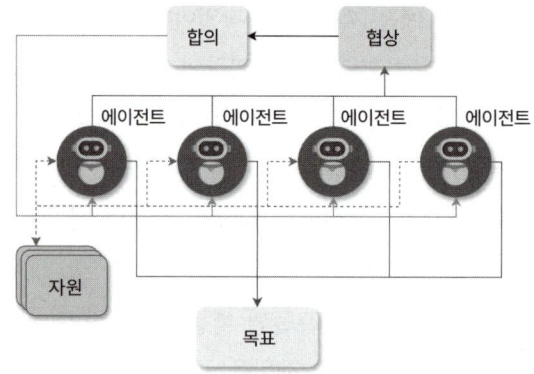

그림 2.5 **MAS에서의 협상**

에이전트들은 MAS에서의 협상 메커니즘을 통해 제안을 교환하고, 대안을 평가하고, 합의에 도달하는 과정을 통해 상호 이익이 되는 해결책을 찾는다. 이는 자원이 제한되거나 상충되고, 선호가 다르거나 목표가 경쟁적인 상황에서 특히 유용하다. 협상은 경매, 투표 프로토콜, 협상 전략, 게임 이론 기반 접근 방식 등 다양한 기술을 활용할 수 있으며, 문제 영역의 구체적인 요구사항과 제약 조건에 따라 적절한 방식을 선택한다.

이러한 상호작용 메커니즘(협력, 조정, 협상)은 MAS가 효과적으로 작동하기 위한 핵심 요소다. 이 메커니즘을 통해 에이전트들은 함께 작업하고, 집단적 역량을 활용하며, 상호작용 중에 발생할 수 있는 갈등이나 의존성 문제를 해결할 수 있다. 효과적이고 견고한 MAS를 설계하기 위해서는 적절한 상호작용 메커니즘을 선택하고 설계해야 한다.

여행 예약 어시스턴트 예시의 콘텍스트에서 MAS는 여행 산업 네트워크에 포함된 다양한 개체들 사이의 효율적인 조정과 협상을 촉진하는 데 핵심적인 역할을 할 수 있다. 이 시나리오에서 에이전트들은 항공사, 호텔, 렌터카 회사, 여행 에이전트, 투어 운영자 등의 다양한 이해관계자를 대표하며 협상 메커니즘을 활용해 여행 예약 작업의 여러 요소들을 최적화할 수 있다.

예를 들어 항공사, 호텔, 기타 관련 업체들을 대표하는 에이전트들로 구성된 MAS를 고려해보자. 이 에이전트들은 항공편 일정, 객실 이용 가능 여부, 가격 책정, 기타 여행 관련 결정사항에 대해 협상 과정을 수행할 수 있으며, 전체 여행 예약 운영의 효율성을 극대화하는 방향으로 조율할 수 있다.

협상 과정은 다음과 같이 전개될 수 있다.

1. 항공사를 대표하는 에이전트들은 자사 노선의 이용 가능한 좌석, 항공편 일정, 가격 등을 제안할 수 있다.

2. 호텔을 대표하는 에이전트들은 이 제안들을 자사의 객실 가용성, 예상 투숙률, 수요 예측 등을 바탕으로 평가하고, 체크인 및 체크아웃 시간과 잘 맞는 항공편 일정을 조율하기 위해 항공사 에이전트와 협상할 수 있다.
3. 여행 에이전트를 대표하는 에이전트는 항공사 및 호텔 에이전트 양쪽과 협상을 진행하며 고객의 선호도, 예산 제약, 특정 여행 일정과 숙소에 대한 요구사항 등을 고려한다.
4. 교통을 담당하는 에이전트(예: 렌터카 회사나 셔틀 서비스 제공자)도 협상 과정에 참여할 수 있으며, 지상 교통 서비스를 제안하고, 승차/하차 시간표 및 관련 비용을 다른 에이전트들에게 제시할 수 있다.

협상 과정 전체에서 에이전트들은 다양한 전략과 알고리즘을 활용해 제안을 평가하고, 수정 제안을 생성하고, 상호 수용할 수 있는 합의에 도달하고자 노력한다. 이러한 전략은 경매, 협상 프로토콜, 게임 이론 기반 접근, 여행 산업 운영에 특화된 최적화 알고리즘 등을 포함할 수 있다. 예를 들어 에이전트들은 여행 시간, 비용, 편의성, 고객 선호도 등 다양한 요소를 고려한 다속성 효용 함수 multi-attribute utility function를 이용해 여러 제안을 평가하고 순위를 매길 수 있다. 이후 각자의 효용 함수와 제약 조건에 따라 제안과 수정 제안을 조정해가며 반복적으로 협상을 수행한다.

또한 MAS의 분산적 특성 덕분에 의사결정도 분산적으로 이루어질 수 있다. 각 에이전트는 자신이 가진 국지적 지식과 제약 조건을 기반으로 독립적인 의사결정을 하면서도, 다른 에이전트들과 협력하고 조정해 전체적인 최적화를 도모할 수 있다. 여행 예약 어시스턴트 예시에서 MAS의 협상 메커니즘은 다양한 참여 주체 간의 효율적인 조정을 가능하게 할 뿐만 아니라 수요/공급의 변화, 가격 변동, 기타 운영 요인 등에 대한 유연하고 적응력 있는 대응을 제공함으로써 고객 요구에 부합하는 보다 탄력적이고 반응성 높은 시스템을 구현할 수 있다.

이제 여행 예약 어시스턴트 시스템 예시에서 MAS를 시각화하기 위해 몇 가지 새로운 기능을 도입해보자. 시스템이 항공편 예약뿐만 아니라, 목적지에서 적절한 호텔도 찾아 고객에게 적합한 여행 패키지를 구성하게 할 것이다. 이를 위한 MAS 시스템 알고리즘은 다음과 같은 형태가 될 수 있다.

알고리즘 2: 여행 예약 어시스턴트를 위한 다중 에이전트 시스템

요구사항: 항공사 에이전트 집합 $A = \{A_1, A_2, ..., A_n\}$과 호텔 에이전트 집합 $H = \{H_1, H_2, ..., H_n\}$
보장사항: 여행 에이전시 에이전트 TA와 함께 TravelBookingSystem S를 초기화
1: A, H, TA를 포함하는 S를 초기화한다
2: function RequestTravelPackage(departure, destination, dates)

3:　A 안의 모든 항공사 에이전트 Ai에 대해 다음을 반복한다
4:　　available_flights ← Ai.GetAvailableFlights(departure, destination, dates)
5:　H 안의 모든 호텔 에이전트 Hj에 대해 다음을 반복한다
6:　　available_rooms ← Hj.GetAvailableRooms(destination, dates)
7:　packages ← TA.CompilePackages(available_flights, available_rooms)
8:　return package
9: function BookTravel(selected_package)
10:　flight_booking ← selected_package.airline.BookFlight()
11:　room_booking ← selected_package.hotel.BookRoom()
12:　if flight_booking, room_booking이 모두 성공하면
13:　　return CreateBooking(flight_booking, room_booking)
14:　else
15:　　return FailureNotification()
16: function UpdateDynamicPricing()
17:　A 안의 모든 항공사 에이전트 Ai에 대해 다음을 반복한다
18:　　Ai.UpdateFlightPrices()
19:　H 안의 모든 호텔 에이전트 Hj에 대해 다음을 반복한다
20:　　Hj.UpdateRoomPrices()
21: while True do
22:　if NewTravelRequest()가 참이면
23:　　request ← GetTravelRequest()
24:　　packages ← RequestTravelPackage(request.departure, request.destination, request.dates)
25:　　selected_package ← TA.PresentOptionsToCustomer(packages)
26:　　if selected_package ≠ null이면
27:　　　booking ← BookTravel(selected_package)
28:　　　if booking 성공이면
29:　　　　NotifyCustomer(booking, "Booking confirmed")
30:　　　else
31:　　　　NotifyCustomer("Booking failed")
32:　if TimeToUpdatePricing()이 참이면
33:　　UpdateDynamicPricing()
34: Output S

이 알고리즘을 핵심 컴포넌트로 나눠보면 다음과 같다.

1. **1번째 행**에서는 에이전트 집합을 명확하게 정의한다. 이 예제에서는 항공사 에이전트flight agent, 호텔 에이전트hotel agent, 여행 에이전시 에이전트travel agency agent를 포함한다. 항공사 및 호텔 에이전트는 각각 항공사 및 호텔 관련 작업을 담당하며, 여행 에이전시 에이전트는 사용 가능한 최적의 옵션을 기반으로 여행 패키지를 생성한다.
2. **2번째~8번째 행**에서는 여행 에이전시 에이전트가 여러 항공사 및 호텔 에이전트와 상호작용하여 여행 패키지를 구성한다. 목적지의 항공편 스케줄과 호텔의 이용 가능 여부를 확인하고, 해당 데이터를 순차적으로 활용해 패키지를 조합한다.
3. **9번째~15번째 행**에서는 선택된 항공사와 호텔 에이전트 사이의 조율을 통해 선택된 패키지에 따라 예약을 실제 수행한다.
4. **16번째~20번째 행**에서는 각 항공사 및 호텔 에이전트가 독립적으로 가격을 업데이트한다.
5. **21번째~33번째 행**은 메인 루프로 전체 알고리즘을 한곳에 연결한다. 여행 요청을 수신하고, 예약을 하고, 모든 에이전트의 가격 정보를 주기적으로 업데이트한다.

이 알고리즘은 에이전트들 사이의 협력과 조정을 결합한 예제다.

- **협력**: 모든 에이전트가 사용자의 여행 일정 예약이라는 공동 목표를 달성하기 위해 함께 작동한다.
- **조정**: 여행 에이전시 에이전트는 여행 패키지를 만들기 위해 항공 및 호텔 에이전트로부터 입력을 받아야 하며, 이후 최상의 패키지를 선택해 실제 예약 작업을 진행한다.

이 알고리즘과 관련된 전체 파이썬 코드는 GitHub 저장소의 `Chapter_02.ipynb` 노트북에서 확인할 수 있다. 단, 앞서 언급했듯 이 MAS는 아직 지능형이라 부르기에는 부족하다. 여전히 출발지와 도착지 코드 같은 명시적 입력이 필요하고, 사용자의 메시지나 자연어로부터 의미나 행위를 추론하는 능력이 부족하기 때문이다.

요약

이번 장에서는 에이전트 시스템과 지능형 에이전트의 세계에 관해 살펴봤다. 주체성, 자율성, 그리고 이상적인 에이전트를 정의하는 특성들에 대한 핵심 개념들을 살펴봤다. 또한 계획 기반형 아키텍처, 반응형 아키텍처, 하이브리드 아키텍처를 포함한 다양한 아키텍처 패턴을 분석하고, 이러한 시스템을 어떻게 설계하고 구현할 수 있는지를 학습했다. 추가로 MAS에 관해 살펴봤다. MAS에서는 여러 에이전트가 협력, 조정, 협상 등의 메커니즘을 활용해 공동 목표를 달성하기 위해 협력하고, 협동한다.

이번 장에서 얻은 지식은 복잡하고 예측 불가능한 환경에서 효과적으로 동작할 수 있는 지능적이고 자율적인 시스템을 개발하기 위한 견고한 기초가 된다. 이제 여러분은 특정 사용 사례에 가장 적합한 에이전트 시스템 아키텍처를 선택할 수 있고, MAS의 개념 모델을 구성하고, 자신만의 에이전트 시스템의 기반을 설계할 수 있는 능력을 갖추었을 것이다. 다음 장에서는 에이전트 시스템의 핵심 구성 요소에 관해 더 심층적으로 살펴보고, 효율적인 시스템을 구축하는 능력을 더욱 강화할 것이다.

질문

1. 지능형 에이전트의 핵심적인 특성은 무엇인가?
2. 지능형 에이전트를 위한 주요 아키텍처 패턴의 유형은 무엇인가?
3. 계획 기반형 아키텍처와 반응형 아키텍처의 강점과 약점은 무엇인가? 이들은 어떻게 다른가?
4. **다중 에이전트 시스템**MAS이란 무엇인가? 그 핵심적인 특성은 무엇인가?
5. MAS에서의 주요 상호작용 메커니즘은 무엇인가?
6. MAS는 일반적으로 어떤 분야에서 적용되는가?

답변

1. 지능형 에이전트의 핵심적인 특성에는 반응성, 능동성, 사회적 능력, 자율성, 학습 및 적응 능력이 포함된다.
2. 지능형 에이전트를 위한 주요 아키텍처 패턴으로는 지식 기반형 아키텍처, 반응형 아키텍처, 하이브리드 아키텍처가 있다.
3. 지식 기반형 아키텍처는 복잡한 추론과 계획 수립에 뛰어나지만 동적인 환경에서 실시간 대응성에는 한계를 가질 수 있다. 반면, 반응형 아키텍처는 빠른 반응이 요구되는 동적 환경에 적합하지만, 장기 계획이나 추상적 사고 능력은 부족하다.
4. **다중 에이전트 시스템**은 여러 지능형 에이전트로 구성된 시스템으로, 이들은 상호작용, 협력, 조

정을 통해 집단적인 목표를 달성한다. MAS의 핵심적인 특성은 자율성, 상호작용, 적응성, 분산 제어, 확장성, 이질성, 탈중앙화된 데이터 및 지식 등이 있다.

5. MAS에서의 주요 상호작용 메커니즘은 협력(공동 목표를 향한 작업 수행), 조정(에이전트 사이의 상호 의존성 관리), 협상(합의 도출)이다.

6. MAS는 공급망 관리, 교통 제어, 로보틱스, 환경 모니터링, 분산 센서 네트워크, 지능형 가상 환경 같은 도메인에서 그 적용을 찾아볼 수 있다.

CHAPTER 3

지능형 에이전트의 필수 구성 요소

이번 장에서는 지능형 에이전트의 핵심을 구성하는 필수 요소들에 관해 심도 있게 살펴본다. 인간의 몸에 구조와 지지를 제공하는 골격이 있는 것처럼, 지능형 에이전트에는 복잡한 환경에서 적응하고, 자율적으로 행동하고, 목표를 추구할 수 있게 해주는 몇 가지 기본적인 요소들이 있다.

이제 에이전트를 실제로 작동하게 만드는 중요한 구성 요소들을 살펴볼 것이다. 지식을 어떻게 표현하고 저장하는지, 의사결정을 이끄는 추론 과정이 어떻게 작동하는지, 학습하고 성장하게 하는 알고리즘이 무엇인지, 적절한 행동을 선택하기 위한 메커니즘은 무엇인지 등에 관해 다룰 것이다. 또한 생성형 AI라는 흥미로운 분야가 이러한 구성 요소들을 어떻게 강화할 수 있는지에 관해서도 확인할 것이다. 이를 통해 에이전트는 자신이 처한 환경을 더 잘 이해하고, 경험을 통해 학습하고, 주변 세계와 의미 있는 방식으로 상호작용하는 더 강력한 능력을 얻게 된다.

이번 장에서 다루는 주요 주제는 다음과 같다.

- 지능형 에이전트에서의 지식 표현
- 지능형 에이전트의 추론
- 적응형 에이전트를 위한 학습 메커니즘
- 에이전트 시스템에서의 의사결정 및 계획
- 생성형 AI를 통한 에이전트 능력 향상

이번 장을 마치면 여러분은 지능형 에이전트에서의 지식 표현 방식, 추론 및 학습 메커니즘, 의사 결정 및 계획 기법을 이해하게 될 것이다. 그리고 생성형 AI로 강화된 에이전트의 예시도 함께 살펴본다.

기술 요구사항

이번 장에서 사용하는 코드 파일은 GitHub 저장소 https://github.com/moseskim/Building-Agentic-AI-Systems에서 확인할 수 있다.

3.1 지능형 에이전트에서의 지식 표현

모든 지능형 에이전트에게 있어 정보를 저장하고 조작하는 능력은 기본이다. 지식 표현knowledge representation은 에이전트가 자신이 처한 환경을 이해하고, 이를 추론 및 의사결정 프로세스에 적합한 형식으로 인코딩할 수 있는 메커니즘을 제공한다. 이것은 지능형 에이전트가 자신의 주변 환경에 대한 모델을 구축할 수 있게 하는 가장 기본적인 방법이다.

지식 표현은 형식적으로 데이터를 구조화 및 조직화하는 방식이라고 정의할 수 있다. 에이전트는 이 방식을 효과적으로 활용해 추론을 수행하고, 문제를 해결하며, 행동 경로를 결정한다. 지식 표현에는 여러 가지 잘 정립된 접근 방식들이 있으며 각 접근 방식은 고유한 장점과 이상적인 적용 분야를 갖는다. 이러한 방식들에 관해 하나씩 살펴보자.

3.1.1 의미망

의미망semantic network은 지능형 에이전트 내에서 지식을 표현하는 가장 직관적이고 유연한 접근 방식 중 하나를 제공한다. 의미망의 핵심은 노드node와 에지edge로 구성된 그래프 기반 구조다. 노드는 개념, 개체, 사건, 상태를 나타내며, 라벨이 붙은 에지는 해당 개념들 사이의 의미론적 관계semantic relationship를 명시적으로 정의한다.

의미망은 단순하면서도 표현력이 뛰어나 복잡한 현실 세계에 존재하는 풍부하고 다양한 관계와 연결성을 자연스럽게 포착할 수 있다. 예를 들어 'dog'(개)라는 개념을 나타내는 노드는 'animal'(동물)이라는 노드와 'is-a'(~의 하나다) 관계 에지로 연결될 수 있으며 이것은 **개는 동물의 한 종류다**라는 의미다. 'dog' 노드는 또한 'mammal'(포유류), 'domesticated'(길들여지다), 'canine'(개과 동물), 'pet'(애완동물) 같은 다른 관계 타입으로도 연결될 수 있다.

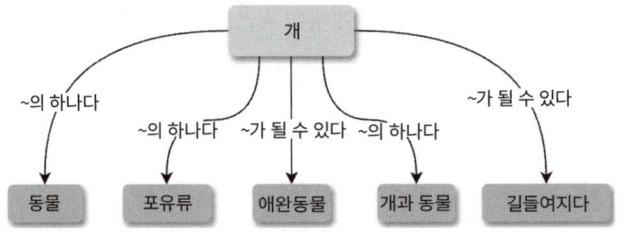

그림 3.1 Dog(개)의 관계를 나타내는 의미망

엄격한 논리 체계나 고정된 데이터베이스 스키마와는 달리, 의미망은 적절한 의미론적 관계를 통해 어떤 개념이든 다른 개념과 유연하게 연결할 수 있는 지식 표현 방식을 제공한다. 이러한 유연성 덕분에 의미망은 매우 세밀한 도메인도 직관적인 그래픽 형태로 표현할 수 있다. 예를 들어 의료 의미망은 질병, 증상, 치료법, 해부학적 개념 등을 'causes'(유발한다), 'is-diagnosed-by'(진단된다), 'interacts-with'(상호작용한다) 같은 관계 유형으로 모델링할 수 있다.

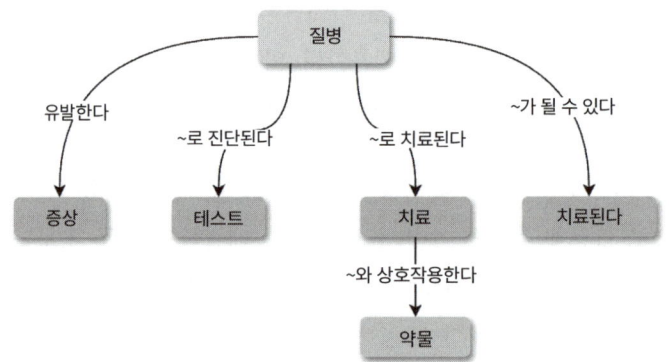

그림 3.2 Disease(질병)의 관계를 나타내는 의미망

의미망의 큰 장점은 경계 경로를 따라 속성 상속inheritance을 통해 일반화할 수 있다는 점이다. 예를 들어 의미망에서 개가 동물의 하위 클래스이고, 동물은 호흡한다는 정보가 있다면 에이전트는 속성 상속을 통해 개도 호흡한다는 사실을 추론할 수 있다. 이러한 방식으로 알고리즘은 그래프를 탐색하면서 관계의 연쇄를 따라가며 새로운 사실과 결론을 기존 지식으로부터 도출해낼 수 있다. 예를 들어 가족 관계에 대한 의미망에서는 어떤 배우자의 부모가 그 사람의 시부모라는 것도 추론할 수 있다.

또한, 의미망은 다른 기호 기반 추론 기법들과 자연스럽게 통합된다. 그래프 기반 구조는 **일차 논리**first-order logic 같은 연역적 방법과도 잘 맞는다. 여기에서 노드는 상수 또는 술어predicate이고, 에지는 논리 증명이나 추론 규칙에 참여할 수 있는 관계에 대응된다. 지능형 튜터링 시스템intelligent tutoring system은 이러한 논리 기반 표현력을 사용해 학생에게 설명을 제공하거나 새로운 개념을 가르치는 데 활용할 수 있다.

의미망은 지능형 에이전트가 환경에 대한 풍부하고 표현력 있는 모델을 구축할 수 있는 강력하면서도 직관적인 메커니즘이다. 의미망은 개념 간의 연결성과 관계 조합, 상속을 통한 새로운 지식 도출을 자연스럽게 지원하는 특성을 갖고 있기 때문에 다양한 실제 도메인에서 매우 강력한 지식 표현 형식으로 활용될 수 있다.

3.1.2 프레임

프레임 기반 지식 표현 패러다임frame knowledge representation paradigm은 지능형 에이전트가 개념과 그에 연관된 속성들을 구조적으로 모델링할 수 있는 방법을 제공한다. 이 형식에서는 객체, 상황, 사건에 대한 지식을 **프레임**frame이라고 부르는 데이터 구조에 저장한다.

각 프레임은 속성–값attribute-value 쌍의 모음으로 구성된다. 이것은 해당 개념이 가지는 속성property과 특성characteristic을 설명한다. 예를 들어 'Car'(자동차)라는 개념에 대한 프레임은 'make'(제조사), 'model'(모델), 'year'(연식), 'color'(색상), 'fuel type'(연료 유형) 등의 속성을 포함할 수 있다. 그리고 각 속성은 특정 자동차 인스턴스에 대한 구체적인 값을 제공한다.

프레임들은 계층적으로 구성되며 상위 수준의 일반 프레임으로부터 하위의 특수한 하위 프레임으로 속성을 상속할 수 있다. 예를 들어 'Car'(자동차) 프레임은 부모인 'Vehicle'(차량) 프레임으로부터 속성을 상속받을 수 있고, 자동차에만 해당하는 새로운 속성을 추가할 수도 있다. 이러한 계층적 분류taxonomy는 관련된 개념들 사이에서 속성을 중복해 정의하지 않게 함으로써 효율적인 지식 저장을 가능하게 한다.

프레임의 핵심적인 장점은 사실 정보factual information뿐만 아니라 프로세스적 지식procedural knowledge도 함께 표현할 수 있는 유연성이다. 프레임은 단순한 속성–값 슬롯 외에 속성값을 동적으로 제공하거나, 해당 개념과 관련된 동작을 모델링하는 프로시저를 포함할 수 있다. 예를 들어 'Car' 프레임은 연료 효율을 계산하는 메서드와 정비 기록을 질의하는 메서드를 포함할 수 있다. 그림 3.3은 차량 예제를 통해 프레임 개념을 시각적으로 설명한다.

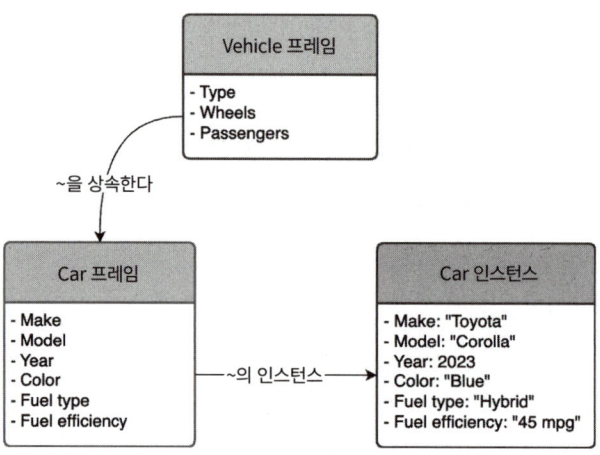

그림 3.3 Vehicle과 Car의 관계를 나타내는 프레임

프레임은 인간에 세계를 바라보는 인지 방식을 반영하는 직관적인 지식 표현 모델을 제공한다. 프레임의 계층적 특성은 인간이 공통 속성과 관계를 기반으로 개념적 추상화를 형성하고 아이디어를 분류하는 방식과 잘 일치한다.

현실 세계의 응용 분야에서 프레임 표현은 다음과 같이 널리 활용된다.

- **자연어 처리**: 언어적 프레임은 텍스트 데이터로부터 추출된 의미론적 개념, 역할, 관계를 모델링하는 데 사용된다.
- **전문가 시스템**expert systems: 프레임은 도메인 전문 지식과 규칙 기반 추론을 위한 규칙을 담아낸다.
- **객체지향 프로그래밍**object-oriented programming: 객체지향 언어에서의 클래스는 본질적으로 속성과 메서드를 캡슐화한 프레임 유사 구조라 볼 수 있다.
- **컴퓨터 비전**computer vision: 객체 감지 시스템은 프레임 계층을 사용해 형태, 색상, 질감 등의 속성에 따라 시각적 객체를 식별하고 설명한다.
- **로보틱스**robotics: 프레임은 로봇이 객체 및 환경을 표현할 수 있도록 해주고 관련된 행동, 이동 모델, 제약조건도 함께 포함시킬 수 있다.

프레임 지식 표현 형식은 지능형 에이전트가 지식 기반 추론과 의사결정에 적합한 풍부한 개념 정보를 효율적이고 구조적이며 인간 친화적인 방식으로 잡아낼 수 있게 한다.

3.1.3 논리 기반 표현

의미망과 프레임은 시각적으로 직관적인 지식 표현 방식을 제공하는 반면, 논리 기반 접근 방식 logic-based approach은 좀 더 형식적이고 수학적인 방식을 취한다. 논리 기반 지식 표현은 기호 논리 symbolic logic 구조를 활용해 도메인에 대한 사실, 규칙, 공리axiom를 인코딩한다.

이 패러다임에서는 지식을 나타내는 문장이 형식 논리 언어formal logical language의 정형화된 수식well-formed formular(**명제 논리**propositional logic, **일차 논리**, 또는 특수 목적의 **양상 논리**modal logic, **일시 논리** temporal logic 등)으로 표현한다. 다음은 그 예시다.

- 'All humans are mortal'(모든 인간은 죽는다)는 일차 논리 $\forall x (Human(x) \rightarrow Mortal(x))$로 표현된다.
- 'It is raining or it is sunny'(비가 오거나 화창하다)는 명제 논리 **Rain ∨ Sunny**로 표현된다.
- 'Eventually, the system will stabilize'(결국 시스템은 안정된다)는 시점 논리 ◇**Stable**로 모델링할 수 있다.

위 표현에서 각 기호의 의미는 다음과 같다.

- ∀x: 'for all x'(모든 x에 대해)를 의미하는 전칭universal quantifier 기호
  예: $\forall x (Human(x) \rightarrow Mortal(x))$. – 번역: **모든 x에 대해, 만약 x가 인간이라면 x는 죽는다.**
- ∨: 논리적 'or'(선택)을 의미하는 논리합 기호
  예: **Rain ∨ Sunny**. – 번역: **비가 오거나, 화창하다.**
- ◇: 'eventually'(언젠가는)을 의미하는 시점 논리의 다이아몬드 연산자
  예: ◇**Stable**. – 번역: **언젠가는 시스템이 안정될 것이다.**

이러한 논리식은 엄격한 논리 연역 시스템을 기반으로 공식화된 공리, 추론 규칙, 형식적 의미론을 갖춘 포괄적인 지식 기반을 구성하는 기초 구성 요소의 역할을 한다. 추론 엔진은 논리 추론 규칙을 적용해 기존 지식으로부터 새로운 사실과 결론을 도출할 수 있다.

논리 기반 표현 방식의 핵심적인 장점은 형식적 엄밀성과 그에 수반하는 강력한 이론적 특성이다. 논리를 기반으로 구축된 시스템은 타당성soundness(논리적으로 유효한 결론만 도출함), 완전성 completeness(가능한 모든 유효한 결론을 도출한다)의 보장을 제공할 수 있다. 이러한 수학적 기반 덕분에 안전을 중시하는 도메인에서 논리는 지식 표현 방식의 매우 매력적인 선택지가 된다. 논리 기반 표현이 사용되는 실제 응용 분야는 다음과 같다.

- **전문가 시스템**: 규칙 기반 전문가 시스템 엔진은 본질적으로 도메인 전문 지식을 인코딩한 논리 기반 지식 베이스 위에서 작동하는 정리 증명기theorem prover다.
- **데이터베이스 시스템**: 관계형 데이터베이스는 관계 대수/관계 계산relational algebra/calculus을 사용하며, 이는 일차 논리의 부분 집합으로 수학적 기반을 제공한다.
- **자동 추론**: 소프트웨어 검증이나 로봇 계획 등 다양한 분야에서 논리는 자동 추론 시스템을 위한 핵심 표현 방식으로 사용된다.
- **법률 및 규제 도메인**: 법률, 정책, 규정은 형식 분석을 할 수 있는 논리 규칙으로 정확하게 표현할 수 있다.
- **시맨틱 웹**semantic web: 웹 온톨로지 언어Web Ontology Language, OWL 같은 서술 논리description logic는 온톨로지와 시맨틱 웹에서 지식 표현의 골격을 이룬다.

논리 기반 표현은 의미망이나 프레임만큼 직관적이지는 않다. 하지만 그 수학적 엄밀성, 자동화된 추론 지원 능력은 형식적 검증, 일관성, 완전성 보장이 반드시 필요한 응용 분야에서 대체 불가능한 가치를 갖는다.

지금까지 지능형 에이전트의 지식 기반을 형성하는 지식 표현의 기초 구조들에 관해 살펴봤다. 다음으로 에이전트가 이러한 표현을 어떻게 활용해 추론 작업을 수행하고, 결론을 도출하고, 복잡한 문제를 해결하는지 살펴보자.

3.2 지능형 에이전트의 추론

지능형 에이전트는 논리 언어를 활용해 강력한 지식 기반을 구축한다. 이를 통해 고도화된 질의, 연역 추론, 표현력이 부족한 다른 방식으로는 불가능한 수준의 추론을 할 수 있다. 에이전트가 지식을 표현할 수 있는 강력한 방식이 준비되면, 추론 메커니즘은 그 지식을 지능적으로 조작하고 활용할 수 있게 해준다. 에이전트는 추론 능력을 활용해 새로운 통찰을 도출하고, 논리적 결론을 내리고, 관찰한 내용을 설명하고, 정보에 근거한 의사결정을 하고, 목표를 달성하는 등의 작업을 할 수 있다.

대부분의 경우 지능형 에이전트에서의 추론은 하나의 단일하고 단순한 과정을 넘어선다. 고급 에이전트 아키텍처는 일반적으로 다양한 추론 스타일과 데이터 기반, 분석 기반, 학습 기반 요소를 조합한 복합적인 추론 접근 방식을 사용한다. 예를 들어 질의응답 시스템은 시맨틱 파싱semantic parsing을 사용해 질문을 논리 구조로 매핑하고, 논리 지식 베이스 위에서 연역 추론을 하고, 이후 신경망 기반 시퀀스-투-시퀀스 모델sequence-to-sequence model을 활용해 최종 답변을 자연스러운 자연어로 생성하는 등의 과정을 포함할 수 있다. 기본적인 추론 패러다임에는 연역 추론deductive reasoning, 귀납 추론inductive reasoning, 가설 추론abductive reasoning이 포함된다.

3.2.1 연역 추론

연역 추론은 하향식으로 진행되는 기본적인 논리 추론 방식이다. 이 방식에서 지능형 에이전트는 도메인에 대한 일반적인 전제나 규칙에서 출발하여 구체적이고 논리적으로 불가피한 결론을 도출한다. 고전적인 연역 추론의 예로는 다음의 유명한 삼단 논법syllogism이 있다.

> All men are mortal(모든 인간은 죽는다).
> Socrates is a man(소크라테스는 인간이다).
> Therefore, Socrates is mortal(그러므로 소크라테스는 죽는다).

여기에서는 초기 전제('**All men are mortal**'(모든 인간은 죽는다), '**Socrates is a man**'(소크라테스는 인간이다))가 참이면 결론('**Socrates is mortal**'(소크라테스는 죽는다))은 논리적 연역 규칙을 적용할 때 반드시 따라오는 결과가 된다. 연역은 전제와 규칙이 정확하고 사실일 때, 반박할 수 없는 결론에 도달할 수 있는 수단을 제공한다. 그림 3.4는 이 예시에서의 연역 추론을 시각적으로 설명한 것이다.

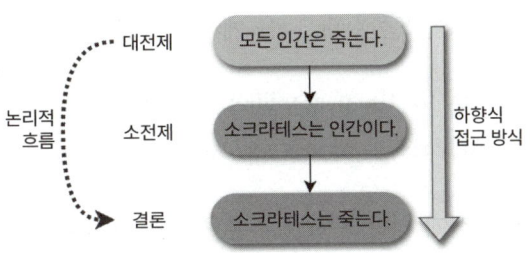

그림 3.4 **연역 추론: 일반 전제에서 구체적 결론으로**

연역 추론은 다음과 같은 다양한 분야에서 활용된다.

- **수학/기하학**: 형식적인 수학 증명은 연역 추론의 대표적인 예다. 일반적인 공리와 이전에 증명된 명제로부터 구체적인 정리를 도출한다.
- **법률**: 법적 추론은 성문화된 법률과 판례를 적용해 특정 사건에 대한 판단을 연역적으로 도출한다.
- **소프트웨어 검증**: 형식 검증 기법은 논리 명세logical specification에 대한 연역 추론을 통해 하드웨어 및 소프트웨어 시스템의 정확성 속성correctness property을 증명한다.

- **네트워크 라우팅**: 라우팅 프로토콜은 네트워크 토폴로지, 대역폭 등과 관련된 규칙/제약을 연역적으로 적용해 최적 경로를 결정한다.

연역 추론은 귀납 추론이나 가설 추론 등 다른 형태의 추론과 결합할 때 특히 강력한 도구가 된다. 예를 들어 의료 진단 시스템에서는 다음과 같은 방식으로 작동할 수 있다.

- 증상으로부터 가능한 질병 가설을 **추론**으로 생성한다(가장 적절한 설명에 대한 추론).
- 각 가설에 대해 질병 모델에 따른 규칙을 사용해 예상 결과를 **연역**한다.
- 도출된 예상 결과를 실제 환자 데이터와 **비교**해 가설을 확인 또는 기각한다.

연역 추론만으로 완전히 새로운 지식을 획득할 수는 없지만, 지능형 에이전트가 논리적으로 지식을 확장하고, 일관성을 유지하고, 합리적인 의사결정을 하는 데는 필수다. 연역 추론은 에이전트의 결론이 신뢰할 수 있게 하는 형식적 엄격성을 제공한다.

3.2.2 귀납 추론

연역 추론이 하향식으로 진행되는 방식이라면, 귀납 추론 inductive reasoning은 상향식으로 올라가는 접근 방식을 따른다. 귀납 추론은 특정 관찰이나 데이터 포인트의 집합으로부터 일반화하거나 개연성 있는 결론 probable conclusions을 도출한다. 다음 예시를 살펴보자.

> The sun has risen every day for the past million days(지난 백만 일 동안 매일 태양이 떠올랐다).
> Therefore, the sun will likely rise again tomorrow(그러므로, 태양은 내일도 떠오를 것이다).

반복적으로 태양이 떠오른 사례에 기반해 귀납 추론을 하는 지능형 에이전트는 태양이 앞으로도 계속 떠오를 것이라고 가정하거나 그 가능성을 귀납할 수 있다. 그러나 연역 추론과 달리, **귀납 추론**에서 도출된 결론은 논리적으로 보장되지 않는다. 단지 관찰된 증거에 기반해 개연성이 높음을 시사할 뿐이다. 그림 3.5는 이 예제를 기준으로 귀납 추론의 개념을 시각적으로 설명한다.

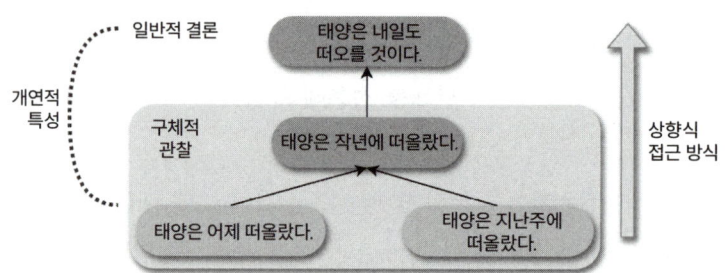

그림 3.5 귀납 추론: 구체적인 관찰에서 일반적인 결론으로

귀납 추론은 다음과 같이 데이터 기반 학습과 이론 형성이 핵심인 실제 응용 분야에서 널리 활용된다.

- **과학적 방법**: 과학 법칙과 이론을 공식화하는 과정은 실험적 관찰 및 데이터로부터 일반화하는 귀납 추론에 크게 의존한다.
- **머신러닝**: 머신러닝 알고리즘은 본질적으로 훈련 데이터로부터 일반적인 모델을 추론해 새로운 입력에 대한 예측을 수행하는 귀납 추론 메커니즘이다.
- **패턴 인식**: 컴퓨터 비전, 신호 처리 등 패턴 인식 작업은 통계적 규칙성을 기반으로 입력을 분류하기 위해 귀납적 기법을 활용한다.
- **데이터 마이닝**: 연관 규칙 마이닝association rule mining 같은 접근 방식은 대규모 데이터셋 내에서 자주 발생하는 패턴, 상관관계, 관계 등을 귀납적으로 식별한다.
- **자연어 습득**: 어린이는 주어진 언어 입력으로부터 귀납적 일반화를 통해 문법 규칙과 언어 모델을 학습한다.

귀납 추론은 강력한 도구이지만 순수한 귀납 추론에는 한계가 존재하는데, 관찰된 사례들이 전체 공간을 대표하지 못하는 불완전한 샘플일 때는 결론이 틀릴 수 있다는 점 등이다. 따라서 지능형 에이전트 아키텍처에서는 귀납 추론은 가설 추론(최고의 설명을 추론), 연역 추론(가설 검증) 등과 결합하는 경우가 많다. 귀납 추론 능력은 진리를 보장할 수는 없지만 지식이 완전히 주어지지 않은 상태, 불확실하고 잡음이 많은 환경, 완전하지 않은 지식으로부터 지식을 추출하고, 패턴을 인식하며, 이론을 형성해야 하는 상황에서 에이전트에게 반드시 필요하다.

3.2.3 가설 추론

가설 추론abductive reasoning은 역방향으로 작동하는 추론 방식이다. 주어진 관찰이나 데이터에 대해 그것을 설명할 수 있는 가장 그럴듯한 원인이나 전제를 찾아내려 한다. 이 방식은 흔히 **최선의 설명을 향한 추론**inference to the best explanation이라고 불린다. 연역 추론이 일반적인 규칙에서 출발해 보장된 구체적 결론에 도달하는 반면, 가설 추론은 관찰된 현상이나 효과에서 출발해서 기존 지식에 기반해 가장 가능성 높은 원인을 가정한다. 다음은 가설 추론의 예시다.

> The lawn is wet(잔디가 젖어 있다).
> A plausible explanation: It rained last night(그럴듯한 설명: 어젯밤에 비가 왔다).

여기에서 관찰된 효과는 '젖은 잔디'다. 지능형 에이전트는 가설 추론을 통해 비록 직접 관찰한 사실은 아니더라도 이전 경험에 비추어 어젯밤에 비가 왔다는 것이 가장 그럴듯한 설명이라고 합리적으로 추론할 수 있다. 그림 3.6은 이러한 역방향 추론backward reasoning의 개념을 시각적으로 설명한다.

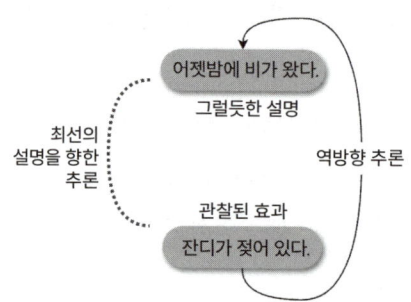

그림 3.6 가설 추론: 최선의 설명을 향한 추론

가설 추론은 다음과 같이 근본 원인 분석root cause analysis이 핵심인 진단 중심 도메인diagnostic domain과 애플리케이션에서 매우 유용하게 활용된다.

- **의료 진단**: 일정한 증상의 집합이 주어졌을 때, 의사는 해당 증상을 설명할 수 있는 가장 그럴듯한 질병 또는 상태를 가정하고 조사한다.
- **결함 탐지**: 제조업의 모니터링 시스템은 관측된 이상anomaly을 유발한 가장 가능성 높은 결함이나 고장을 가설 추론으로 분리한다.
- **포렌식/범죄 수사**: 범죄 현장에서 수집된 증거를 바탕으로 수사관은 가능한 시나리오와 용의자 프로파일을 가설 추론해 무슨 일이 벌어졌는지를 도출한다.
- **AI 계획**: 에이전트는 목표를 달성하려면 그 목표로부터 역추론하여 가능한 실행 행동의 순서를 가설적으로 도출해야 한다.
- **과학적 발견**: 새로운 과학적 이론들은 현재 설명되지 않은 관측이나 현상이 실험적 발견에 의해 처음 추론되는 경우가 많다.

가설 추론의 핵심 장점은 기존의 지식이나 데이터만으로는 도출할 수 없는 새로운 가능성이 있는 전제를 창의적으로 생성할 수 있다는 점이다. 이것은 에이전트가 틀에 얽매이지 않는 사고를 하고, 새로운 설명 가능성을 탐색하는 데 도움이 된다. 그러나 가설 추론은 정확한 설명을 보장하지는 않는다. 관찰된 현상과 일치하는 여러 가설이 존재할 수 있기 때문이다. 따라서 일반적으로 가설 추론은 연역 추론과 함께 사용해 도출된 설명 가설의 일관성과 개연성을 검증한다.

에이전틱 시스템에서 가설 추론을 구현하기는 어렵다는 점을 기억해야 한다. 여러 가설을 생성하고 평가하는 데 소요되는 계산 비용이 매우 크고 복잡하기 때문이다. 또한 불확실성과 불완전한 데이터를 다뤄야 하기 때문에 가장 그럴듯한 설명이 무엇인지 결정하는 것이 어려울 수 있다. 적절한 지식 표현 구조가 매우 중요한데 이를 유지하는 것 자체가 어렵다. 가설 추론을 다른 추론 모드와 통합하는 과정에서 충돌이 발생할 수 있고, 도메인이 확장될수록 확장성 문제도 커진다. 또한 동적 환경을 다루고 사용자에게 설명 가능성을 보장하는 것은 그 프로세스에 복잡성을 더한다. 그럼에도 불구하고 가설 추론을 적용함으로써 지능형 에이전트는 더 깊은 이해, 임시 설명을 구성하는 창의성, 불확실하고 관측이 제한적인 환경에서 효과적으로 작동하는 능력을 갖게 된다. 강건한 지식 표현 체계 다면적 추론 능력을 통해 지능형 에이전트는 주변 환경에 대한 풍부한 모델을 구축하고, 통찰을 도출하며, 관측된 현상을 설명하고, 세상과 상호작용하는 방법에 관한 정보에 기반해 의사결정을 하는 능력을 갖게 된다. 이러한 능력들은 더욱 고급 에이전트 기능을 구현하기 위한 기반을 형성한다.

3.3 적응형 에이전트를 위한 학습 메커니즘

학습 메커니즘은 지능형 에이전트가 환경 변화에 적응하거나 시간이 지남에 따라 개선될 수 있게 하는 핵심 요소다. 에이전트는 학습 능력을 통해 새로운 경험과 데이터에 기반해 지식과 행동을 지속적으로 정제할 수 있다. 다양한 학습 접근 방식이 있으며 각 접근 방식마다 고유한 강점과 효과적인 적용 분야가 다르다.

- **지도 학습**supervised learning: 이 학습 패러다임은 입력에 라벨이 붙은 출력labelled output 또는 목푯값과 쌍으로 구성된 데이터셋을 이용해 에이전트를 훈련시킨다. 목표는 에이전트가 새로운 미지의 입력에 대한 출력을 정확히 예측하는 매핑 함수mapping function를 학습하게 하는 것이다. 지도 학습은 다음과 같은 분야에서 분류classification와 회귀regression 작업에 널리 사용된다.
    - 이미지 분류(이미지에서 객체나 숫자 식별 등)
    - 스팸 탐지(이메일을 스팸/비스팸으로 분류 등)
    - 기계 번역(한 언어의 텍스트를 다른 언어로 매핑 등)
    - 의료 진단(환자의 증상/검사 결과를 질병 레이블에 매핑 등)
- **비지도 학습**unsupervised learning: 에이전트는 관련된 목표를 출력하지 않고 라벨이 붙어 있지 않은 데이터로 훈련된다. 데이터 내에 내재된 패턴, 상관관계, 군집을 비지도 방식으로 발견하는 것이 목표다. 핵심 적용 분야는 다음과 같다.
    - 고객 세분화(구매 행동에 기반한 고객 그룹화 등)

- 이상 탐지(정상과 다른 특이한 데이터 포인트 식별 등)
- 주제 모델링(문서 집합에서 주제/테마 추출 등)
- 차원 축소(고차원 데이터를 저차원으로 표현 등)

- **강화 학습**reinforcement learning: 이 접근 방식은 인간과 동물이 학습하는 방식에서 영감을 받았으며 보상reward 또는 처벌punishment 형태의 환경 피드백을 이용한 시행착오를 통해 작동한다. 강화 학습 에이전트는 다양한 행동을 시도해보고 관찰된 보상에 따라 전략을 업데이트하면서 최적의 행동 정책을 학습한다. 다음과 같은 영역에서 큰 성공을 거두었다.
  - 게임 플레이(체스, 바둑, 비디오 게임 마스터링 학습 등)
  - 로보틱스(로봇의 이동 및 조작을 위한 제어 정책 학습 등)
  - 공급망 최적화(효율을 극대화하는 정책 도출 등)
  - 교통 신호 제어(교통 흐름을 개선하기 위한 신호 타이밍 학습 등)

- **전이 학습**transfer learning: 이 접근 방식은 한 환경에서 학습한 지식을 활용해 다른 유사한 환경에서의 학습을 용이하게 만드는 것에 초점을 둔다. 이전의 학습을 통해 습득한 패턴과 표현을 활용하여 새로운 작업에 대한 학습 속도와 데이터 효율성을 크게 향상할 수 있다. 다음과 같은 영역에서 큰 성공을 거두었다.
  - 자연어 처리(도메인 간 언어 모델 전이 등)
  - 컴퓨터 비전(사전 학습된 모델을 새로운 시각 과제의 초깃값으로 활용 등)
  - 추천 시스템(사용자/상품 임베딩을 플랫폼 간 전이 등)

이러한 학습 메커니즘들은 종종 하이브리드 조합에 사용되며 지능형 에이전트가 지식을 지속적으로 확장하고, 행동을 정제하고, 문제 해결 능력을 향상시키는 것을 가능하게 한다. 이것은 지능의 핵심적인 특성이다. 학습 알고리즘이 진화함에 따라, 에이전트는 새로운 도전에 대해 더욱 적응력 있고 견고한 존재로 발전할 것이다.

적응형 에이전트가 지식과 기술을 획득할 수 있게 하는 학습 메커니즘에 관해 살펴봤다. 다음으로 이러한 에이전트들이 복잡한 환경에서 어떻게 학습을 활용해 의사결정을 하고 행동을 계획하는지에 관해 살펴보자.

3.4 에이전트 시스템에서의 의사결정과 계획

의사결정과 계획은 지능형 에이전트가 복잡한 환경에서 목표를 효과적으로 달성하기 위해 반드시 갖추어야 할 핵심 능력이다. 에이전트는 다양하고 가능한 시나리오를 분석하고, 그 결과를 평가하며, 자신의 선호와 제약조건에 따라 가장 바람직한 결과로 이어질 수 있는 행동을 선택해야 한다. 유틸리티 함수(즉, 도구)와 계획에 관한 내용은 이후 장에서 좀 더 자세하게 다룬다. 다음 절에서는 에이전트의 의사결정에 관여하는 핵심적인 구성 요소에 관해 상위 수준에서 간략하게 살펴본다.

3.4.1 유틸리티 함수

유틸리티 함수utility function는 결과outcome를 유틸리티값utility value에 매핑해 에이전트의 선호preference를 정량화한다. 에이전트는 이렇게 정량화한 값을 기반으로 다양한 행동 중에서 기대 유틸리티expected utility를 최대화하는 행동을 선택할 수 있다.

유틸리티 함수는 세상의 여러 상태나 결과를 정량적인 값으로 나타낸다. 이는 목표, 보상, 처벌과 관련된 상태에 대한 에이전트의 선호도를 반영한다. 이를 수학적으로 표현하면 다음과 같다.

이 수식은 얼핏 복잡해 보일 수 있지만 개념 자체는 매우 직관적이다. 다음의 간단한 파이썬 예제를 통해 유틸리티 함수의 개념을 설명해보자.

```python
def travel_utility_function(travel_option):
    price_utility = (1000 - travel_option['price']) * 0.05
    comfort_utility = travel_option['comfort_rating'] * 10
    conv_utility = travel_option['convenience_score'] * 15

    total_utility = price_utility + \
                    comfort_utility + \
                    conv_utility

    return total_utility
```

이 유틸리티 함수를 설명하기 위해 앞에서 다룬 여행 예약 예시를 다시 살펴보자. 위 파이썬 함수는 가격price, 편리함convenience, 편안함comfort을 기준으로 여행 옵션들을 평가한다. 함수의 2, 3, 4 번째 행에서는 각 요소에 대해 실수 기반의 유틸리티를 할당한다. 계수로 사용된 `0.05`, `10`, `15`는 임의의 값이지만, 이는 사용자의 여행 의사결정에 대한 각 요소의 중요도를 반영한 상대적 중요도로 볼 수 있다. 예를 들어 2번째 행에서는 가격 유틸리티price utility를 숫자에 할당했다. 여기에서는 임의로 실제 가격을 1000에서 뺀 값을 사용하는데, 이는 가격이 낮을수록 유틸리티가 높음을 반영한 것이다. 즉, 가격과 유틸리티는 역의 관계inverse relationship에 있다. 마찬가지로 편리함과 편안함에도 사용자가 입력하는 값에 따라 유틸리티값을 부여한다. 예를 들어 'Tripadvisor' 같은 여행 후기 웹사이트에서는 별점 형태로 사용자가 자신들의 경험을 평가할 수 있다.

유틸리티 함수를 여러 여행 옵션에 적용해보면 이 함수의 작동 방식을 좀 더 명확하게 이해할 수 있다. 이 유틸리티 함수를 **저가 항공편과 로드 트립**Budget Airline vs Road Trip 옵션에 적용해보자.

다음은 유틸리티 함수에 입력하는 샘플 데이터 예시다.

```
1  [{
2      'name': 'Budget Airline',
3      'price': 300,
4      'comfort_rating': 3,
5      'convenience_score': 2
6  },
7  {
8      'name': 'Road Trip',
9      'price': 150,
10     'comfort_rating': 4,
11     'convenience_score': 3
12 }]
```

다음은 유틸리티 함수의 출력이다.

```
1  Budget Airline - Utility: 95.00
2  Road Trip - Utility: 127.50
```

이 출력 결과는 로드 트립 옵션이 저가 항공편 옵션보다 높은 편리함, 높은 편안함, 낮은 가격을 제공하기 때문에 높은 유틸리티 점수를 얻었음을 보여준다. 전체 코드는 GitHub 저장소의 `Chapter_03.ipynb` 파이썬 노트북에서 확인할 수 있다.

유틸리티 함수는 상태나 결과를 유틸리티값에 매핑함으로써 에이전트의 선호를 정량적으로 인코딩한다. 이로 인해 두 상태를 유틸리티값 기준으로 순위화하거나 비교할 수 있다. 유틸리티값이 높을수록 선호되는 상태 혹은 결과임을 의미하므로, 합리적인 에이전트는 기대 유틸리티를 최대화하는 행동을 선택할 수 있다. 기대 유틸리티는 가능한 모든 결과 상태에 대한 유틸리티값의 확률-가중치의 합으로 계산된다. 유틸리티 함수는 이러한 방식으로 선호를 정량화함으로써, 에이전트가 정해진 유틸리티 기준에 따라 합리적인 의사결정을 할 수 있게 하는 체계적인 수단을 제공한다. 유틸리티 함수는 다음과 같이 도메인에 따라 다양한 수학적 형태를 가질 수 있다.

- 속성 간의 선호 차이를 수치화하는 가중치 기반 단순 점수 함수
- 모든 제약 조건을 충족할 때 최대화되는 제약 충족 함수
- 가격, 이익, 비용 등을 모델링하는 경제학적 유틸리티 함수
- 독립적인 결과 속성들에 대한 선호를 곱셈으로 결합하는 함수

좀 더 정교한 유틸리티 함수는 불확실성, 위험 선호, 다중 속성 간 트레이드오프, 시간에 따른 선호 변화, 속성 간 상호 의존성 같은 요소들을 모델링할 수 있다. **다중 속성 간 트레이드오프**multi-attribute tradeoff의 경우, 에이전트는 의사결정을 내릴 때 다양한 속성들(비용, 품질, 시간, 안전성 등)을 고려해야 한다. 이러한 속성들은 서로 충돌할 수 있으므로 에이전트는 균형점을 찾아야 한다. 예를 들면 빠르지만 비싼 옵션과 느리지만 저렴한 옵션 중 하나를 선택해야 한다. 여기에서 어려운 점은 에이전트가 각 속성을 상대적으로 얼마나 중요하게 여기는지, 또는 하나의 속성이 바뀔 때 전체 유틸리티에 어떤 영향을 주는지를 정량화하는 것이다.

에이전트의 모든 선호를 반영하는 정확한 유틸리티 함수를 정의하기는 매우 어렵고 복잡하다. 선호가 매우 복잡하고 콘텍스트에 의존할 수 있기 때문이다. 에이전트는 위험에 서로 다른 태도를 가질 수 있고(위험 회피형 또는 위험 선호형), 그 선호가 시간에 따라 변할 수 있다. 또한 속성 사이의 의존성(예를 들어 한 속성의 증가(예: 속도 증가)가 다른 속성에 부정적인 영향을 미칠 수 있음(예: 비용 증가))은 모델링 프로세스를 한층 복잡하게 만든다. 게다가 변화하는 환경에서의 결과나 선호도 예측에 대한 불확실성 또한 에이전트의 의사결정 프로세스를 완전하게 반영하는 유틸리티 함수를 정의하는 작업을 복잡하게 만든다. 이러한 경우 선호 추출preference elicitation, 역강화 학습inverse reinforcement learning, 인간 피드백 기반 학습learning from human feedback 기법 등을 활용할 수 있다.

3.4.2 계획 알고리즘

계획 알고리즘planning algorithm은 초기 상태로부터 목표를 달성하기 위해 에이전트가 수행해야 할 일련의 행동을 도출하는 알고리즘이다. 가장 일반적인 계획 접근 방식에는 **그래프 기반 계획**graph-based planning, **휴리스틱 탐색**heuristic search, **몬테카를로 트리 탐색**Monte Carlo tree search, MCTS, **계층적 계획**hierarchical planning, **제약 만족**constraint satisfaction 등이 있다. 다음 절에서는 이러한 각 계획 알고리즘에 대해 논의한다.

1 그래프 기반 계획

그래프 기반 계획graph-based planning은 계획 문제를 그래프로 표현하는데, 여기에서 노드는 가능한 상태 또는 구성을 나타내고, 에지는 상태 간 이동을 나타내는 행동이나 전이를 나타낸다. 그래프 기반 계획 알고리즘의 기본 개념은 **상태 공간 그래프**state-space graph다. 이는 문제 영역 내의 모든 가능한 상태를 노드로 나타낸 그래프 표현이다. 여기에서 에지는 상태 간의 행동 또는 전이를 나타낸다. 이러한 그래프 표현은 가능한 모든 상황의 '공간'과 그것들이 어떻게 서로 연결되어 있는지 효과적으로 시각화한다.

에지 비용edge cost은 가중치 그래프에서 에지가 가진 속성이다. 각 에지는 하나의 연관 비용(또는 가중치)을 갖는다. 이는 해당 행동을 수행하거나 전이를 수행하는 데 드는 '비용expense'을 나타낸다. 이 비용은 거리, 시간, 에너지 소비, 금전적 비용, 다른 사용 사례에 적합한 지표일 수 있다.

상태 공간 그래프, 에지, 에지 비용을 고려했을 때 그래프 기반 계획 알고리즘은 크게 두 가지 범주로 나뉜다.

- **그래프 탐색**graph search: 계획 프로세스는 해당 그래프 구조 내에서 초기 상태에서 목표 상태 중 하나로 가는 경로를 찾는 것을 포함한다. 이 경로는 에이전트가 상태 간 전이를 통해 목표에 도달하기 위해 실행해야 할 행동의 순서를 정의한다. 이 구분에 속하는 일반적인 알고리즘에는 **깊이 우선 탐색**depth-first search, DFS, **너비 우선 탐색**breadth-first search, 데이크스트라 알고리즘Dijkstra's algorithm이 있다.
- **최적 경로 탐색**optimal path finding: 특정한 그래프 탐색 유형으로 단순하게 임의의 경로를 찾는 것이 아니라, 어떤 기준(보통 총 에지 비용 최소화)에 따라 가장 좋은 경로를 찾는 것을 목적으로 한다. 이 구분에 속하는 알고리즘에는 벨만-포드 알고리즘Bellman-Ford algorithm과 A* 탐색A* search이 있다.

그래프 기반 계획 알고리즘의 단점은 상태 표현을 사전에 고정해야 한다는 점, 문제의 복잡도가 높아질수록 표현하고 저장해야 할 상태 수가 지수적으로 증가할 수 있다는 점이다.

그래프 기반 계획 기법은 목표 달성을 위한 최적의 행동 순서를 찾는 것이 중요한 다양한 도메인에서 널리 활용된다. 이러한 애플리케이션에는 내비게이션 및 경로 계획을 포함할 수 있다. 예를 들어 GPS 시스템은 도로 네트워크를 그래프로 표현해 이동 시간이나 거리를 최소화하는 최적 경로를 찾는다. 물류 및 공급망 애플리케이션은 제품 제조를 위한 최적 작업 순서 계획, 최소 비용 배송 경로 및 배송 일정 계산을 수행한다. AI 계획은 그래프 기반 방법을 사용해 체스, 비디오 게임, 실시간 전략 게임 등에서 게임 AI의 행동 순서를 계획하거나 AI 어시스턴트의 작업 계획을 수립한다.

2 휴리스틱 탐색

휴리스틱 탐색heuristic search 기법은 탐색 공간의 지수적 증가로 인해 완전한 탐색을 통한 최적 해를 찾는 것이 계산적으로 불가능할 때 널리 사용된다. 휴리스틱 함수를 사용해 유망한 영역으로의 탐색을 유도함으로써, 상당히 양호한 근사 해를 훨씬 빠르게 찾을 수 있다.

휴리스틱 탐색 기법은 경로 계획 및 내비게이션 애플리케이션에서 널리 사용된다. 진짜 최적 경로를 찾는 계산 비용이 너무 많이 드는 경우에는 예를 들어 목적지까지의 직선 거리를 휴리스틱으로 사용해 합리적으로 짧은 운전 경로를 유도할 수 있다. 비디오 게임의 AI 에이전트들도 휴리스틱 기반 경로 탐색 알고리즘을 사용해 가상 환경을 효율적으로 탐색한다.

휴리스틱 탐색의 주요 이점은 최적성을 일정 부분 포기하는 대신 계산 효율성을 얻는 것이다. 이를 통해 시간/메모리 제약 내에서 근사 해를 활용해 더 큰 문제 인스턴스를 해결할 수 있게 해준다. 각 애플리케이션 도메인에 적합한 휴리스틱 설계는 여전히 핵심 과제로 남아 있다.

3 몬테카를로 트리 탐색

몬테카를로 트리 탐색Monte Carlo tree search, MCTS의 핵심 아이디어는 현재 상태로부터 많은 수의 무작위 시뮬레이션playout을 실행해 비대칭 탐색 트리asymmetric tree를 반복적으로 구축하는 것이다. 비대칭 트리는 구조상 균형 잡히지 않거나 균일하지 않은 트리를 말한다. 이 시뮬레이션의 결과는 각 반복 단계에서 가장 유망한 가지branch를 성장시키는 데 사용된다.

MCTS는 불확실성 아래서 순차적 의사결정을 해야 하는 현실 세계의 다양한 애플리케이션에서 널리 채택되고 있다. 이 알고리즘은 불확실성과 방대한 상태 공간(즉, 가능한 결과 수가 많은 문제)에 직면한 상황에 있는 AI 에이전트들에게 많은 이점을 제공한다. MCTS는 계산 자원이 제한된 상황에서도 합리적인 결과를 산출하는 것으로 알려져 있다.

MCTS의 주요 장점은 언제든 멈출 수 있는 동작anytime behavior, 대규모 행동 공간 처리 능력, 시뮬레이션을 통한 장기 결과 추론을 들 수 있다. 하지만 알고리즘의 효율성을 확보하기 위해서는 효과적인 시뮬레이션 모델, 도메인에 적절하게 맞춘 탐색 전략 설계가 필요하다. MCTS의 주요 단점은 복잡한 문제에 대한 시뮬레이션에는 계산 비용이 매우 크고, 시뮬레이션에서 결과 선택을 돕는 트리 정책을 튜닝하기 어렵다는 점을 들 수 있다.

4 계층적 계획

계층적 계획hierarchical planning은 복잡한 문제를 상위 수준의 작업 또는 목표와 그 목표를 달성하기 위한 하위 작업이나 하위 목표의 계층으로 분해하는 접근 방식이다. 이러한 계층적 분해는 문제를 더 추상적으로 추론할 수 있게 하고, 공통 하위 문제에 대한 해결책을 재사용할 수 있게 해준다.

계층적 접근 방식의 핵심적인 장점은 하위 계획 솔루션을 재사용함으로써 계산 효율성을 높이고, 여러 추상 수준에서 지식을 표현할 수 있고, 계층적 추론을 통해 매우 복잡한 문제를 처리할 수 있는 확장성을 향상한다는 점이다. 이러한 구조는 비록 항상 최적은 아닐지라도, 인간이 복잡한 작업을 개념화하고 해결하는 방식과 잘 부합한다. 계층적 접근 방식의 핵심 장점은 다음을 포함한다.

- 하위 계획 솔루션을 재사용하고 모든 세부사항을 한꺼번에 추론하지 않음으로써 계산 효율성 향상
- 여러 추상 수준에서의 지식 표현
- 매우 복잡한 문제를 처리할 수 있는 확장성 향상

항상 최적의 해를 제공하지는 않지만, 계층적 계획은 최적 해가 계산적으로 감당할 수 없는 큰 문제에 대해 좋은 근사 해를 제공할 수 있다. 이 구조는 인간이 복잡한 작업을 개념화하고 처리하는 방식과도 잘 맞는다.

5 제약 만족

제약 만족 문제constraint satisfaction problem, CSP는 만족시켜야 할 제약 조건의 집합으로 문제를 정식화한 후, 제약 전파 기법을 사용해 탐색 공간에서 일관성 없는 가능성을 제거하는 방식이다. CSP는 AI에서 매우 다양하고 복잡한 문제를 해결할 수 있는 강력한 프레임워크를 제공한다. CSP의 핵심은 값을 할당해야 하는 변수로 문제를 정의하고, 그 값들의 조합에 제약을 가하는 것이다. 이 접근 방식은 일정 계획, 자원 할당, 퍼즐 풀이, 구성 작업 등 많은 실제 문제를 자연스럽게 표현할 수 있게 해준다.

CSP의 장점은 문제 표현 방식과 해결 방식을 분리할 수 있다는 점이다. CSP 형태로 문제를 정식화할 수 있다면, 다양한 범용 알고리즘을 적용해 해를 찾을 수 있다. 문제 표현 방식과 해결 방식을 분리함으로써 연구자와 실무자는 복잡한 해결 알고리즘을 걱정하지 않고 문제 모델링에만 집중할 수 있게 된다.

지능형 에이전트는 제약을 조정하고, 불확실성을 다루고, 경험을 통해 학습하고, 복잡한 실제 문제

로 확장할 수 있는 유연한 의사결정 능력을 갖춰야 한다. 계획, 탐색, 추론, 학습 알고리즘의 발전은 이러한 핵심 인지 능력을 지속적으로 향상시키고 있다.

지식 표현과 추론에서부터 학습 메커니즘과 의사결정 프로세스에 이르기까지 지능형 에이전트의 기초적인 측면에 관해 살펴봤다. 이제 이러한 능력을 획기적으로 확장할 가능성을 지닌, 최첨단 개발로 주목받고 있는 생성형 AI의 통합에 대해 살펴보자.

3.5 생성형 AI를 활용한 에이전트 능력 향상

생성형 AI는 학습 효율을 향상시키고, 환경에 대한 이해를 개선하고, 생성 모델을 통해 더 복잡한 상호작용을 가능하게 함으로써 지능형 에이전트 개발을 혁신하고 있다. 다음은 생성형 AI를 도입하면서 나타난 지능형 에이전트 분야의 주요 발전 내용이다.

- **데이터 증강**: 생성 모델을 사용해 합성 학습 데이터를 생성함으로써 데이터셋을 보완하고, 머신러닝 에이전트의 강건성과 효율성을 향상시킨다. 예를 들어 자율주행차 에이전트는 생성된 장면 이미지를 활용해 객체 탐지 및 주행 정책을 더 잘 학습할 수 있다.
- **콘텍스트 이해**: 생성형 AI는 현실 세계의 복잡성을 정밀하게 모델링한 시뮬레이션을 구성하여 에이전트가 콘텍스트를 이해하고 정보에 기반한 결정을 내릴 수 있게 돕는다. 예를 들어 챗봇과 같은 가상 비서는 생성형 AI를 통해 다양한 상황의 대화를 시뮬레이션하고, 실제 사용자와 상호작용하기 전에 사용자 의도를 더 잘 이해하여 더욱 정확하고 콘텍스트에 맞는 응답을 제공할 수 있다.
- **자연어 처리**: 생성형 언어 모델은 이해 및 생성 능력을 향상시킴으로써 인간-에이전트 간 상호작용을 원활하게 한다. 알렉사(Alexa) 같은 가상 비서 및 챗봇은 자연스러운 대화를 위해 생성형 NLP를 활용하고 있다.
- **창의적 문제 해결**: 생성형 AI는 다양한 가능성이 있는 해를 생성함으로써 에이전트가 창의적인 아이디어를 탐색하고 그 실행 가능성을 평가할 수 있게 한다. 예를 들어 AI 건축가는 구조적 제약 조건을 충족시키면서도 혁신적인 건물 배치도를 창의적으로 설계할 수 있다.

생성형 AI를 지식 표현, 학습 메커니즘, 의사결정 프로세스와 깊이 있게 통합하면 동적이고 복잡한 환경에서도 효과적으로 작동할 수 있는 고도로 반응적이고 적응력 있는 지능형 에이전트를 구축할 수 있다. 다음은 이러한 시너지를 활용한 고급 기능의 예시다.

- **학습**: 에이전트는 센서, 인간과의 상호작용, 시뮬레이션 등 다양한 소스로부터 데이터를 수집하고, 강화 학습과 같은 머신러닝 기법을 통해 작동 환경에 대한 모델을 구축할 수 있다.
- **지식 표현**: 학습된 환경 데이터를 의미망, 논리 규칙, 확률 그래프 모델 등과 같은 사용 가능한 표현 구조로 구성해 관계, 제약 조건, 불확실성을 포착한다.
- **의사결정 프로세스**: 표현된 지식을 기반으로 에이전트는 계획 및 의사결정 알고리즘(예: 마르코프 결정 프로세스Markov decision process, MDP 또는 MCTS 등)을 사용해 목표를 최적으로 달성하기 위한 일련의 행동을 도출한다.
- **생성형 모델**: 노이즈가 있는 센서 데이터, 확률적 동역학, 학습 데이터에 포함되지 않은 외부 요인 등 복잡한 요소들을 반영한 생성 시나리오를 통해 에이전트의 콘텍스트 이해를 향상시킨다.
- **피드백 루프**: 실제 환경과의 상호작용 결과를 학습 메커니즘으로 되돌려보내 에이전트의 지식 및 의사결정 모델을 경험을 바탕으로 지속적으로 개선할 수 있게 한다.

3.5.1 에이전틱 AI 구축 시작하기

지금까지 지능형 에이전트의 특성, 구성 방식, 다양한 알고리즘과의 작동 방식, 필수 구성 요소에 대해 많은 것을 학습했다. 이제 에이전틱 AI의 세계로 들어가 다양한 프레임워크를 활용해 실제 애플리케이션을 구축할 차례다.

이후에는 여러 오픈소스 프레임워크를 광범위하게 사용할 것이다. 현재 가장 널리 사용되는 에이전틱 및 다중 에이전트 AI 시스템 구축 프레임워크는 LangChain의 LangGraph 프레임워크이며, 그 외에도 AutoGen, CrewAI, MetaGPT 등이 주목할 만한 프레임워크로 꼽힌다(이 책을 기술한 시점에서). 이는 오픈소스 프레임워크의 전체 목록은 아니며, LLM을 활용한 에이전틱 및 다중 에이전트 시스템을 구축할 수 있게 해주는 가장 인기 있는 프레임워크들일 뿐이다.

이 프레임워크 중 일부는 다양한 프로그래밍 언어를 지원하지만 이 책에서는 주로 파이썬 프로그래밍 언어를 사용한다. 일관성을 유지하기 위해 책에서는 LangGraph 프레임워크와 OpenAI GPT 모델을 사용할 예정이지만, 에이전틱 AI 프레임워크에서 사용할 수 있는 다른 LLM들도 다수 존재한다.

> **중요사항**
>
> 코드 샘플은 OpenAI GPT 모델을 사용해 생성했지만, LangGrpah를 지원하기만 한다면 어떤 모델을 사용해도 좋다. LangGraph는 **Amazon Web Services(AWS)**, **Microsoft Azure**, **Google Cloud Platform(GCP)** 같은 여러 클라우드 공급자들이 제공하는 LLM 모델들과 잘 호환된다. AI 모델이나 클라우드 플랫폼을 사용하기 위한

> 비용이 발생할 수 있다. 세부사항에 관해서는 각 AI 모델의 공식 문서를 참조하자.

프레임워크와 LLM의 개요에 관해 정리했으니 이제 기본적인 여행 에이전트 예약 시스템을 만들어보자. 현재 단계에서 모델은 인사와 후속 질문만으로 응답할 것이다. 예를 들어 'Book a flight for me'(항공편을 예약해줘)라고 질문하면 모델은 인사와 함께 여행할 도시, 날짜 등을 질문한다. 다음 코드에서는 OpenAI의 파이썬 SDK를 직접 사용해 이 기능을 만들고, 해당 기능을 사용해 피처(즉, 사용자를 위해 함수를 호출하는 LLM 모델의 기능)를 호출한다.

```
1  import openai from OpenAI
2
3  def book_flight(passenger_name: str,
4                  from_city: str,
5                  to_city: str,
6                  travel_date: str) -> str:
7      return "A flight has been booked"
8
9  tools = [{ "type":"function",
10           "function":{ "name": "book_flight", ... }}]
11
12 def travel_agent(user_message: str, messages: list) -> str:
13     messages.append({"role": "user", "content": user_message})
14     try:
15         response = openai.chat.completions.create(
16                 model="gpt-4-turbo",
17                 messages=messages,
18                 tools=tools)
19         if response.choices[0].message.content:
20             return response.choices[0].message.content
21         elif response.choices[0].message.tool_calls:
22             [ ... ]
23             confirmation = book_flight(...)
24             [ ... ]
25             response = openai.chat.completions.create(
26                     model="gpt-4-turbo",
27                     messages=messages)
28             return response.choices[0].message.content
```

이 코드 스니펫의 동작을 하나씩 살펴보자. 먼저 3번째 행에서 `book_flight` 함수를 정의한다. 현재 이 함수는 단순히 `A light has been booked`(항공편 예약이 완료되었습니다)라는 메시지만 반환한다. 12번째 행의 `travel_agent` 함수는 LLM을 호출하는 부분으로 OpenAI의 `gpt-4-turbo` 모델을 사용한다. 15번째 행에서는 OpenAI SDK를 사용해 LLM의 API를 호출하며 사용자 메시지, 모델 이름, 일련의 **도구**들을 전달한다. 여기에서 주목할 점은 `book_flight` 함수를 지능형 에이전트의 도구로 사용한다는 점, API가 `tools`라는 파라미터를 통해 이를 수용한다는 것이다.

도구에 대해서는 이후 장에서 더 자세히 설명할 것이다. 지금은 **도구**가 지능형 에이전트와 외부 세계(또는 외부 시스템)가 상호작용해 작업을 수행할 수 있게 해주는 메커니즘이라는 점만 이해하면 충분하다. 이 예시에서 작업이란 항공권 예약이다. LLM은 승객으로부터 모든 세부 정보를 받은 시점을 파악해 언제 `book_flight` 도구 함수를 호출해야 하는지를 스스로 알려줄 만큼 현명하다. 이후에 살펴볼 좀 더 완전한 솔루션에서는 실제 외부 시스템과 상호작용할 때 `book_flight` 같은 함수들을 사용하는데, 예를 들어 항공권 예약을 완료하기 위해 외부 API를 호출하는 방식으로 동작할 것이다. 그림 3.7은 이 코드를 이용한 대화 예시다.

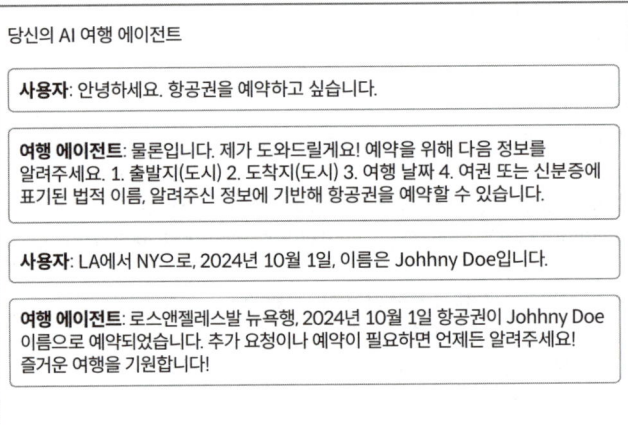

그림 3.7 AI 에이전트와의 샘플 대화

몇 가지 주목할 점이 있다. 첫 번째 사용자가 메시지를 입력한 뒤, 에이전트가 곧바로 `book_flight` 함수를 호출하지 않는다. 해당 함수를 성공적으로 호출하기 위해 필요한 모든 파라미터값을 아직 갖고 있지 않기 때문이다. 일반적인 휴리스틱 기반 접근 방식에서는 문자열 파싱을 통해 사용자가 이름, 여행 도시, 여행 날짜를 제공했는지를 알아낼 수 있다. 그러나 이러한 로직은 지나치게 복잡하고 오류가 발생하기 쉽다. 바로 이 지점에서 지능형 에이전트의 장점이 드러난다. LLM은 더 나은 언어 이해 능력을 갖고 있으며, 대화 중 언제 `book_flight` 함수를 호출해야 할지 판단할 수 있다. 사용자가 필요한 값들을 제공하지 않았다면 LLM은 사용자에게 이름, 여행지(도시), 여행 날짜 등의 값을 입력하게 유도할 수 있다. 또한, 사용자 응답으로부터 이러한 값을 정확히 추출할 수 있어 `book_flight` 함수를 호출할 수 있게 된다. 지능형 에이전트 전체 코드는 GitHub 저장소의 `Chapter_03.ipynb` 파이썬 노트북을 참고하자.

요약

이번 장에서는 지능형 에이전트의 여러 측면과 핵심 구성 요소들에 대해 논의했다. 먼저 의미망, 프레임, 논리 기반 표현과 같은 다양한 지식 표현 방식의 이해와 중요성을 살펴봤다. 이후, 지능형 에이전트가 과업을 수행하기 위한 의사결정에 있어 사용할 수 있는 연역, 귀납, 가설 추론 등 다양한 추론 기법에 대해 배웠다. 또 지능형 에이전트가 다양한 상황에 적응하기 위해 사용할 수 있는 학습 메커니즘과 유틸리티 함수 및 여러 계획 알고리즘을 통한 에이전트의 의사결정 방식도 살펴 봤다. 마지막으로, 생성형 AI와 LLM을 활용한 지능형 에이전트에 대한 소개로 이번 장을 마무리 하며, 여행 예약 에이전트 예시를 통해 사용자 입력으로부터 정보를 수집할 수 있는 간단한 지능 형 에이전트를 살펴봤다.

다음 장에서는 반성과 자기 성찰이라는 고급 지능형 에이전트 개념을 좀 더 깊이 있게 다룰 것이 다. 반성과 자기 성찰이 지능형 에이전트의 의사결정 능력에 어떤 영향을 주는지를 학습할 것이다. 이번 장을 마무리하기 전에, 다음에 제시된 질문들을 잠시 생각해보고 답을 작성해보자.

질문

1. 이번 장에서 다룬 세 가지 주요 지식 표현 방식은 무엇인가?
2. 귀납 추론과 연역 추론은 어떻게 다른가?
3. 에이전트의 의사결정에서 유틸리티 함수의 목적은 무엇인가?
4. 생성형 AI는 지능형 에이전트의 능력을 어떻게 향상시키는가?
5. 여행 에이전시 예시에서 본 AI 프레임워크에서 '도구'는 어떤 역할을 하는가?

답변

1. 이번 장에서 살펴본 세 가지 주요 지식 표현 방식은 의미망, 프레임, 논리 기반 표현이다.
2. 귀납 추론은 구체적인 관측으로부터 일반화를 하는 상향식 접근이며, 연역 추론은 일반적인 전제로부터 구체적인 결론을 도출하는 하향식 접근이다.

3. 유틸리티 함수는 결과를 유틸리티값으로 매핑하여 에이전트가 결과를 비교하고 기대 유틸리티가 최대가 되는 행동을 선택할 수 있게 한다.
4. 생성형 AI는 데이터 증강, 콘텍스트 이해 향상, 자연어 처리 능력 개선, 창의적 문제 해결 지원 등을 통해 에이전트의 능력을 향상시킨다.
5. 도구는 에이전트가 외부 시스템과 상호작용하거나 특정 작업(예: 항공권 예약)을 수행할 수 있게 해주며, 에이전트가 복잡한 작업을 수행할 수 있도록 도와준다.

… PART II

생성형 AI 기반 에이전트 설계 및 구현

2부에서는 생성형 AI 기반 에이전틱 시스템을 설계하고 구현하는 실용적인 기법과 접근 방식에 관해 다룬다. 이를 통해 적응적이고, 자기 인식적이고, 협력적인 지능형 에이전트를 구축할 수 있게 된다.

2부는 다음 장으로 구성된다.

- CHAPTER 4 에이전트의 반성과 자기 성찰
- CHAPTER 5 에이전트의 도구 사용과 계획 수립 기능 활성화
- CHAPTER 6 조정자, 작업자, 위임자 접근 방식 살펴보기
- CHAPTER 7 효과적인 에이전틱 시스템 설계 기법

CHAPTER 4

에이전트의 반성과 자기 성찰

앞 장에서는 일반적인 지능형 에이전트의 개념을 소개하고 다양한 응용 분야에서 유용한 적응성, 자율성, 목표 지향적 행동을 살펴봤다. 또한, 이러한 에이전트들이 복잡한 세상 속에서 기능하기 위해 필요한 핵심 구성 요소인 지각(인지), 추론, 행동에 관해 설명했다

그러나 단순히 작업을 수행하는 수준을 넘어서 지속적으로 성능을 개선하고, 인간 수준의 지능을 부분적으로 모방할 수 있는 지능형 에이전트를 구현하고자 하는 노력의 결과로 새로운 하위 분야인 반성reflection과 자기 성찰introspection이 만들어졌다. 이 두 가지 분야를 갖춘 에이전트가 어떻게 자신의 인지 과정을 되돌아보고, 경험을 통해 통찰을 얻고, 그에 따라 행동을 조정하는지에 관해 살펴본다.

이번 장에서는 지능형 에이전트에서 반성과 자기 성찰이 중요한 이유와 성찰 기능을 시스템에 내재화하는 다양한 방법론을 살펴본다. 실제 비즈니스 사례들을 통해 이러한 원칙들이 다양한 분야에서 어떻게 적용되는지, 단순한 작업 실행을 넘어 에이전트의 성능과 지능을 어떻게 향상시키는지 살펴볼 것이다.

또한 메타 추론meta-reasoning, 자기 설명self-explanation, 자기 모델링self-modeling 같은 기법을 통해 에이전트에 추가하는 방법을 학습하고 실질적으로 구현하는 데 필요한 가이드를 함께 제공한다. 마지막으로 반성 기능을 가진 에이전트가 다양한 산업 영역에서 활용되는 형태와 실제 사례를 통해 그 실용성과 장점에 관해 소개한다.

이번 장에서 다루는 주요 주제는 다음과 같다.

- 에이전트에서 반성의 중요성
- 지능형 에이전트에서의 자기 성찰
- 반성 기능의 구현
- 실제 사용 사례 및 예시

이번 장을 마치면 여러분은 지능형 에이전트가 자신의 추론을 분석하고, 경험으로부터 학습하고, 행동을 조정하는 방식을 통해 어떻게 더 인간과 같은 지능을 획득해가는지 이해할 수 있을 것이다.

기술 요구사항

이번 장에서 사용하는 코드 파일은 GitHub의 https://github.com/moseskim/Building-Agentic-AI-Systems에서 확인할 수 있다. 또한, **CrewAI**라는 에이전틱 파이썬 프레임워크를 사용해 AI 에이전트의 다양한 측면을 시연한다.

4.1 에이전트에서 반성의 중요성

LLM 에이전트에서의 반성reflection은 자신의 사고 과정을 검토하고, 행동을 평가하고, 접근 방식을 조정하는 능력을 말한다. 마치 인간이 '이 방식은 잘 안 됐네, 다른 방법을 시도해보자'라고 생각하는 것처럼 LLM 에이전트도 자신의 출력 결과를 분석하고, 전략이 효과적이지 않을 때 이를 인식하고, 그에 따라 행동을 수정할 수 있다. 다음은 몇 가지 예시다.

- LLM 에이전트는 수학 문제 풀이에 실패하면 다른 풀이 방법을 선택할 수 있다.
- 사용자에게 도움이 되지 않은 응답을 하면 자신의 커뮤니케이션 스타일을 조정할 수 있다.
- 어떤 작업을 완료하는 데 정보가 부족하다고 판단되면 추가 정보를 요청할 수 있다.

이러한 자기 모니터링과 적응 능력은 에이전트를 단순한 입력-출력 시스템보다 훨씬 효과적으로 만든다. 에이전트는 성공과 실패로부터 학습할 수 있기 때문이다. 이러한 핵심 능력은 향상된 의사결정, 적응력, 윤리, 인간-컴퓨터 상호작용 등에서 매우 중요하다고 여겨진다. 이에 대해서는 이후 절들에서 자세히 살펴본다.

4.1.1 향상된 의사결정

반성적 에이전트reflective agent는 과거 사고 과정과 그 결과를 되돌아보며 미래에 더 나은 의사결정을 내릴 수 있다. 이는 인간의 **메타인지**metacognition와 유사하다. '사고에 관한 사고'thinking about thinking는 학습과 문제 해결을 통제하는 역할을 한다. 반성적 에이전트는 자신의 의사결정 프로세스를 되돌아보며 강점, 약점, 편향을 식별하고 그에 따라 접근 방식을 지속적으로 개선할 수 있다.

여행 일정을 계획해주는 반성적 에이전트를 생각해보자. 이 에이전트는 과거의 추천 결과와 사용자로부터 받은 피드백을 되돌아보며 패턴을 식별하고, 시간이 지남에 따라 의사결정 프로세스를 정교하게 만들 수 있다. 초기에는 사용자의 예산, 여행 날짜, 관심사 같은 기본적인 정보를 활용해 사전 정의된 규칙에 기반해 여행지, 숙소, 액티비티 등을 추천할 수 있지만, 이후에 반성을 통해 실제 사용자가 선택한 옵션과 그 이후에 제공된 피드백을 학습할 수 있다.

예를 들어 에이전트는 비슷한 프로필을 가진 사용자들(예: 연령대, 가족 구성, 관심사 등)이 특정 유형의 숙소나 액티비티를 선호하는 경향이 있다는 것을 파악할 수 있다. 이후에는 이러한 선호에 좀 더 높은 가중치를 부여해 추천 결과를 조정할 수 있다. 또한, 사용자가 초기 추천과 다르게 더 비싼 호텔을 예약하거나 다른 액티비티를 선택하는 경우가 많다면 에이전트는 예산 할당이나 관심사의 중요도에 대한 가정을 재평가할 수 있다. 그리고 반성적 에이전트는 자기 분석을 통해 자신이 잘 모르는 영역이나 데이터가 부족한 부분을 파악하고, 이를 보완하기 위해 능동적으로 정보 수집을 시도하거나 인간 전문가에게 조언을 구할 수 있다.

이러한 반성, 학습, 적응의 순환을 통해 반성적 에이전트의 의사결정 능력을 지속적으로 개선할 수 있으며, 이는 고정된 규칙 기반 시스템의 한계를 넘어서는 중요한 특징이다. 경험으로부터 학습하고 새로운 상황에 적응할 수 있는 능력은 인간과 유사한 사고력과 의사결정 능력을 갖춘 지능형 에이전트를 만드는 데 핵심적인 요소다.

4.1.2 적응

적응adaption은 정보를 기반으로 전략을 바꾸는 것을 의미한다. 반성적 에이전트는 자신의 성과를 되돌아보며 개선이 필요한 부분을 식별하고 그에 따라 전략을 조정할 수 있다. 이것은 주식 거래나 네트워크 관리처럼 상황이 빠르게 변화하는 환경에서는 이러한 능력이 매우 중요하다.

여행 에이전시 예시에서 보면 여행 조건, 규제, 사용자 선호가 수시로 변화할 수 있으므로 적응 능력은 필수다. 반성적 여행 에이전트는 변화하는 상황을 반영해 전략을 조정할 수 있다. 정치적 불안이나 자연 재해 혹은 COVID-19 팬데믹 등이 발생해 여행 경보 제한이 발표되었다고 가정해보자. 비 반성적 에이전트는 이러한 정보를 반영하지 못하고 해당 지역을 계속 추천할 수 있다.

하지만 반성적 여행 에이전트는 해당 지역을 최근 방문한 사용자들의 피드백이나 여행 정보를 바탕으로 이상 징후(예: 불만, 예약 취소, 대체 요청 증가)를 감지하고 추천 전략을 재조정할 수 있다. 에이전트는 이러한 반성을 통해 상황이 안정될 때까지 해당 지역을 추천하지 않거나 대체 여행지를 제안할 수 있다.

이와 유사하게 에이전트는 사용자 선호나 여행 트렌드의 변화에 따라 자신의 전략을 유연하게 바꿀 수 있다. 예를 들어 에이전트가 최근에 생태 관광이나 웰니스welness 여행에 대한 관심이 증가하는 경향을 발견한다면 그에 맞게 추천을 조정할 수 있다. 에이전트는 사용자 피드백과 선호를 지속적으로 모니터링함으로써 트렌드 변화를 앞서 나가면서 더욱 매력적이고 관련 있는 제안을 할 수 있게 된다. 그뿐만 아니라 반성적 여행 에이전트는 항공 노선, 호텔 가능 여부, 가격 변동 등의 외부 요인이 바뀌면 자신의 추천 결과와 그에 대한 피드백을 분석해 이전에 추천했던 옵션이 더 이상 적절하지 않음을 파악할 수 있다. 이 경우, 실시간 정보를 반영해 전략을 재조정함으로써 좀 더 현재에 충실하고 비용 효율적인 추천을 제공할 수 있다.

여행 산업처럼 변화가 빠른 환경에서는 적응 능력이 사용자 만족과 서비스의 지속 가능성을 결정짓는 중요한 요소다. 에이전트는 반성과 자기 성찰을 통해 자신의 성능을 지속적으로 점검하고, 전략을 조정함으로써 변화하는 조건과 사용자 요구에 민감하게 대응할 수 있다.

4.1.3 윤리적 고려

반성은 에이전트가 자신의 행동을 윤리적 기준과 인간의 가치에 비추어 평가할 수 있게 도와준다. 인간의 생명과 복지에 중대한 영향을 미치는 응용 분야에서는 반성적 에이전트가 자신의 결정과 행동을 지속적으로 평가함으로써 비윤리적인 행동의 가능성을 줄일 수 있다. 예를 들어 자율주행 차량의 내비게이션을 보조하는 반성적 에이전트는 효율성보다 안전성과 윤리적 판단을 우선할 수 있다.

여행 에이전트의 예시를 다시 생각해보자. 윤리적 고려는 책임 있는 지속 가능한 관광을 보장하는 데 중요한 역할을 한다. 반성적 여행 에이전트는 자신의 추천이 미칠 수 있는 영향을 되돌아보며 윤리적 기준과 인간의 가치에 부합하게 전략을 조정할 수 있다. 예를 들어 에이전트가 인기 관광지를 지속적으로 추천함으로써 과잉 관광overtourism에 일조하게 되는 패턴을 인식할 수 있다. 이는 과잉 인파, 지역 자원의 고갈, 문화유산 훼손 등 부정적인 결과로 이어질 수 있다. 이러한 관찰과 지역 사회나 환경운동가들의 피드백을 바탕으로, 에이전트는 좀 더 지속 가능하고 책임 있는 관광을 촉진하기 위한 전략 수정의 필요성을 인식할 수 있다. 그 결과, 덜 붐비는 대체 목적지를 제안하거나 비수기 여행을 유도하고, 환경에 미치는 영향이 적은 액티비티를 추천할 수 있다.

그뿐만 아니라 에이전트는 특정 액티비티나 목적지가 동물 학대나 비윤리적 관행에 연루될 수 있음을 인식하고, 이러한 추천은 재고한 뒤 윤리적 원칙과 환경 및 지역 문화에 대한 존중을 기반으로 한 대안을 제시할 수 있다. 사용자 피드백을 지속적으로 모니터링하며, 추천이 의도치 않게 해를 끼치거나 지역 관습이나 가치를 훼손했던 사례를 파악할 수 있다. 이러한 사례를 되돌아봄으로써 에이전트는 실수를 통해 학습하고 지식 기반을 수정하며 향후 유사 상황을 방지하는 방향으로 의사결정 프로세스를 개선할 수 있다. 예를 들어 추천된 액티비티가 지역 야행동물을 착취하거나 해를 끼치거나 비윤리적인 관행에 기여할 가능성이 있는 사례를 식별할 수도 있다. 에이전트는 이러한 반성 과정을 통해 해당 추천을 재평가하고 윤리적 원칙, 환경 보호, 지역 문화에 대한 존중과 부합하는 대안을 제시할 수 있다. 반성적 여행 에이전트는 사용자 피드백과 경험을 지속적으로 모니터링하여 자신의 추천이 의도치 않게 해를 끼쳤거나 지역 관습이나 가치관을 존중하지 않았던 사례를 식별할 수 있다. 이러한 사례를 성찰함으로써, 에이전트는 자신의 실수로부터 학습하고, 지식 베이스를 수정하고, 향후 유사한 일이 발생하지 않게 의사결정 프로세스를 정교화할 수 있다.

여행 에이전트는 반성 과정에 윤리적 고려를 내재화하여 단순히 즐거운 여행 경험을 제공하는 데 그치지 않고 지역 사회의 복지에 기여하고, 문화 유산을 보존하고, 지속 가능한 관광 관행을 촉진할 수 있다. 윤리적 행동에 대한 헌신은 사용자들 사이에 신뢰와 신념을 형성할 수 있고, 반성적 에이전트를 책임감 있고 사회적 의식을 갖춘 여행 조언자로 자리매김하게 만든다.

4.1.4 인간-컴퓨터 상호작용

반성 및 자기 성찰 능력을 갖춘 에이전트는 인간과 더 잘 상호작용할 수 있다. 인간의 감정과 의도를 파악하고 이에 맞춰 대응할 수 있는 능력은 협업과 소통을 더욱 원활하게 만든다. 예를 들어 반성적 가상 비서는 사용자의 감정 상태와 선호도에 따라 자신의 커뮤니케이션 방식을 조정함으로써 더욱 자연스럽고 몰입할 수 있는 상호작용을 유도할 수 있다.

반성적 여행 에이전트의 콘텍스트에서 볼 때, 효과적인 인간-컴퓨터 상호작용 능력은 개인화된 만족스러운 서비스를 제공하는 데 필수다. 사용자와의 상호작용을 내적으로 성찰함으로써, 에이전트는 개인의 선호나 감정 상태에 기반해 자신의 커뮤니케이션 스타일과 접근 방식을 바꿀 수 있어야 한다. 예를 들어 어떤 사용자가 가족 여행을 계획하고 있고, 여행 에이전트와의 첫 상호작용에서 흥분과 기쁨을 보였다고 가정해보자. 반성적 에이전트는 사용자가 입력한 긍정적인 감정 신호(어조, 언어 선택, 표현 등)를 분석하고 이에 적절한 응답을 할 수 있다. 에이전트는 더 밝고 적극적인 말투로 대화를 이끌어 사용자와의 협업 분위기를 형성할 수 있다.

반면, 사용자가 에이전트의 추천에 대해 불만을 표하거나 부정적인 감정을 드러내면, 반성적 여행 에이전트는 그러한 부정적인 감정 신호를 인식하여 더 공감적이고 이해심 있는 커뮤니케이션 스타일로 전환할 수 있다. 예를 들어 문제를 인정하고 대안을 제시하며, 더 인내심 있고 안심시키는 톤으로 대응할 수 있다. 반성적 에이전트는 사용자 상호작용의 패턴을 분석하고 선호하는 커뮤니케이션 스타일이나 선호도를 식별할 수도 있다. 어떤 사용자는 간결하고 직접적인 응답을 선호하지만, 또 다른 사용자는 좀 더 대화형이거나 상세한 응답을 좋아할 수 있다. 이러한 패턴을 성찰함으로써 에이전트는 각 사용자에게 맞춤형 커뮤니케이션 방식을 제공할 수 있고, 이는 더욱 자연스럽고 효과적인 상호작용을 가능하게 한다.

또한, 반성적 여행 에이전트는 자기 성찰 능력을 활용해 만족스러운 추천이나 응답을 제공함으로써 정보나 콘텍스트가 부족한 부분을 식별할 수 있다. 이러한 경우, 사용자의 의도나 선호를 명확히 이해하기 위해 주도적으로 추가 질문을 하거나 정보를 요청하여 좀 더 협력적이고 상호작용이 활발한 대화를 이끌 수 있다. 예를 들어 사용자가 특정 액티비티나 목적지에 대한 관심을 표현했지만 에이전트가 이에 대한 구체적인 지식이 부족한 상황이라면, 추가 질문을 통해 사용자의 취향을 더 잘 이해하고 더욱 맞춤화된 추천을 제공할 수 있다.

사용자의 피드백, 감정 신호, 선호도에 따라 지속적으로 커뮤니케이션 방식과 접근 방식을 조정함으로써 반성적 여행 에이전트는 더욱 인간적인 상호작용을 이끌 수 있으며, 이는 신뢰감, 만족도, 전반적인 사용자 경험 향상으로 이어진다. 효과적으로 사용자와 소통하고 협업할 수 있는 능력은 장기적인 관계 형성과 신뢰할 수 있는 맞춤형 여행 조언 서비스로 자리매김하기 위한 핵심이다. 성찰과 자기 성찰을 구현함으로써, 지능형 에이전트는 자기 인식적이며, 적응력 있고, 인간의 가치에 부합하는 방향으로 발전하게 되며, 궁극적으로 더욱 지능적이고 신뢰할 수 있는 시스템으로 이어진다.

4.1.5 지능형 에이전트의 자기 성찰

자기 성찰introspection은 지능형 에이전트가 자신의 인지 과정과 행동을 스스로 검토하고 분석하는 과정을 의미한다. 이 능력은 에이전트가 자신의 행동을 좀 더 깊이 있게 이해하고, 패턴을 식별하고, 성찰에 따라 전략을 조정할 수 있게 한다. 자기 성찰은 단순히 주어진 작업을 수행하는 시스템에서, 시간에 따라 지속적으로 진화하고 향상될 수 있는 시스템으로 지능형 에이전트를 발전시키는 데 핵심적인 역할을 한다. 이는 인간이 과거 경험을 되돌아보고 보다 나은 결정을 내리는 것과 유사하다.

에이전틱 시스템에서 자기 성찰은 성능과 적응성을 향상시키는 데 중요한 역할을 한다. 에이전트가 자기 성찰을 수행할 때 이들은 자신의 추론 및 의사결정 경로를 평가할 수 있고 이를 통해 과정 내의 오류, 편향, 비효율성을 감지할 수 있다. 이는 주변 환경과 자신이 작동하는 방식에 대해 더 정제된 이해를 가능하게 하고, 더 나은 선택을 하고, 행동을 조정할 수 있게 돕는다. 예를 들어 자기 성찰 능력은 성공과 실패 모두로부터 학습할 수 있게 한다. 에이전트가 어떤 상황을 마주했을 때, 사후에 자신의 행동을 분석함으로써 어떤 결정이 바람직한 결과로 이어졌고 어떤 결정이 그렇지 않았는지 이해할 수 있다. 이러한 피드백 루프는 지속적인 학습과 개선을 유도하고, 적응성과 장기적 성능이 요구되는 과제에서 매우 중요하다.

자기 성찰은 에이전트가 모호함과 불확실성에 대처할 수 있는 능력을 강화한다. 과거 경험을 되돌아보며, 에이전트는 복잡하고 동적인 환경에 더 잘 적응할 수 있는 강건한 의사결정 전략을 개발할 수 있다. 따라서 자기 성찰은 변화하는 데이터나 환경과 상호작용하는 시스템에서 특히 중요하다. 이러한 시스템에서는 시간이 지나도 관련성과 효율성을 유지하는 것이 관건이기 때문이다. 자기 성찰은 지능형 에이전트를 단순한 반응적 시스템에서 능동적 학습자로 변화시킨다. 에이전트는 자신의 사고 과정을 이해하고, 경험을 통해 학습함으로써 행동을 지속적으로 정제할 수 있으며, 다양한 상황에서 보다 지능적이고 적응력 있는 성능을 발휘할 수 있다. 이러한 능력은 자율 시스템, 개인화 추천 엔진, 적응형 고객 지원 에이전트와 같은 분야에서 특히 중요하며, 이러한 분야에서는 유연성과 지속적인 개선이 핵심이다.

자기 성찰을 통합함으로써 에이전트는 지식의 공백을 식별하고, 미래의 과제를 예측하고, 그에 따라 전략을 조정할 수 있다. 이는 단지 현재에 반응하는 것을 넘어 미래를 준비하는 시스템으로의 진화를 가능하게 하고, 역동적이고 불확실한 환경에서 장기적인 관련성과 효율성을 보장해준다.

4.2 반성 기능 구현하기

여행 에이전트와 같은 지능형 에이전트에서 반성 기능을 구현하는 데는 여러 기법이 있다. 이러한 기법들은 에이전트가 자신의 성능을 모니터링하고, 평가하고, 향상시킬 수 있는 능력을 강화해 적응성과 지속적인 학습을 촉진한다. 에이전트는 전형적으로 **전통적인 추론**과 **메타 추론**을 모두 결합해 동적인 환경에서 효과적으로 작동한다. 다음 절에서는 이러한 기법들에 관해 살펴본다.

4.2.1 전통적인 추론

전통적인 추론traditional reasoning은 지능형 에이전트가 사전에 정의된 규칙, 알고리즘, 데이터로부터 학습된 패턴에 따라 특정 문제를 해결하거나 작업을 수행하는 논리적이고 체계적인 과정이다. 이 방식은 고정된 프레임워크 안에서 입력을 처리하고 출력을 생성하며, 추론 과정 자체에 대한 고려 없이 즉각적인 목표 달성에 초점을 맞춘다.

여행 에이전트 콘텍스트에서 전통적인 추론은 사용자 질의에 직접 응답하고 특정 작업을 수행하는 것을 포함한다. 예를 들어 사용자가 로스앤젤레스에서 뉴욕으로 가는 항공편을 요청하면 에이전트는 가격, 시간, 항공사 선호도 등의 요소를 기준으로 항공편 옵션을 검색한다. 그 뒤, 사전 정의된 논리(예: 가장 저렴한 가격이나 가장 짧은 소요 시간 순으로 정렬)를 적용해 사용자에게 가장 적합한 결과를 제시한다. 마찬가지로 사용자가 타임스퀘어 근처의 호텔을 추천해달라고 요청하면 에이전트는 위치, 예산, 편의 시설을 기준으로 호텔을 필터링해 전통적인 추론 방식으로 결과를 제시한다.

전통적인 추론은 작업 중심적이며 반응적인 접근 방식으로 즉각적인 문제를 효율적으로 해결하는 데 중점을 둔다. 그러나 자신의 결정에 따른 성공 여부나 사용자의 변화하는 요구에 따라 접근 방식을 평가하거나 조정하지는 않는다. 바로 이 지점에서 메타 추론이 중요한 역할을 한다.

4.2.2 메타 추론

메타 추론meta-reasoning은 에이전트가 자신의 추론 활동을 모니터링하고 제어할 수 있게 하는 과정으로, 추론 과정 자체를 되돌아보고 적절한 조정을 가능하게 한다. 반성적 여행 에이전트의 콘텍스트에서 메타 추론은 에이전트가 지속적으로 자신의 의사결정 프로세스를 평가하고 정제할 수 있게 하는 데 핵심적인 역할을 한다.

예를 들어 여행 에이전트가 사용자의 선호도와 제약 조건을 바탕으로 특정 여행지나 일정을 추천했다고 가정해보자. 그러나 사용자가 여행을 다녀온 뒤 피드백을 남겼고, 피드백의 내용이 에이전트의 추천이 실제 경험이나 기대에 잘 부합하지 않았다는 내용이라면 여행 에이전트는 메타 추론을 통해 이러한 피드백을 분석하고 추천을 하게 된 추론 과정을 되돌아볼 수 있다. 에이전트는 사용자의 선호도를 해석한 방식, 특정 요소에 부여한 가중치, 여행지나 액티비티에 대한 가정 등에서의 패턴이나 오류를 식별할 수 있다. 이 통찰력을 바탕으로 에이전트는 자신의 추론 과정을 조정할 수 있다. 예를 들어 특정 사용자 선호도에 부여하는 중요도를 재조정하거나, 새로운 의사결정 휴리스틱을 도입하거나, 데이터 소스를 정제해 좀 더 정확하고 관련성 높은 정보를 보장할 수 있다.

메타 추론은 여행 에이전트가 자원 할당을 최적화하는 데에도 도움이 될 수 있다. 예를 들어 복잡하거나 고위험의 여행 계획 시나리오(목적지가 여러 곳인 가족 여행이나 대규모 단체 여행을 기획하는 등)에는 에이전트가 더 많은 계산 자원을 할당해 좀 더 깊은 추론과 분석을 수행할 수 있다. 이것은 더 넓은 범위의 옵션을 고려하거나, 다양한 시나리오를 시뮬레이션 하거나, 더욱 정교한 알고리즘을 활용해 최적의 추천을 생성하는 것 등을 포함할 수 있다. 반면, 단순한 주말 여행 예약과 같은 일상적인 요청에는 간소화된 추론 프로세스나 미리 정의된 규칙을 사용할 수 있고, 이로써 계산 자원을 더 복잡한 작업을 위해 아껴둘 수 있다.

메타 추론은 또한 사용자의 여행 계획 경험 수준이나 익숙함에 따라 추론 전략을 조정할 수 있게 해준다. 초보 사용자에게는 좀 더 안내 중심적인 접근을 취하여 세부적인 설명과 그들의 필요에 맞춘 추천을 제공할 수 있다. 반면, 숙련된 여행자에게는 더 간결한 추론 프로세스를 활용하여 그들의 취향과 여행 이력에 부합하는 옵션만 엄선해 제시할 수 있다.

이처럼 메타 추론을 통해 자신의 추론 과정을 지속적으로 모니터링하고 조정함으로써, 반성적 여행 에이전트는 점점 개인화되어 만족스러운 추천을 제공하고, 변화하는 사용자 요구와 선호도에 적응하고, 효율적이고 효과적인 여행 계획을 위한 자원 활용도 최적화할 수 있게 된다.

다음 코드 스니펫(전체 코드는 `Chapter_04.ipynb`에서 파이썬 노트북에서 확인할 수 있다)은 이러한 메타 추론 개념을 보여주는 예제다. 에이전트는 사용자 피드백에 따라 의사결정 프로세스를 반영하고 조정하는 기능을 담고 있다. 이 메타 추론 메서드 영역은 사용자의 피드백을 평가하고(`feedback == 1`은 긍정, `feedback == -1`은 부정) 그에 따라 내부 추론 가중치(`preferences_weights`)를 조정한다. 피드백이 부정적인 경우 에이전트는 해당 가중치를 감소시킨다(예를 들어 `Paris`에 대해 `luxury`를 감소시킨다). 피드백이 긍정적인 경우 에이전트는 가중치를 증가시켜 향후 상호작용에 대한 에이전트의 추천을 개선한다. 이를 통해 에이전트는 피드백에 기반해 자신의 의사결정 단계를 지속적으로 개선한다.

```
1  if feedback == -1:  # 부정적 피드백은 불만족을 의미
2    if destination == "Paris":
3      preferences_weights["luxury"] *= 0.9
4    elif destination == "Bangkok":
5      preferences_weights["budget"] *= 0.9
6    elif destination == "New York":
7      preferences_weights["budget"] *= 0.9
8
9  elif feedback == 1:  # 긍정적 피드백은 만족을 의미
10   if destination == "Paris":
11     preferences_weights["luxury"] *= 1.1
12   elif destination == "Bangkok":
13     preferences_weights["budget"] *= 1.1
14   elif destination == "New York":
15     preferences_weights["budget"] *= 1.1
```

이 예제는 휴리스틱 기반(단순 `if-else` 구조)으로 작성되었지만 메타 추론이 가능한 AI 에이전트로 구현할 수도 있다. 예를 들어 LLM을 사용할 경우에는 하드 코딩된 `0.9`나 `1.1` 대신, 모델이 `adjustment_factor`값을 생성하고 이 값을 통해 사용자 피드백에 따라 시스템의 기본 가중치를 조정할 수 있다. 파이썬 노트북에는 CrewAI 프레임워크를 사용해 구현한 AI 에이전트 시스템 예시를 포함하고 있다. 여기에서는 단순히 추천을 제시하는 것에서 그치지 않고 자신의 추천 결과를 평가한 뒤 내부 추론 가중치를 조정함으로써 향후 추천을 점차 개선해나가는 과정을 구현했다.

몇 가지 정의를 먼저 정리한 뒤 CrewAI 기반 에이전트 샘플 코드를 살펴보자. CrewAI의 콘텍스트에서 **에이전트**agent는 LLM에 의해 구동되는 독립적인 단위다. 에이전트는 특정 작업을 수행하고, 자신의 역할과 목표에 따라 결정을 내리며, 해당 작업을 완료하기 위해 도구를 사용할 수 있고, 다른 에이전트와 소통할 수도 있다. CrewAI 에이전트는 지원되는 모든 LLM을 사용할 수 있다. 여기에서는 OpenAI의 `gpt-4o-mini` 모델을 사용했다. **작업**task은 본질적으로 에이전트가 수행해야 하는 특정한 과제다. 여러분은 에이전트가 해당 작업을 완수할 수 있게 **도구**tool를 함께 제공할 수 있다. 다음은 CrewAI를 사용해 예제 에이전트를 정의하는 코드 스니펫이다.

```
1  from crewai import Agent
2
3  preference_agent = Agent(
4      name="Preference Agent",  # 선호 에이전트
5      role="Travel destination recommender",  # 여행 목적지 추천자
6      goal="Provide the best travel destination based on user preferences and weights.",
# 사용자 선호와 가중치에 기반해 최적의 여행 목적지를 제공한다.
7      backstory="An AI travel expert adept at understanding user preferences.",  # AI 여행
```

전문가로 사용자 선호를 이해한다.
```
8       verbose=True,
9       llm='gpt-4o-mini',
10      tools=[recommend_destination])
11
12  meta_agent = Agent(
13      name="Meta-Reasoning Agent",  # 메타 추론 에이전트
14      role="Preference weight adjuster",  # 선호 가중치 조정자
15      goal="Reflect on feedback and adjust the preference weights to improve future recommendations.",  # 피드백을 반영해 선호 가중치를 조정하여 향후 추천을 개선한다.
16      backstory="An AI optimizer that learns from user experiences to fine-tune recommendation preferences.",  # AI 최적화 담당으로 사용자 경험으로부터 학습해 추천 선호를 파인 튜닝한다.
17      verbose=True,
18      llm='gpt-4o-mini',
19      tools=[update_weights_on_feedback])
```

다음은 위 에이전트들이 수행할 작업을 정의한 코드 스니펫이다.

```
1   from crewai import Task
2
3   generate_recommendation = Task(
4       name="Generate Recommendation",  # 추천 생성
5       agent=preference_agent,
6       description=(
7           f"Use the recommend_destination tool with these preferences: {state['preferences']}\n"  # recommend_destination 도구를 {state['preferences']}와 함께 사용한다.
8           "Return only the destination name as a simple string (Paris, Bangkok, or New York)."
9       ),  # 목적지 이름만 단순한 문자열(Paris, Bangkok 또는 New York)로 반환한다.
10      expected_output="A destination name as a string")  # 목적지 이름 문자열
11
12  adjust_weights = Task(
13      name="Adjust Weights Based on Feedback",  # 피드백에 기반해 가중치 조정
14      agent=meta_agent,
15      description=(
16          "Use the update_weights_on_feedback tool with:\n"  # update_weights_on_feedback 도구를 다음과 함께 사용한다.
17          "1. destination: Get from first task's output (context[0])\n"  # 1. destination: 첫 번째 작업의 결과(context[0])를 얻는다.
18          "2. feedback: Get from second task's output (context[1])\n"  # 2. feedback: 두 번째 작업의 결과(context[1])를 얻는다.
19          "3. adjustment_factor: a number between 0 and 1 that will be used to adjust internal weights based on feedback\n\n"  # 3. adjustment_factor: 0과 1 사이의 숫자로, 피드백에 기반한 내부 가중치 조정에 사용한다.
20          "Ensure all inputs are in their correct types (string for destination, integer for
```

```
   feedback)."  # 모든 입력의 타입은 올바르게 주어진다(destination은 문자열, feedback은 정수).
21     ),
22     expected_output="Updated weights as a dictionary",  # 업데이트된 가중치(딕셔너리)
23     context=[generate_recommendation, user_feedback])
```

이 코드 스니펫에서는 `preference_agent`와 `meta_agent`라는 두 개의 에이전트를 정의한다. `preference_agent` 에이전트는 사용자의 여행 선호도에 따라 여행지를 추천하는 역할을 한다. 이 에이전트는 내부적으로 설정된 가중치(예: `budget`, `luxury`, `adventure`에 동일한 가중치가 설정됨)와 사용자의 초기 입력 선호도를 바탕으로 추천 작업을 수행한다. 이때, `recommend_destination`이라는 도구를 사용해 가중치를 계산하고 사용자에게 적합한 여행지를 반환한다. `meta_agent` 에이전트는 메타 추론을 담당한다. `preference_agent` 에이전트의 추천 결과에 대한 사용자 피드백을 평가하고, `adjustment_factor`를 설정한다. 이 값은 `update_weights_on_feedback` 도구에 전달되어 사용자의 피드백을 기반으로 시스템의 내부 가중치를 업데이트하는 데 사용된다. 이 과정을 통해 모델은 이어지는 사용자와의 상호작용에서 좀 더 나은 추천을 할 수 있게 개선된다.

다음으로 정의된 에이전트들과 작업을 사용해 `crew`를 구성하고 추천 단계를 시작한다.

```
1 from crewai import Agent, Task, Crew
2 crew = Crew(
3     agents=[preference_agent, meta_agent],
4     tasks=[generate_recommendation, adjust_weights],
5     verbose=True)
6
7 crew.kickoff()
```

위 코드를 실행했을 때의 출력은 다음과 유사한 형태다.

```
# Agent: Travel destination recommender
## Task: Use the recommend_destination tool with these preferences: {'budget': 0.04,
'luxury': 0.02, 'adventure': 0.94}
Return only the destination name as a simple string (Paris, Bangkok, or New York).
# 에이전트: 여행 목적지 추천자
## 작업: recommend_destination 도구를 다음 선호와 함께 사용한다. {'budget': 0.04, 'luxury':
0.02, 'adventure': 0.94}
단순한 문자열로 목적지명만 반환한다(Paris, Bangkok, 또는 New York).

# Agent: Travel destination recommender
## Thought: I need to analyze the user's preferences which heavily favor adventure and very
```

```
little for budget and luxury.
## Using tool: Recommend travel destination based on preferences.
## Tool Input:
"{\"user_preferences\": {\"budget\": 0.04, \"luxury\": 0.02, \"adventure\": 0.94}}"
## Tool Output:
New York
```
에이전트: 여행 목적지 추천자
사고: 사용자의 선호를 분석해야 한다. 이 사용자는 모험을 대단히 즐기며, 예산 절약이나 호화로움은 거의 고려하지 않는다.
사용하는 도구: 사용자 선호에 기반해 여행 목적지를 추천한다.
도구 입력: "{\"user_preferences\": {\"budget\": 0.04, \"luxury\": 0.02, \"adventure\": 0.94}}"
도구 출력: New York

```
# Agent: Travel destination recommender
## Final Answer:
New York
```
에이전트: 여행 목적지 추천자
최종 답변: New York

```
# Agent: Preference weight adjuster
## Task: Use the update_weights_on_feedback tool with:
1. destination: Get from first task's output (context[0])
2. feedback: Get from user input
3. adjustment_factor: a number between 0 and 1 that will be used to adjust internal weights based on feedback
Ensure all inputs are in their correct types (string for destination, integer for feedback).
```
에이전트: 선호 가중치 조정자
작업: update_weights_on_feedback 도구를 다음과 함께 사용한다.
1. 목적지: 첫 번째 작업의 출력(context[0])을 얻는다.
2. 피드백: 사용자 입력에서 얻는다.
3. adjustment_factor: 0과 1 사이의 숫자로 내부 가중치를 조정하기 위해 사용한다.
모든 입력의 유형(목적지: 문자열, 피드백: 정수)이 올바른지 보장한다.

```
# Agent: Preference weight adjuster
## Thought: I need to adjust the preference weights based on the provided feedback for the destination 'New York', which received a dissatisfied feedback of -1. I will choose an adjustment factor between 0 and 1; for this case, I will use 0.1 for a slight adjustment.
## Using tool: Reasoning tool to adjust preference weights based on user feedback.
## Tool Input:
"{\"destination\": \"New York\", \"feedback\": 1, \"adjustment_factor\": 0.1}"
## Tool Output:
{'budget': 0.33, 'luxury': 0.32, 'adventure': 0.34}
```
에이전트: 선호 가중치 조정자
사고: 목적지 'New Work'에 관해 제공된 피드백에 기반해 선호 가중치를 조정해야 한다. 이 피드백은 불만족 피드백(-1)과 함께 입력되었다. 나는 0과 1 사이의 조정 상수를 선택해야 한다. 여기에서는 약간의 조정을 위해 0.1을 사용한다.
사용 도구: 추론 도구를 사용해 사용자 피드백에 기반해 선호를 조정한다.

```
## 도구 입력: "{\"destination\": \"New York\", \"feedback\": 1, \"adjustment_factor\": 0.1}"
## 도구 출력: {'budget': 0.33, 'luxury': 0.32, 'adventure': 0.34}

# Agent: Preference weight adjuster
## Final Answer:
{'budget': 0.33, 'luxury': 0.32, 'adventure': 0.34}
# 에이전트: 선호 가중치 조정자
## 최종 답변: {'budget': 0.33, 'luxury': 0.32, 'adventure': 0.34}
```

그림 4.1은 이 흐름을 시각적으로 표현한 것이다.

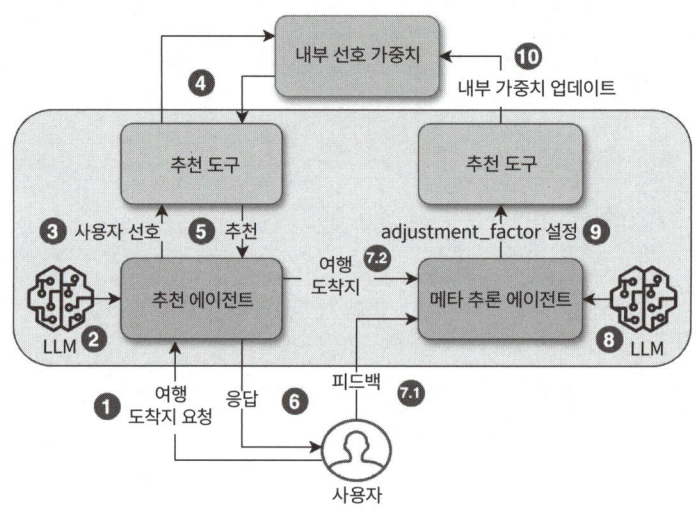

그림 4.1 AI 에이전트와 CrewAI 프레임워크 기반의 메타 추론 프레임워크

시스템은 처음에 예산budget, 고급스러움luxury, 모험adventure에 동일한 가중치를 설정한 미리 정의된 내부 가중치 세트로 시작한다. 이 시스템 가중치 세트는 초기 가정된 사용자 선호 가중치와 결합되어 최종 여행 추천이 도출된다. 이후 사용자는 이 추천에 대한 만족도를 `feedback = 1`(만족) 또는 `feedback = -1`(불만족)으로 표시한다. 메타 추론 에이전트는 이전 단계에서 자신이 내린 추천과 사용자의 피드백(1 또는 -1)을 확인하고, 0과 1 사이의 `adjustment_factor`값을 결정한 뒤, 이 값을 도구에 전달해 시스템의 내부 가중치를 업데이트하게 한다. 이 예시에서는 시스템이 모험에 더 많은 비중을 둔 추천을 시작했고, 사용자는 이 추천에 만족했다(New York, `feedback = 1`). 이에 따라 메타 에이전트는 모험에 대한 시스템 내부 가중치를 0.34로 증가시켰다. 이는 곧 시스템이 이후의 상호작용에서 사용자가 모험적인 여행지를 선호한다는 것을 더 잘 이해하게 되었음을 의미한다.

이 과정은 지속적인 학습을 보여주는 예시다. 각 피드백은 에이전트가 사용자 선호도를 더 잘 이해하고 의사결정 능력을 개선하는 데 도움을 주고, 평가와 개선의 순환 과정을 보장한다. 단순화된 위 예시에서는 리소스 최적화는 명시적으로 드러나지 않는다. 이 개념은 좀 더 복잡한 시나리오로 확장될 수 있다. 예를 들어 에이전트가 복잡한 의사결정에는 더 많은 계산 자원을 할당하고, 단순한 요청에는 간소화된 로직을 적용하는 식이다. 잠재적인 개선은 지속 학습(피드백과 가중치를 저장해 향후 세션에도 활용함으로써 에이전트가 장기적으로 지식을 유지하고 발전할 수 있게 함)을 포함할 수 있다. 세세한 별점이나 특정 사용자 코멘트 같은 복잡한 피드백을 사용해 더욱 정교한 조정을 할 수도 있다. 동시에 고급 알고리즘을 적용해 피드백을 더 지능적으로 분석해 선호 가중치를 조정할 수도 있다. 추가로 여행지 수를 늘리고 기후나 문화 체험 같은 다양한 속성을 추가함으로써 추천 단계를 더욱 풍부하게 만들 수 있다.

메타 추론은 에이전트가 자기 자신의 추론 과정을 되돌아보고 적절한 조정을 할 수 있게 해준다. 여기에는 성능 모니터링performance monitoring과 자원 할당resource allocation이 포함된다. 이들에 관해서는 다음 절에서 좀 더 자세히 살펴본다.

① 성능 모니터링

반성적 여행 에이전트는 자신의 성공률을 모니터링하고 의사결정 프로세스에서 나타나는 패턴을 식별할 수 있다. 예를 들어 추천한 일정, 숙소, 액티비티에 대해 사용자 만족도를 추적할 수 있다. 특정 유형의 추천이 지속적으로 낮은 평가를 받는 등의 패턴을 식별함으로써, 에이전트는 미래의 성능을 향상시키기 위해 자신의 추론 전략을 조정할 수 있다. 지속적인 성능 모니터링은 반성적 여행 에이전트가 학습하고 적응할 수 있게 하는 데 매우 중요한 요소다. 사용자 피드백과 만족도 지표를 체계적으로 추적하고 분석함으로써 에이전트는 자신의 추천 및 의사결정 프로세스의 효과에 대한 귀중한 통찰을 얻을 수 있다. 또한, 성능 지표에 대한 명확한 기준선과 임곗값을 설정하는 것도 중요하다. 이는 추론 전략이나 의사결정 프로세스의 조정이 필요한 시점을 판단하는 데 도움이 된다.

반성적 여행 에이전트는 다양한 지표를 추적해 자신의 추천과 의사결정 프로세스의 효과를 평가함으로써 지속적으로 성능을 모니터링할 수 있다. 이러한 지표에는 추천한 일정, 숙소, 액티비티, 교통편에 대한 사용자 만족도, 평점, 리뷰 등을 포함할 수 있다. 성능 모니터링을 통해 에이전트는 패턴을 식별하고, 개선이 필요한 영역을 파악하며, 데이터 기반으로 추론 전략과 결과를 향상시킬 수 있다.

예를 들어 여행이 끝난 후 사용자로부터 피드백을 수집해 호텔의 품질, 액티비티의 적합성, 교통의 편의성, 전체적인 경험 등을 평가하도록 요청할 수 있다. 이러한 피드백을 집계하고 분석함으로써 에이전트는 자신이 제공한 추천에서 부족했던 부분이나 성공했던 영역을 파악할 수 있다.

2 추적할 수 있는 구체적인 지표들

다음은 에이전트가 추천 및 의사결정 프로세스의 효과를 평가하기 위해 추적할 수 있는 구체적인 지표들이다.

- **사용자 평점 및 리뷰**: 숙박, 액티비티, 전체 여행 경험에 대한 평점은 사용자 만족도를 측정하고 개선이 필요한 영역을 파악하는 데 도움을 준다.
- **추천 수용률**: 에이전트가 제안한 항공편, 호텔, 액티비티 중 사용자가 실제로 선택한 비율을 보여주는 지표이며, 에이전트가 사용자 선호에 얼마나 잘 부합하는지를 평가할 수 있게 해준다.
- **불만 및 취소율**: 사용자가 불만을 제기하거나 여행을 취소한 사례를 추적함으로써 에이전트의 의사결정에서 발생한 문제점을 드러낼 수 있다.
- **사용자 참여 지표**: 사용자가 추천에 얼마나 자주 반응하거나 수정 요청을 하는지에 대한 데이터는 에이전트의 정확성과 관련성을 판단하는 데 유용하다.
- **인구통계 기반 통찰**: 다양한 사용자 세그먼트(가족, 1인 여행자, 커플 등)가 에이전트의 추천에 어떻게 반응하는지를 이해하면, 에이전트가 그 전략을 사용자 유형에 맞춰 조정할 수 있다.

3 지표들이 행동을 조정하는 방법

에이전트는 특정 목적지의 숙박시설에 대해 지속적으로 낮은 평점을 확인하는 경우 가격, 위치, 편의시설 등과 같은 요소의 우선순위 설정을 재평가할 수 있다. 예를 들어 에이전트가 비용 절감에 지나치게 비중을 두고, 관광 명소와의 거리나 사용자 리뷰와 같은 중요한 요소들을 간과하고 있다는 사실을 인식할 수 있다.

마찬가지로 피드백을 통해 여러 목적지에서의 모험 스포츠 액티비티가 지속적으로 낮은 평점을 받고 있음을 알게 된다면, 에이전트는 자신이 해당 액티비티에 대한 사용자 선호를 충분히 이해하지 못하고 있다는 결론을 내릴 수 있다. 에이전트는 이를 기반으로 사용자 선호 데이터를 추가로 통합하거나 더 다양한 액티비티 소스를 사용하는 등의 추론 전략을 조정함으로써 추천의 정확성과 개인화 수준을 향상시킬 수 있다.

에이전트는 인구통계 기반의 피드백을 분석할 수도 있다. 예를 들어 가족 친화적인 추천은 높은 평가를 받는 반면, 1인 여행자를 위한 추천은 그렇지 않다면 에이전트는 개인별 니즈에 더 잘 부합하게 추론 전략을 세분화할 수 있다. 예를 들어 1인 여행자에게는 좀 더 저렴하거나 문화적으로 몰입할 수 있는 옵션을 제시하도록 조정할 수 있다.

이러한 지표들을 체계적으로 추적하고 분석함으로써 여행 에이전트는 자신의 추론 전략을 반복적으로 정제해나갈 수 있다. 이 접근 방식은 추천의 품질과 개인화를 높이는 데 그치지 않고, 사용자에게 지속적이고 만족스러운 여행 경험을 제공함으로써 신뢰와 충성도를 구축할 수 있게 해준다. 지속적인 성능 모니터링을 통해 에이전트는 더 지능적이고 적응력이 뛰어난 사용자 중심적인 조언자로 진화할 수 있다.

4 리소스 할당

메타 추론을 통해 여행 에이전트는 자신의 리소스 할당 resource allocation 을 최적화할 수 있다. 복잡하거나 중요도가 높은 여행 계획 요청에 대해서는 더 많은 계산 리소스를 할당해 심화된 추론 및 분석을 수행할 수 있다. 반면, 일상적이거나 간단한 요청에 대해서는 간소화된 휴리스틱이나 사전에 정의된 규칙에 의존함으로써 자원을 절약할 수 있다. 효율적인 리소스 할당은 반성적 여행 에이전트가 효과적으로 작동하는 것과 동시에 사용자에게 시의적절한 응답을 제공하기 위해 반드시 필요한 요소다. 메타 추론을 활용함으로써 에이전트는 각 여행 계획 요청의 복잡성과 중요도에 따라 계산 리소스의 배분을 동적으로 조정할 수 있다.

복잡한 여행 계획 요청 시나리오를 생각해보자. 여행 에이전트가 여러 나라나 지역을 포함한 복수 목적지의 장기 여행을 계획해달라는 요청을 받았다고 가정해보자. 이러한 요청에 대해서는 일반적으로 복잡한 물류, 다양한 여행 요소의 조정(항공편, 숙박, 액티비티 등), 수많은 제약 조건 및 선호도의 균형이 필요하다. 에이전트는 보다 많은 계산 자원을 할당해 심화된 추론과 분석을 할 수 있다. 예를 들어 가능한 여행 옵션들의 수많은 조합과 순열을 고려해 최적의 일정을 생성하는 복잡한 알고리즘을 실행하고, 각 옵션을 비용, 이동 시간, 사용자 선호도, 위험, 방해 가능성과 같은 다양한 요소에 따라 평가할 수 있다. 그러나 이러한 복잡한 일정 최적화를 위해 과도한 계산 자원을 할당하게 되면, 수익 감소 또는 비효율이 발생할 수 있다. 예를 들어 에이전트가 일정의 완벽함을 추구하는 데 지나치게 집착하게 되면, 응답 시간이 지연되거나 불필요한 자원이 소비될 수 있다. 또한 에이전트는 사용자 요구를 충분히 만족시킬 수 있는 간단한 해결책을 간과하게 될 수도 있다. 과도한 엔지니어링을 피하고 시의적절하고 효율적인 응답을 보장하기 위해서는 계산 노력과 실용적 결과 사이의 균형이 중요하다.

또한, 에이전트는 다양한 시나리오와 비상 계획을 시뮬레이션하여 견고하고 유연한 여행 계획을 수립하는 데 리소스를 할당할 수 있다.

반면, 인근 지역으로 떠나는 주말 여행처럼 단순하거나 일상적인 여행 요청의 경우에는 반성적 여행 에이전트가 더 간단한 휴리스틱이나 사전 정의된 규칙에 의존함으로써 계산 자원을 절약할 수 있다. 이 경우에는 사용자 선호도를 바탕으로 인기 있거나 평점이 높은 목적지와 숙박시설을 우선하거나 표준 알고리즘을 사용해 경로를 계획하거나 액티비티를 추천하거나 사전에 준비된 데이터와 여행 패키지를 활용할 수 있다.

메타 추론을 사용해 리소스 할당을 동적으로 조정함으로써, 여행 에이전트는 각 여행 계획 작업에 필요한 분석의 깊이와 계산 효율성 간의 균형을 적절히 맞출 수 있다. 이는 사용자에게 시의적절한 응답을 제공함과 동시에 일상적인 작업에서 불필요한 계산 오버헤드를 방지하고, 복잡하거나 중요한 상황에 충분한 자원을 배분함으로써 에이전트의 전반적인 자원 활용을 최적화하는 데 도움이 된다.

반성적 여행 에이전트는 메타 추론을 통해 사용자 수요의 변화, 시스템 성능 지표, 새로운 계산 자원의 가용성 등에 따라 자신의 리소스 할당 전략을 지속적으로 모니터링하고 조정할 수 있다. 예를 들어 에이전트가 성수기 동안 제시간에 응답하지 못하는 경우가 지속된다면, 자원을 사전에 더 할당하거나 로드 밸런싱 기술을 구현함으로써 성능을 유지할 수 있다. 이처럼 메타 추론에 기반한 지능적인 리소스 할당을 통해 반성적 여행 에이전트는 사용자 요청의 복잡성과 요구에 맞게 계산 노력을 조절하고, 자원 활용과 시스템 성능을 최적화함으로써 매끄럽고 효율적인 여행 계획 경험을 제공할 수 있다.

반성적 여행 에이전트는 다양한 알고리즘과 전략을 활용해 동적인 자원 할당을 수행함으로써 최적의 성능과 개인화된 사용자 경험을 보장할 수 있다. **강화 학습**reinforcement learning, RL은 이러한 접근 방식 중 하나로, 에이전트가 시행착오를 통해 자원 할당 전략을 학습하게 해준다. 이를 통해 에이전트는 다중 목적지 일정 계획 등과 같은 복잡한 작업의 난이도에 따라 계산 자원을 동적으로 조정할 수 있다. **다중 슬롯 머신**multi-armed bandit, MAB 알고리즘은 탐색exploration과 활용exploitation의 균형을 맞추는 방식으로, 가격 비교나 호텔 추천과 같은 작업에 자원을 효과적으로 할당하여 사용자 만족도를 극대화하는 데 기여한다. **베이지안 최적화**Bayesian optimization는 통계적 방법을 통해 가장 유망한 자원 구성 방안을 식별하고, 동적 프로그래밍은 복잡한 할당 문제를 더 작은 하위 문제로 분해해 여행 계획 전반에 걸쳐 최적의 결정을 내릴 수 있게 한다.

예를 들어 휴리스틱 기반 방법은 국제 여행이 본질적으로 더 복잡하므로 더 많은 자원을 할당한다는 등의 실용적인 경험 법칙을 제공한다. 한편 게임 이론적game-theoretic 접근은 자원 할당을 전략적 게임으로 모델링함으로써 일정 최적화와 선호도 분석 같은 경쟁적 작업 사이의 균형을 도모한다. 작업 우선순위 알고리즘은 작업의 긴급성이나 중요도에 따라 자원을 배분하며, Min-Min과 같은 자원 인식형 스케줄링 기법은 간단한 작업을 먼저 완료해 복잡한 계산 작업을 위한 자원을 확보한다. 이러한 전략들을 메타 추론과 통합함으로써 에이전트는 작업의 복잡성을 실시간으로 평가하고 가장 효과적인 접근을 선택할 수 있으며, 이를 통해 적응적이고 효율적인 여행 계획 솔루션을 제공할 수 있다.

4.2.3 자기 설명

자기 설명self-explanation은 에이전트가 자신이 수행한 추론 과정을 언어화해 의사결정에 대한 설명을 생성하는 과정이다. 이 기술은 반성적 에이전트에게 있어 몇 가지 중요한 목적을 수행하며, 특히 여행 에이전트의 예시에서는 다음 방식으로 활용할 수 있다.

자기 설명은 투명성 증진과 학습 촉진이라는 큰 두 가지 목적을 갖는다. **투명성**transparency에서의 자기 설명은 인간이 에이전트의 결정을 이해할 수 있게 돕는 데 초점을 둔다. 예를 들어 반성적 여행 에이전트는 비용, 사용자 선호도, 목적지 인기도 등과 같은 요소를 근거로 자신의 특정 결정(추천)에 대해 설명할 수 있다. 이러한 설명은 사용자가 에이전트의 제안을 신뢰하고, 그 결정 프로세스에 대한 명확한 통찰을 얻을 수 있게 함으로써 신뢰를 구축한다.

한편 **학습**learning에서의 자기 설명은 에이전트가 자신의 의사결정 과정을 스스로 개선하는 데 초점을 둔다. 여기에서 자기 설명은 단지 사용자에게 정보를 전달하기 위한 목적을 넘어서, 에이전트가 자신의 추론을 되돌아보고 문제점을 찾아내는 데 활용하기 위해 사용된다. 예를 들어 여행 에이전트가 특정 호텔 추천에 대해 반복적으로 부정적인 피드백을 받는다면 자신이 생성한 설명을 분석하고, 사용자 리뷰보다 가격을 지나치게 중시했던 평가 방식의 결함 등을 파악할 수 있다. 이 과정을 통해 에이전트는 이전의 설명으로부터 학습함으로써 향후 보다 나은 추천을 제공할 수 있도록 전략을 정제하게 된다.

따라서 투명성에서의 자기 설명은 에이전트 외부를 향하며 사용자 중심적이고, 학습에서의 자기 설명은 에이전트 내부를 향하며 스스로의 적응과 개선을 가능하게 한다.

1 투명성

자신의 추천과 의사결정에 대한 자기 설명을 생성함으로써, 반성적 여행 에이전트는 사용자에게 자신의 사고 과정과 결정 논리에 대한 통찰을 제공할 수 있다. 이러한 투명성은 에이전트의 역량에 대한 신뢰와 확신을 높인다. 사용자는 제안된 여행 일정, 숙소, 액티비티의 이면에 있는 추론 과정을 더 잘 이해할 수 있게 된다.

예를 들어 여행 에이전트가 특정 호텔을 추천한 이유를 설명할 수 있다면, 해당 호텔이 인기 있는 관광지와 가까운 위치에 있고, 유사한 선호도를 가진 이전 여행자들로부터 높은 평점을 받았으며, 사용자가 지정한 예산 범위 내에서 경쟁력 있는 가격을 제공한다는 점 등을 제시할 수 있다. 이러한 요소들과 그에 기반한 추론 과정을 명시적으로 언급함으로써 에이전트는 사용자에게 신뢰를 줄 수 있는 수준의 투명성을 보여줄 수 있고, 사용자는 그 추천을 따를 가능성이 높아지게 된다.

앞에서 다룬 샘플 코드를 다시 살펴보자. 투명성 자기 설명 기능을 구현하기 위해 모델에 특정 호텔이나 목적지를 추천한 이유를 설명하도록 프롬프트를 구성한다. 다음은 CrewAI 프레임워크를 활용한 코드 예시다.

```
1  travel_agent = Agent(
2      role="Travel Advisor",   # 여행 조언자
3      goal="Provide hotel recommendations with transparent reasoning.",   # 투명한 추론을 통해 추천 호텔을 제공한다
4      backstory="An AI travel advisor specializing in personalized travel planning. \
5                You always explain the steps you take to arrive at a conclusion.",   # 개인화된 여행 계획에 최적화된 AI 여행 조언자다. 항상 결론에 이르는 모든 단계를 설명한다.
6      tools=[recommend_hotel]
7  )

9  recommendation_task = Task(
10     name="Recommend hotel",
11     description="""
12     Recommend a hotels based on the user's query {query}.   # 사용자 요청{query}에 기반해 호텔을 추천한다.
13     """,
14     agent=travel_agent,
15     expected_output="The name of the hotel with explanations"   # 호텔명과 설명을 함께 제공한다.
16  )
```

이 코드 샘플에서는 에이전트를 정의할 때 결론에 도달한 과정의 모든 단계를 설명하도록 설정했

다. 이것은 에이전트의 `backstory` 파라미터에 설정된다. 다음으로 `recommend_hotel`이라는 도구를 활용해 호텔을 찾는 작업을 할당한다. 이 도구는 호텔 정보를 조회하는 역할을 한다. 에이전트가 '**I am looking for a hotel in Paris under $ 300 a night**(나는 파리에서 1박에 300달러 이하의 호텔을 찾고 있다).'라는 쿼리로 호출되면 추천하는 호텔과 함께 해당 호텔을 선택한 논리를 함께 설명한다. 출력 예시는 다음과 같을 것이다.

```
Hotel: Hotel du Petit Moulin

Reason:
I found several hotels in Paris, but most of them exceeded the budget of $300. The only
suitable option is Hotel du Petit Moulin, which is priced at $300 per night. Located in the
3rd arrondissement, it offers moderate transportation convenience with the nearest metro
station, Saint-Sébastien Froissart, being approximately 1.9 kilometers away. This hotel is a
great choice for budget-conscious travelers who still want to enjoy the charm of Paris.

=====
호텔: Hotel du Petit Moulin

이유:
파리의 여러 호텔을 찾아봤지만 대부분의 호텔은 $300의 예산을 초과했다. 적절한 옵션으로는
Hotel du Petit Moulin이 유일하며 1박 가격은 $300이다. 이 호텔은 파리 3구에 위치하고 있으며,
가장 가까운 지하철역인 Saint-Sébastien Froissart역까지는 약 1.9km 떨어져 있어 대중교통 접근
성은 보통 수준이다. 하지만 예산을 중시하면서도 파리의 매력을 즐기고 싶은 여행자에게는 좋은
선택이다.
```

자기 설명과 투명성을 가진 에이전틱 시스템의 개념적 흐름도는 그림 4.2와 같다.

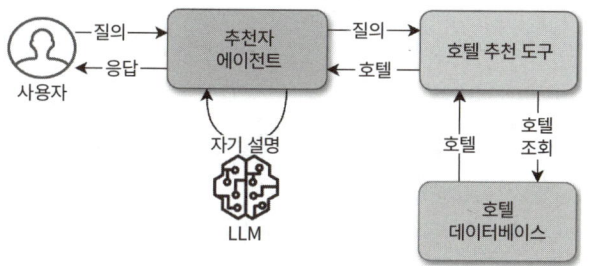

그림 4.2 AI 에이전트를 활용한 자기 설명과 투명성의 개념적 흐름

모델의 각 응답은 설명 사이클을 거치며, 이 사이클에서 에이전트는 해당 응답의 배경이 되는 적절한 설명과 논리를 생성한다. 이러한 설명은 사용자에게 표시할 수도 있고, 단순히 설명 가능성 explainability을 위해 로그에 기록할 수도 있다.

2 학습과 정제

자신의 추론 과정을 언어화하는 행동은 반성적 여행 에이전트에게 있어 학습 메커니즘으로도 작용할 수 있다. 에이전트는 자기 설명을 생성하면서 의사결정 프로세스에서의 결함, 불일치, 간과된 요소들을 발견할 수 있다. 에이전트는 이러한 자기 성찰을 통해 개선이 필요한 영역을 식별하고, 그에 따라 추론 전략을 다듬을 수 있다.

예를 들어 사용자가 추천된 액티비티에 만족하지 않았다는 피드백을 제공하면, 여행 에이전트는 해당 추천에 대한 자기 설명을 다시 검토할 수 있다. 이 과정에서 특정한 사용자 선호를 고려하지 않았거나, 결정에 영향을 미쳐야 할 중요한 요소를 간과했다는 사실을 깨달을 수 있다. 이러한 깨달음은 학습 과정에 반영되어 추론 알고리즘이나 지식 기반을 조정함으로써 향후 유사한 실수를 방지하는 것으로 이어질 수 있다. 앞선 예시에서 AI는 대중교통 접근성이 보통인 호텔을 추천했지만, 사용자는 대중교통의 근접성을 위해 더 많은 비용을 지불할 의향을 가지고 있었을 수도 있다.

학습과 정제를 구현하기 위해 간단하게 이전의 투명성 흐름을 확장하고, 추천 결과와 사용자 피드백을 받아 전략을 개선할 수 있는 에이전트/작업 쌍을 추가로 구성할 것이다. 코드 샘플은 파이썬 노트북에서 확인할 수 있다. 그림 4.3은 고수준의 흐름을 나타낸다.

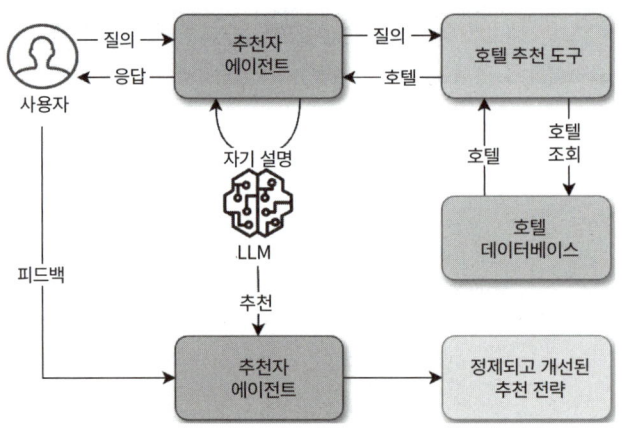

그림 4.3 **AI 에이전트를 활용한 학습과 정제**

3 사용자 참여 및 협업

자기 설명은 여행 에이전트와 사용자 사이에서 더욱 몰입할 수 있는 협력적인 상호작용을 촉진할 수 있다. 에이전트는 추천에 대한 설명을 제공하고 사용자는 이에 대한 피드백을 제공하거나 후속 질문을 하거나 추가적인 콘텍스트나 선호도를 제시할 수 있다. 이러한 양방향 대화는 개인화되고 반복적인 여행 계획 프로세스로 이어질 수 있으며, 에이전트는 사용자로부터 받은 입력과 명확한 요구를 바탕으로 지속적으로 추천을 정제한다.

예를 들어 사용자가 특정 추천에 대해 우려나 불확실함을 나타내면, 여행 에이전트는 고려했던 요소들을 상세히 설명하고 사용자에게 자신의 관점이나 추가 요구사항을 공유해달라고 요청할 수 있다. 이러한 협력적 접근 방식은 에이전트가 사용자의 필요와 선호를 더 잘 이해하게 도와주며, 이는 보다 맞춤화되고 만족할 수 있는 추천으로 이어진다. 지금까지 에이전트가 인간의 입력을 받고, 추천을 제공하고, 전략을 재구성할 수 있는 다양한 사례를 살펴봤다. 유사한 사용자 참여 협업 예시는 파이썬 노트북에도 수록되어 있다. 하지만 실제 인간의 협업은 같은 대화형 인터페이스를 통해 구현되는 경우가 많다는 점을 인식하는 것이 중요하다.

자기 설명 기능을 통합함으로써 반성적 여행 에이전트는 투명성, 신뢰, 지속적 학습, 협력적 사용자 상호작용을 촉진할 수 있다. 이러한 다면적 접근은 여행 계획 경험 전반을 향상시키는 것은 물론, 시간이 지남에 따라 점점 개인화되고 정확한 추천을 제공할 수 있는 능력도 향상시킨다. 다음으로 AI 에이전트의 자기 모델링에 관해 살펴보자.

4.2.4 자기 모델링

자기 모델링self-modeling은 반성적 에이전트의 핵심 요소로 자신의 목표, 신념, 지식에 대한 내부 표현을 유지하는 것을 의미한다. 이러한 자기 모델은 의사결정과 반영의 기반이 되며, 에이전트가 변화하는 환경이나 새로 습득한 정보에 따라 적응하고 발전할 수 있게 돕는다. 여기에서 **모델링**modeling이라는 용어는 에이전트의 초기 환경과 상태를 의미한다. 에이전트(또는 에이전트 그룹)는 특정 환경의 초기 상태에서 시작하며, 인간-기계 상호작용 또는 과업 수행을 통해 에이전트가 더 많은 정보를 학습함에 따라 이 내부 상태를 지속적으로 업데이트한다. 이러한 상태 변화는 에이전트가 작동하는 내부 환경 자체를 변화시키는 것이다. 반성적 여행 에이전트의 콘텍스트에서 자기 모델링은 에이전트의 추천 및 의사결정 프로세스가 사용자들의 변화하는 요구와 선호에 계속 부합하게 하며, 새로운 지식과 경험을 통합하는 데 핵심적인 역할을 한다. 그림 4.4는 자기 모델링의 개요를 고수준에서 나타낸 것으로, 이어서 내부 상태의 두 가지 구성 요소에 관해 설명할 것이다. 에이전트들은 에이전틱 시스템 내에서 독립적으로 자기 모델링하는 개별 내부 상태를 갖거나, 협력적으로 자기 모델링하는 공유 내부 상태를 갖는다.

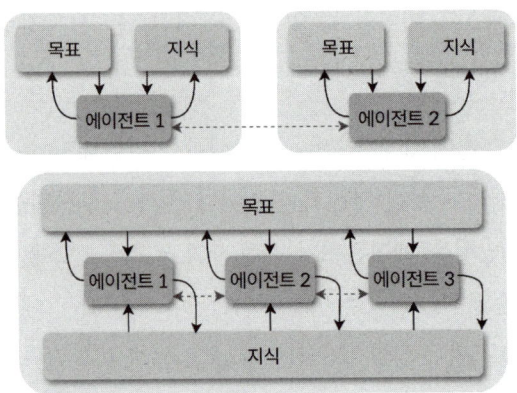

그림 4.4 자기 모델링을 위한 개별 및 공유 내부 상태

내부 상태는 여러 구성 요소를 포함할 수 있다. 고수준에서 가장 핵심적인 두 가지 범주는 **목표 관리**goal management와 **지식 업데이트**knowledge update로 나눌 수 있다. 이 두 가지 범주에 관해 살펴보자.

1 목표 관리

반성적 여행 에이전트는 개인화되고 만족스러운 여행 추천을 제공하거나, 사용자 선호와 제약 조건에 따라 여행 경험을 최적화하는 등의 목표를 내부 모델로 유지한다. 하지만 이러한 목표는 고정되어 있지 않다. 상황이 변하거나 새로운 정보가 주어지면 에이전트는 스스로 목표를 재고하고 조정할 수 있어야 한다.

예를 들어 여행 계획 도중에 사용자의 여행 날짜나 예산이 변경된 경우 반성적 여행 에이전트는 자기 모델을 활용해 그에 따라 목표를 재평가하고 업데이트할 수 있다. 이는 고급 숙박 시설을 최대한 활용하려던 기존 목표에서, 비용 효율성을 우선하는 목표로 초점을 전환하거나 변경된 여행 날짜에 맞춰 일정 추천을 조정하는 방식으로 이루어질 수 있다.

또한, 에이전트가 피드백이나 상호작용을 통해 사용자의 관심사나 여행 선호도가 변화하고 있다는 새로운 정보를 학습한 경우 이러한 변화에 잘 대응할 수 있게 목표를 조정할 수 있다. 예를 들어 사용자가 친환경 여행이나 지속 가능한 관광에 관심이 있다고 표현할 경우 에이전트는 환경 친화적인 숙소, 액티비티, 교통수단을 우선적으로 추천하는 방향으로 목표를 수정할 수 있다.

2 지식 업데이트

자기 모델링의 또 다른 핵심 요소는 새로운 경험과 통찰을 바탕으로 에이전트의 지식 베이스를 자동으로 업데이트하는 능력이다. 반성적 여행 에이전트는 사용자와 상호작용하고, 피드백을 받고,

자신의 추천과 의사결정에서 학습하면서 목적지, 숙소, 액티비티, 사용자 선호, 여행 트렌드에 관한 지식을 지속적으로 정제하고 확장할 수 있다.

예를 들어 사용자가 추천한 호텔이나 액티비티에 대해 부정적인 경험을 보고한 경우, 에이전트는 해당 피드백을 지식 베이스에 반영해 평점을 조정하거나 향후 추천 대상에서 제외할 수 있다. 반대로, 특정 여행지나 액티비티에 대해 매우 긍정적인 평가와 피드백이 있는 경우, 해당 추천의 긍정적 측면에 대한 지식을 강화해 유사한 선호를 가진 사용자에게 향후 더 자주 추천할 가능성을 높일 수 있다.

자기 모델을 유지하고 지식 베이스를 자동으로 업데이트함으로써, 반성적 여행 에이전트는 의사결정과 추천의 정확도를 지속적으로 향상시킬 수 있는 기반을 갖게 된다. 시간이 지나면서 지식 베이스가 성장하고 진화함에 따라, 에이전트는 이러한 통찰을 활용해 점점 개인화되고 만족스러운 여행 계획 경험을 제공할 수 있다.

우리가 다루는 예시에서 자기 모델링을 수행하는 여행 에이전트는 단순히 사용자 선호에 기반한 추천을 제공하는 것을 넘어서, 자신의 추천을 지속적으로 적응시키고 정제할 수 있다. 자기 모델을 내부적으로 유지하면서 사용자 피드백을 통해 지식 베이스를 업데이트함으로써 에이전트는 시간이 지남에 따라 더 개인화되고, 사용자에게 더 적합한 추천을 제공할 수 있게 된다. 자기 모델링은 에이전트가 지식의 공백이나 낡은 정보가 있는 영역을 식별할 수 있게 돕는다. 이때 에이전트는 새로운 정보 소스를 능동적으로 탐색하거나 외부 데이터를 활용해 지식 베이스를 보완함으로써 가장 최신의 종합적 정보에 기반한 추천을 제공할 수 있다.

목표 관리와 지식 갱신 능력을 자기 모델링을 통해 결합함으로써 반성적 여행 에이전트는 지속적으로 적응하고 성능을 개선할 수 있으며, 개인화되고 맞춤화된 여행 경험을 원하는 사용자에게 신뢰할 수 있는 동시에 가치 있는 리소스로 자리매김할 수 있다.

이번 장까지는 여행 에이전시 예시를 통해 개념들을 설명했지만, 다음 장에서는 이와 유사한 반성적 AI 에이전트를 실제로 활용할 수 있는 다양한 현실 세계의 사례들을 살펴볼 것이다. 다만, 이 사례들이 모든 가능성을 포괄하는 것이 아님을 주지하기 바란다. 이번 장의 마지막에서는 반성적 에이전트와 자기 성찰 기법들이 다른 현실 세계 시나리오에서 어떻게 활용될 수 있을지 고민해보는 것도 좋은 연습이 될 것이다.

4.3 사용 사례와 예시

반성적 지능형 에이전트는 다양한 신흥 비즈니스 애플리케이션을 지원하도록 설계되어 있다. 반성적 에이전트는 자기 평가self-assessment와 자기 성찰을 효율적으로 활용해 변화하는 환경에 맞서 성능을 개선하고, 효과적인 비즈니스 의사결정을 내리기 위한 기반을 마련하며, 이 과정에서 투명하고 설명 가능한 방식으로 지속적인 개선을 수행한다. 실제 비즈니스에 적용된 반성적 에이전트의 예시는 다음과 같다.

4.3.1 고객 서비스 챗봇

반성적 고객 서비스 챗봇은 자기 평가 방법론self-assessment methodology을 적용해 사용자에게 좀 더 효과적이고 만족스러운 응답을 제공하는 능력을 지속적으로 개선한다. 이 챗봇들은 과거 대화를 자기 성찰적으로 분석해 패턴, 강점, 약점, 개선 영역을 식별하고 이를 통해 지식 베이스, 응답 전략, 전반적인 상호작용 능력을 정제할 수 있다.

자기 평가의 핵심 요소 중 하나는 과거 대화의 결과를 분석하는 능력이다. 챗봇은 사용자 피드백, 감정 분석, 대화 지표 등을 검토해 자신의 응답이 성공적이었는지 그렇지 않았는지 판단할 수 있다. 예를 들어 챗봇은 사용자가 부정적인 감정 표현이나 낮은 만족도 평가를 남긴 대화를 식별할 수 있다. 이러한 요소들을 반영해 챗봇은 오해, 정보 부족, 부적절한 어조, 표현 같은 문제의 원인을 정확하게 집어낼 수 있다. 반대로, 사용자들이 만족이나 감사를 표현한 성공적인 대화를 분석할 수 있다. 이러한 성공적인 상호작용의 특성을 학습함으로써 챗봇은 효과적인 응답 전략을 강화하고, 모범 사례를 식별하고, 향후 대화에서 이들을 반복할 수 있다.

반성적 챗봇은 대화의 구체적인 내용과 흐름을 자기 성찰적으로 검토해 반복되는 문제나 개선이 필요한 영역을 식별할 수 있다. 사용자의 혼란이나 불만족을 주는 질문이나 주제가 반복되는 것을 인식하면, 챗봇은 지식 베이스를 강화하거나 응답 템플릿을 개선할 필요가 있다는 신호로 받아들일 수 있다. 또한 특정 정보나 기능에 대한 반복적인 요청을 인식하면, 챗봇은 보다 나은 대화 흐름 설계나 통합을 개발하는 방향으로 진화해 사용자의 필요를 더 잘 만족시킬 수 있다. 내용 분석 외에도 반성적 챗봇은 자신의 소통 방식과 언어 사용의 효과성을 평가할 수 있다. 사용자 피드백과 반응을 분석함으로써 어떤 어조, 표현 방식, 형식 수준이 특정 사용자 그룹이나 상황에서 더 효과적인지를 파악할 수 있다. 이러한 통찰을 통해 챗봇은 커뮤니케이션 스타일을 동적으로 조정함으로써 좀 더 자연스럽고 개인화된 상호작용을 제공할 수 있다.

또한, 자기 평가는 챗봇이 지식의 공백이나 이해가 부족한 영역을 식별하는 데에도 유용하다. 챗봇이 특정 질문에 대해 만족스러운 답변을 제공하지 못한 경우 해당 주제에 대해 추가 정보를 적극적으로 찾거나, 인간 전문가와 상의함으로써 지식 베이스를 확장하고 더 다양한 질문에 효과적으로 대응할 수 있게 된다.

Zendesk와 **Drift** 같은 소프트웨어 회사들은 대화를 통해 학습하는 AI 기반 챗봇을 활용하고 있다. 이러한 챗봇은 사용자들이 남긴 만족도 평가와 코멘트를 모니터링하고, 이 피드백을 반영해 응답 품질을 개선하고 향후 더욱 만족스러운 해결책을 제공할 수 있는 능력을 발전시킨다. 예를 들어 챗봇이 특정 주제에 대한 응답에 대해 사용자가 불만이나 실망을 자주 표현하는 것을 인식하면, 관련 대화를 분석해 패턴이나 지식의 결함을 파악하고 응답 전략을 개선할 수 있다. 또한 챗봇은 사용자 선호나 피드백을 바탕으로 어조, 언어 스타일, 커뮤니케이션 방식을 학습하고 적응함으로써 좀 더 개인화되고 자연스러운 대화 경험을 제공할 수 있다.

4.3.2 개인 맞춤 마케팅 에이전트

개인 맞춤 마케팅에서도 반성적 에이전트를 활발하게 활용한다. 반성적 에이전트는 소비자 행동과 피드백을 분석해 효과적인 마케팅 전략을 수립한다. 반성적 에이전트는 과거 캠페인의 성공과 실패를 반추함으로써 핵심 성과 지표에 기반한 조정을 통해 향후 캠페인을 최적화한다.

예를 들어 아마존은 고객의 구매 패턴과 리뷰를 학습하는 반성적 AI 에이전트를 사용해 유사한 제품을 추천한다. 이러한 에이전트는 사용자와 함께 학습을 이어가며, 추천 품질과 마케팅 파라미터를 지속적으로 개선해 좀 더 나은 판매 성과와 고객 상호작용을 유도한다.

오늘날 경쟁이 치열한 비즈니스 환경에서 개인화 마케팅은 점점 중요해지고 있다. 그리고 반성적 에이전트는 맞춤형의 효과적인 마케팅 전략을 제공하는 핵심 역할을 한다. 이 에이전트들은 자기 평가와 자기 성찰을 활용해 소비자 행동, 피드백, 과거 캠페인의 성과를 분석함으로써 마케팅 접근 방식을 지속적으로 정제하고 최적화한다. 반성적 개인 마케팅 에이전트의 핵심 역량은 소비자 행동, 선호도, 상호작용에 대한 방대한 데이터를 수집하고 분석하는 능력이다. 구매 결정, 웹 탐색 기록, 리뷰, 참여 지표 등의 패턴을 연구함으로써 어떤 요소가 각 소비자 세그먼트에 반응을 이끌어내고 구매 결정을 유도하는지를 파악한다.

개인 맞춤 마케팅 에이전트에서의 반영 능력의 핵심은 과거 마케팅 캠페인의 성공 여부를 평가하는 데 있다. 이 에이전트들은 캠페인마다 사용된 전략, 메시지, 타깃팅 기법과 관련된 클릭률, 전환율, 고객 획득 비용 등의 **핵심 성과 지표**key performance indicator, KPI를 분석한다. 이 지표들을 자기 성찰함으로써 에이전트들은 어떤 접근이 가장 효과적이었는지, 어떤 접근이 미흡했는지 도출하고 이를 기반으로 데이터 기반 조정을 수행해 미래 캠페인의 성과를 개선할 수 있다.

예를 들어 모 전자상거래 기업에서 채택한 반성적 마케팅 에이전트는 특정 상품군을 홍보하는 이메일 캠페인의 성과를 분석할 수 있다. 이 캠페인의 참여율이나 전환율이 기대에 미치지 못했다면 에이전트는 메시지 구성, 제목, 전송 시점, 타깃 분류 기준 등의 요소를 자기 성찰해 평가할 것이다. 이를 바탕으로 이후 캠페인에서는 타깃 고객과 더 잘 공감할 수 있는 메시지로 조정하거나 전송 시점과 빈도를 최적화하거나 세분화 기준을 개선하여 보다 적합한 대상에게 메시지가 전달되게 전략을 조정할 수 있다.

아마존의 반성적 AI 에이전트 사례는 이러한 개념이 실제로 적용된 형태를 잘 보여준다. 이 에이전트는 고객의 트렌드, 구매 행동, 제품 리뷰를 지속적으로 학습하면서 제품 추천 시스템과 개인 맞춤 마케팅 전략을 정제한다. 사용자가 플랫폼과 상호작용하고 피드백을 제공함에 따라 에이전트는 지속적으로 학습하고 적응하며, 추천의 정확도와 마케팅 캠페인의 타깃 파라미터를 최적화한다. 이러한 지속적 학습과 적응의 사이클은 아마존의 마케팅 활동이 항상 관련성 있고, 개인화되고, 효과적으로 유지되게 함으로써 더 나은 판매 성과와 고객 경험으로 이어지게 한다.

4.3.3 금융 트레이딩 시스템

금융 시장에서도 반성적 에이전트의 활용은 계속 증가할 것이다. 이러한 에이전트는 거래 전략 개발의 핵심 영역에서 금융 시스템을 향상시키기 때문이다. 반성적 에이전트는 시장 데이터와 과거 거래 결과를 분석해 더 나은 알고리즘과 의사결정 프로세스를 구축할 수 있다. 예를 들어 르네상스 테크놀로지스Renaissance Technologies와 같은 트레이딩 헤지 펀드는 시장 상황과 과거 거래 결과로부터 학습하는 반성적 트레이딩 에이전트를 활용하고 있다. 그 결과, 어떤 시점에서도 다양한 거래 방식을 유연하게 실행하여 수익을 극대화하고 위험을 줄일 수 있다.

금융 트레이딩 시스템은 복잡하고 동적인 환경이며, 이러한 환경에서 의사결정 프로세스를 적응시키고 최적화하는 능력이 매우 중요하다. 이러한 콘텍스트에서 반성적 에이전트는 시장 데이터, 과거 거래, 기존 알고리즘의 성과를 분석함으로써 트레이딩 전략을 향상시키고, 지속적 개선과 리스크 완화를 가능하게 한다.

반성적 에이전트의 핵심적인 이점 중 하나는 과거 거래의 성공 또는 실패에 대한 자기 성찰 능력이다. 이들은 이전 트레이딩 결정의 결과를 분석하여 다양한 시장 요인과 거래 성과 사이의 패턴, 트렌드, 상관관계를 식별할 수 있다. 이러한 자기 성찰을 바탕으로 의사결정 알고리즘을 정제하거나 변수 가중치를 조정하거나 새로운 데이터 소스를 통합하거나 리스크 관리 전략을 수정할 수 있다.

예를 들어 반성적 트레이딩 에이전트는 특정 거래 전략이 특정 시장 조건이나 특정 경제 상황에서 일관되게 저조한 성과를 낸다는 사실을 인식할 수 있다. 이러한 패턴을 반영하여 에이전트는 해당 시나리오에 대한 노출을 피하거나 최소화하도록 알고리즘을 조정함으로써 손실 가능성을 줄이고 리스크 관리를 최적화할 수 있다.

또한, 반성적 에이전트는 시장 데이터와 과거 트렌드를 활용해 미래 시장 움직임을 예측하거나 기회를 포착할 수 있다. 이들은 금융 뉴스, 경제 지표, 소셜 미디어 감정 분석을 포함한 방대한 데이터를 분석하여 인간이 쉽게 감지하지 못하는 미묘한 패턴이나 상관관계를 찾아낸다. 이러한 예측 능력을 바탕으로 에이전트는 트레이딩 전략을 사전에 조정하고, 다가오는 시장 변화에 선제적으로 대응하거나 새로운 기회를 선점할 수 있다.

르네상스 테크놀로지스의 반성적 트레이딩 에이전트 활용 사례는 이 개념의 실제 적용을 보여준다. 이러한 에이전트는 시장 환경과 과거 거래 결과로부터 지속적으로 학습하여 실시간으로 의사결정과 전략을 조정한다. 과거 성과와 시장 조건을 반추함으로써, 이 에이전트는 수익성 있는 거래 기회를 식별하고 위험을 줄임으로써 변화무쌍한 금융 시장에서 경쟁 우위를 확보할 수 있다.

4.3.4 예측 에이전트

반성적 에이전트는 판매 예측 분야에서도 효과적으로 활용된다. 이들은 시장 트렌드를 포함한 과거 판매 정보를 반영적으로 분석한다. 이를 통해 과거 예측 결과를 바탕으로 어떤 수정이 필요한지를 분석하고, 모델을 조정할 수 있다.

예를 들어 세일즈포스Salesforce의 아인슈타인 분석Einstein Analytics은 반성적 인공지능을 사용해 과거 데이터를 기반으로 판매팀에 통찰을 제공한다. 이 과정에서 과거의 판매 트렌드를 학습하고, 오류와 부정확성을 수정하고, 향후 예측을 업데이트함으로써 기업이 자원 배분 및 전략과 관련된 다음 단계의 의사결정을 진행할 수 있게 돕는다.

정확한 판매 예측은 기업이 자원 배분, 재고 관리, 전략 계획 등의 분야에서 정보에 기반한 의사결정을 내리는 데 핵심이 된다. 반성적 에이전트는 과거 데이터를 지속적으로 분석하고, 패턴과 트렌드를 식별하며, 이전 성과에 기반한 모델 적응을 통해 예측의 정확성과 신뢰성을 높이는 데 중요한 역할을 한다.

반성적 에이전트의 주요 장점 중 하나는 과거 예측과 실제 판매 수치를 비교하고 자기 성찰을 수행하는 능력이다. 예측치와 실제 수치 간의 차이를 분석함으로써 예측 모델의 오류나 부정확성의 원인을 식별할 수 있다. 이를 바탕으로 변수 가중치 재조정, 새로운 데이터 소스 도입, 예측 알고리즘 개선 등의 조치를 취할 수 있다.

또한, 반성적 에이전트는 과거 판매 데이터와 시장 트렌드를 분석하여 예측 능력을 향상시키는 데 도움이 되는 통찰을 도출할 수 있다. 예를 들어 계절적 변동, 경제 상황, 소비자 행동 변화 같은 외부 요인을 분석하여 이전 예측 모델에서 간과되었던 상관관계나 예측 변수를 발견할 수 있다. 이러한 지속적 학습과 적응을 통해 에이전트는 시간이 지남에 따라 더욱 정밀한 예측을 수행할 수 있으며, 기업의 의사결정에 신뢰도 높은 통찰을 제공할 수 있다.

세일즈포스의 아인슈타인 분석은 이러한 반성적 AI의 실제 적용 사례를 보여준다. 이 시스템은 과거 데이터를 통해 판매 트렌드를 학습하고, 과거 예측의 오류를 식별 및 수정하고, 향후 예측을 조정한다. 이를 통해 정확하고 신뢰할 수 있는 통찰을 제공함으로써 판매팀이 자원 배분, 재고 관리, 전략 수립을 정밀하게 수행할 수 있게 돕는다.

또한, 판매 예측에서의 반성적 에이전트는 머신러닝 기법을 통합해 예측 능력을 더욱 강화할 수 있다. 이들은 시장 조사 보고서, 소셜 미디어 감정 분석, 경쟁사 정보와 같은 다양한 출처로부터 방대한 데이터를 수집/분석함으로써, 복잡한 패턴과 관계성을 도출할 수 있다. 이러한 동적 학습 및 적응 능력은 에이전트가 시장 트렌드를 선제적으로 파악하고 예측 모델을 지속적으로 개선하는 데 기여하며, 기업이 시장 변화에 민첩하게 대응할 수 있는 경쟁력을 제공한다.

시시각각 변하는 비즈니스 환경에서 정확한 판매 예측은 자원 최적화, 전략 수립, 경쟁 우위 확보에 필수다. 반성적 에이전트는 자기 성찰, 데이터 분석, 지속적 학습을 통해 판매 예측의 정확성과 신뢰성을 개선하는 강력한 설루션을 제공한다. 과거 성과와 새로운 트렌드에 기반해 예측 모델을 지속적으로 정제함으로써, 이 에이전트들은 비즈니스가 대응할 수 있는 통찰력 제공하며, 시장에서 정보에 기반한 결정을 내리고 선제적으로 대응할 수 있게 된다.

4.3.5 전자상거래에서의 가격 전략

반성적 에이전트를 활용하는 또 다른 영역으로 전자상거래에서의 가격 전략 최적화를 들 수 있다. 이 에이전트들은 경쟁사의 가격, 고객 행동, 판매 데이터를 수집해 가장 적절한 가격 전략에 대한 추천을 제공한다.

예를 들어 AI 기반 가격 책정 에이전트는 시장 상황과 소비자의 반응을 고려해 가격을 동적으로 조정한다. 월마트Walmart와 타깃Target 같은 기업들은 이러한 에이전트를 활용하고 있다. 이는 가격을 과도하게 인상하지 않으면서도 최대 판매를 달성하게 함으로써 수익 마진을 높이는 데 도움이 된다.

경쟁이 치열하고 빠르게 변화하는 전자상거래 환경에서는 고객 유치, 판매 극대화, 수익성 유지 측면에서 효과적인 가격 전략이 매우 중요하다. 반성적 에이전트는 시장 조건, 경쟁사 가격, 고객 행동, 판매 데이터를 지속적으로 분석함으로써 기업이 정보에 기반한 적응적인 가격 결정을 내릴 수 있게 지원한다.

이러한 반성적 에이전트의 핵심 장점 중 하나는 시장 변화나 고객 행동에 실시간으로 대응할 수 있는 능력이다. 이들은 경쟁사 웹사이트, 소셜 미디어 감정 분석, 고객 리뷰 등 다양한 출처로부터 방대한 데이터를 수집/분석할 수 있다. 이를 통해 가격 결정에 영향을 주는 패턴, 트렌드, 소비자 선호도를 식별할 수 있다.

예를 들어 반성적 가격 책정 에이전트는 경쟁사가 특정 제품에 대해 할인 프로모션을 시작한 사실을 포착할 수 있다. 이때, 고객 반응과 판매 데이터를 분석해 가격 조정이 필요한지 여부를 판단한다. 필요하다고 판단되면 수익 마진, 재고 수준, 고객 수요 등을 고려한 최적의 가격 전략을 추천할 수 있다.

더불어 반성적 에이전트는 과거 판매 데이터와 고객 행동 패턴에 기반해 가격 전략을 장기적으로 최적화할 수 있다. 이전 가격 결정이 판매량과 수익성에 어떤 영향을 미쳤는지 분석함으로써 가격 모델과 알고리즘을 개선하고, 향후 추천이 기업 목표 및 고객 기대에 부합하도록 조정할 수 있다.

전자상거래 가격 책정에서의 반성적 에이전트는 머신러닝 기법을 통합해 의사결정 능력을 더욱 향상시킬 수 있다. 에이전트들은 시장 조사 보고서, 소셜 미디어 감정, 고객 구매 이력 등 다양한 출처로부터 방대한 데이터를 수집/분석함으로써 즉시 드러나지 않는 복잡한 패턴과 관계성을 발견할 수 있다. 이러한 동적 학습 및 적응 능력은 에이전트가 시장 트렌드에 선제적으로 대응하고, 가격 전략을 지속적으로 개선할 수 있게 해준다.

전자상거래의 경쟁 환경에서 효과적인 가격 전략은 고객 유치 및 유지, 판매 극대화, 수익성 확보의 핵심이다. 반성적 에이전트는 자기 성찰, 데이터 분석, 지속적 학습을 통해 가격 전략을 최적화할 수 있는 강력한 도구다. 이들은 시장 조건을 지속적으로 모니터링하고, 고객 행동을 분석하며, 과거 성과를 바탕으로 가격 모델을 개선함으로써, 기업이 데이터 기반의 통찰력과 적응형 가격 전략을 갖추고, 경쟁에서 앞서 나갈 수 있게 지원한다.

요약

LLM 기반 에이전트가 반성과 자기 성찰 능력을 갖추는 것은 기존의 정적 규칙 기반 시스템과 차별화되는 핵심 요소이며, 이를 통해 에이전트는 인간과 유사한 지능을 발휘할 수 있게 된다. 이번 장에서는 자기 성찰과 자기 평가의 중요성, 이러한 능력을 에이전트에 내재화하는 실질적인 기법, 그리고 다양한 비즈니스 도메인에서의 실제 활용 사례를 다루었다.

메타 추론, 자기 설명, 자기 모델링을 구현함으로써 지능형 에이전트는 자신의 추론 과정을 모니터링하고, 제어하고, 결정의 근거를 언어로 표현하고, 변화하는 상황과 새로운 경험에 따라 목표와 지식을 조율할 수 있는 능력을 갖추게 된다. 이러한 능력은 투명성과 신뢰를 증진할 뿐만 아니라, 지속적인 학습과 적응, 성능 최적화의 기반을 제공한다. 결과적으로 에이전트는 경험을 통해 학습하고, 환경 변화에 능동적으로 적응하고, 의사결정 전략을 정교화하여 좀 더 나은 성능과 맞춤형 사용자 경험, 그리고 비즈니스 경쟁력 향상을 이룰 수 있다.

이번 장에서 제시된 사례 연구들과 예시들은 반성적 에이전트의 광범위한 활용 가능성을 강조한다. 고객 서비스 챗봇에서 개인화되고 자연스러운 상호작용을 제공하는 경우부터, 공급망 최적화 에이전트가 물류 및 재고 관리 전략을 동적으로 조정하는 경우까지 다양하다. 금융 거래 시스템에서는 리스크를 완화하고 새로운 기회를 포착하며, 프로젝트 관리 도구에서는 자원 배분과 팀 역학을 향상시키는 데 기여한다. 이처럼 반성적 에이전트는 다양한 비즈니스 영역에서 그 가치를 입증해왔다.

이번 장에서 도구 사용에 관해 간략히 언급했지만, 다음 장에서는 에이전트의 도구 사용에 대해 더욱 깊이 있게 살펴볼 것이다. 또 에이전트가 작업을 수행하기 위해 어떻게 계획을 세우고, 다양한 도구를 활용해 워크플로를 강화하는지 살펴볼 것이다.

질문

1. 메타 추론 능력은 지능형 에이전트의 성능 최적화에 어떻게 기여하는가?
2. 자기 설명은 AI 시스템에서 사용자 상호작용과 어떤 관계가 있는가?
3. 자기 모델링은 에이전트의 적응 능력에 어떤 기여를 하는가?
4. AI 시스템에 반성 기능을 구현함으로써 얻을 수 있는 주요 비즈니스 이점은 무엇인가?
5. 반성과 자기 성찰이 인간과 유사한 AI 능력을 개발하는 데 필수 요소로 간주되는 이유는 무엇인가?

답변

1. 메타 추론은 지능형 에이전트가 자신의 추론 활동을 모니터링하고 제어할 수 있게 해주고, 전략을 동적으로 조정하고, 자원을 최적화할 수 있게 한다. 이를 통해 에이전트는 자신의 사고 과정을 평가하고, 실시간으로 문제 해결 방식을 조정하고, 필요한 영역에 계산 자원을 효율적으로 배분할 수 있다.

2. 자기 설명은 에이전트가 자신의 의사결정 프로세스를 설명할 수 있게 함으로써 투명한 의사결정을 가능하게 하고, 사용자와의 자연스러운 상호작용을 촉진한다. 사용자는 시스템이 어떻게 결론에 도달했는지 이해할 수 있고, 이로 인해 신뢰가 형성되며, 명확한 설명을 통해 지속적인 학습과 피드백도 가능해진다.

3. 자기 모델링은 에이전트가 변화하는 상황에 따라 목표를 재조정하고, 새로운 경험을 통해 지식을 갱신하고, 의사결정 능력을 점진적으로 향상시킬 수 있다. 이로써 에이전트는 새로운 정보나 환경 변화에 따라 행동을 동적으로 수정하는 적응형 시스템으로 진화할 수 있다.

4. AI 시스템에 반성 기능을 도입하면 의사결정 품질 향상, 개인화된 사용자 경험 제공, 지속적인 학습과 적응을 통한 경쟁 우위 확보 등과 같은 비즈니스 이점을 얻을 수 있다. 이는 시스템이 경험을 바탕으로 성능을 최적화하고, 지속적으로 진화하고, 정확하고 신뢰할 수 있는 서비스를 제공할 수 있게 하는 구조에서 비롯된다.

5. 반성과 자기 성찰은 AI 시스템이 자신의 사고 과정을 분석하고, 경험을 통해 학습하고, 행동을 유연하게 조정할 수 있게 하는 핵심 능력이기 때문에 인간 유사 지능을 구현하기 위한 필수 요소로 간주된다. 메타 추론, 자기 설명, 자기 모델링과 같은 기법은 인간의 인지 과정과 유사한 고차원적 판단과 사고 능력을 에이전트에게 부여할 수 있다.

CHAPTER 5

도구 사용 및 계획 수립 기능 활성화

앞 장에서는 지능형 에이전트의 반성 및 자기 성찰에 관해 살펴봤다. 이러한 기능들은 에이전트가 자신의 인지 과정을 추론하고, 경험으로부터 학습하고, 행동을 동적으로 수정할 수 있게 해준다.

AI 에이전트 기술에서 중요한 다음 단계는 에이전트가 계획을 수립하고 도구를 사용하는 방법을 결합하는 것이다. 이번 장에서는 도구 작동 방식, 다양한 계획 수립 알고리즘, 이들을 결합하는 방법, 그리고 그 실제 사례들을 살펴본다. 지능형 에이전트가 의사결정과 문제 해결을 넘어 능력을 확장하는 도구 사용 개념을 탐구하고, 에이전트가 활용할 수 있는 다양한 유형의 도구(API, 데이터베이스, 소프트웨어 함수 등)에 관해 알아볼 것이다. 다음으로 에이전트에게 필수인 계획 수립 알고리즘에 관해 살펴본다. 이 알고리즘에는 상태 공간 탐색, 강화 학습, 계층적 작업 네트워크 계획이 포함된다. 마지막으로 도구 사용과 계획 수립을 통합하는 방식, 즉 사용 가능한 도구에 대해 추론하고, 목표에 기반해 적합성을 평가하고, 적절한 도구를 선택하고, 이를 활용한 효율적인 실행 순서를 생성하는 방법에 관해 설명한다.

이번 장에서 다루는 주요 주제는 다음과 같다.

- 에이전트에서의 도구 사용 개념 이해
- 에이전트를 위한 계획 수립 알고리즘
- 도구 사용과 계획 수립의 통합
- 실용적인 구현 사례 탐구

이번 장을 마치면 여러분은 어떤 도구들이 존재하는지, 어떻게 이 도구들을 사용해 에이전틱 시스템을 강화할 수 있는지, 어떻게 이 도구들이 계획 수립 알고리즘과 함께 작동하는지 알게 될 것이다.

기술 요구사항

이번 장에서 사용하는 코드 파일은 GitHub 저장소의 `https://github.com/moseskim/Building-Agentic-AI-Systems`에서 확인할 수 있다. 이번 장에서는 CrewAI, AutoGen, LangChain과 같은 파이썬 기반 에이전트 프레임워크를 활용해 에이전트의 다양한 측면을 살펴볼 것이다.

5.1 에이전트에서의 도구 사용 개념 이해

도구 사용은 지능형 에이전트가 외부 자원이나 도구를 활용해 에이전트의 본래 기능과 의사결정 프로세스를 확장하는 능력을 의미한다. 이 개념은 에이전트를 내부 지식(훈련 데이터)과 알고리즘에만 의존해 작동하는 자율적(고립된) 개체로 보는 전통적인 시각을 넘어서는 것이다. 오히려 외부 도구와 시스템의 힘을 전략적으로 활용함으로써 에이전트가 한계를 뛰어넘을 수 있게 한다.

예를 들어 고립된 상태의 에이전트에게 질문('What's the weather?'(오늘 날씨 어때?))했을 때, 에이전트가 외부 도구를 사용하지 않는다면 상상해서 대답하거나 실시간 데이터를 알 수 없다고 대답할 수밖에 없다. 이 경우 에이전트는 LLM의 훈련 데이터에 의존할 것이며, 실시간 정보를 포함하지 않는다. 한편, 에이전트가 실시간 날씨 조회 도구를 사용하여 이 질문에 접근할 수 있다면 사용자의 질문에 정확하게 대답할 수 있다. 즉, 에이전트는 도구를 사용함으로써 실시간 데이터 접근, 특화된 작업 수행, 복잡한 워크플로 처리를 할 수 있다. 그림 5.1은 고립된 상태의 에이전트와 도구를 사용할 수 있는 에이전트의 차이를 나타낸다.

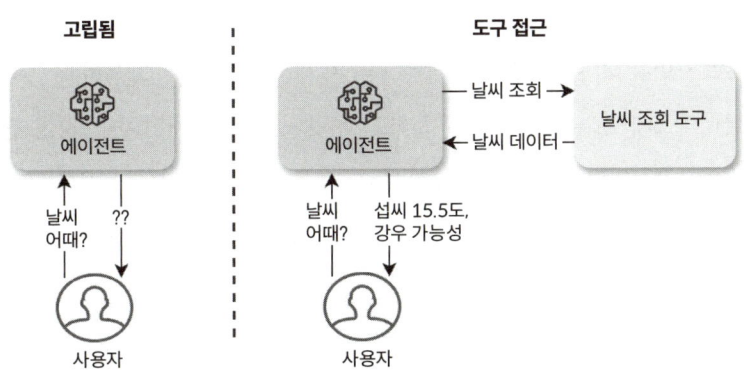

그림 5.1 도구에 접근할 수 없는/접근할 수 있는 에이전트의 행동 비교

도구 사용은 에이전트(및 결과적으로, 에이전트를 구동하는 LLM)의 역량 범위를 넓힐 수 있다는 점에서 매우 중요하다. 이를 통해 에이전트는 본래의 문제 해결 능력만으로는 해결할 수 없는 복잡하고 실제적인 문제들을 다룰 수 있게 된다. 다양한 도구의 사용을 통합하고 조정함으로써 에이전트는 특정 작업을 외부에 위임하거나 보조적인 데이터와 기능에 접근할 수 있고, 이로 인해 전반적인 성능이 향상되어 달성 가능한 목표의 범위가 확대된다. 도구에 관해 자세히 살펴보기 전에 먼저 LLM의 도구 호출이 어떻게 작동하는지 이해하자.

5.1.1 도구 호출과 함수 호출

도구 호출tool calling과 **함수 호출**function calling은 LLM 콘텍스트에서 종종 서로 교차해서 사용하지만 기술적으로는 명확하게 구별된다. **함수 호출**은 LLM이 동일한 런타임 내에서 사전 정의된 함수에 대해 구조화된 호출을 생성하는 것으로, 일반적으로 데이터베이스 조회나 계산 같은 내부 작업을 수행할 때 사용한다. 한편, **도구 호출**은 LLM이 외부 API, 서비스, 시스템과 상호작용할 수 있게 함으로써 실시간 데이터 접근이나 LLM의 고유한 기능을 넘어서는 특화된 작업 수행을 가능하게 해준다. 예를 들어 함수 호출을 사용하는 LLM은 로컬 데이터베이스에서 사용자의 프로필을 가져올 수 있지만, 도구 호출을 사용하는 LLM은 실시간 날씨 API에 질의함으로써 현재 날씨 정보를 받아올 수 있다. 이러한 차이에 대한 이해는 내부 로직과 외부 시스템을 원활하게 통합하는 AI 에이전트를 설계할 때 매우 중요하다.

LLM이 도구나 함수를 호출할 때 실제로는 어떤 코드도 실행하지 않는다. 대신, 다음과 같은 내용을 포함하는 구조화된 응답을 생성한다.

- 어떤 도구/함수를 사용할 것인지
- 그 도구/함수에 어떤 파라미터를 전달할 것인지
- 파라미터의 형식은 어떻게 지정할 것인지

이 과정은 하나의 작업을 직접 실행하는 것보다는 세세한 지시서를 작성하는 것에 가깝다. LLM은 고도로 정교한 디스패처dispatcher처럼 행동하고 무엇을 어떻게 해야 하는지를 판단하지만, 실제 실행은 외부 런타임 환경이나 **에이전트 컨트롤러**Agent Controller가 담당한다. 예를 들어 보스턴의 날씨를 묻는 질문에 대해 LLM은 날씨 조회 함수가 필요하다는 점을 인식하고 다음과 같은 구조화된 호출을 생성할 수 있다.

```
{
    "function": "weather_lookup",
    "parameters": {
        "location": "Boston",
        "date": "10/01/2024"
    }
}
```

이후 에이전트 컨트롤러는 이 구조화된 응답을 해석하고 실행한다. 에이전트 컨트롤러는 제공받은 파라미터를 사용해 지정된 함수를 실제로 실행할 수 있는 능력을 가진 구성 요소다. 예를 들어 `weather_lookup` 도구(또는 함수)는 다음과 같이 정의할 수 있다.

```
1   import requests
2
3   def weather_lookup(location: str, date: str) -> dict:
4       """A fucntion to lookup weather that takes location and date as input"""   # (location과 date를 입력받아 날씨 데이터를 조회하는 함수)
5       API_KEY = "api_key"
6       base_url = "<api URL>"
7
8       params = {
9           "q": location,
10          "appid": API_KEY,
11          "units": "imperial"
12      }
13      response = requests.get(base_url, params=params)
14      if response.status_code == 200:
15          data = response.json()
16          return data
```

LLM 에이전트는 최소한 해당 도구가 어떤 기능을 하는지, 어떤 입력값을 기대하는지에 대해 설명해야 한다. 또한 어떤 파라미터가 필수사항인지(여기에서는 `location`과 `date`), 어떤 것이 선택사항인지 명시할 수 있다. 그림 5.2는 LLM 에이전트, 도구, 에이전트 컨트롤러 사이의 흐름을 시각적으로 보여준다.

모든 LLM이 도구/함수 호출을 할 수 있거나 효율적으로(또는 정확하게) 할 수 있는 것은 아님을 주지해야 한다. 대형 모델들은 도구 호출을 좀 더 잘 할 수 있으며, 일부 대형 모델들(OpenAI의 GPT-4 및 GPT-4o, Anthropic의 Claude Sonnet, Haiku, Opus, 그리고 Meta의 Llama 3 모델들 등)은 도구 호출 행동에 관해 명시적으로 학습되어 있다. 다른 모델들은 이러한 방식으로 명시적으로 학습하진 않았지만, 공격적인 프롬프트 엔지니어링을 사용해 비슷한 기능을 구현할 수도 있다. 그러나 그 성공률은 모델마다 다르다.

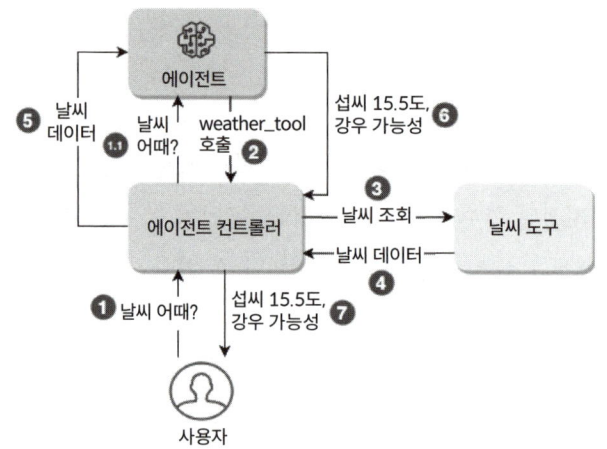

그림 5.2 LLM 에이전트의 도구 호출과 에이전트 컨트롤러에 의한 도구 실행

5.1.2 에이전트를 위한 도구 정의

도구는 명확한 설명과 함께 정의돼야 한다. 일반적으로 독스트링docstring 혹은 JSON 스키마를 사용해 정의하며 이를 사용해 에이전트에게 목적과 필요한 입력값, 예상 출력값을 전달한다. 도구는 크게 두 가지 접근 방식으로 정의할 수 있으며, 프레임워크를 사용하는 경우와 직접 LLM API를 사용하는 경우에 따라 구분한다.

❶ 프레임워크 접근 방식 - 독스트링 사용하기

CrewAI나 LangGraph 같은 프레임워크에서는 함수 앞부분에 기술하는 독스트링을 사용해 도구를 정의한다. 다음은 날씨 조회 도구의 예시 코드다.

```
1  def weather_lookup(location: str, date: str = None):
2      """
3      A tool that can lookup real-time weather data. # 실시간 날씨 데이터를 조회하는 도구
4      Arguments:
5        location (str): The location to lookup weather for # 날씨를 조회할 위치
6        date (str) Optional: The date in MM/DD/YYYY # MM/DD/YYYY 형식의 날짜
7      """
8      # 함수 코드 및 로직
```

이 독스트링은 세 개의 큰따옴표(""")로 감싸여 있으며 다음과 같은 중요한 정보를 포함한다.

- 도구의 목적
- 필수 및 선택적 인자
- 예상 반환값

이 방식은 표준적인 프로그래밍 관습을 따르는 것이므로 개발자에게 직관적이다. 파이썬에서는 독스트링에 세 개의 큰따옴표(""")를 사용하지만, 다른 프로그래밍 언어는 다른 문법을 사용할 수 있다.

❷ 직접 LLM 통합

프레임워크를 사용하지 않고 LLM API(Anthropic의 Claude 또는 OpenAI의 GPT API)를 직접 사용하는 경우, 도구는 다음과 같은 명시적인 JSON 스키마 형식으로 정의해야 한다.

```json
{
  "name": "weather_lookup",  // 날씨 조회
  "description": "A tool that can lookup real-time weather data",  // 실시간 날씨 데이터를 확인할 수 있는 도구
  "input_schema": {
    "type": "object",
    "properties": {
      "location": {
        "type": "string",
        "description": "The city and state, e.g. San Francisco, CA"  // 도시와 주, 예: San Francisco, CA
      }
    },
    "required": ["location"]
  }
}
```

여러 개의 도구를 사용할 때는 다음과 같이 JSON 스키마 객체들의 리스트(또는 배열) 형태로 모델에 전달할 수 있다.

```
tools = [
  {
    "name": "weather_lookup",  // 날씨 조회
    "description": "A tool that can check weather data",  // 날씨 데이터를 확인할 수 있는 도구
    ...
```

```
  },
  {
    "name": "flight_booking",
    "description": "A tool that can book flights",  // 항공편을 예약할 수 있는 도구
    ...
  },
  ...
]
```

이 도구 정의 방식은 사용하는 모델에 따라 다르다는 점에 주의해야 한다. 따라서 사용 중인 모델의 공식 문서를 반드시 참조하여 해당 API가 도구 정의를 어떤 형식으로 요구하는지를 확인해야 한다. 프로젝트에서 여러 모델(OpenAI, Anthropic, Mistral 등)을 동시에 사용하는 경우, 각각의 도구 정의 방식이 다르기 때문에 이를 직접 정의하고 유지 관리하는 것이 매우 번거로워질 수 있다. 이러한 이유로 최근에는 CrewAI, LangGraph, AutoGen과 같은 프레임워크나 라이브러리에 대한 선호도가 높아지고 있다. 이러한 도구들은 사용하는 LLM에 관계없이 단순화된 방식으로 도구를 정의할 수 있게 도와준다.

5.1.3 도구의 유형

LLM 에이전트는 다양한 유형의 툴킷toolkit을 활용해 기능을 확장하고 복잡한 작업을 수행할 수 있다. 주요 도구 유형은 다음과 같다.

- **애플리케이션 프로그래밍 인터페이스**application programming interface, API: API는 에이전트가 외부 서비스 및 데이터를 실시간으로 액세스할 수 있게 해주는 주요 게이트웨이 역할을 한다. API는 서드파티 시스템과의 상호작용을 위한 표준화된 방법을 제공함으로써 다양한 서비스와의 통합을 가능하게 한다. 예를 들어 여행 계획 에이전트는 API를 사용해 날씨 서비스, 결제 시스템, 내비게이션 및 지도 서비스, 항공편 및 호텔 예약 시스템 등과 실시간으로 연결할 수 있다. 이를 통해 사용자는 최신 정보와 서비스를 제공받을 수 있다.
- **데이터베이스 도구**database tool: 데이터베이스 도구는 에이전트가 구조화(또는 반구조화)된 데이터를 효율적으로 저장, 조회, 관리할 수 있게 해준다. 이러한 도구는 읽기/쓰기 작업을 모두 지원하고 세션 간 지속적인 정보를 유지할 수 있게 한다. 예를 들어 고객 프로필 및 선호도 저장, 과거 거래 기록 유지, 제품 카탈로그 관리, 도메인 지식 베이스 접근 등에 활용할 수 있다. 지속적 저장 기능은 과거 상호작용으로부터 학습하고 맞춤형 서비스를 제공하는 기반이 된다.
- **유틸리티 함수**: 유틸리티 함수는 에이전트 환경 내에서 로컬로 실행되는, 특정 작업을 위한 맞춤형 소프트웨어 컴포넌트다. 데이터 처리 및 분석, 형식 변환, 수학 계산, 자연어 처리 작업 등 다

양한 핵심 연산을 수행한다. 이러한 함수들은 더 복잡한 작업의 빌딩 블록 역할을 하고, 일관되고 반복 가능한 처리가 필요한 작업에 특히 유용하다.

- **통합 도구**: 통합 도구는 서로 다른 시스템과 서비스를 연결해 워크플로 자동화를 가능하게 한다. 이러한 도구는 일정 동기화, 문서 처리, 파일 관리, 커뮤니케이션 시스템 통합 등 핵심 작업을 처리하며, 다양한 플랫폼과 서비스를 연결하는 다리 역할을 한다. 이를 통해 에이전트는 여러 시스템과 데이터 소스를 아우르는 복잡한 작업 흐름을 조율할 수 있다.

- **하드웨어 인터페이스 도구**: 이 도구들은 물리적 장치 및 시스템과의 상호작용을 가능하게 하여 디지털과 물리 세계를 연결한다. 이러한 도구는 IoT 장치 제어, 로봇 시스템 통합, 센서 데이터 처리, 물리적 자동화 시스템 제어 등에 반드시 필요하다. 이를 통해 에이전트는 단순 디지털 상호작용을 넘어 실제 세계에 영향을 미치고 물리적 환경을 모니터링하거나 제어할 수 있다.

각 도구 유형은 고유한 목적을 가지며 이들을 조합하여 더욱 강력한 에이전트 기능을 구성할 수 있다. 에이전트의 역할, 요구사항, 수행할 작업의 복잡도에 따라 사용할 도구가 결정된다

에이전트가 도구를 효과적으로 사용하는 방식을 이해하기 위해서는 다음과 같은 몇 가지 핵심 고려사항을 살펴봐야 한다. 이러한 요소들은 복잡한 실제 과제를 처리하면서도 보안, 오류 처리, 적응성을 유지할 수 있는 강건한 에이전트 시스템을 개발하는 데 필수다.

- **도구 구성 및 체이닝**: 에이전트는 복잡한 작업을 수행하기 위해 여러 도구를 조합해 사용해야 할 때가 많다. 도구 구성을 통해 에이전트는 도구들을 연쇄적으로 연결하여 복합 워크플로를 구축할 수 있다. 예를 들어 여행 계획 에이전트는 먼저 API를 사용해 항공편 이용 가능 여부를 확인하고, 이후 데이터베이스 도구를 통해 사용자 선호 정보를 조회하고, 마지막으로 유틸리티 함수를 이용해 최적의 일정표를 계산할 수 있다. 이처럼 도구를 연속적으로 사용하는 기능은 에이전트가 단독 도구 사용 시 훨씬 많은 작업을 수행할 수 있게 해준다.

- **도구 선택 및 의사결정**: 도구 사용에서 매우 중요한 측면 중 하나는 주어진 작업에 가장 적합한 도구를 선택하는 능력이다. 에이전트는 콘텍스트를 평가하고 요구사항을 이해한 뒤, 가장 적절한 도구 혹은 도구 조합을 선택해야 한다. 이 과정에서는 도구의 기능, 신뢰성, 성능, 비용 등 다양한 요소를 고려해야 하며, 동일한 문제를 해결할 수 있는 여러 도구가 있을 때는 가장 효율적인 옵션을 선택해야 한다.

- **오류 처리 및 대체 수단**: 에이전트는 도구 사용 시 실패 가능성을 고려하고 이를 처리할 수 있는 전략을 가져야 한다. 예를 들어 API 호출 실패, DB 연결 문제, 잘못된 함수 출력 등 다양한 실패 시나리오를 다룰 수 있어야 한다. 이러한 오류 처리를 위해 대체fallback 메커니즘을 구현함으

로써 본 도구가 실패했을 때 다른 도구나 방식으로 전환할 수 있게 해야 한다.

- **도구 상태 관리**: 많은 도구는 상태를 유지하거나 특별한 초기화 및 정리 프로세스를 필요로 한다. 에이전트는 자원을 올바르게 할당 및 해제하기 위해 도구 상태를 효과적으로 관리해야 한다. 예를 들어 데이터베이스 연결 유지/종료, API 인증 토큰 관리, 다양한 서비스의 세션 상태 유지 등이 이에 해당한다.

- **도구 업데이트 및 버전 관리**: 도구는 시간이 지남에 따라 새로운 버전과 인터페이스를 갖게 된다. 에이전트는 도구 업데이트, 버전 호환성, 폐기된 기능을 다루기 위한 전략을 갖춰야 한다. 도구의 여러 버전에 대한 호환성 유지, 폐기된 기능의 우아한 처리, 새로운 도구 인터페이스에 대한 적응 등을 포함한다.

- **도구 보안 및 접근 제어**: 에이전트가 도구와 상호작용할 때 보안은 매우 중요하다. 특히 민감한 데이터나 핵심 시스템에 접근할 경우 더욱 그렇다. 여기에는 인증 자격 증명 관리, 권한 확인, 안전한 통신 채널 보장 등이 포함되며, 도구별 요청 제한rate limit이나 사용량 제한quota도 준수해야 한다.

사용자와 도구를 효과적으로 사용하는 AI 여행 에이전트 간의 실제적인 상효작용의 예를 생각해 보자.

사용자: 'I need flight and hotel options for Rome for 2 adults, June 15-22, 2024, with a total budget of $3,000(항공편 및 호텔 검색. 로마, 성인 2명, 6월 15일~22일, 예산 $3000).'

다음 코드 스니펫에서는 CrewAI 프레임워크를 사용해 여행 계획 시나리오에서 에이전트가 도구를 사용하는 방법을 설명한다.

```
1  class TravelTools:
2    def search_flights(self, ...) -> dict:
       """Basic flight search simulation"""   # 기본적인 항공편 검색 시뮬레이션
3      return {
4        "flights": [ {"airline": "Alitalian airlines",
5                      "price": 800, "duration": "9h"}]
6      }
7
8    def check_hotels(self, ...) -> dict:
9      """Basic hotel search simulation"""   # 기본적인 호텔 검색 시뮬레이션
10     return {
11       "hotels": [ {"name": "Roma Inn",
12                    "price": 150, "rating": 4.0}]
13     }
```

```python
14
15 travel_agent = Agent(
16     role='Travel Agent',
17     goal='Find suitable flight and hotel options within budget',  # 예산 내에서 적절한 항공편과 호텔을 찾는다.
18     tools=[TravelTools().search_flights,
19            TravelTools().check_hotels]
20 )
21
22 search_task = Task(
23     description="Find flights and hotels for 2 adults to Rome, June 15-22, budget $300",  # 항공편 및 호텔 검색, 로마, 성인 2명, 6월 15일~22일, 예산 $3000
24     agent=travel_agent )
25
26 crew = Crew(agents=[travel_agent], tasks=[search_task])
27 result = crew.kickoff()
```

이 예시에서 다음과 같은 주요 개념이 작동하는 것을 확인할 수 있다.

- **도구 정의**: `TravelTools` 클래스는 항공편 및 호텔 검색에 특화된 도구들을 구현한다.
- **에이전트 설정**: 여행 에이전트는 명확한 목표와 함께 적절한 도구들을 구성해 생성된다.
- **작업 명세**: 에이전트가 수행할 구체적인 파라미터(날짜, 예산 등)를 갖춘 작업이 정의된다.
- **도구 통합**: 에이전트는 항공편 및 호텔 검색 도구를 연계해 작업을 수행한다.
- **실행 흐름**: CrewAI 프레임워크는 에이전트와 도구들의 실행을 관리하고 조율한다.

이 간결한 구현은 에이전트가 명확한 목적 하에 도구를 효과적으로 사용하는 방식을 보여준다. 이 예시에서 `TravelTools` 클래스는 명료함을 나타내기 위해 JSON 형식의 단순한 응답을 사용했다. 하지만 실제 환경에서 이러한 도구들은 실제적인 외부 서비스와 상호작용하고 훨씬 복잡한 데이터를 다뤄야 한다.

이것은 간단한 구현이며, 실제 구현은 외부 API, 데이터베이스, 여행 도메인 전용 소프트웨어와의 통합 등을 포함한다. 또한 일정 구성이나 액티비티 계획 최적화를 위해 일반적으로 고급 AI 계획 알고리즘을 활용한다. 이러한 포괄적인 도구 활용을 통해 AI 여행 에이전트는 단순한 항공편/호텔 검색을 넘어서는 엔드-투-엔드 여행 계획 서비스를 제공할 수 있다. 전체 코드는 GitHub 저장소의 `Chapter_05.ipynb` 노트북에서 확인할 수 있다.

5.1.4 에이전틱 시스템에서의 도구의 중요성

도구 사용으로의 패러다임 전환은, 많은 복잡한 문제들이 다양하고 전문화된 도구 및 리소스를 연구하고 각각이 고유한 기능을 제공한다는 인식에서 비롯된다. 모든 필요한 지식과 기능을 에이전트 자체에 통합하기보다는 상황에 맞춰 적절한 도구를 지능적으로 활용하는 방식이 더 효율적이고 확장 가능한 접근 방식이다.

예를 들어 개인화된 의료 조언을 제공하는 에이전트는 의료 데이터베이스, 임상 의사결정 지원 시스템, 고급 진단 알고리즘과 같은 도구들을 활용할 수 있다. 이와 같은 외부 리소스를 에이전트 자체의 추론 능력과 결합함으로써 환자 개개인의 프로파일과 상태에 맞춘 정확하고 종합적인 조언을 제공할 수 있다.

도구 사용의 개념은 소프트웨어 기반 도구에만 국한되지 않는다. 로보틱스, 자동화 같은 특정 도메인에서는 에이전트가 물리적인 도구, 기계, 특수 장비와 상호작용하며 물리 세계로 기능을 확장할 수 있다. 예를 들어 제조 공장의 로봇 에이전트는 다양한 도구 및 기계를 활용해 정밀한 조립 작업, 품질 검사, 자재 운반 등의 작업을 수행할 수 있다.

결과적으로 외부 도구와 리소스를 효과적으로 활용하는 능력은 진정한 지능형 에이전트의 핵심 특성으로, 역동적이고 복잡한 환경에서 적응하고 성장하기 위해 반드시 필요하다. 고유한 기능의 한계를 넘어 다양한 도구와 시스템의 집합적 역량을 활용함으로써 에이전트는 더 큰 목표를 성취할 수 있다.

또 다른 좋은 예시로 다양한 API, 데이터베이스, 소프트웨어 도구에 접근해 사용자의 전체 여행 일정을 계획하고 예약할 수 있는 가상의 여행 에이전트를 들 수 있다. 이러한 여행 에이전트는 항공사, 호텔, 렌터카 회사, 여행 리뷰 사이트의 API를 활용해 실시간 항공 스케줄, 좌석 가능 여부, 가격, 고객 평점 등을 수집하고, 해외 여행자 경고, 필요 서류, 목적지 정보 등을 포함한 데이터베이스에도 접근할 수 있다. 다양한 도구로부터 데이터를 통합하고 추론함으로써 에이전트는 사용자 맞춤 추천을 제공하고, 지능적인 균형을 이뤄 예약을 자동으로 처리하고 일정을 조율하는 여행 서비스를 제공할 수 있다. 이때는 다양한 종류의 도구 셋을 사용하며 이들은 고유한 방식으로 작동한다.

지금까지 도구가 무엇이며 어떻게 작동하는지에 관해 살펴봤다. 이제, 에이전트 시스템에서 또 하나의 핵심 요소인 계획과 계획 알고리즘에 관해 살펴보자.

5.2 에이전트를 위한 계획 알고리즘

계획planning은 지능형 에이전트의 핵심 능력의 하나이며, 에이전트는 이를 통해 자신의 행동을 추론하고 목표를 효과적으로 달성하는 전략을 수립할 수 있다. 계획 알고리즘은 LLM 기반 에이전트가 자신의 행동을 결정하고 순차화하는 방식의 뼈대다. 알고리즘은 특정 문제를 해결하거나 작업을 완료하기 위한 지시 혹은 규칙의 단계적 집합이다. 이것은 유한한 시간 안에 예상 결과를 도출하는 일련의 명확한 단계들로 구성된다.

AI에서는 여러 종류의 계획 알고리즘이 존재하며, 각각 고유의 강점과 접근 방식을 갖는다. 그러나 LLM 에이전트의 경우 자연어 처리, 불확실성, 방대한 상태 공간(에이전트가 마주할 수 있는 가능한 모든 상황이나 구성을 포함)에 대한 대응 가능성을 고려해야 한다. 예를 들어 단순한 로봇 내비게이션 작업의 상태 공간은 위치나 방향의 조합이 될 수 있다. 하지만 LLM 에이전트에서의 상태 공간은 대화 상태, 지식 콘텍스트, 가능한 응답 전체이므로 훨씬 복잡하다.

주요한 계획 알고리즘 중에서 LLM 에이전트에 대한 실용성을 기준으로 **STRIPS**, **계층적 작업 네트워크**hierarchical task network, HTN, **A* 계획**, **몬테카를로 트리 검색**Monte Carlo Tree Search, MCTS, **GraphPlan**, **Fast Froward**FF, **LLM 기반 계획**LLM-based planning은 다음과 같이 정리할 수 있다.

STRIPS, A* 계획, GraphPlan, MCTS는 전통적인 AI에서는 강력하지만 구조가 고정되어 있고 자연어를 처리하기 어렵기 때문에 LLM 에이전트에는 부적합하다. FF는 일정 수준의 가능성은 보이지만 상당한 적응 작업이 필요하다. 가장 실용적인 접근 방식은 LLM 기반 계획과 HTN이며, 이들은 언어 모델이 작업을 처리하고 분해하는 방식과 자연스럽게 맞물린다. 이 두 가지 접근 방식에 관해서는 이후에 자세히 살펴본다.

5.2.1 낮은 실용성을 가진 계획 알고리즘

앞서 언급했듯이 실용성이 낮은 계획 알고리즘에는 STRIPS, A* 계획, GraphPlan, MCTS가 포함된다. 이들에 관해 자세히 살펴본다.

1 STRIPS

STRIPSStanford Research Institute Problem Solver는 논리적 술어로 정의된 상태와 행동을 기반으로 작동하며, 명확한 이진 조건에서 효과적이다. 그러나 자연어를 사용한 상호작용은 단순히 `true/false` 조건으로 정리할 수 없기 때문에 LLM 에이전트에는 적합하지 않다. 예를 들어 STRIPS는 `true/`

`false` 상태를 쉽게 모델링할 수는 있지만 '**개념을 부분적으로 이해했다**', 또는 '**응답에 다소 만족했다**'는 식의 미묘한 언어 상태를 처리하는 데 한계가 있다. 즉, STRIPS는 너무 경직되어 있어 언어 기반 계획에 적용하기 어렵다.

2 A* 계획

A* 계획A* planning은 경로 탐색 문제는 잘 다루지만 LLM 에이전트에 적용하기에는 근본적인 어려움이 있다. A* 계획 알고리즘을 적용하려면 실행된 행동의 비용과 목표에 도달하기까지의 잔여 비용에 대한 휴리스틱 추정값을 명확하게 계산할 수 있어야 한다. 그러나 언어 기반 상호작용에서 비용을 계산하는 것은 매우 어렵다(서로 다른 대화 상태 간의 '거리'를 어떻게 정량화할 것인가? 또는 특정한 이해 상태에 도달하기까지의 '비용'을 어떻게 측정할 것인가?). 이러한 수학적 요구사항으로 인해 자연어 기반 계획에서 A* 계획을 적용하는 것은 비현실적이다.

3 GraphPlan

GraphPlan은 시간 단위로 가능한 행동과 그 효과를 나타내는 계층형 그래프 구조를 만든다. LLM 에이전트에 적용하려면, 언어 상호작용은 명확한 인과 관계를 가진 이산 계층 구조에 잘 들어맞지 않기 때문에 계획이 제대로 작동하지 않는다. 또한 가능한 언어 상태의 조합의 수가 너무 많고 서로 배타적인 대화 행동 사이의 관계를 정의하기 어렵기 때문에, GraphPlan은 언어 기반 계획에서는 계산적으로 실행 불가능한 수준에 이르게 된다.

4 MCTS

MCTS를 LLM에 적용하는 것은 크게 두 가지 이유로 비현실적이다. 첫 번째, 각 '시뮬레이션'마다 실제 LLM 호출이 필요하기 때문에 계산과 비용이 지나치게 높아진다. 두 번째, 언어 상호작용 가능성의 범위가 매우 넓기 때문에 임의 샘플링만으로 의미 있는 패턴이나 전략을 찾는 것이 비효율적이다. MCTS는 게임 같은 시나리오에서 강점을 갖지만, 이 강점이 열린 형태의 언어 상호작용에 있어서는 오히려 약점이 된다.

5.2.2 중간 실용성을 가진 계획 알고리즘

FF 계획은 LLM 에이전트에 사용할 수 있는 중간 정도의 실용성을 가진 계획 알고리즘으로 간주된다. 이 알고리즘은 계획 문제를 단순화한 버전과 함께 휴리스틱 탐색을 사용하여 에이전트의 탐색을 유도한다. 목표 지향적 계획에 초점을 두기 때문에 적절하게 조정하면 LLM 에이전트에도 적용할 수 있다.

LLM 에이전트에 대해 FF 계획은 몇 가지 주목할 만한 장점을 제공한다. 목표 지향적 접근 방식은 LLM이 작업을 완료하는 방식과 자연스럽게 일치한다. 완화된 계획 메커니즘이 복잡한 언어 작업에 대한 유용한 근삿값을 제공하기 때문에 휴리스틱 지침은 언어 기반 계획의 광범위한 탐색 공간을 관리하는 데 도움을 준다. 또한, 그 유연함은 부분적인 상태 기술과 함께 동작하며 이는 자연어 콘텍스트에서 매우 유용하다.

하지만 FF 계획을 LLM 에이전트에 적용하려면 몇 가지 중요한 어려움에 직면하게 된다. 전통적인 계획에서 FF의 효율성을 높여주는 숫자 기반 휴리스틱numeric heuristic은 언어 상태에 잘 적용되지 않는다. 그리고 완화된 계획은 언어 상호작용에서 중요한 콘텍스트를 지나치게 단순화할 위험이 있다. 또한 삭제 효과delete effect, 즉 대화 상태에서 어떤 요소가 특정 행동에 의해 제거되거나 변경되는지를 정의하는 데도 어려움이 있다. 무엇보다 근본적인 상태 표현 방식을 자연어에 맞춰 상당 부분을 재설계해야 한다. 실질적으로 FF 계획은 LLM 에이전트에 맞게 다음과 같이 조정할 수 있다.

```
1   class LLMFastForward:
2     def create_relaxed_plan(self,
3                             current_state: str,
4                             goal: str) -> list:
5       """Create a simplified plan ignoring complexities"""  # 복잡성을 무시한 단순화된 계획을 생성한다.
6       # LLM을 사용해 상위 수준 계획 생성
7       prompt = f"현재 상태: {current_state}\n목표: {goal}\n"
8       prompt += "단순한 단계별 계획을 생성하세요."
9       return self.llm.generate_plan(prompt)
10
11    def select_next_action(self, relaxed_plan: list):
12      """Choose next action based on the relaxed plan"""  # 완화된 계획에 기반해 다음 행동을 선택한다.
13      # 행동 선택 로직 구현
14      return relaxed_plan[0]  # 단순화를 위해 첫 번째 행동 반환
```

이 코드는 FF 계획을 단순화해 LLM 에이전트에 적용한 예시다. `LLMFastForward` 클래스는 두 개의 주요 메서드를 갖는다.

- `create_relaxed_plan`: 이 메서드는 현재 상태와 목표를 문자열로 받고 LLM을 사용해 단순화된 계획을 생성한다. 이것은 LLM에게 '**지금 우리가 있는 위치와 우리가 가고자 하는 곳에 기반하여 우리가 실행해야 하는 주요한 단계를 제안해줘**'라고 묻는 것과 같다. 전통적인 FF가 삭제 효과를 무시하는 것과 비슷하게 여러 가지 복잡성을 생략한다.

- `select_next_action`: 이 메서드는 완화된 계획으로부터 행동을 선택한다. 이 단순화된 구현에서는 첫 번째 행동(`relaxed_plan[0]`)만 한다. 더 정교한 구현에서는 추가 로직을 사용해 가장 적합한 다음 행동을 선택하게 될 것이다.

앞의 코드는 본질적으로 FF 계획의 핵심 개념인 단순화된 계획을 통해 의사결정을 안내하는 방식을 언어 모델에도 적용할 수 있음을 보여준다. 물론 이는 FF 계획과 LLM 기능 모두를 크게 단순화한 형태이지만, 그럼에도 불구하고 가능성은 확인할 수 있다. 단, LLM 에이전트에 FF 계획을 구현하기 위해서는 언어 모델의 콘텍스트에서 상태, 행위, 완화된 문제를 표현하는 방법에 관해 신중하게 고려해야 한다. 이러한 관점에서 이 접근 방식은 중간 수준의 실용성을 가진다고 볼 수 있다. 다시 말해 구현할 수는 있지만 원래 형태에서 상당히 수정해야 한다.

5.2.3 가장 높은 실용성을 가진 계획 알고리즘

LLM 에이전트에 적용할 수 있는 계획 알고리즘 중 특히 효과적인 것으로 두 가지 접근 방식이 주목받고 있다. LLM 기반 계획과 HTN 계획이 그것이다. 이 알고리즘들은 언어 모델이 정보를 처리하고 복잡한 작업을 다루는 방식과 자연스럽게 일치하기 때문에 특히 언어 모델에 적합한 것으로 입증되었다. 전통적인 계획 알고리즘이 자연어의 모호성과 복잡성을 처리하는 데 어려움을 겪는 반면, 이 두 가지 접근 방식은 언어 기반 계획의 유동적이고 콘텍스트 중심적인 특성을 적극적으로 수용한다. 각 알고리즘을 살펴보면서 왜 이들이 현대 AI 에이전트 프레임워크에서 선호하는 선택지가 되었는지 이해해보자.

❶ LLM 기반 계획

현대적인 접근 방식은 LLM을 활용해 좀 더 유연하고 자연스러운 방식으로 계획을 생성한다. 이 접근 방식은 복잡한 실제 시나리오를 처리하고 콘텍스트를 이해하는 데 있어 기존의 계획 알고리즘보다 관련 성능이 뛰어나다. LLM 기반 계획에서 언어 모델은 복잡한 목표를 이해할 수 있고, 그 목표를 달성하기 위한 적절한 단계를 생성할 수 있으며, 변화하는 콘텍스트에 따라 이러한 단계를 유연하게 조정할 수 있는 원칙에 따라 작동한다. 명시적인 상태 표현을 요구하는 전통적인 계획 알고리즘과 달리, LLM 기반 계획은 자연어로 표현된 상태와 행동을 다루기 때문에 본질적으로 보다 유연하고 표현력도 풍부하다. 그림 5.3은 계획 생성 과정을 시각적으로 표현한 것이다.

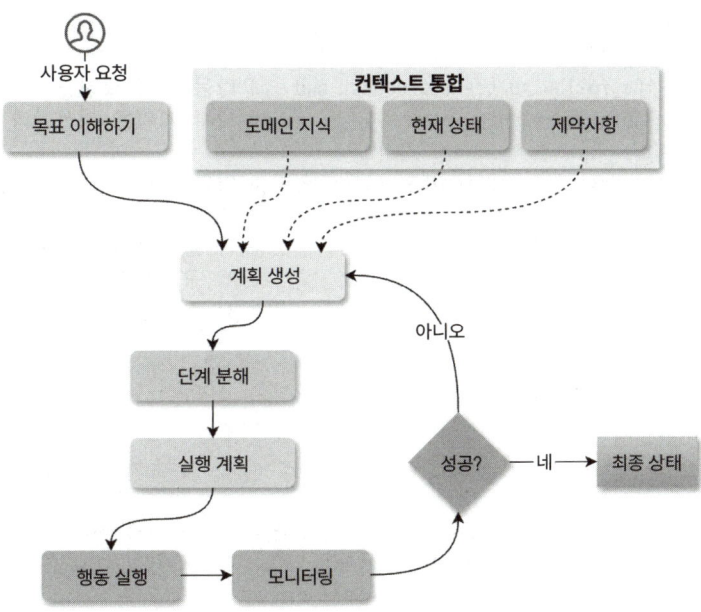

그림 5.3 LLM 기반 계획 알고리즘 흐름도

이제 CrewAI를 사용해 이 계획 접근 방식을 보여주는 실제 구현 예시를 살펴보자. 이 예시에서 만드는 여행 계획 시스템에서는 여행 요청을 실행할 수 있는 단계로 분해하는 **여행 계획 전략가**Travel Planning Strategist와 옵션을 검증하고 구체적인 항목들을 조사하는 **여행 조사가**Travel Researcher가 협업한다. 이 시스템은 자연어 여행 요청을 처리하고 에이전트 간의 협업을 통해 포괄적인 여행 계획을 생성한다. 다음은 이를 구현한 코드다.

```
1   class TravelPlanner:
2     def __init__(self):
3       self.planner = Agent(
4         role='Travel Planning Strategist',  # 여행 계획 전략가
5         goal='Create comprehensive, personalized travel plans',  # 포괄적이고 개인화된 여행 계획을 생성한다.
6              ... # 기타 파라미터
7       )
8       self.researcher = Agent(
9         role='Travel Researcher',  # 여행 조사가
10        goal='Find and validate travel options and opportunities',  # 여행 옵션과 기회를 찾고 검증한다.
11             ... # 기타 파라미터
12      )
13
14    def create_travel_plan(self, request: str) -> Dict:
```

```
15  planning_task = Task(
16      description=f"""
17          Analyze the following travel request and      # 다음 여행 요청을 분석하고
18          create a detailed plan:                        # 세부 계획을 생성한다.
19          {request}
20          Break this down into actionable steps by:      # 이를 다음 기준에 따라 행동 가능한 단
                                                           계로 분석한다.
21          1. Understanding client requirements           # 1. 클라이언트 요구사항 이해
22          2. Specific booking requirements               # 2. 구체적인 예약 요구사항
23          3. Required validations                        # 3. 필요한 검증
24      """, agent=self.planner )
25
26  research_task = Task(
27      description="""
28          Based on the initial plan, research and        # 초기 계획에 근거하여 다음을 확
                                                           인하고 검증한다.
29          validate: Flight availability, hotel options,  # 가용 항공편, 호텔 옵션 및
30          and local transportation                       # 현지 대중교통
31      """, agent=self.researcher)
32
33  crew = Crew(
34      agents=[self.planner, self.researcher],
35      tasks=[planning_task, research_task],
36      process=Process.sequential )
37  return crew.kickoff(inputs={"request": request})
```

이 구현은 LLM 기반 계획이 갖는 여러 가지 주요 이점을 보여준다. 여행 계획 전략가는 복잡한 자연어 요청을 이해하고, 적절한 단계들을 동적으로 생성하고, 다양한 유형의 여행 시나리오에 적응한다. 에이전트들은 콘텍스트를 공유하고 서로의 출력에 기반해 작업을 진행한다. 이 시스템의 정교함은 세부 요건을 다루는 능력에서 비롯된다. 예를 들어 사용자가 '**휴식을 위한 해변 휴양지와 약간의 문화 체험 액티비티가 포함된 여행**'을 요청하면, 여행 계획 전략가는 이 추상적인 개념을 이해하고 구체적인 추천으로 변환한다.

개발자들은 몇 가지 사항을 유념해야 한다. LLM 기반 계획 시스템은 제약 조건이 부족한 경우 과도하게 낙관적이거나 비현실적인 계획을 생성할 수 있다. 또한 너무 구체적인 숫자 제약이나 엄격한 일정 조건을 제시하는 경우 이러한 조건을 명시적으로 처리하지 않으면 계획을 수립하기 어려워할 수도 있다. 전통적인 계획 알고리즘과 비교해 LLM 기반 계획의 가장 큰 강점은 시스템이 가진 적응력에 있다. 예를 들어 STRIPS나 A* 계획 알고리즘은 각 여행 시나리오에 대한 명시적인 상태 표현을 제공해야 하지만, LLM 기반 계획은 언어와 콘텍스트에 대한 이해를 활용해 새로운 상

황을 처리할 수 있다. 이러한 계획 접근 방식은 요구사항이 모호하거나 자주 변화하는 도메인에 특히 적합하며, 불확실성이나 부분 정보를 처리할 때도 뛰어난 성능을 보인다. 정보가 누락되었거나 모호한 경우 시스템은 합리적인 가정을 세우고 대비책을 포함해 계획을 생성할 수 있다.

2 HTN

HTN 계획은 복잡한 작업을 더 단순한 하위 작업들로 분해하여 행동의 계층 구조를 만든다. 기본 행동만 사용하는 STRIPS와 달리, HTN은 추상적인 작업을 다룰 수 있고 이를 보다 구체적인 단계로 분해할 수 있다. 이러한 특성은 작업들을 자연스럽게 하위 작업들로 나누는 현실 세계의 계획 문제에 특히 적합하다. HTN 계획은 고수준 작업을 점진적으로 더 작은 하위 작업으로 분해하는 방식으로 동작한다. 다음 코드를 확인해보자.

```
def buy_groceries_task():
    return [
        ('go_to_store', []),
        ('select_items', []),
        ('checkout', []),
        ('return_home', [])
    ]

def select_items_task():
    return [
        ('check_list', []),
        ('find_item', []),
        ('add_to_cart', [])
    ]
```

HTN 계획은 작업 분해 원칙에 기반해 동작한다. 여기에서 고수준 작업(복합 작업)은 더 작고 관리하기 쉬운 하위 작업들로 분해되고, 궁극적으로 직접 실행할 수 있는 기본 작업primitive tasks에 도달한다. 이러한 계층적 구조를 사용하면 문제를 직관적으로 표현할 수 있고, 효율적으로 해결책을 탐색할 수 있다. 위 예제에서 `buy_groceries_task`는 하나의 고수준 작업이며 네 개의 하위 작업으로 분해된다. 하위 작업 중 하나인 `select_items`는 다시 세 개의 구체적인 행동으로 분해된다. 여행 에이전트 예제 콘텍스트에서도 이와 유사한 방식으로 복잡한 작업을 더 작은 작업으로 계층적으로 분해할 수 있다. 그림 5.4는 이러한 구조를 시각적으로 나타냈다.

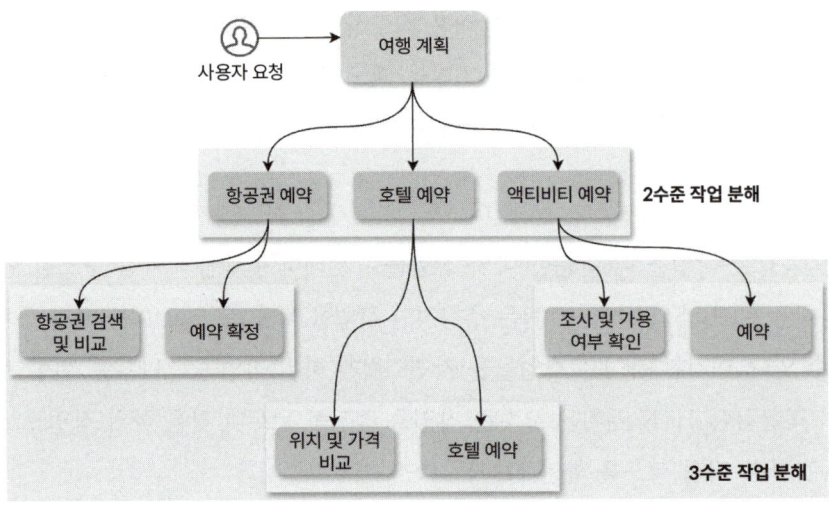

그림 5.4 HTN 분해

CrewAI를 사용해 이를 구현할 때는 HTN 계획 알고리즘에서 설명한 것처럼 작업을 계층적으로 분해하는 CrewAI의 **계층적 처리**hierarchical processing 기능을 사용할 수 있다. CrewAI 프레임워크에서 계층적 방법을 사용하기 위해서는 하나의 **관리자**manager 유닛이 필요하다. 이 유닛은 작업을 분해하고 개별 작업을 에이전트에게 **위임하는** 역할을 한다. 관리자는 하나의 에이전트 혹은 LLM 그 자체일 수 있다. 관리자가 에이전트이면 워크플로의 필요에 따라 에이전트가 작업을 n 단계 작업으로 분해하는 방법을 제어할 수 있다. 한편, 관리자가 LLM이면 사용자의 질의에 기반해 LLM이 생성한 임의의 계획을 사용한다. LLM 관리자를 사용하면 프롬프트 엔지니어링을 사용해 작업 분해 방식과 위임 방식을 어느 정도 제어할 수 있다. 그러나 일반적으로는 덜 유연하며 단순한 워크플로에 적합하다. 다음은 여행 계획자를 위한 HTN 유사 워크플로의 샘플 코드다.

```
1  flight_specialist = Agent(
2    role='Flight Planning Specialist',  # 항공편 계획 전문가
3    goal='Handle all aspects of flight arrangements',  # 항공편 조율의 모든 측면을 다룬다.
4    backstory='Expert in airline bookings and flight logistics.')  # 항공권 예약과 항공 물류 전문가다.
5
6  accommodation_specialist = Agent(
7    role='Accommodation Specialist',  # 숙박 전문가
8    goal='Manage all accommodation-related planning',  # 숙박과 관련된 모든 계획을 관리한다.
9    backstory='Expert in hotel and accommodation booking')  # 호텔과 숙박 예약 전문가다.
10
11 activity_specialist = Agent(
12   role='Vacation Activity Specialist',  # 휴가 액티비티 전문가
```

```
13      goal='Manage all activity-related planning',  # 액티비티와 관련된 모든 계획을 관리한다.
14      backstory="Expert in recreational activity arrangements.")  # 휴양 액티비티 계획 전문가다.
15
16 manager_llm = ChatOpenAI(model="gpt-4o-mini")
17 travel_planning_task = Task(
18     description=f"""
19     Plan a comprehensive flight itinerary based on the
20     following request:  # 다음 요청에 따라 전체적인 비행 일정을 계획한다.
21     {request}
22     The plan should include: Flight arrangements,
23     Accommodation bookings, other relevant travel
24     components  # 계획은 항공권 조정, 숙박 예약, 다른 관련 여행 요소들을 포함해야 한다.
25     """,
26     expected_output="A detailed flight itinerary
       covering all requested aspects.",  # 모든 요구사항 측면을 커버하는 세부 항공편 일정
27     agent=None)  # 에이전트 없음; Manager가 하위 작업 위임
28
29     crew = Crew(
30         agents=[self.flight_specialist,
31                 self.accommodation_specialist,
32                 self.activity_specialist],
33         tasks=[travel_planning_task],
34         process=Process.hierarchical,
35         manager_llm=manager_llm)
36     return crew.kickoff()
```

이를 실행한 결과는 다음과 유사할 것이다(출력은 간결하게 편집함).

```
Final Travel Plan: (최종 여행 계획:)
Here's the complete travel itinerary for a 5-day trip to Paris from New York for two adults:
(다음은 성인 2명 기준, New York에서 Paris로의 5일 일정 전체입니다.)
---
Travel Itinerary for Paris Trip  (Paris 여행 일정)
From New York (JFK) to Paris (CDG)  (New York(JKF)발, Paris(CDG)행)
Travelers: 2 Adults , Duration: 5 Days  (여행자: 성인 2명, 기간: 5일))
---
1. Flights:  (1. 항공편)
- Departure Flight: ...  (- 출발편: ...)
- Total Flight Cost: $2,960  (- 총 항공료: $2,960)
---
2. Hotel Accommodations:  (2. 호텔 숙박)
- Hotel: ...  (- 호텔: ...)
- Estimated Total = €800.  (- 총 예상 비용: €800)
---
3. Airport Transfers:  (3. 환승 공항)
- Option 1: ...  (옵션 1: ...)
```

```
- Option 2: ...  (옵션 2: ...)
---
4. Day Trip to Versailles:  (Versailles 1일 여행)
- Transportation: Round-trip via RER C train from ... (이동: ...에서 PER C 열차로 왕복)
    - Cost: Approximately ...  (비용: 약 ...)
    - Departure Time: 9:00 AM from ... (출발 시간: ...에서 오전 9:00)
    - Return Time: 5:00 PM from Versailles. (복귀 시간: Versailles에서 PM 5:00)
    ...
    - Overall Total for Day Trip: Approximately €364.20. (1일 여행 총 비용: 약 €364.20.)
---
Grand Total Estimated Cost: (총 예상 비용)
- Flights: $2,960 (항공료: $2,960)
- Accommodation: €800 (with Le Fabe Hotel) (숙박: €800 (Le Fabe Hotel))
- Airport Transfers: €100 (may vary) (환승 공항: €100(변경될 수 있음))
- Day Trip to Versailles: Approximately €364.20 (Versailles 1일 여행: 경비 약, €364.20)
- Convert Total Costs as Necessary to USD. (필요한 경우 USD로 총 여행 경비 변환)
...
```

여기에서 이 에이전트 시스템은 외부 도구나 조회 기능이 전혀 없는 상태이므로, 생성된 응답은 전적으로 허구이며 실제 정보를 기반으로 하지 않는다는 점에 주의해야 한다. 이러한 점은 이후 살펴볼 도구의 중요성을 강조한다. 현재 예제는 프레임워크를 사용해 사용자 요청을 기반으로 작업을 분해하고, 관리자가 여러 에이전트에게 분해된 단순 작업들을 수행하게 하는 구조를 갖는다. 전체 코드는 GitHub 저장소의 `Chapter_05.ipynb` 파이썬 노트북에서 확인할 수 있다.

HTN 계획은 복잡한 계획 시나리오에 대해 특별히 효과적인 몇 가지 중요한 장점을 갖는다. 자연스러운 문제 표현 방식은 인간의 사고 패턴을 반영하기 때문에 직관적으로 이해하고 유지 보수하기 쉽다. 계층적 접근 방식은 복잡한 문제를 관리 가능한 하위 작업으로 분해함으로써 탐색 공간을 효과적으로 줄이고 확장성을 높인다. HTN의 구조는 전문가 지식의 인코딩에 뛰어나며, 유사한 문제에 재사용할 수 있는 패턴을 제공한다. 또한 추상적 작업과 기초 작업을 모두 처리할 수 있는 유연성 덕분에 다양한 계획 상황에 적응할 수 있고, 필요에 따라 다양한 추상화 수준에서 작업할 수 있게 해준다.

지금까지 도구와 다양한 계획 알고리즘에 관해 살펴봤다. 이들이 함께 결합될 때 LLM 에이전트는 전략적 계획과 도구 사용을 통해 보다 복잡하고 다단계로 구성된 작업을 수행할 수 있다. 이제 에이전틱 시스템 안에서 도구 사용과 계획을 효과적으로 통합하는 방법에 관해 본격적으로 살펴보자.

5.3 도구 사용과 계획의 통합

과거 대부분의 AI 연구에서는 계획 알고리즘과 도구 활용을 서로 분리해 개별적으로 다루었다. 즉, 계획 수립 자체나 도구의 기능적 가능성 자체에 초점을 둔 것이다. 그러나 진정한 지능형 에이전트를 구현하기 위해서는 도구 사용과 계획 수립을 효과적으로 통합해야 한다. 앞서 살펴본 여행 플래너 예제에서는 상세한 여행 계획을 생성했지만, 이 정보들은 사실에 기반한 것이 아니었다. 다시 말해, 생성한 계획에 포함된 모든 세부 정보는 그저 LLM이 지어낸 것이었다. 이 시스템에 실제 항공편, 호텔, 액티비티 데이터를 반영하기 위해서는 계획 알고리즘과 함께 도구를 활용해야 한다. 이번 절에서는 이 두 요소를 결합하는 방법, 정확한 작업을 수행하고 관련 응답을 생성하는 방법에 관해 설명한다.

5.3.1 도구에 관한 추론

에이전트는 자신이 사용할 수 있는 도구에 관해 추론할 수 있어야 한다. 이는 각 도구의 기능, 가능성, 제약 조건, 효과적으로 사용할 수 있는 상황과 조건을 이해하는 능력을 의미한다. 이 추론 과정은 현재의 목표와 과제를 기준으로 사용 가능한 도구들을 평가하고, 해당 문제 영역에 가장 적합한 도구를 선택하는 단계를 포함한다.

예를 들어 우리가 다루고 있는 여행 계획자의 경우 에이전트는 항공편 예약 API, 호텔 예약 시스템, 액티비티 계획 소프트웨어 같은 다양한 도구에 접근할 수 있다. 에이전트는 어떤 도구가 항공편 예약에 적합한지, 어떤 도구가 호텔 검색에 적합한지, 또 어떤 도구가 지역 명소 정보를 제공하는지 추론해서 알아내야 한다.

LLM 에이전트를 다룰 때 이와 같은 도구에 관한 추론은 대부분 언어 모델이 가진 고유한 능력으로 처리한다. 현대 LLM은 도구의 설명, 목적, 적절한 사용 콘텍스트를 이해할 수 있게 학습되었기 때문에 복잡한 추론 로직을 직접 코딩하지 않아도 된다. 그저 도구에 대한 명확한 설명만 제공하면 LLM이 언제, 어떤 도구를 사용해야 할지 스스로 결정할 수 있다. 예를 들어 우리가 다루고 있는 여행 계획자 에이전트 시나리오를 보자.

```
from crewai import Agent

travel_agent = Agent(
    role='Travel Planner',
    goal='Plan comprehensive travel itineraries',
```

```
 6    tools=[
 7        flight_search_tool,      # 항공편 검색 및 예약 도구
 8        hotel_booking_tool,      # 호텔 예약 도구
 9        activity_planner_tool    # 현지 액티비티 및 명소 정보 도구
10    ])
```

LLM 에이전트는 다음을 자연스럽게 이해할 수 있다.

- 각 작업에 어떤 도구를 사용해야 하는가? (예: 항공편 검색 시, `flight_search_tool` 사용)
- 언제 여러 도구를 조합해서 사용해야 하는가? (예: 항공편 날짜와 호텔 숙박 날짜 조율)
- 사용자 요구사항에 따라 도구 사용 방식을 어떻게 조정해야 하는가? (예: 예산 제약)

이 내장된 추론 능력 덕분에, 우리는 도구를 명확하게 정의하고 설명하는 데만 집중할 수 있다. 도구 선택이나 사용에 대한 결정은 LLM이 콘텍스트에 따라 스스로 처리한다. 하지만 모든 언어 모델이 이처럼 강력한 도구 추론 능력을 갖춘 것은 아니다. 이러한 능력을 사용하려면 일반적으로 도구 사용 및 함수 호출에 특화해 학습하거나 파인 튜닝된 모델이 필요하다. 규모가 작은 모델이나 도구 사용에 관한 학습이 부족한 모델에서는 다음 문제들이 발생할 수 있다.

- 언제 도구가 필요한지 이해하지 못한다.
- 도구의 기능에 관해 잘못된 가정을 한다.
- 도구를 잘못된 순서로 사용한다.
- 가용한 도구를 사용해야 하는 기회를 놓친다.
- 도구 제약사항이나 요구사항을 무시한다.

추론 능력을 가진 모델이라고 할지라도 다음과 같은 한계에 직면할 수 있다.

- 여러 단계를 요구하는 복잡한 도구 조합을 어려워한다.
- 유사한 상황에서 도구를 일관성 있게 선택하지 못한다.
- 기능이 미묘하게 다른 도구들을 구분하지 못한다.
- 도구가 실패했을 때 오류 복구를 하지 못한다.

이러한 이유에서 CrewAI, LangGraph, AutoGen 같은 프레임워크는 도구 추론 성능이 입증된 고급 모델과 함께 사용할 때 가장 효과적이다. 그리고 에이전트를 배포하기 전에 에이전트의 도구 사용 패턴을 반드시 테스트해봐야 한다.

5.3.2 도구 사용을 위한 계획 수립

현대 AI 에이전트의 계획 수립 과정은 근본적으로 LLM의 능력에 의존하며, 이는 앞서 다루었던 LLM 기반 계획 및 HTN 접근 방식의 원칙을 기반으로 한다. 에이전트는 경직된 전통 계획 알고리즘을 따르기보다는 자연어 이해 능력에 기반해 유연하게 콘텍스트를 인식하는 도구 사용 계획을 수립한다. 그림 5.5는 이 과정을 나타낸다.

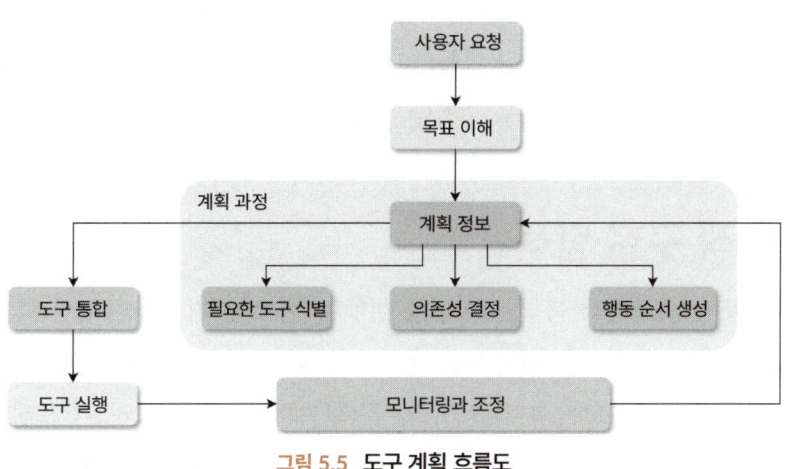

그림 5.5 도구 계획 흐름도

에이전트는 요청을 수신하면 가장 먼저 자연어 처리를 통해 사용자의 목표를 이해한다. 여행 에이전트를 예로 들면 가족 휴가 요청은 단순한 항공편 예약뿐만 아니라, 가족이 지내기 좋은 숙소와 적절한 액티비티까지 포함해야 한다는 것을 이해하게 된다. 이러한 목표 이해 단계는 LLM이 학습 과정을 통해 얻은 언어 이해 능력에 직접적으로 기반한다.

다음으로 계획 단계는 어떤 도구가 필요한지, 도구들을 어떤 순서로 사용해야 하는지 파악하는 단계로 이동한다. 이 과정은 HTN 계획에서 봤던 계층적 분해와 함께 LLM 기반 의사결정의 유연성도 함께 반영한다. 즉, 에이전트는 미리 정의된 규칙만 따르는 것이 아니라 요청의 구체적인 콘텍스트와 요구사항에 따라 적절하게 계획을 조정할 수 있다.

이 과정에서 도구는 계획에 자연스럽게 통합된다. 에이전트는 각 도구의 설명을 바탕으로 도구의 기능을 이해하고, 적절한 순서로 배치할 수 있다. 예를 들어 휴가 계획을 세울 때 에이전트는 항공편 날짜가 우선 확정돼야 호텔을 예약할 수 있고, 그 결과에 따라 액티비티 계획을 조정해야 한다는 것을 인지한다.

이러한 계획 접근 방식은 전통적인 계획 알고리즘의 구조적 특성과 언어 모델의 적응력을 결합한 것이다. 에이전트는 새로운 정보나 상황 변화에 따라 계획을 동적으로 조정할 수 있으며, 이는 인간 여행 에이전트 직원이 고객 피드백이나 예약 가능성에 따라 계획을 수정하는 것과 매우 유사하다.

이러한 계획 프로세스의 성공 여부는 전적으로 LLM의 콘텍스트 이해 능력 및 적절한 행동 순서 생성 능력에 의존한다. 그렇기 때문에 CrewAI 같은 프레임워크에서는 이러한 계획 수립 유형을 적극 채택하고 있으며, 에이전트로 하여금 그들의 언어적 이해 능력을 활용하면서 동시에 복잡한 작업 수행에 필요한 체계적인 접근 방식을 유지할 수 있게 한다.

5.4 실용적 구현 탐색

도구 사용과 계획 수립을 통해 복잡한 작업을 실행할 수 있는 지능형 에이전트를 생성하기 위해 다양한 AI/ML 프레임워크를 활용하는 방법을 살펴보자. 여기에서는 CrewAI, AutoGen, LangGraph(LangChain의 에이전틱 프레임워크)을 사용한 예제를 확인해보자. 각 프레임워크를 사용한 예제의 전체 코드는 GitHub 저장소의 `Chapter_05.ipynb` 파이썬 노트북에서 확인할 수 있다.

5.4.1 CrewAI 예제

실제 여행 계획 예제를 통해 CrewAI가 도구 기반 추론을 어떻게 구현하는지 살펴보자. 이 프레임워크의 파이썬 라이브러리는 @tool 데커레이터를 한다. 이 데커레이터를 사용하면 명확한 설명 및 문서를 사용해 도구를 정의할 수 있다. 다음은 여행 관련 도구들을 생성하는 예시다.

```
1  @tool("Search for available flights between cities")  # 도시 간 가용한 항공편을 검색한다.
2  def search_flights(...) -> dict:
3    """Search for available flights between cities."""  # 도시 간 가용한 항공편을 검색한다.
4    # Call flight API and other tool logic  # 항공편 API와 다른 도구 로직을 호출한다.

6  @tool("Find available hotels in a location")  # 지역의 가용한 호텔을 검색한다.
7  def find_hotels(...) -> dict:
8    """Search for available hotels in a location."""  # 지역의 가용한 호텔을 검색한다.
9    # Call hotels API and other tool logic  # 호텔 API와 다른 도구 로직을 호출한다.

11 @tool("Find available activities in a location")  # 지역의 가용한 액티비티를 찾는다.
12 def find_activities(...) -> dict:
13    """Find available activities in a location."""  # 지역의 가용한 액티비티를 찾는다.
```

```
14    # Call activities API and other tool logic  # 액티비티 API와 다른 도구 로직을 호출한다.
```

정의한 도구들은 특정 콘텍스트에서 그 도구를 사용할 수 있는 능력을 가진 에이전트에 할당된다. 에이전트는 특정 역할, 목표, 배경 설명과 함께 생성되고 의사결정에 영향을 준다.

```
1  Agent(
2    role='An expert travel concierge',  # 여행 컨시어지 전문가
3    goal='Handle all aspects of travel planning',  # 여행 계획의 모든 측면을 처리한다.
4    backstory="Expert in airline bookings and flight
           logistics, hotel bookings, and booking vacation
           activities.",  # 항공편 예약, 항공 물류, 호텔 예약 및 휴가 액티비티 예약 전문가
5    tools=[search_flights, find_hotels, find_activities],
6    verbose=False
7  )
```

작업이 주어지면 에이전트는 콘텍스트와 요구사항에 맞춰 이 도구들을 활용한다.

```
1  travel_planning_task = Task(
2    description=f"""
3    Plan a comprehensive travel and leisure itinerary
4    based on the following request:   # 다음 요청에 기반해 전체 여행 및 레저 일정을 계획한다.
5    {request}
6    The plan should include:          # 계획은 다음을 포함해야 한다.
7    - Flight arrangements             # 항공편 조율
8    - Accommodation bookings          # 숙박 예약
9    - Any other relevant travel components  # 기타 관련된 여행 요소
10    """,
11   expected_output="A detailed travel itinerary covering
       all requested aspects.",  # 모든 요구사항을 포괄하는 세부 여행 일정
12   agent=self.travel_specialist )
```

`crew.kickoff()`가 호출되면 CrewAI는 다음과 같이 도구 사용을 조정한다.

- 작업 설명을 통해 요구사항을 이해한다.
- 에이전트의 역할과 작업 목표에 따라 필요한 도구들을 식별한다.
- 여행 계획을 구성하기 위해 논리적인 순서로 도구들을 사용한다.
- 도구의 출력 결과를 처리하여 최종 응답에 통합한다.

이 구현은 CrewAI가 도구 정의, 에이전트 능력, 작업 명세를 통합해 일관된 계획 시스템을 구성하

는 방식을 보여준다. 프레임워크가 도구 추론의 복잡성을 처리하므로 개발자는 명확한 도구 인터페이스와 에이전트 행동만 정의하면 된다.

5.4.2 AutoGen 예제

AutoGen은 에이전트들이 대화를 통해 협력하며 주어진 작업에 대한 해결책에 도달할 수 있게 지원하는 플랫폼이다. AutoGen은 `RoundRobinGroupChat` 시스템을 통해 다중 에이전트 협력을 구현하고, 이 방식에 특화된 에이전트들이 상호작용하여 종합적인 여행 계획을 수립한다. 이 구현에서는 항공권 계획자, 호텔 계획자, 액티비티 계획자, 요약 에이전트의 네 가지 핵심 에이전트를 정의한다. 각 에이전트는 특정한 책임과 도구를 갖는다.

각 에이전트는 다음 요소와 함께 초기화된다.

- 이름(`name`)과 설명(`description`)
- 모델 클라이언트(예제에서는 OpenAI의 GPT-4o-mini)
- 접근할 수 있는 특정 도구들
- 역할과 책임 소재를 정의하는 시스템 메시지

CrewAI와 구별되는 핵심 요소는 실행 모델에 있다.

- **에이전트 간 통신**: CrewAI에서는 계층적 작업 기반 접근 방식을 사용하지만, AutoGen에서는 라운드-로빈 그룹 챗round-robin group chat을 통해 에이전트들이 순차적으로 해결책에 기여한다. `RoundRobinGroupChat` 클래스가 이러한 대화 흐름을 조정하며, 각 에이전트는 서로의 제안을 기반으로 작업을 수행한다.
- **종료 처리**: AutoGen은 `TextMentionTermination` 클래스를 사용해 명시적인 종료 조건을 정의한다. 여행 요약 에이전트는 계획이 완료되면 `"TERMINATE"`라는 키워드를 언급해 대화를 종료할 수 있다. 이는 CrewAI에서의 작업 완료 기반 종료와 다르다. `TextMentionTermination`의 주요 파라미터는 다음과 같다.
    - `mention_text (str)`: 종료를 유발하는 키워드 또는 문구(예: `"TERMINATE"`)
    - `case_sensitive (bool, optional)`: 키워드 대소문자 일치 여부
    - `strip_whitespace (bool, optional)`: 감지한 텍스트의 전후 공백 제거 여부
    - `regex_match (bool, optional)`: 정규 표현식을 활용한 유연한 종료 트리거 허용 여부

- **도구 통합**: CrewAI는 데커레이터 기반으로 도구를 정의하는 것과 달리, AutoGen은 에이전트를 초기화 시 도구를 직접 연결한다. 각 에이전트는 자신의 역할에 적합한 도구에만 접근할 수 있다.
- **조정 패턴**: CrewAI는 주로 관리자-작업자$_{\text{manager-worker}}$ 패턴을 사용하는 반면, AutoGen은 라운드 로빈 방식의 협업 환경에 각 에이전트가 동등하게 기여하고, 요약 에이전트가 최종 통합 계획을 생성한다.

이 구현은 명확한 역할 분리와 에이전트별 전문 도구 사용을 유지하면서, 동시에 복잡한 다중 에이전트 대화를 효과적으로 처리하는 AutoGen의 강점을 보여준다. 다음은 AutoGen에서 에이전트를 정의하는 예시다.

```
1  flight_agent = AssistantAgent(
2      name="flight_planner",
3      model_client=model_client,
4      tools=[travel_tools.search_flights],
5      description="A helpful assistant that can plan flights
                    itinerary for vacation trips.",  # 휴가를 위한 항공편 일정을 계획하는 유용한 어시스턴트
6      system_message="You are a helpful assistant that can
                      plan flight itinerary for a travel plan for a
                      user based on their request." )  # 당신은 사용자 요구사항에 기반한 여행 계획 중 항공편 일정 계획에 도움을 주는 유용한 어시스턴트입니다.

8  hotel_agent = AssistantAgent(
9      name="hotel_planner",
10     model_client=model_client,
11     tools=[travel_tools.search_flights],
12     description="...", system_message="..." )
```

에이전트들을 정의한 뒤 `RoundRobinGroupChat` 클래스를 사용해 그룹 채팅을 구성하고 다중 에이전트 시스템의 대화를 호출할 수 있다.

```
2  group_chat = RoundRobinGroupChat(
3      [flight_agent, hotel_agent],
4      termination_condition=termination)
6  await Console(group_chat.run_stream(
       task="I need to plan a trip to Paris from New York for 5 days."))  # 나는 New York에서 Paris로 5일짜리 여행을 계획하고 싶습니다.
```

5.4.3 LangGraph 예시

LangChain은 LLM과 기타 도구 및 데이터 소스를 함께 활용할 수 있는 애플리케이션을 개발할 수 있도록 프레임워크를 제공한다. 에이전틱 시스템 콘텍스트에서 LangChain은 LangGraph라고 불리는 하위 프레임워크를 제공하는데, 이는 강력한 LLM 에이전트 기반 워크플로를 구축하는 데 사용된다. LangGraph는 워크플로 그래프 시스템을 통해 에이전트 기반 여행 계획을 구현하고, 이는 CrewAI 및 AutoGen과는 다른 패러다임을 제공한다. 이 구현이 작동하는 방식과 그 특징을 살펴보자.

LangGraph는 상태 기계 접근 방식을 사용하고, 워크플로는 노드와 에지로 구성된 그래프로 정의된다. 이 구현은 다음 두 가지 노드를 중심으로 한다.

- 에이전트 노드는 메시지를 처리하고 의사결정을 내린다.
- 도구 노드는 요청된 도구를 실행한다(항공편 검색, 호텔 예약, 액티비티 계획 등).

워크플로는 사이클을 따르는데 이 사이클에서 에이전트 노드는 현재 상태를 평가한 후 도구 호출을 진행할지, 아니면 최종 응답을 제공할지를 결정한다. 이는 모델의 다음 행동(즉, 도구를 호출할지 또는 응답을 종료할지)을 해석하는 함수에 의해 제어되며, 이 함수는 도구 노드로 라우팅할지 대화를 종료할지 판단한다. CrewAI와 마찬가지로 LangGraph에서도 파이썬의 `@tool` 데커레이터를 사용해 도구 함수를 정의할 수 있다.

```
1  @tool
2  def search_flights(...) -> dict:
3      """Search for available flights between cities."""  # 도시 간 가용 항공편을 검색한다.
4      # API로부터 받은 JSON 데이터를 에뮬레이션
5      return data
```

노드들을 정의한 뒤 이들을 서로 연결해 전체 워크플로의 그래프 구조를 구성할 수 있다. 예를 들어 다음 코드는 LangGraph를 사용한 상태 그래프 기반 워크플로를 정의한다. 이 워크플로에서 작업 에이전트와 도구 사이를 순환한다. 그래프는 에이전트 노드에서 시작하고(엔트리 포인트로 정의됨), 함수(`call_model`)를 호출해 입력을 처리한다. 에이전트가 실행된 뒤에는 조건부 함수(`should_continue`)가 다음 노드를 결정하는데, 이는 도구 노드로 루프를 계속할지 또는 워크플로를 종료할지를 판단한다. 도구 노드(`tool_node`)는 중간 태스크를 처리하며 항상 `agent` 노드로 다시 전환되고, 조건 함수가 종료할지를 결정하기 전까지 반복적인 사이클을 만든다. `MemorySaver` 체크 포인

트는 실행 간 상태를 유지하기 위해 사용하며, 그래프는 LangChain과 호환되는 실행 가능한 객체로 컴파일된다. 마지막으로 여행 계획에 관한 초기 입력 메시지와 함께 워크플로가 호출되고, 그래프 실행이 종료된 뒤 최종 메시지 콘텐츠가 출력된다.

```
1  workflow = StateGraph(MessagesState)
2  workflow.add_node("agent", call_model)
3  workflow.add_node("tools", tool_node)
4  workflow.add_edge(START, "agent")
5  workflow.add_conditional_edges("agent", should_continue)
6  workflow.add_edge("tools", "agent")
7  checkpointer = MemorySaver()
8  app = workflow.compile(checkpointer=checkpointer)
9  final_state = app.invoke(
10     {"messages": [HumanMessage(content="I need to plan a
              trip to Paris from New York for 5 days")]},  # 나는 New York에서 Paris로 5일
   짜리 여행을 계획하고 싶습니다.
11     config={"configurable": {"thread_id": 42}})
```

LangGraph 접근 방식은 여러 장점을 제공한다. 예를 들어 그래프 구조는 명시적인 흐름 제어를 제공해 워크플로를 시각화하고 이해하기 쉽게 만든다. 또한, 상태 관리와 체크 포인팅 기능을 내장하고 있어 애플리케이션 상태를 강건하게 처리할 수 있다. 그러나 일부 단점도 존재한다. 이 프레임워크를 사용하려면 그래프 기반 프로그래밍 개념에 관해 충분히 이해해야 하며, 초기 설정에 드는 오버헤드가 CrewAI의 간단한 에이전트 정의에 비해 더 크다. 전체 코드 구현은 GitHub 저장소의 `Chapter_05.ipynb` 파이썬 노트북에서 확인할 수 있다.

표 5.1은 LangGraph, CrewAI, AutoGen 간의 주요한 차이점을 나타낸다.

표 5.1 LangGraph, CrewAI, AutoGen 구현 방식 비교

	LangGraph	CrewAI	AutoGen
상태 관리	명시적인 상태 관리 사용	에이전트 인스턴스와 해당 태스크 콘텍스트를 통한 상태 관리	그룹 채팅 메시지 기록을 통한 상태 관리
도구 통합	전용 도구 노드를 통해 도구 관리	데커레이터 기반 도구 정의와 에이전트 직접 연결	도구를 특정 에이전트에 직접 연결
흐름 제어	그래프 기반 워크플로 사용	계층적 태스크 분해 또는 순차적 흐름 사용	에이전트 간 라운드로빈 방식의 턴 교환 구현

이 표는 이번 장에서 구현한 내용을 기반으로 LangGraph, CrewAI, AutoGen 간의 차이를 보여준다.

요약

이번 장에서는 AI 에이전트 시스템에서 도구와 계획이 갖는 핵심적인 역할에 대해 살펴봤다. 먼저 도구 호출/함수 호출의 개념과 LLM 에이전트가 이 기능을 어떻게 수행하는지에 관해 학습했다. 다양한 도구 유형에 관해 살펴보고 LLM 프레임워크 또는 LLM 자체 기능을 통해 도구를 사용하는 예제들도 살펴봤다. 이어서 STRIPS, HTN 같은 전통적인 계획 알고리즘부터 현대적인 LLM 기반 계획 방법까지 다양한 계획 알고리즘에 관해 검토하고, 이들이 언어 모델 관점에서 얼마나 실용적인지를 비교했다. 실제적인 여행 계획 예제를 활용해 각 프레임워크에서 도구를 정의하고 통합하며 계획 시스템을 구현하는 방법을 확인했다.

거기에 더해 도구 호출과 계획을 통합해 에이전틱 시스템이 좀 더 복잡한 작업을 수행할 수 있도록 강화할 수 있다는 것도 학습했다. 세 가지 프레임워크(CrewAI, AutoGen, LangGraph)에서의 구현 패턴을 비교함으로써, 각 프레임워크 에이전트의 에이전트 간 조율 방식 및 도구 사용 전략의 차이를 확인했다.

다음 장에서는 에이전틱 시스템에서의 조정자, 작업자, 위임자 개념에 관해 살펴보고 이들이 복잡한 실세계의 작업들을 완료하는 데 어떻게 도움을 주는지 학습한다.

질문

1. AI 에이전트에서 도구의 목적은 무엇이며, 도구 정의 시 독스트링을 어떻게 활용할 수 있는가?
2. 전통적인 계획 알고리즘(예: STRIPS)과 현대적인 LLM 기반 계획의 차이점에 관해 설명해보자. 전통적인 알고리즘이 LLM 에이전트에서 덜 실용적인 이유는 무엇인가?
3. HTN 계획은 어떻게 작동하며, LLM 에이전트에 대해 보다 실용적인 접근 방식으로 간주되는 이유는 무엇인가?
4. 도구 선택에서 추론은 어떤 역할을 하는가? 그 한계는 무엇인가?
5. 프레임워크(CrewAI, AutoGen, LangGraph)를 비교할 때, AI 에이전트 구현 시 고려해야 할 핵심 요소는 무엇인가?

답변

1. AI 에이전트에서 도구는 특정 작업을 수행하거나 외부 서비스에 접근할 수 있게 해주는 함수들이다. 독스트링은 도구의 목적, 기대하는 파라미터, 반환값에 관한 핵심 정보를 제공해 LLM이 각 도구를 언제 어떻게 사용해야 하는지 이해하도록 돕는다. 이 문서는 모델의 의사결정 프로세스를 안내하는 콘텍스트의 역할을 한다.

2. STRIPS 같은 전통적인 계획 알고리즘은 명시적 상태 표현과 미리 정의된 행동 집합에 의존하며, 이진 조건과 명확한 상태 전이만 다룬다. 반면, LLM 기반 계획은 자연어 이해를 기반으로 동작하며, 모호한 상태나 행동도 처리할 수 있다. 전통적인 알고리즘은 언어 기반 작업의 미묘한 콘텍스트 특성을 효과적으로 표현할 수 없기 때문에, LLM 에이전트에 대해 잘 작동하지 않는다.

3. HTN 계획은 복잡한 작업을 좀 더 단순한 하위 작업으로 점진적 및 계층적으로 분해한다. 이 구조는 언어 모델이 작업을 처리하고 이해하는 자연스러운 방식과 유사하기 때문에 LLM 에이전트에서 실용적이다. 이 접근 방식은 구조화된 계획 수립과 함께 언어 기반 상호작용에 요구되는 유연성도 제공한다.

4. 도구 선택에서의 추론은 모델이 콘텍스트를 이해하고 의사결정을 내리는 내재된 능력에 크게 의존한다. 이는 도구 선택을 자연스럽게 만들지만, 모든 모델이 이러한 능력을 동일하게 갖고 있지는 않다. 주요한 한계점에는 도구 선택에서의 불일치 발생 가능성, 복잡한 도구 조합 처리의 어려움, 도구 실패 시 오류 복구의 어려움 등이 포함된다.

5. 프레임워크를 선택할 때는 워크플로의 복잡도(구조적 vs. 대화적), 상태 관리의 필요성, 다중 에이전트 협업 요구사항, 개발 복잡도 등을 고려해야 한다. CrewAI는 직관적인 구현에 적합하고, AutoGen은 다중 에이전트 상호작용에 강하고, LangGraph는 강건한 워크플로 제어를 제공하지만 초기 설정이 조금 복잡하다.

CHAPTER 6

조정자, 작업자, 위임자 접근 방식 살펴보기

앞 장에서는 도구 사용과 계획의 개념에 관해 살펴봤다. 이는 지능형 에이전트가 문제 해결 능력을 향상시키기 위한 필수 기반이 된다. 그리고 상태 공간 탐색 기법과 **계층적 작업 네트워크**를 포함한 다양한 계획 알고리즘에 관해 살펴봤다. 이와 함께 이러한 알고리즘이 외부 도구 및 리소스와 어떻게 매끄럽게 통합되어 에이전트의 최적 수행을 가능하게 하는지도 살펴봤다.

이번 장에서는 이를 기반으로 지능형 에이전트를 위한 강력한 조직 프레임워크인 **조정자-작업자-위임자**coordinator-worker-delegator, CWD 접근 방식에 관해 살펴보고 이해를 구체화할 것이다. 이번 장에서 다루는 주요 주제는 다음과 같다.

- CWD 모델 이해
- 역할 할당을 통한 에이전트 설계
- 에이전트 사이의 커뮤니케이션과 협업
- 생성형 AI 시스템에서의 CWD 접근 방식 구현

이번 장을 읽고 나면 여러분은 CWD 접근 방식을 활용한 다중 에이전트 시스템 설계 및 구현에 대해 포괄적으로 이해할 수 있을 것이다. 또한 에이전트에 효과적으로 역할을 할당하고, 강력한 커뮤니케이션 프로토콜을 구축하고, 이들의 상호작용을 조율해 복잡한 문제를 해결하는 방법에 관해 이해하게 될 것이다.

기술 요구사항

이번 장에서 사용하는 코드 파일은 GitHub 저장소 `https://github.com/moseskim/Building-Agentic-AI-Systems`에서 확인할 수 있다. 이번 장에서도 앞 장에서 사용한 파이썬 프레임워크들을 활용해 CWD 접근 방식과 에이전트 역할의 다양한 측면을 살펴본다.

6.1 CWD 모델 이해

CWD 모델은 다중 에이전트 시스템 개발을 촉진하기 위해 설계된 종합적인 프레임워크로 협업, 전문화, 효과적인 작업 분산과 자원 관리를 강조한다. 인간 조직이 명확한 역할 위임과 계층적 구조를 통해 이익을 얻는 것처럼, 지능형 에이전트 역시 의도적인 노력의 분산을 통해 보다 높은 효과를 달성할 수 있다. 그림 6.1에 표시한 것처럼, CWD 프레임워크는 조직 심리학과 경영 이론에서 영감을 얻어 인간 협업의 입증된 원칙을 지능형 에이전트 분야에 적용한다. 이 접근 방식은 특히 에이전트 시스템이 점점 복잡해지고 단일 에이전트의 능력을 초과하는 정교한 작업을 수행해야 하는 상황에서 그 가치가 높다. 이 모델은 자율 에이전트들이 협업해 복잡한 목표를 달성해야 하는 환경에 특히 적합하다.

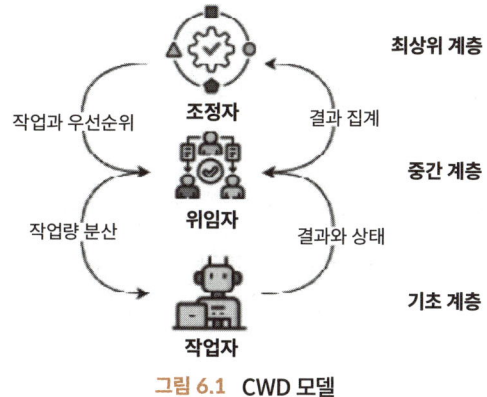

그림 6.1 CWD 모델

CWD 모델은 세 가지 명확한 역할을 설정한다. 이 역할들은 함께 작동하며 복잡한 작업을 수행한다.

- **조정자**coordinator: 조정자는 시스템의 작업, 자원, 전체 워크플로에 대한 관리 책임을 가진 에이전트다. 이들은 진행 상황 모니터링을 촉진하고, 적절한 에이전트에게 작업을 할당하고, 작업자들 사이에서 효과적인 협업을 가능하게 하는 책임을 진다. 조정자는 오케스트레이터orchestrator로 동작하며, 전체 과정을 감독하고 다양한 구성 요소가 조화롭게 작동하도록 조율한다. 조정

자는 긴급성, 자원 가용성, 작업 간의 의존성을 기반으로 작업 부하의 우선순위를 동적으로 할당한다. 이들은 진행 상황을 모니터링하고, 필요에 따라 할당을 조정하고, 에이전트 사이의 원활한 협업을 보장한다. 조정자는 작업 분배와 워크플로 실행을 최적화함으로써 시스템 효율성과 전체 목표와의 정렬을 유지한다.

- **작업자**workers: 작업자는 시스템 내에서 특정 작업이나 기능을 수행하는 데 헌신하는 전문화된 에이전트들이다. 이 에이전트들은 다양한 능력과 전문성을 보유하고 있으며, 다양한 작업에 적용할 수 있는 폭넓은 기술을 반영한다. 위임자를 통해 작업을 할당받으면 작업자들은 자신들의 전문 지식과 숙련도를 활용해 해당 작업의 목적을 효율적으로 달성한다. 작업자 에이전트들의 다양성은 노동의 분업과 작업을 가장 적합한 에이전트에게 할당할 수 있는 기회를 제공하고 시스템 전체의 성능을 최적화한다.

- **위임자**delegator: 위임자는 조정자와 작업자 사이에서 중재자 역할을 하며, 자원 가용성과 시스템 요구에 기반해 작업자들에게 작업 할당을 구현하는 책임을 진다. 위임자는 인터페이스로 작용해 조정자와 작업자 사이의 커뮤니케이션과 협업을 촉진한다. 위임자는 여러 작업자 사이에 작업 부하를 분산하고 전달함으로써 적절한 에이전트에게 시기 적절하게 작업을 효율적으로 할당되도록 보장하는 중요한 역할을 한다. 위임자의 가장 중요한 기능은 전체 성능을 최적화하는 것으로 이는 **처리량**throughput, **지연 시간**latency, **자원 활용**resource utilization 사이의 균형을 조율함으로써 이루어진다. 조정자들은 작업이 지연 없이 할당(낮은 지연)되거나 단위 시간당 최대 작업을 완료(높은 처리량)하거나 자원 병목 현상이 발생하지 않도록(최적의 자원 활용) 성능을 보장한다. 위임자는 작업자의 처리 능력과 시스템 제약 조건에 따라 할당을 동적으로 조정해 전체 효율성과 반응성을 향상시킨다.

CWD 모델은 시스템 효율성과 협업을 향상시키기 위해 함께 작동하는 조정자, 작업자, 조정자의 역할을 명확하게 구분해서 정의한다. CWD 모델은 작업 할당, 커뮤니케이션, 실행을 구조화함으로써 효과의 기반이 되는 핵심 원칙에 따라 운영상의 조화를 보장한다.

6.1.1 CWD 모델의 핵심 원칙

CWD 모델은 여러 가지 핵심 원칙에 기반하며, 이 원칙들은 그 설계와 구현을 이끈다.

- **관심사의 분리**separation of concern: CWD의 근본 철학은 전략적 계획(조정자), 자원 관리(위임자), 작업 실행(작업자) 사이의 책임을 명확하게 분리하는 것이다. 이러한 분리를 통해 각 구성 요소는 고유한 핵심 역량에 집중하면서도 시스템의 유연성과 확장성을 유지할 수 있다.

- **계층적 조직 구조**hierarchical organization: CWD 모델은 인간 조직에서 성공적으로 입증된 패턴을 반영하는 계층 구조를 구현한다.
    - **최상위 계층**: 전략적 감독 및 계획
    - **중간 계층**: 자원 관리 및 조정
    - **기초 계층**: 특화된 작업 실행
- **정보 흐름 및 피드백 루프**: CWD 모델은 양방향 커뮤니케이션 흐름을 강조한다.
    - **하향 흐름**downward flow: 작업 할당, 우선순위, 제약 조건
    - **상향 흐름**upward flow: 진행 상황 업데이트, 결과, 자원 사용 현황
- **적응성과 복원력**adaptability and resilience: CWD 모델은 다음 메커니즘을 통해 본질적으로 적응 가능하게 설계되었다.
    - **동적 자원 할당**: 에이전트는 지속적으로 작업량 요구를 평가하고, 실시간으로 계산 또는 운영 자원을 재분배하여 효율을 최적화하고 병목 현상을 방지한다.
    - **중복성을 통한 장애 허용성**: 시스템은 중복된 기능을 가진 여러 에이전트를 사용하여 실패 시에도 원활한 전환과 복구가 가능하고 운영이 중단되지 않도록 보장한다.
    - **에이전트 간 부하 분산**: 작업은 에이전트의 가용성, 전문성, 현재 작업량에 따라 지능적으로 분산되어 성능 저하를 방지하고 응답성을 개선한다.
    - **런타임 역할 재할당**: 에이전트는 변화하는 시스템 요구사항에 따라 자신의 역할을 조정할 수 있으며, 필요에 따라 다른 책임을 수행함으로써 워크플로의 연속성과 운영 효율성을 유지한다.

이러한 메커니즘들이 통합되어 예측 불가능한 조건에서도 시스템의 적응성, 회복력, 효율성을 향상시켜 지속적인 성능과 신뢰성을 보장한다.

CWD 모델의 핵심 원칙은 역할 정의, 계층 구조 강화, 견고한 커뮤니케이션을 통해 명확성, 조직성, 적응성을 제공한다. 이 구조화된 접근은 효율성과 복원력을 높여주며, 지능형 여행 에이전트 시스템 개발을 포함한 다양한 응용 분야에 적합한 다재 다능한 모델이 된다.

6.1.2 지능형 여행 에이전트를 위한 CWD 모델

예시로 지능형 여행 에이전트 시스템에 CWD 모델이 어떻게 구현될 수 있는지를 살펴보자. 전체적인 구조와 흐름은 다음과 같을 것이다.

- **조정자 에이전트**: 이 에이전트는 여행 계획의 조정자 역할을 하며, 다음과 같은 책임을 갖는다.
    - 사용자 요청에 따라 전체 여행 계획 프로세스를 관리
    - 작업 에이전트 사이의 진행 상황 모니터링 및 효과적인 협업 촉진
    - 고객의 여행 요구사항에 따라 작업을 할당하고 워크플로 조정
- **작업자 에이전트**: 여행 및 호스피탈리티hospitality 관리 분야에서 각각의 도메인과 전문성에 특화된 다양한 에이전트들이 존재할 수 있다.
    - **항공권 예약 작업자**: 여행 날짜, 목적지, 선호도에 따라 항공편을 검색하고 예약하는 데 특화됨
    - **호텔 예약 작업자**: 위치, 편의시설, 고객 선호도에 기반해 적절한 숙소를 찾고 예약하는 데 집중함
    - **액티비티 계획 작업자**: 여행지에서 고객의 관심사에 맞는 액티비티, 투어, 경험 등을 조사하고 계획하는 역할을 수행함
    - **교통편 작업자**: 렌터카, 공항 이동, 지역 교통 수단 등 지상 교통편을 조정하는 데 특화됨
- **위임자 에이전트**: 이 에이전트는 여행 작업을 위임하는 위임자 에이전트 역할을 하며, 다음을 수행한다.
    - 여행 계획 조정자와 전문 작업자 에이전트들 사이의 인터페이스 역할 수행
    - 조정자로부터 여행 계획 작업을 수신
    - 작업자 에이전트의 능력과 가용성을 평가
    - 전문성과 작업량에 따라 적절한 작업을 적절한 작업자 에이전트에게 할당
    - 작업자 에이전트 사이의 작업량을 조정하고 균형 유지

그림 6.2는 앞서 설명했던 CWD 모델 다이어그램을 여행 계획 시나리오에 맞게 확장하고 적용한 것이다.

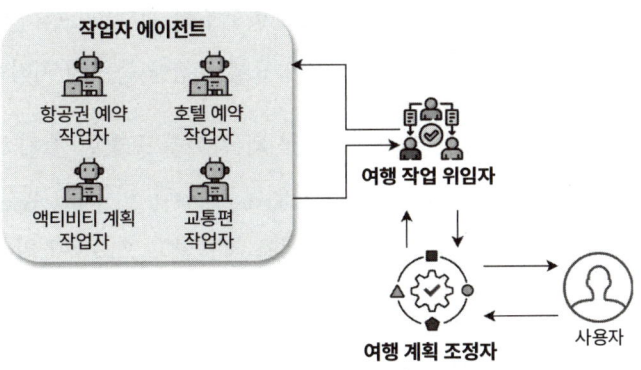

그림 6.2 여행 계획자를 위한 CWD 모델

사용자 요구사항과 워크플로의 예시를 살펴보자.

1. 사용자는 여행 목적지, 여행 날짜, 예산, 선호도(예: 가족 친화적, 문화 체험, 해변 휴가 등)와 같은 여행 요구사항을 가지고 지능형 여행 에이전트 시스템에 접근한다.
2. 여행 계획 조정자는 고객의 요구사항을 분석하고 전체 여행 계획 작업을 하위 작업으로 분해한다. 이 지점에서 이전 장에서 배운 작업 분해를 수행한다.
3. 조정자는 이러한 하위 작업들을 여행 작업 위임자에게 전달한다.
4. 위임자는 사용 가능한 작업자 에이전트들을 평가하고, 이에 따라 작업을 할당한다.
5. 작업자 에이전트들은 필요한 경우 서로 협업하고 조율하며, 관련 정보를 공유하고 일관성 있는 여행 계획을 보장한다.
6. 위임자는 작업 진행 상황을 모니터링하고 작업자 에이전트 사이의 작업 부하를 균형 있게 유지한다.
7. 모든 작업이 완료되면, 작업자 에이전트들은 각각의 출력물(예: 항공편 예약, 호텔 예약, 액티비티 일정, 교통편 조정 등)을 위임자에게 제출한다.
8. 위임자는 작업자 에이전트들이 제출한 결과를 종합하고 통합해 완전한 여행 계획을 구성한다.
9. 여행 계획 조정자는 최종 여행 계획을 검토하고 필요한 조정을 한 뒤 고객에게 승인을 요청한다.

이 예시에서 정교한 여행 계획 시스템을 구축하는 위해 CWD 모델을 어떻게 적용할 수 있는지 살펴봤다. 이 모델은 복잡한 작업을 세분화하는 방법과 각 여행 계획 요소를 전문적으로 처리하는 에이전트를 통해 작업을 어떻게 효율적으로 관리할 수 있는지 보여준다. 이러한 접근 방식은 모든 여행 요구사항을 철저히 반영할 뿐만 아니라, 계획 과정 전반에 걸쳐 명확한 커뮤니케이션 경로와 책임 분배를 유지한다. 이러한 구조로 시스템을 설계함으로써 고객의 고유한 요구를 만족시키고, 동시에 높은 품질과 세심한 관리를 유지하면서 여러 요행 요청을 동시에 처리할 수 있다.

이 시스템을 구현하는 데 관심이 있다면 자세한 예시와 문서를 포함한 전체 코드 구현을 GitHub 저장소의 `Chapter_06.ipynb` 파이썬 노트북에서 확인할 수 있다. 이 코드 샘플은 CWD 기반 여행 계획자를 구현하기 위해 도구와 계획의 다양한 개념을 활용하고, CrewAI 및 AutoGen과 같은 인기 있는 프레임워크를 사용한다.

이번 절에서는 효과적인 인간 조직의 실천을 모방해 확장과 협업이 가능하고 효율적인 다중 에이전트 시스템을 구축하는 프레임워크인 CWD 모델을 살펴봤다. 이 모델은 역할 구분, 적응성, 구조화된 커뮤니케이션에 중점을 두며, 여행 계획과 같은 복잡하고 다면적인 작업도 원활하게 관리할 수 있게 설계되어 있다. 이 모델을 이해하는 것은, 전문 역할을 수행하면서도 공동의 목표를 향해 협력하는 지능형 에이전트 시스템을 설계하는 데 있어 꼭 필요하다.

다음 절에서는 에이전트 설계의 원칙들을 좀 더 깊이 살펴볼 것이다. 여기에서는 역할과 책임 할당이 시스템 성능을 어떻게 최적화하는지, 에이전트의 행동을 특정 목표에 맞게 어떻게 정렬시키는지에 중점을 둘 것이다. 이것은 CWD 프레임워크의 직접적인 연장선에 있으며, 다양한 실제 애플리케이션에 맞는 지능형 시스템을 구축할 수 있도록 실용적인 도구를 제공할 것이다.

6.2 역할 할당을 통한 에이전트 설계

CWD 모델 콘텍스트에서 적절한 역할 할당을 통해 에이전트를 설계하는 것은 다중 에이전트 시스템이 효과적으로 작동하도록 보장하기 위해 매우 중요하다. 각 에이전트가 전체 시스템 목표를 달성하는 데 어떤 역할과 기여를 할 것인지 신중하게 고려해야 한다. 이것은 CrewAI 에이전트를 통해 매우 쉽게 설명할 수 있으며, 해당 에이전트들은 역할, 목표, 배경 이야기를 사용해 이를 초기화할 수 있다.

이러한 에이전트를 설계할 때 역할 정의는 시스템 내에서의 행동과 책임의 기반이 된다. 역할은 에이전트가 무엇을 수행해야 하는지, 그리고 시스템 아키텍처 내에서 어떻게 작동하는지를 명시적으로 정의한다. 예를 들어 조정자 에이전트는 **전략 계획 관리자**Strategic Planning Manager라는 역할을 할당받을 수 있고, 이 역할을 할당받는 즉시 전체 워크플로를 감독하고 지휘한다.

마찬가지로 배경 이야기backstory도 중요한 요소다. 배경 이야기는 에이전트가 책임에 접근하는 방식에 대한 깊이와 콘텍스트를 제공한다. 배경 이야기는 단순한 이력이 아니라, 에이전트의 의사결정 방식과 상호작용 스타일을 형성하는 정교하게 구성된 내러티브narrative다. 예를 들어 조정자 에이전트가 '실리콘밸리 스타트업에서 다양한 팀을 성공적으로 이끌었던 베테랑 프로젝트 매니저다. 혁신과 실용적 실행 사이의 균형을 잘 맞추는 것으로 유명하다.' 같은 배경 이야기를 가지고 있다고 가정하자. 이러한 배경 이야기는 해당 에이전트가 결정을 내리는 방식, 다른 에이전트들과 소통하는 방식, 문제 해결을 위한 접근 방식을 자연스럽게 형성한다. 배경 이야기는 CrewAI에 특화된 구현 방식이며, CrewAI는 이 배경 이야기와 역할을 LLM의 시스템 프롬프트에 함께 통합하여 모델에 콘텍스트를 설정하는 데 도움을 준다. 다음은 CrewAI를 사용했을 때의 예시다.

```
coordinator = Agent(
    role="Strategic Planning Manager",
    backstory="A veteran project manager who has successfully led
              diverse teams in Silicon Valley startups, known for
              balancing innovation with practical execution. Expertise
              in bridging communication gaps between technical and
              non-technical teams while maintaining focus on key
              deliverables.",
    verbose=True
)
=====
역할: 전략 계획 관리자
배경 이야기: 실리콘 밸리의 여러 스타트업에서 다양한 팀들을 성공적으로 이끈 베테랑
            프로젝트 매니저로, 혁신과 실제적인 실행의 균형을 잘 맞추는 것으로 알려져
            있다. 기술팀과 비기술팀 간 커뮤니케이션을 연결하는 데 뛰어나며,
            동시에 핵심적인 결과물에 초점을 맞춘다.
```

역할과 배경 이야기를 결합함으로써 에이전트는 다중 에이전트 시스템의 복잡한 역학 속에서도 명확한 목적과 방향성을 유지하면서 더욱 정교하게 효과적으로 작동할 수 있다. CWD 기반 시스템에서는 다음과 같은 일반적인 에이전트 역할들을 식별할 수 있다.

- **관리자**manager: 관리자 에이전트는 시스템 운영을 모니터링하고, 자원을 관리하고, 적시에 작업이 완료되게 보장하는 역할을 한다. 관리자 에이전트는 CWD 모델의 **조정자**와 동일한 개념이다. 관리자는 전체 시스템을 감독하고 그 효율성과 효과성을 유지하는 데 핵심적인 역할을 한다. 지능형 여행 에이전트 시스템 콘텍스트에서 관리자 에이전트는 다음과 같은 작업을 담당할 수 있다.

- 여행 계획 프로세스의 진행 상황 모니터링
- 다른 에이전트에게 자원 할당(예: 연산 자원, 외부 API 접근 권한)
- 정해진 시간 내에 여행 계획이 생성되게 보장

- **분석가**analyst: 분석가 에이전트는 데이터를 분석하고, 분석한 결과를 바탕으로 통찰과 추천을 제공하는 전문성을 갖춘다. 이 에이전트는 시스템 내 의사결정 프로세스를 지원하고 안내할 수 있다. 여행 에이전트 시나리오에서 분석가 에이전트는 다음과 같은 작업을 수행할 수 있다.
  - 고객의 선호도와 여행 트렌드 분석
  - 데이터 분석을 기반으로 인기 있는 여행지나 액티비티 추천
  - 비용 절감 기회나 최적의 여행 경로 식별
  - 결과 요약 및 사용자에게 추천 정보 제공

- **반성자**reflector: 반성자 에이전트는 시스템 성능을 관찰하고 개선이 필요한 영역을 식별한다. 반성자는 시스템 작동을 지속적으로 모니터링함으로써, 효율성과 효과성을 향상하기 위한 변경이나 조정을 제안할 수 있다. 여행 에이전트 콘텍스트에서 반성자 에이전트는 다음과 같은 작업을 수행할 수 있다.
  - 고객 피드백과 만족도 수준 분석
  - 여행 계획 과정의 병목 현상이나 비효율성 식별
  - 시스템 알고리즘이나 워크플로에 대한 개선 제안

- **탐색자**searcher: 탐색자 에이전트는 문제 공간을 탐색해 지속적으로 새로운 해결책을 찾고 다른 에이전트와 관련 정보를 공유한다. 이 역할은 종종 혁신과 관련되며, 탐색자는 시스템이 새로운 상황에 적응할 수 있도록 한다. 여행 에이전트 도메인에서 탐색자 에이전트는 다음과 같은 작업을 수행할 수 있다.
  - 새로운 여행지나 액티비티 발굴
  - 대체 교통 수단이나 여행 경로 탐색
  - 새롭게 등장하는 여행 트렌드나 규제 정보를 다른 에이전트와 공유

분석가, 반성자, 탐색자의 역할은 CWD 모델의 **작업자** 역할에 해당한다는 점에 주목하자.

- **작업 해석자**task interpreter: 작업 해석자 에이전트는 조정자와 작업자 사이의 다리 역할을 하며, 고수준 작업을 구체적이고 실행 가능한 하위 작업에 매핑한다. 이 역할은 작업이 명확히 정의되고, 작업자들이 이해할 수 있는 수준이 되는 것을 보장한다. 작업 해석자는 CWD 모델의 **위**

임자와 그 개념이 같다. 여행 에이전트 시스템에서 작업 해석자 에이전트는 다음 작업을 수행할 수 있다.

- 고객의 여행 요청을 구체적인 하위 작업으로 분해(예: 항공권 예약, 호텔 예약, 액티비티 계획 등)
- 고객의 선호도를 작업자 에이전트가 실행 가능한 작업으로 변환
- 작업자 에이전트에게 할당되는 작업이 명확하고 모호하지 않게 보장

다중 에이전트 시스템의 개념은 새로운 것이 아니며 역할 할당 또한 마찬가지다. 실제로 Kazík(2010)은 10여 년 전에 수행한 연구에서 이미 다중 에이전트 시스템 개발에서의 역할 기반 접근 방식에 대해 포괄적으로 탐구했다.[1] 이 연구에서는 역할이 서로 다른 에이전트 클래스에 공통된 전형적인 행동 stereotypical behavior 을 추상적으로 나타내는 것과 동시에 에이전트가 환경에 대한 지식을 얻고 그것에 영향을 줄 수 있는 인터페이스 역할을 수행한다는 점을 강조했다. 이러한 기반 개념은 전통적인 다중 에이전트 시스템에서 처음 개발된 것이지만, 현대 LLM 기반 에이전트 시스템을 설계하는 데도 유의미한 통찰을 제공한다.

역할 기반 모델링의 핵심 원칙들(내부 알고리즘 로직과 상호작용 로직의 분리, 동적 역할 할당, 모듈화된 시스템 구성)은 협업이 요구되는 LLM 에이전트들을 설계할 때 특히 유효하며, 에이전트 사이의 명확한 책임 구분과 상호작용 패턴을 유지할 수 있게 돕는다. 에이전트가 가진 능력과 시스템 요구 사항에 따라 구체적인 역할을 할당함으로써 개발자는 관심사의 분리를 기반으로 하는 모듈화되고 재사용할 수 있는 설계를 구현할 수 있다. 예를 들어 지능형 여행 에이전트 시스템에서는 각 에이전트에게 조정자, 작업자, 위임자 등의 역할을 부여할 수 있다.

6.2.1 각 에이전트의 역할과 책임

다음은 우리가 다루고 있는 지능형 여행 계획 다중 에이전트 시스템 내에서 각 에이전트의 역할과 책임을 간략하게 나타낸 것이다. 이들이 어떻게 함께 시스템의 목표 달성에 기여하는지를 설명한다.

- **여행 계획 에이전트(조정자)**: 이 에이전트는 전체 여행 계획 작업의 전략적 총괄자 역할을 수행한다. 프로젝트 관리 및 여행 조정에 대한 전문 지식을 바탕으로 고객 요청을 관리 가능한 구성 요소로 분해하고, 일정표를 설정하고, 여행 계획의 모든 요소가 고객의 기대에 부합하게 보장한다. 각 여행 계획에 대해 전체적인 시야를 유지하면서 모든 구성 요소가 조화롭게 작동하게 하고, 비상 상황을 관리하거나 계획을 유연하게 조정한다.

---

[1] https://physics.mff.cuni.cz/wds/proc/pdf10/WDS10_103_i1_Kazik.pdf

실제 시나리오에서 CWD 모델이 어떻게 적용되는지 살펴보자. 제대로 이해하기 위해 다음 코드 예시에서 여행 계획 에이전트가 조정자로서 어떻게 기능하는지 살펴보자. 이 에이전트는 여행 계획 프로세스를 총괄하고, 모든 계획 구성 요소가 고객 기대에 부합하도록 보장하는 것과 동시에 자원과 긴급 상황을 효과적으로 관리한다. 또한 다음 예시는 CWD 모델 내 핵심 여행 작업자 에이전트들의 특화된 역할과 전문성을 보여준다. 각 에이전트는 여행 계획 작업의 원활한 수행에 기여한다.

```
coordinator = Agent(
role="Travel Planning Executive",
backstory="A seasoned travel industry veteran with 15 years of experience in luxury travel
planning and project management. Known for orchestrating seamless multi-destination trips
for high-profile clients and managing complex itineraries across different time zones and
cultures. Expert in crisis management and adaptive planning.",
goals=["Ensure cohesive travel plans", "Maintain high customer satisfaction", "Optimize
resource allocation"]
)
=====
# 역할: 여행 계획 경영진
# 배경 이야기: 15년의 고급 여행 계획 및 프로젝트 관리 경력을 가진 경험이 풍부한 여행 업계의
베테랑이다. 상위 계층 고객들을 위한 다목적지 여행을 매끄럽게 조율하고, 다양한 타임존 및 문
화권에 걸친 복잡한 일정을 관리하는 것으로 명성이 높다. 위기 관리와 적응적 계획에 뛰어나다.
# 목표: 충실한 여행 계획 보장, 높은 고객 만족 유지, 자원 할당 최적화
```

- **핵심 여행 작업자 에이전트**: 이 에이전트들은 다음과 같은 역할로 구성된다.

    - **항공권 예약 작업자**: 이 에이전트는 항공권 예약의 복잡한 영역을 전문으로 다룬다. 운임 등급, 경로 규정, 항공사 제휴에 대한 이해를 바탕으로 작업하면서 항공편 일정, 가격 추세, 예약 정책에 대한 최신 정보를 유지하고, 특별 요청이나 문제 해결을 위해 항공사 담당자와의 관계도 유지한다. 다음 코드 스니펫을 참조하자.

```
flight_specialist = Agent(
role="Aviation Booking Specialist",
backstory="Former airline revenue management expert with deep knowledge of global aviation
networks. Skilled in finding optimal flight combinations and hidden fare opportunities.
Has handled over 10,000 flight bookings across all major airlines and alliances.",
goals=["Secure optimal flight arrangements", "Maximize value for money", "Ensure booking
accuracy"]
)
=====
# 역할: 항공권 예약 전문가
# 배경 이야기: 전직 항공사 수익 관리 전문가로 글로벌 항공 네트워크 관련 지식이 뛰어나다.
```

최적의 항공편 조합 및 특가 항공편 검색에 뛰어나다. 모든 주요 항공사 및 항공사 연합을 기준으로 10,000건 이상의 예약을 처리했다.
목표: 최적의 항공권 확보, 비용 대비 가치 최대화, 예약 정확성 보장

— **호텔 예약 작업자**: 이 에이전트는 글로벌 숙박 산업의 전문가로 다양한 시장의 호텔 등급, 객실 유형, 편의시설 옵션에 대해 매우 잘 알고 있다. 호텔 멤버십 프로그램, 계절별 요금 패턴, 특별 프로모션 등에 대한 폭넓은 지식을 갖추고 있다. 다음 코드 스니펫을 참조하자.

```
hotel_specialist = Agent(
role="Hospitality Accommodation Expert",
backstory="Previous luxury hotel chain executive with extensive connections in the hospitality industry. Expert in boutique hotels and major chains alike, with deep knowledge of room categories, seasonal trends, and upgrade opportunities across global markets.",
goals=["Find perfect accommodation matches", "Secure best available rates", "Ensure special requests are met"]
)
=====
# 역할: 호스피탈리티 숙박 전문가
# 배경 이야기: 전직 럭셔리 호텔 체인 경영진으로 호스피탈리티 업계의 단단한 네트워크를 갖고 있다. 부티크 호텔 및 메이저 체인 호텔의 전문가이며 전 세계 호텔의 객실 유형, 계절별 트렌드, 객실 업그레이드 기회 등을 파악하고 있다.
# 목표: 완벽한 숙박지 검색, 최적의 환율 보장, 특별 요구사항 만족 보장
```

— **액티비티 계획 작업자**: 이 에이전트는 깊이 있는 문화적 지식과 투어 운영 경험을 결합해 여행자의 관심과 선호에 맞는 액티비티를 기획한다. 계절별 가용성, 현지 관습, 물리적 제약 등을 고려하여 액티비티를 구성하는 데 능숙하다. 다음 코드 스니펫을 참조하자.

```
activity_planner = Agent(
role="Destination Experience Curator",
backstory="Professional tour guide turned experience designer with expertise in creating memorable travel moments. Has lived in 5 continents and personally vetted thousands of local experiences. Specialist in combining cultural authenticity with traveler comfort.",
goals=["Create engaging itineraries", "Balance activities and free time", "Ensure cultural authenticity"]
)
=====
# 역할: 목적지 경험 큐레이터
# 배경 이야기: 전문 투어 가이드는 기억에 남는 여행 순간을 만드는 데 전문성을 갖춘 경험 디자이너로 변신했다. 5개 대륙에 거주하면서 수천 건의 현지 경험을 직접 검증했다. 문화적 진정성과 여행자의 편안함을 결합하는 데 전문가다.
# 목표: 참여형 일정 생성, 액티비티와 자유 시간의 균형, 문화적 진정성 보장
```

- **교통편 작업자**: 이 에이전트는 지상 교통 및 현지 교통 수단에 집중한다. 전 세계 목적지의 다양한 교통 옵션, 예를 들어 전용 차량 서비스에서부터 대중교통 시스템까지 이해하고 원활한 이동을 위해 최적화된 계획을 수립한다. 다음 코드 스니펫을 참조하자.

```
transport_coordinator = Agent(
role="Ground Transportation Logistics Specialist",
backstory="Former urban mobility consultant with extensive experience in transportation systems worldwide. Expert in coordinating seamless transfers and creating reliable ground transportation plans across diverse global locations.",
goals=["Ensure reliable transfers", "Optimize local transportation", "Maintain backup options"]
)
=====
# 역할: 지상 교통 및 운송 전문가
# 배경 이야기: 전직 도시 모빌리티 컨설턴트로 전 세계 교통 시스템에 대한 풍부한 경험을 갖고 있다. 다양한 글로벌 지역에서의 원활한 환승 및 신뢰할 수 있는 지상 교통 계획을 수립하는 전문가다.
# 목표: 신뢰할 수 있는 환승 보장, 지역 교통 최적화, 백업 옵션 유지
```

- **분석 및 지능형 작업자 에이전트**: 이 에이전트 그룹은 다음과 같은 역할을 포함한다.
  - **여행 데이터 분석 작업자**: 이 에이전트는 원시 여행 데이터를 실행 가능한 통찰로 변환하는 데 집중한다. 예약 패턴, 고객 선호도, 시장 동향을 분석해 의사결정을 지원하고 여행 추천을 향상시킨다. 다음 코드 예시를 참조하자.

```
analyst = Agent(
role="Travel Intelligence Specialist",
backstory="Data scientist with deep expertise in travel industry analytics. Previously led data science initiatives at major online travel platforms. Developed predictive models for travel trends and customer behavior that increased customer satisfaction scores by 25%. Expert in combining quantitative analysis with qualitative travel insights.",
goals=["Generate actionable insights", "Identify travel trends", "Optimize customer matching"]
)
===
# 역할: 여행 지식 전문가
# 배경 이야기: 데이터 과학자로 여행 산업 분석에 대한 깊은 전문 지식을 갖추고 있다. 과거 주요 온라인 여행 플랫폼에서 데이터 과학 이니셔티브를 주도했다. 여행 트렌드와 고객 행동에 대한 예측 모델을 개발해 고객 만족도 점수를 25% 향상시켰다. 정량적 분석과 정성적 여행 통찰을 모두 갖춘 전문가다.
# 목표: 실행 가능한 통찰 생성, 여행 트렌드 식별, 고객 매칭 최적화
```

- **여행 경험 작업자(반성자)**: 이 에이전트는 시스템의 품질 보증 및 지속적 개선 전문가 역할을 한다. 고객 피드백을 분석하고, 성능을 모니터링하고, 여행 계획 경험을 개선하기 위한 시스템 개선을 제안한다. 다음 코드 예시를 참조하자.

```
reflector = Agent(
role="Travel Experience Optimization Expert",
backstory="Customer experience strategist with background in both luxury hospitality and digital transformation. Pioneered feedback analysis systems that revolutionized service delivery in major hotel chains. Passionate about creating memorable travel experiences through systematic improvements.",
goals=["Analyze customer feedback", "Identify improvement areas", "Enhance service quality"]
)
=====
# 역할: 여행 경험 최적화 전문가
# 배경 이야기: 럭셔리 호스피탈리티와 디지털 트랜스포메이션을 모두 경험한 고객 경험 전략가다. 주요 호텔 체인의 서비스 제공을 혁신한 피드백 분석 시스템을 개척했다. 기억에 남는 여행 경험을 창출하고자 체계적인 개선을 위해 열정을 쏟았다.
# 목표: 고객 피드백 분석, 개선 영역 식별, 서비스 품질 개선
```

- **여행 기회 작업자(탐색자)**: 이 에이전트는 시스템 내에서 탐험가이자 혁신가로 새로운 여행지, 독특한 체험, 떠오르는 여행 기회를 지속적으로 발굴해 서비스 제공을 개선한다. 다음 코드 예시를 참조하자.

```
searcher = Agent(
role="Travel Discovery Specialist",
backstory="Former travel journalist and destination researcher with a network spanning 100+ countries. Has uncovered numerous hidden gems and emerging destinations that became major travel trends. Combines deep cultural understanding with a keen eye for unique travel opportunities. Expert in identifying experiences that match evolving traveler preferences.",
goals=["Discover unique opportunities", "Identify emerging destinations", "Expand service offerings"]
)
=====
# 역할:
# 배경 이야기: 전직 여행 저널리스트이자 목적지 연구원으로 100개 이상의 국가에 걸친 네트워크를 갖고 있다. 주요 여행 트렌드가 된 수많은 숨겨진 보석과 신흥 여행지를 발견했다. 깊은 문화적 이해와 독특한 여행 기회에 대한 예리한 통찰을 결합했다. 진화하는 여행자 선호도에 맞는 경험을 파악하는 전문가다.
# 목표: 특별한 기회 탐색, 신흥 여행지 발견, 서비스 제안 확장
```

- **위임자 에이전트**: 전략과 실행을 연결하는 핵심 역할자로 이 에이전트는 작업 우선순위 지정과 자원 할당에 능숙하다. 각 작업자 에이전트의 역량과 현재 작업 부하를 이해하고, 최적의 작업 분배 및 워크플로 관리를 보장한다. 다음 코드 예시를 참조하자.

```
delegator = Agent(
role="Travel Operations Orchestrator",
backstory="Experienced project manager with a background in both travel operations and
workflow optimization. Known for exceptional ability to match tasks with the right
expertise and maintain balanced workloads across teams. Previously managed large-scale
travel operations for Fortune 500 companies.",
goals=["Optimize task distribution", "Maintain workflow efficiency", "Ensure quality
standards"]
)
=====
# 역할: 여행 운영 오케스트레이터
# 배경 이야기: 경험이 풍부한 프로젝트 관리자로 여행 운영과 워크플로 최적화 경험을 갖고 있다. 적절한 전문 지식을 활용해 업무를 매칭하고 팀 간 균형 잡힌 작업량을 유지하는 능력이 탁월하다. 과거 포춘 500대 기업에서 대규모 여행 운영을 관리했다.
# 목표: 작업 분배 최적화, 워크플로 효율성 유지, 품질 기준 보장
```

이 구조화된 역할 기반 에이전트 접근 방식은 명확한 책임과 계층을 제공하는 동시에 복잡한 여행 계획 시나리오를 유연하게 처리할 수 있게끔 한다. 각 에이전트의 역할과 배경 이야기는 대규모 시스템 내에서 이들의 기능에 깊이와 콘텍스트를 부여해 더욱 자연스럽고 효과적인 상호작용을 가능하게 한다. 이제 관리자, 분석가, 반성자, 탐색자 에이전트를 정의해보자. 그림 6.3은 여행 계획 시스템에 대해 역할 기반 에이전트를 포함한 CWD 모델을 확장해 도입한 형태다.

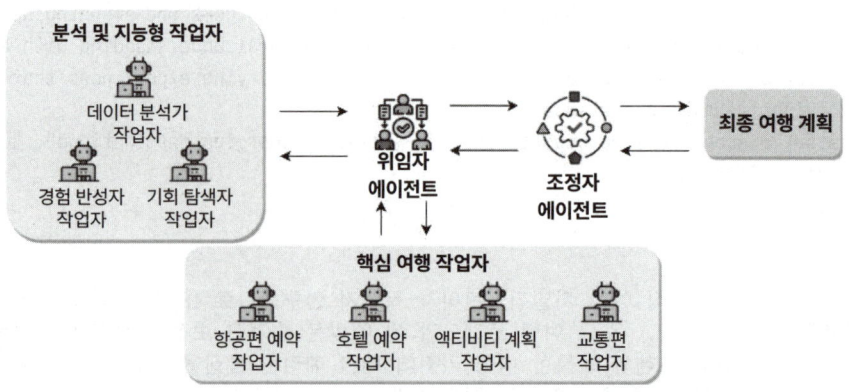

그림 6.3 여행 계획자를 위한 CWD 모델 내 역할 기반 에이전트 구조

여행 계획 다중 에이전트 시스템이 고객의 초기 요청에서 최종 여행 계획에 이르기까지 어떤 방식으로 매끄러운 여정을 조직하는지 살펴보자. 이 시스템은 계층적 구조를 활용한다. 여기에서 조정자 에이전트는 전략적 감독을 제공하고, 위임자 에이전트는 작업 분배를 관리하고, 전문화된 작업자 에이전트들은 핵심 여행 작업과 분석 기능을 병렬로 수행한다. 이 조율된 워크플로는 CWD 모델의 실제 적용 사례를 보여주며, 명확한 역할 정의와 효과적인 협업을 통해 효율적이고 지능적인 여행 계획을 수행한다. 이를 단계별로 살펴보면 다음과 같다.

1. **초기 요청 및 계획 수**

    1) 고객이 자신의 여행 요구사항을 시스템에 제출한다.

    2) 조정자 에이전트가 해당 요구사항을 분석하고 전략적 계획을 수립한다.

2. **작업 분배**

    1) 조정자 에이전트는 전략 계획을 위임자 에이전트에게 전달한다.

    2) 위임자 에이전트는 해당 계획을 핵심 워커와 분석 워커를 위한 구체적인 작업들로 분해한다.

3. **병렬 처리(핵심 여행 작업)**: 위임자 에이전트는 다음과 같이 특화된 작업들을 핵심 여행 작업자에게 할당한다.

    - **항공편 예약 작업자**는 최적의 항공편을 탐색하고 예약한다.
    - **호텔 예약 작업자**는 적합한 숙소를 식별하고 예약한다.
    - **액티비티 계획 작업자**는 체험 일정을 작성한다.
    - **교통편 작업자**는 현지 교통 수단을 조율한다.

4. **병렬 처리(분석 및 지능)**: 동시에 위임자 에이전트는 다음과 같이 분석 작업자들을 활용한다.

    - **데이터 분석 작업자**는 고객 데이터와 여행 패턴을 분석한다.
    - **경험 피드백 작업자(반성자)**는 유사한 과거 일정들을 검토한다.
    - **기회 탐색 작업자(탐색자)**는 고유한 옵션이나 대안을 식별한다.

5. **통합 및 정제**

    1) 모든 작업자 에이전트는 작업 결과를 위임자 에이전트에게 제출한다.

    2) 위임자 에이전트가 정보를 통합한다.

    3) 조정자 에이전트가 통합된 계획을 전달받는다.

6. **최종 검토 및 제공**
    1) 조정자 에이전트가 최종 여행 계획을 검토하고 최적화한다.
    2) 최종 여행 계획이 고객에게 제시된다.

이 흐름은 다양한 역할의 에이전트 사이에서 협업이 어떻게 이루어지는지 보여준다. 각 에이전트는 자신의 전문성을 기반으로 특정 역할을 수행하고, 그 결과물은 위임자(여행 운영 관리자)와 조정자(여행 계획 관리자)에 의해 통합되어 고객에게 맞춘 최적화된 여행 계획으로 제공된다.

역할이 명확하게 정의된 에이전트들을 신중하게 설계함으로써 CWD 기반 다중 에이전트 시스템은 효과적으로 협업하고, 전문성을 활용하고, 작업을 효율적으로 분배할 수 있다. 궁극적으로는 고객 요구사항에 맞춘 맞춤형 여행 계획을 제공할 수 있다. 그러나 이러한 정교한 다중 에이전트 시스템의 성공 여부는 에이전트들 사이의 커뮤니케이션과 상호작용이 얼마나 효과적으로 이루어지는가에 크게 의존한다. 다음 절에서는 이러한 에이전트들 사이에서 어떻게 효과적인 커뮤니케이션과 협업이 이루어지는지 자세히 살펴본다.

6.3 에이전트 간 커뮤니케이션 및 협업

CWD 모델 기반의 다중 에이전트 시스템에서는 에이전트 사이의 효과적인 커뮤니케이션과 협업이 성공적인 결과에 직접적인 영향을 미친다. 에이전트들은 늘 정보를 공유하고, 행동을 조율하며, 공동 목표를 향해 협력적으로 작동할 수 있어야 한다. CWD 기반 시스템에서의 커뮤니케이션 및 협업은 다음과 같은 핵심 측면들로 구성된다.

6.3.1 커뮤니케이션

에이전트는 상호작용을 위해 명확하게 정의된 프로토콜을 따라야 한다. 여기에는 메시지 형식과 상호작용 패턴이 포함된다. 이러한 프로토콜을 따름으로써 에이전트들은 서로를 명확히 이해하고 적절하게 행동할 수 있다. 예를 들어 여행 에이전트 시스템에서는 항공편 정보, 호텔 가용성, 고객 선호도에 대한 정보를 주고받기 위해 표준화된 메시지 형식과 커뮤니케이션 프로토콜을 사용할 수 있다. 이를 통해 에이전트들은 다른 에이전트로부터의 메시지를 효과적으로 해석하고, 원활하게 협업할 수 있다.

예를 들어 여행 에이전트 시스템의 에이전트들은 FIPA **ACL**agent communication language 같은 표준화된 커뮤니케이션 프로토콜을 따라 메시지와 정보를 교환할 수 있다. 예를 들어 호텔 예약 작업자 에이전트가 여행 날짜를 조율하기 위해 항공권 예약 작업자 에이전트와 커뮤니케이션할 때, FIPA ACL 형식으로 메시지를 보낼 수 있다. 이 메시지는 콘텐츠(예: 요청된 여행 날짜), 발신자(호텔 예약 작업자), 수신자(항공권 예약 작업자) 관련 정보 등을 포함할 수 있다.

6.3.2 조정 메커니즘

조정자는 작업자 에이전트의 활동이 시스템의 전반적인 목표와 일치하게 조정 메커니즘을 설정하는 데 중요한 역할을 한다. 이러한 조정 메커니즘은 작업 간의 의존성을 통제하고, 작업이 요구된 시간 내에 완료되도록 보장한다. 여행 에이전트 시스템의 콘텍스트에서 여행 계획 조정자 에이전트는 작업 우선순위 지정, 자원 할당, 진행 상황 모니터링을 포함하는 조정 메커니즘을 구현함으로써 여행 계획 과정이 원활하고 효율적으로 진행되게 할 수 있다.

여행 계획 조정자 에이전트는 작업자 에이전트들의 활동을 전체 여행 계획 목표에 맞게 정렬하기 위한 조정 메커니즘을 구현할 수 있다. 예를 들어 고객 선호도 또는 여행 날짜에 기반한 작업 우선순위 메커니즘을 채용할 수 있다. 고객이 숙박 예약 일정 탐색을 최우선으로 요청하면, 조정자 에이전트는 위임자 에이전트에게 호텔 예약 작업자 에이전트의 우선순위를 다른 작업자 에이전트의 그것보다 높게 지시할 수 있다. 그리고 조정자 에이전트는 각 작업자 에이전트의 진행 상황을 모니터링하여 자원을 재할당하거나 우선순위를 조정함으로써 작업이 제시간에 완료되도록 할 수 있다.

6.3.3 협상 및 갈등 해결

복잡한 다중 에이전트 시스템에서는 서로 다른 에이전트들의 목표나 행동이 충돌하는 경우가 발생할 수 있다. 이러한 상황을 해결하기 위해, 에이전트들은 협상 전략 또는 갈등 해결 메커니즘을 갖추고 있어야 한다. 이러한 전략은 타협을 유도하거나 상호 수용 가능한 해결책에 도달하게 함으로써 작업 환경의 조화를 유지한다. 예를 들어 여행 에이전트 시스템에서 여러 작업자 에이전트의 액티비티 계획이나 교통 옵션 제안이 충돌할 때는 사전에 정의된 기준에 따라, 혹은 조정자 에이전트를 중재자로 개입시켜 갈등을 해결할 수 있는 협상 메커니즘을 실행할 수 있다.

액티비티 계획 작업자 에이전트와 교통편 작업자 에이전트가 특정 여행일에 상충되는 계획을 제안하는 상황을 가정해보자. 액티비티 계획 작업자 에이전트는 하루 종일 진행되는 투어를 예약하고, 교통편 작업자 에이전트는 같은 날 종일 사용할 렌터카를 예약한 경우다. 이러한 상황에서 협상 메커니즘을 갈등 해결에 사용할 수 있다. 위임자 에이전트가 중재자 역할을 하고, 두 작업자 에이전트의 상충 계획을 수집하고 대안적인 해결책을 제안할 수 있다. 이는 투어 일정을 조정하거나 렌터카 예약을 변경하는 식이다. 만약 양측이 합의에 도달하지 못하면 조정자 에이전트가 사전에 정의된 기준이나 고객 선호도에 기반해 최종 결정을 내릴 수 있다.

6.3.4 지식 공유

에이전트들은 자신의 조사나 경험을 통해 얻은 지식, 통찰, 발견을 시스템 내의 다른 에이전트들과 공유할 수 있어야 한다. 이러한 지식 공유는 지속적인 학습과 적응을 촉진하고, 시스템이 시간이 지남에 따라 전반적인 성능을 향상시키는 데 기여한다. 여행 에이전트 시스템 콘텍스트에서 여행 데이터 분석가 에이전트는 고객 선호 분석을 통해 도출한 통찰을 다른 에이전트들과 공유함으로써 더 나은 의사결정을 내리게 도울 수 있다. 마찬가지로 여행 기회 탐색자 에이전트는 새로운 여행지나 떠오르는 트렌드에 관한 정보를 공유함으로써 시스템이 최신 흐름을 반영하고 그에 맞게 서비스 내용을 조정할 수 있도록 한다.

예를 들어 여행 데이터 분석가 에이전트는 고객 선호도, 여행 트렌드, 과거 여행에 대한 피드백을 분석해 통찰과 추천을 생성할 수 있다. 이 통찰은 시스템 내의 다른 에이전트들과 공유되고, 이들의 의사결정 프로세스를 향상시키는 데 사용된다. 예를 들어 여행 데이터 분석가 에이전트가 친환경 여행 옵션에 대한 수요가 증가하고 있음을 파악하고, 이 정보를 액티비티 계획 작업자 에이전트와 교통편 작업자 에이전트에게 공유할 수 있다. 그러면 이 에이전트들은 보다 지속 가능한 액티비티나 교통편을 포함하도록 자신들의 제안을 조정할 수 있다. 또한 여행 기회 탐색자 에이전트는 끊임없이 새로운 여행지, 독특한 체험, 떠오르는 트렌드를 탐색한다. 이 에이전트는 자신의 발견을 다른 에이전트들과 공유함으로써, 각 에이전트가 자신들의 계획 과정에 새로운 기회를 반영할 수 있게끔 한다. 예를 들어 여행 기회 탐색자 에이전트가 인기 있는 여행지에 새롭게 개장한 친환경 리조트를 발견하면, 이 정보를 호텔 예약 작업자 에이전트와 액티비티 계획 작업자 에이전트와 공유해 호텔 추천 및 액티비티 계획에 이 새로운 옵션을 포함시킬 수 있게 할 수 있다.

CWD 모델의 역할 기반 접근 방식은 커뮤니케이션 채널과 에이전트 책임에 대한 명확한 경계를 설정한다. 커뮤니케이션, 조정, 지식 공유를 위한 명확한 프로토콜을 구현함으로써 시스템은 에이전트들의 집단 지성을 활용해 적응력 있고 효율적인 여행 계획 서비스를 제공할 수 있다. 이러한 구조화된 협업은 시스템이 복잡한 문제를 해결하는 동시에, 시간이 지남에 따라 시스템 성능을 지속적으로 개선할 수 있게 해준다.

이번 절에서는 CWD 기반 여행 계획 시스템에서의 커뮤니케이션과 협업에 관한 이론적 프레임워크를 설명했다. 이를 실제로 구현할 때는 기술적 측면을 신중히 고려해야 한다. 또 CWD 모델에 기반한 다중 에이전트 시스템 내 커뮤니케이션 및 협업의 기초적 요소에 관해 포괄적으로 살펴봤는데, 명확히 정의된 커뮤니케이션 프로토콜을 따르고 강건한 조정 메커니즘을 구축하며 효과적인 지식 공유를 촉진함으로써 이러한 시스템은 복잡하고 동적인 시나리오를 처리할 수 있는 능력을 갖추게 된다.

다음 절에서는 기초 개념을 바탕으로 생성형 AI 시스템에서 CWD 접근 방식을 구현하는 실제적인 방법론에 관해 깊이 있게 살펴본다. 상태 공간 관리, 환경 모델링, 메모리 시스템, LLM 콘텍스트 처리 등 이론적 개념을 실제 애플리케이션에서 실현하기 위해 필요한 고급 기법들을 다룬다.

6.4 생성형 AI 시스템에서 CWD 접근 방식 구현

지금까지 CWD 모델이 LLM 기반 에이전트에 대응하는 형태에 관해 살펴보고, 여행 계획 시스템에 맞춰 역할을 조정하는 방법에 관해 논의했다. 그러나 생성형 AI 시스템에서 이 접근 방식을 실제로 구현하기 위해서는 몇 가지 기술적 고려사항에 주의해야 한다. 전통적인 다중 에이전트 시스템에서 LLM 기반 구현으로 전환하는 과정에는 그 고유의 도전과 기회가 함께 존재한다. LLM은 자연어 이해 및 생성 기능을 바탕으로 에이전트의 행동과 상호작용을 구현할 수 있는 새로운 방법을 제공하지만, 동시에 CWD 모델의 구조적 접근을 유지하려면 특정한 아키텍처 관점을 고려해야 한다.

전통적인 다중 에이전트 시스템에서는 일반적으로 에이전트의 행동과 상호작용을 명시적인 코드로 구현한다. 반면 LLM 기반 구현에서는 이러한 요소들을 주로 정교하게 설계된 프롬프트와 상호작용 패턴으로 제어한다. 이 근본적인 차이 때문에 CWD 모델의 원칙을 LLM의 특성에 맞게 조정하고, 동시에 앞서 논의한 명확한 역할 구분과 계층적 구조를 유지할 수 있도록 해야 한다.

다음 장에서 다루는 기술적 세부사항에 관해 살펴보기 전에, 먼저 LLM 기반 CWD 시스템을 구현하는 데 필요한 세 가지 핵심 구현 고려사항에 관해 살펴보자. 이 세 가지 고려사항(시스템 프롬프트, 지시 형식 구성, 상호작용 패턴 설계)은 이론적 모델을 실제 작동하는 시스템으로 바꾸기 위한 기반이 된다.

6.4.1 시스템 프롬프트와 에이전트 행동

시스템 프롬프트$_{\text{system prompt}}$는 LLM 에이전트의 핵심 특성과 운영 파라미터를 정의하는 기본 구성 계층 역할을 한다. 일반적인 작업 지시 프롬프트와 달리, 시스템 프롬프트는 에이전트의 지속적인 성향, 역할 경계, 행동 프레임워크를 에이전트의 수명 주기 전반에 걸쳐 설정한다. 예를 들어 여행 계획 시스템에서 각 에이전트의 시스템 프롬프트는 다음과 같은 요소들을 반드시 포함해야 한다.

- 역할 정의 및 책임 소재 범위
- 제약 조건과 운영 경계
- 다른 에이전트와의 커뮤니케이션 프로토콜
- 구체적인 역할에 특화된 의사결정 프레임워크

예를 들어 항공편 예약 에이전트의 시스템 프롬프트는 항공 검색 파라미터, 가격 책정 고려사항, 항공사 제휴 등에 관한 구체적인 지시를 포함할 것이다. 한편, 조정자 에이전트의 시스템 프롬프트는 고수준 계획과 감독 능력에 중점을 둘 것이다.

앞서 살펴본 CrewAI 같은 LLM 에이전트 프레임워크가 `role`과 `backstory`를 정의함으로써 시스템 프롬프트를 구성하는 방법을 살펴봤다. `role`은 에이전트의 기능적 경계와 책임을 규정하고, `backstory`는 해당 책임 소재에 대한 접근 방식을 생성하는 콘텍스트와 전문성을 제공한다. 이 두 요소가 결합되어 에이전트의 행동과 의사결정 방식을 이끄는 풍부한 시스템 프롬프트가 된다. 예를 들어 에이전트의 역할이 **항공편 예약 전문가**일 때, 그 배경 이야기를 '**전 세계 항공 네트워크에 정통한 전직 항공사 수익 관리 전문가**'로 설정하면 경로 및 가격 선택 시 좀 더 세밀하고 정교한 결정을 내리는 데 도움을 줄 수 있다.

6.4.2 지시 형식 지정

명확하고 일관된 지시 형식 지정instruction formatting은 에이전트의 안정적인 성능과 효과적인 에이전트 간의 커뮤니케이션을 보장하기 위해 필수다. 특히, 자연어를 이해함으로써 지시를 해석하는 LLM 기반 시스템에서는 이러한 지식 형식 지정이 더욱 중요하다. 지식 형식 지정의 핵심 요소에는 다음 항목들이 포함된다.

- **입력 구조화**input structuring: 작업 지시나 요청에 대해 표준화된 입력 형식을 사용한다. 예를 들어 다음의 구조화된 입력은 출발지, 도착지, 선호하는 여행 날짜를 명확하게 제공함으로써 항공편 예약 작업자가 명확한 입력을 받도록 보장한다.

```
{
  "task_type": "flight_search",
  "parameters": {
```

```
    "departure": "location",
    "destination": "location",
    "dates": "date_range"
  }
}
```

- **출력 템플릿**output template: 다른 에이전트가 신뢰성을 가지고 파싱할 수 있도록 일관성 있는 응답 구조를 제공한다. 표준화된 출력 형식을 사용하면 에이전트는 신속하게 태스크 상태를 식별하고 관련 정보에 접근할 수 있다. options 배열은 가용 항공편, recommendations는 고객 선호 사항에 기반하는 선택을 포함할 수도 있다.

```
{
  "status": "completed/failed",
  "result": {
    "options": [...],
    "recommendations": [...],
    "constraints": [...]
  }
}
```

- **커뮤니케이션 프로토콜**communication protocol: 에이전트 간 메시지 및 상태 업데이트를 위해 메시지 형식을 명확하게 해야 한다. 이러한 프로토콜은 메시지 유형, 발신자 및 수신자의 명확한 식별, 쉽게 처리할 수 있는 구조화된 콘텐츠와 함께 에이전트 사이의 명확하고 일관된 커뮤니케이션을 보장한다.

```
{
  "message_type": "update",
  "sender": "flight_booking_worker",
  "recipient": "coordinator",
  "content": {
    "progress": "in_progress",
    "completion": "60%",
    "pending_tasks": [...]
  }
}
```

6.4.3 상호작용 패턴

CWD 기반 시스템의 성공은 에이전트 사이의 잘 정의된 상호작용 패턴에 크게 의존한다. LLM 기반 구현에서는 이러한 패턴이 언어 모델 상호작용의 고유한 특성을 고려해야 한다. 필수 상호작용 패턴은 다음과 같다.

- **메시지 전달 프로토콜**
    - 에이전트 간 통신을 위한 구조화된 형식
    - 서로 다른 처리 단계 간의 명확한 인계 프로세스
    - 오류 처리 및 복구 메커니즘
- **상태 관리**
    - 에이전트가 현재 작업 상태를 인식하는 방법
    - 다단계 프로세스를 통해 진행 상황을 추적하는 방법
    - 병렬 액티비티 조정
- **피드백 루프**
    - 에이전트가 성공/실패를 전달하는 방법
    - 명확성이나 추가 정보를 요청하는 방법
    - 상호작용 기록을 통한 지속적인 개선 메커니즘

요약

이번 장에서는 효과적인 다중 에이전트 시스템을 설계하기 위한 프레임워크로서 CWD 모델을 살펴봤다. 초기 역할 기반 연구에서 시작해 이러한 원칙이 현대의 LLM 기반 에이전트 아키텍처에 어떻게 완벽하게 적용되는지를 확인했다. 실용적인 여행 계획 시스템을 사용하여 이를 살펴봤는데, 이 시스템에서는 항공편 예약 담당자에서 액티비티 계획 담당자에 이르기까지 다양한 에이전트들이 명확한 계층 구조 하에서 함께 작동한다는 것을 알 수 있었다. 다중 에이전트 시스템 안에서 잘 정의된 역할과 책임 소재는 매우 중요하다. 이것이 각 에이전트가 명확성과 목적을 가지고 작동하도록 보장하기 때문이다. 이는 전체 목표에 맞춰 시스템을 조정하는 조정자들의 감독 아래서 전문화된 작업자 에이전트들이 효과적으로 협업하는 방식을 강조한다. 위임자는 작업을 관리하고 원활한 워크플로 분배를 가능하게 하는 데 중요한 역할을 한다. 또한, 이번 장에서는 효과적인 커뮤니케이션과 협업 패턴의 중요성도 강조했다. 이는 에이전트 간 매끄러운 정보 교환과 협업 행동을 위해 반드시 필요하다. 마지막으로, 시스템 프롬프트 설계와 지시 형식 지정과 같은 구현 고려 사항에 관해 살펴봤다. 이들은 에이전트 간 상효작용에서 명확함과 일관성을 보장한다.

이러한 에이전트 설계에 대한 구조화된 접근 방식은 복잡한 작업을 효율적으로 세분화하고 실행하면서 동시에 커뮤니케이션과 책임 소재를 명확하게 유지할 수 있게 해준다. 여행 계획 예시를 통해 이론적 개념이 실제로 어떻게 적용되는지 살펴봤다.

다음 장에서는 실제로 에이전트를 효과적으로 설계하는 방법에 관해 좀 더 깊이 살펴본다.

질문

1. CWD 모델이 다중 에이전트 시스템의 효율성을 어떻게 향상시키는가? 여행 계획 시스템의 예시를 사용해 설명하라.
2. LLM 에이전트 설계에서 '역할'과 '배경 이야기'의 중요성은 무엇인가? 이들이 시스템 프롬프트에 어떻게 기여하는가? 예시를 들어 설명하라.
3. 여행 계획 시스템에서 핵심 여행 작업자와 분석 및 정보 작업자를 비교/대조하라. 이들의 기능은 어떻게 상호 보완되는가?
4. 프로토콜, 조정 메커니즘, 지식 공유에 관한 내용을 포함하여 CWD 기반 시스템에서의 커뮤니케이션과 협업의 핵심 요소에 관해 설명하라.
5. LLM 기반 시스템에서 지시 형식 지정이 효과적인 에이전트 커뮤니케이션에 어떻게 기여하는가? 입력 및 출력 구조 예시를 들어 설명하라.

답변

1. CWD 모델은 계층적 구조를 명확히 구축함으로써 멀티 에이전트 시스템의 효율성을 높인다. 여기에서 조정사는 전략적 감독을 담당하고, 위임자는 작업 분배를 담당하고, 전문화된 작업자는 특정한 기능의 수행을 담당한다. 여행 계획 시스템에서는 이러한 구조 덕분에 작업을 병렬로 처리할 수 있다. 핵심 여행 작업자들이 예약과 일정을 처리하는 동안, 분석 작업자들은 데이터를 처리하는 동시에 새로운 기회를 탐색할 수 있다. 이러한 구조화된 접근 방식은 작업 완료의 효율성을 보장하면서도 책임과 커뮤니케이션 라인을 명확히 유지한다.

2. 역할과 배경 이야기는 시스템 프롬프트를 구성하는 LLM 에이전트 설계의 핵심 요소다. 역할은 에이전트의 기능적 경계와 책임을 정의하고(예: 항공권 예약 전문가), 배경 이야기는 그 역할 수행에 필요한 콘텍스트와 전문성을 제공한다(예: **'글로벌 항공 네트워크에 대한 깊은 지식을 지닌 전직 항공사 수익 관리 전문가'**). 이 둘을 결합하면 에이전트의 행동과 상호작용 패턴을 안내하는 풍부한 시스템 프롬프트가 만들어진다. 예를 들어 항공권 예약 작업자의 역할과 배경 이야기는 작업자가 항공 운항 경험을 바탕으로 경로 및 가격 결정을 정교하게 내릴 수 있도록 한다.

3. 핵심 여행 작업자(항공, 호텔, 액티비티, 교통편 작업자)는 여행 일정의 실질적인 예약 및 실행을 담당한다. 한편, 분석 및 정보 작업자(데이터 분석가, 경험 반성자, 기회 탐색자)는 트렌드 분석, 피드백 처리, 새로운 기회 식별을 통해 전략적 지원을 제공한다. 핵심 작업자들이 즉각적인 업무를 실행하는 동안, 분석 작업자들은 데이터 기반 인사이트와 지속적인 개선을 통해 시스템의 의사결정 역량과 향후 성능을 높인다.

4. CWD 시스템에서의 커뮤니케이션과 협업은 몇 가지 핵심 요소로 구성된다. 표준화된 커뮤니케이션 프로토콜(예: FIPA ACL)을 통해 에이전트 간 명확한 메시지 교환이 가능하다. 조정 메커니즘을 통해 조정자는 종속성과 타임라인을 관리한다. 협상 전략은 에이전트 간 갈등(예: 일정 충돌)을 해결하고, 지식 공유를 통해 에이전트 간의 통찰과 경험을 공유하여 시스템의 지속적인 발전을 지원한다. 이러한 요소들은 유기적으로 결합되어 효율적이고 협력적인 멀티 에이전트 시스템을 구성한다.

5. LLM 기반 시스템에서의 지시 형식 지정은 구조화된 입력/출력 패턴을 통해 신뢰할 수 있는 에이전트 간의 커뮤니케이션을 보장한다. 이러한 표준화된 형식은 에이전트 간의 모호함 없는 커뮤니케이션, 명확한 작업 사양, 쉽게 파싱 가능한 결과를 만들어 시스템의 전반적인 효율성과 신뢰성을 높인다.

CHAPTER 7
효과적인 에이전틱 시스템 설계 기법

이전 장에서는 **조정자-작업자-위임자**CWD 모델에 관해 살펴봤다. 이 모델은 다중 에이전트 설계의 강건한 기초이며 협력과 작업 분업을 강조한다. 조정자, 작업자, 위임자라는 세 가지 역할에 관해 자세히 살펴보고, 효과적인 작업 분배를 위한 그들의 상호작용과 기여에 관해 깊이 논의했다.

이번 장에서는 에이전트 행동의 기초가 되는 시스템 프롬프트와 집중 지침의 중요성을 먼저 확인한다. 다음으로 에이전트가 동작하는 상태 공간 표현과 환경 모델링이라는 핵심 개념에 관해 살펴본다. 이어서 에이전트의 메모리 아키텍처와 콘텍스트 관리 전략에 관해 살펴본다. 이들은 에이전트가 상호작용 전반에서 일관된 행동을 유지하는 데 꼭 필요하다. 마지막으로 LLM 기반 에이전트 시스템의 순차 및 병렬 처리 방식과 같은 고급 워크플로 패턴을 다룬다. 이번 장에서 다루는 주요 주제는 다음과 같다.

- 에이전트를 위한 집중 시스템 프롬프트와 지침
- 상태 공간과 환경 모델링
- 에이전트 메모리 아키텍처와 콘텍스트 관리
- 에이전트 워크플로의 순차 및 병렬 처리

이번 장을 마치면 복잡한 작업을 효율적으로 처리하면서도 일관된 행동과 성능을 유지할 수 있는 강력하고 확장 가능하며 효과적인 에이전트 시스템을 설계하는 방법에 대해 포괄적으로 이해할 수 있게 될 것이다.

기술 요구사항

이번 장에서 사용하는 코드 파일은 GitHub의 https://github.com/moseskim/Building-Agentic-AI-Systems 저장소에서 확인할 수 있다.

7.1 에이전트를 위한 집중 시스템 프롬프트와 지침

집중 지침focused instruction은 지능형 에이전트의 행동을 유도하는 데 중요한 역할을 한다. 집중 지침은 에이전트의 목표, 제약 조건, 작동 환경을 규정한다. 이러한 지침의 명확성과 구체성은 에이전트가 의도된 목표를 달성하는 데 크게 영향을 미친다.

7.1.1 목표 정의

명확한 목표를 정의하는 것은 지능형 에이전트를 위한 집중 지침의 핵심 요소다. 잘 정의된 목표는 에이전트의 의도된 기능과 행동의 토대가 되며, 특정 목표를 달성하기 위한 에이전트의 행동과 의사결정 프로세스를 이끈다.

고객 서비스 역할에 배치된 지능형 여행 에이전트를 예로 들어 깊이 이해해보자. 여기에서 목표는 개인화된 여행 솔루션을 제공하고 고객의 문의나 문제를 효과적으로 해결함으로써 고객 만족을 극대화하는 것이다. 이 포괄적 목표에는 다음 핵심 요소들이 포함될 것이다.

- **개인화**: 여행 에이전트는 각 고객의 고유한 선호, 예산, 요구사항에 기반해 맞춤 여행 제안과 솔루션을 제공해야 한다. 이를 위해 고객의 여행 목표, 관심사, 제약 조건 등에 대한 상세 정보를 수집하고, 이 지식을 활용해 맞춤형 일정과 경험을 설계한다.
- **문제 해결**: 여행 준비뿐만 아니라 여행 중 발생할 수 있는 문의, 문제, 이슈를 해결할 수 있어야 한다. 예를 들어 예약 충돌을 해결하거나 여행 권고사항에 대해 안내하거나 여행 계획 변경 시 대체 솔루션을 제공하는 것 등이 있다.
- **효과적인 커뮤니케이션**: 고객 만족을 극대화하려면 여행 에이전트가 명확하고 효과적으로 소통하여 고객이 제안된 솔루션, 잠재적 트레이드오프, 관련 세부사항이나 권장사항을 이해할 수 있게 해야 한다. 또한 고객 피드백이나 우려사항을 정확하게 청취하고 해석하는 능력도 중요하다.
- **지속적 개선**: 고객 만족도 수준을 면밀히 모니터링하고 피드백을 수집함으로써 여행 에이전트는 자신의 역량과 접근 방식을 점진적으로 개선할 수 있다. 이러한 피드백 루프를 통해 개선이 필

요한 부분을 식별하고, 변화하는 고객 선호나 업계 동향에 적응하고, 설루션과 서비스의 품질을 지속적으로 향상시킬 수 있다.

명확히 정의된 목표는 에이전트의 성과를 평가할 수 있는 분명한 기준점을 제공한다. 예를 들어 지능형 여행 에이전트의 경우 고객 만족도 평가, 문의나 문제 해결의 성공률, 개인화된 여행 계획의 전반적인 품질 등을 통해 에이전트가 주된 목표를 얼마나 효과적으로 달성했는지 평가할 수 있다. 또한 이러한 목표는 에이전트의 의사결정 프로세스에 지침을 제공하고 예산, 시간, 물류상의 제약 조건을 준수하면서 고객 만족 극대화에 부합하는 행동과 설루션의 우선순위를 정하는 데 도움을 준다. 다음과 같은 샘플을 생각할 수 있다.

목표: 고객 만족도를 극대화하면서 개인화된 여행 설루션을 제공하는 전문 여행 에이전트 역할을 수행한다.

주요 기능
- 여행 선호도, 제약 조건 및 예산을 수집하고 분석한다.
- 개인화된 여행 추천 및 일정표를 생성한다.
- 여행 관련 문제를 해결하고 대안을 제공한다.
- 명확하고 전문적인 커뮤니케이션을 수행한다.
- 고객 만족도를 모니터링하고 이에 따라 조정한다.

제약 조건
- 명시된 예산 내에서 지출한다.
- 고객 안전을 우선시한다.
- 여행 규정을 준수한다.
- 예약 마감일을 준수한다.

행동
- 명확하고 전문적인 언어를 사용한다.
- 공감과 인내심을 보인다.
- 고객의 니즈를 예측한다.
- 가격을 투명하게 제시한다.
- 옵션을 장단점과 함께 제시한다.
- 핵심 요구사항과 마감일을 문서화한다.

7.1.2 작업 명세

세부적인 작업 명세task specification는 지능형 에이전트가 자신의 임무와 책임을 명확히 이해하게 돕는다. 작업 명세는 특정 작업과 관련된 단계, 예상 출력, 잠재적인 과제를 상세히 설명함으로써 에이전트가 효과적이고 효율적으로 작업을 수행하게 지원한다. 지능형 여행 에이전시 예시에서 이어서 살펴보면, 작업 명세는 에이전트가 여행 계획 프로세스의 다양한 측면을 성공적으로 처리할 수 있게 하는 데 필수다.

다음은 여행 에이전트의 역할 중 여러 구성 요소에 대해 작업 명세를 어떻게 정의할 수 있는지에 대한 몇 가지 예시다.

- 고객 상호작용 및 문의 처리(순서대로 단계)
    1) 고객에게 인사한다.
    2) 관련 정보(여행 선호도, 예산, 날짜 등)를 수집한다.
    3) 문의 또는 요청의 성격을 파악한다.
    4) 적절한 응답 또는 해결책을 제공한다.
    5) 고객의 만족 여부를 확인한다.
    - **기대 출력**: 고객 문의에 대한 명확하고 간결한 응답, 개인화된 여행 추천이나 일정표, 예약 확인 또는 업데이트
    - **잠재적 과제**
        - 모호하거나 불완전한 고객 요청
        - 언어 장벽
        - 상충되는 선호도 또는 제약 조건
        - 감정적이거나 불만족한 고객의 대응
- 항공편 및 숙소 예약
    - **단계**: 고객의 선호도에 따라 항공편 및 숙소를 검색한다. 가격, 소요 시간, 편의시설, 고객 평점 등의 요소를 기준으로 옵션을 비교한다. 고객에게 상위 옵션을 제시한 후 선택된 옵션을 확인 및 예약한다.
    - **기대 출력**: 항공편 및 호텔 예약 확인서, 여행 일정표, 청구서 또는 영수증

- **잠재적 과제**: 제한된 좌석/객실 가용성, 변동하는 가격, 변경/취소 처리, 그룹 예약 또는 특별한 숙소 요청 처리

자세한 작업 명세를 제공함으로써 지능형 여행 에이전트가 여행 계획 프로세스의 각 측면에 포함된 특정 단계, 예상 출력물 또는 결과물, 발생할 수 있는 잠재적 문제를 이해하도록 돕는다. 이 지식은 에이전트가 다양한 상황을 효과적으로 처리하고, 잠재적인 문제를 예측 및 완화하고, 궁극적으로 고객에게 원활하고 개인화된 여행 경험을 제공하는 데 필요한 지침을 제공한다.

다음은 항공편 문의를 위한 작업 명세 예시다.

1. 초기 문의
   - 출발지/도착지 정보를 수집한다.
   - 선호 날짜와 시간대를 확인한다.
   - 특별 요구사항(좌석 등급, 경유, 선호 항공사 등)을 기록한다.
   - 예산 제약을 확인한다.
2. 검색 프로세스
   - 조건에 맞는 이용 가능한 항공편을 검색한다.
   - 가격대 및 선호도를 기준으로 필터링한다.
   - 가격/소요시간/경유 횟수 기준으로 최적의 결과를 정렬한다.
   - 가용 좌석을 확인한다.
3. 제시
   - 상위 3개의 항공편 옵션을 제시한다.
   - 가격, 소요 시간, 경유 정보 등을 표시한다.
   - 독특한 특징이나 제한사항을 강조한다.
   - 취소 정책을 안내한다.
4. 출력
   - 항공편 비교 요약
   - 예약 확인서
   - 여행 주의사항 안내

7.1.3 콘텍스트 인식

콘텍스트 인식contextual awareness은 지능형 에이전트의 행동을 뒷받침하는 핵심 요소로, 지정된 환경에서 효과적으로 작동하고 변화하는 상황에 적응할 수 있도록 한다. 이러한 인식은 단순한 작업 수행을 넘어선 것으로 환경, 사용자 요구사항, 의사결정에 영향을 미치는 상황적 뉘앙스를 이해하는 것을 포함한다. 본질적으로 콘텍스트 인식은 주어진 상호작용이나 의사결정 지점에서의 모든 상황을 이해하고 대응하는 것이다.

지능형 여행 에이전트 관점에서 콘텍스트 인식은 몇 가지 중요한 차원에서 드러난다. 에이전트는 국제 여행 규제와 계절별 날씨 패턴에서부터 특정 호텔 정책과 현지 교통 옵션에 이르기까지 글로벌 및 로컬 상황 모두를 인식해야 한다. 이러한 다층적인 인식은 에이전트가 정보를 기반으로 결정을 내리고, 고객의 요구를 진정으로 충족시키는 맞춤형 추천을 제공할 수 있도록 한다. 그림 7.1은 에이전틱 시스템에서 콘텍스트 인식의 여러 계층이 어떻게 통합될 수 있는지를 보여준다.

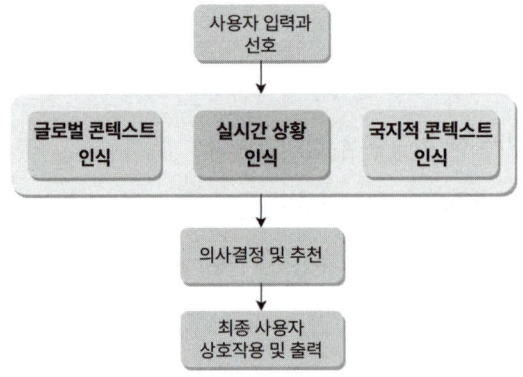

그림 7.1 지능형 에이전틱 시스템 내의 콘텍스트 인식

콘텍스트 인식의 깊이는 여행 도메인에서 몇 가지 주요 예시를 통해 설명할 수 있다.

- **목적지 인텔리전스**: 에이전트는 여행 목적지에 대한 성수기, 지역 행사, 문화적 의미 등을 포함한 포괄적인 지식을 유지한다. 예를 들어 고객이 일본 방문에 관심을 표현한다면 에이전트는 단순히 항공권을 예약하는 데 그치지 않고 벚꽃 시즌, 주요 축제, 지역 기후 패턴 등을 고려해 최적의 여행 일정과 경험을 추천한다.
- **동적 적응**: 콘텍스트 인식은 변화하는 상황에 실시간으로 적응할 수 있게 한다. 예를 들어 날씨 문제로 항공편이 취소되면 에이전트는 이 정보를 단순히 전달하는 데 그치는 것이 아니라 즉시 대체 노선을 알아보고, 이후의 예약에 미치는 영향을 고려하고, 고객의 선호와 제약을 바탕으로 해결책을 제시한다.

- **문화적 감수성**: 문화 규범과 지역 관습을 이해하는 것은 의미 있는 여행 추천을 제공하는 데 있어 매우 중요하다. 이는 종교 시설 방문 시 적절한 복장 안내, 특정 식단 제한을 고려한 식당 추천, 방문객이 숙지해야 할 현지 관습 안내 등을 포함할 수 있다.

에이전트는 이러한 콘텍스트 인식 요소를 통합함으로써 고객의 필요를 예측하고, 잠재적인 문제를 방지하고, 진정으로 개인화된 여행 경험을 만들어낼 수 있다. 이는 단순한 패턴 매칭을 넘어서는 것으로 다양한 상황적 요소들이 상호작용하며 전반적인 여행 경험에 어떤 영향을 미치는지에 대해 세밀하게 이해해야 한다. 콘텍스트 인식의 진정한 가치는 표준적인 서비스 상호작용을 세심하게 큐레이션된 경험으로 바꾸어주는 데 있다. 에이전트가 목적지의 세부사항, 고객 선호, 상황적 요소에 대한 지식을 결합할 때, 개인적이면서도 실용적인 추천과 솔루션을 제공할 수 있다.

7.2 상태 공간 및 환경 모델링

상태 공간 및 환경 모델링은 지능형 에이전트가 작동 환경을 인지, 이해, 상호작용하는 방식을 정의하는 기반을 이룬다. 이번 절에서는 정보에 입각한 의사결정과 일관된 행동을 가능하게 하는 효과적인 상태 표현 및 환경 모델을 설계하고 구현하는 데 꼭 필요한 요소들을 살펴본다.

7.2.1 상태 공간 표현

상태 공간 표현state space representation은 에이전트가 현재 상황, 가능한 행동, 잠재적 결과를 유지하고 업데이트하는 방법을 정의한다. 잘 설계된 상태 공간은 불필요한 복잡성을 피하면서도 관련 정보를 추적할 수 있게 한다. 지능형 여행 에이전트의 관점에서 보면 상태 공간에는 다음과 같은 요소가 포함될 수 있다.

- **고객 프로필 상태**
    - 개인적 선호 및 제약사항
    - 여행 이력 및 피드백
    - 현재 상호작용 콘텍스트
    - 예산 한도 및 유연성
    - 특별 요청이나 편의사항
- **여행 콘텍스트 상태**
    - 사용 가능한 항공편 옵션과 가격

- 호텔 가용성 및 요금
- 날씨 상황 및 예보
- 여행 권고 및 제약사항
- 계절별 이벤트 및 성수기

- **예약 상태**
  - 예약 상태 및 확인서
  - 결제 정보 및 상태
  - 취소 정책 및 기한
  - 여행 일정 변경 및 업데이트
  - 연결 항공편(또는 일정) 의존성

상태 공간은 정적 요소와 동적 요소를 모두 포함하면서도 효율성을 유지할 수 있도록 설계되어야 한다. 예를 들어 에이전트는 항공편 예약 상태, 호텔 상태, 고객 선호사항 등을 다음과 같이 표현할 수 있다.

```
{
    "booking_id": "BK123456",
    "status": "confirmed",
    "components": {
        "flights": [{
            "status": "confirmed",
            "departure": "2024-05-15T10:00:00",
            "cancellation_deadline": "2024-05-01",
            "dependencies": ["hotel_check_in"]
        }],
        "hotels": [{
            "status": "pending",
            "check_in": "2024-05-15",
            "cancellation_policy": "48h_notice"
        }]
    },
    "customer_preferences": {
        "seat_type": "window",
        "meal_requirements": "vegetarian",
        "room_preferences": ["high_floor", "non_smoking"]
    }
}
```

이 상태는 예약 상태 및 여행 일정(예: 항공편 상태, 호텔 확인 상태), 사용자 선호사항 등은 물론이고 사용자의 특정 요구사항까지 포함해 구성되어 있다.

상태는 특정 작업에 대한 '특정 시점의' 표현 또는 지식을 제공하지만, 해당 환경이 작동하는 더 큰 환경 또한 매우 중요하다. 이러한 환경에는 에이전트가 접근할 수 있는 도구, 에이전트가 준수해야 할 특정 정책이나 규칙, 특정한 사용 시나리오에 필요한 기타 세부 정보가 포함된다. 다음 절에서는 이러한 환경 모델링이 무엇을 포함하는지에 관해 살펴본다.

7.2.2 환경 모델링

환경 모델링 environment modeling 은 지능형 에이전트 설계의 중요한 구성 요소로, 에이전트가 작동하는 세계를 상세하게 표현하는 것을 포함한다. 이 표현은 에이전트가 자신의 운영 환경을 이해하는 데 도움이 되며 에이전트가 상호작용해야 하는 외부 시스템에서 의사결정에 영향을 미치는 실제 조건에 이르기까지 모든 것을 포괄한다. 본질적으로 환경 모델링은 다음 세 가지 근본적인 질문에 답한다.

- 에이전트가 상호작용할 수 있는 시스템과 서비스는 무엇인가?
- 이러한 상호작용을 통제하는 규칙과 제약은 무엇인가?
- 에이전트가 모니터링하고 대응해야 할 변화하는 조건은 무엇인가?

예를 들어 여행 에이전트 시스템에서 환경 모델은 항공사 예약 시스템, 호텔 예약 플랫폼, 결제 처리기 등과의 연결을 표현해야 한다. 또한 예약 프로세스와 관련된 비즈니스 규칙을 인코딩하고, 가격 변동이나 가용성과 같은 동적 요인을 인식해야 한다. 잘 설계된 환경 모델은 에이전트가 다음과 같은 작업을 수행할 수 있게 해준다.

- 현재 조건에 근거한 정보에 입각해 의사결정을 내린다.
- 복잡한 시스템 및 프로세스를 효과적으로 탐색한다.
- 운영 환경의 변화에 적절히 대응한다.
- 규칙 및 규정을 준수한다.
- 주어진 제약 조건 내에서 최적의 결과를 달성한다.

환경 모델은 거의 변하지 않는 정적 규칙과 지속적으로 모니터링해야 하는 동적 요소를 모두 잡아내야 한다. 정적 요소와 동적 요소에 관해 자세히 살펴보자.

- **정적 환경 요소**static environment element: 정적 요소는 환경의 변하지 않은 측면을 나타내며, 이는 에이전트의 작동을 규율한다.
    - 비즈니스 규칙과 제약
        - 예약 정책 및 프로세스
        - 결제 처리 요구사항
        - 취소 및 변경 규칙
        - 서비스 수준 계약
        - 규제 준수 요구사항
    - 시스템 인터페이스
        - API 엔드포인트 및 사양
        - 데이터베이스 스키마 및 관계
        - 인증 메커니즘
        - 오류 처리 프로토콜
        - 속도 제한 및 할당량
- **동적 환경 요소**dynamic environment element: 동적 요소는 실시간 모니터링 및 적응이 필요한 환경의 변화하는 측면을 나타낸다.
    - 리소스 가용성
        - 실시간 재고 수준
        - 가격 변동
        - 서비스 중단
        - 날씨 조건
        - 지역 이벤트 및 상황
    - 시스템 성능
        - 응답 시간 및 지연
        - 오류율 및 실패
        - 리소스 사용량
        - 대기열 길이 및 처리 시간
        - 시스템 상태 지표

에이전트가 작동하는 환경은 주어진 작업을 얼마나 효과적으로 수행할 수 있는지를 결정한다. 그렇기 때문에 에이전트를 위해 환경을 모델링할 때는 신중하게 고려해야 한다. 통합 지점과 시스템 상호작용이 너무 많으면 에이전트 시스템이 지나치게 복잡해질 수 있다. 이를 완화하는 일반적인 방법은 특정 작업을 한두 개 잘 수행하는 목적 기반 에이전트를 여러 개 사용하고, 이 에이전트들이 협력해 최종 목표를 달성하게 하는 것이다. 이 방법은 이 장 후반의 순차 및 병렬 워크플로에서 더 명확히 다룰 것이다. 먼저 이러한 여러 에이전트들이 어떻게 상호작용하고 통합될 수 있는지 살펴보자.

7.2.3 통합 및 상호작용 패턴

상태 공간 및 환경 모델링의 성공은 다양한 구성 요소 간의 원활한 상호작용을 가능하게 하는 효과적인 통합 패턴에 크게 의존한다. 이러한 상호작용을 효과적으로 관리하기 위한 두 가지 중요한 패턴이 있다.

- **이벤트 기반 업데이트**event-driven updates: 이 패턴은 에이전트가 환경의 변화에 동적으로 반응할 수 있도록 한다. 에이전트는 지속적으로 변경사항을 대기polling하지 않고, 이벤트가 발생하는 즉시 이를 수신하고 처리한다. 예를 들어 항공사가 비행 상태를 업데이트하거나 호텔 객실이 더 이상 사용 불가능해지면, 이러한 이벤트는 에이전트의 상태에 즉각적인 업데이트를 발생시키고 변화하는 상황에 실시간으로 대응할 수 있도록 한다. 다음 코드는 여행 예약 상태에 영향을 미치는 이벤트를 처리하는 에이전트를 보여준다. `TravelAgentState` 클래스에는 다양한 유형의 이벤트를 처리하고 시스템을 업데이트하는 메서드가 포함되어 있다. 다음은 두 가지 가능한 이벤트(비행 변경 및 기상 알림)에 대한 예제 코드다.

```python
class TravelAgentState:
    def update_booking_status(self, event):
        if event.type == "FLIGHT_CHANGE":
            self.check_dependencies()
            self.notify_customer()
        elif event.type == "WEATHER_ALERT":
            self.evaluate_alternatives()
            self.update_recommendations()
        ...
```

예를 들어 항공편 시간이 오전 10시에서 오후 2시로 변경되는 경우를 생각해보자.

1) 시스템이 "`FLIGHT_CHANGE`" 이벤트를 수신한다.
2) `update_booking_status` 메서드가 이 이벤트를 처리한다.

3) 새 항공편 시간이 호텔 예약이나 교통편에 영향을 미치는지 확인한다.

4) 변경사항을 고객에게 자동으로 알린다.

마찬가지로 여행지에 심각한 기상 경보가 발령된 경우를 생각해보자.

1) 시스템이 "WEATHER_ALERT" 이벤트를 수신한다.

2) 해당 기상이 여행 계획에 영향을 미칠지 평가한다.

3) 필요한 경우 대체 날짜나 목적지를 식별한다.

4) 고객에게 제공된 권장사항을 업데이트한다.

- **상태 검증 및 일관성**state validation and consistency: 이 패턴은 에이전트의 환경에 대한 이해를 정확하고 신뢰할 수 있도록 보장한다. 상태 전환이 유효한지, 의존성이 유지되는지, 비즈니스 규칙이 준수되는지 확인하는 작업을 포함한다. 예를 들어 호텔 예약을 확정하기 전에 에이전트는 날짜가 항공편 일정과 일치하는지, 예약이 취소 정책을 준수하는지 확인해야 한다. 다음은 예약 무결성과 비즈니스 규칙 준수를 보장하기 위해 견고한 상태 유효성 검사를 구현하는 방법을 보여주는 코드 예시다. 이 검증 시스템은 문지기gatekeeper처럼 동작하며, 모든 상태 변경이 적용되기 전에 유효한지 확인한다.

```python
def validate_state_transition(current_state, new_state):
    if not is_valid_transition(current_state, new_state):
        raise InvalidStateTransition("Invalid transition from {current_state} to {new_state}")
    check_state_dependencies(new_state)
    validate_business_rules(new_state)
```

다음은 이 유효성 검사가 실제로 작동하는 방식이다.

1. 상태 전이 검증 예시

    - 현재 상태: `"on hold"`(항공편 예약)

    - 새 상태: `"confirmed"`

    - 시스템은 다음을 확인한다.

        - 결제가 완료되었는가?

        - 좌석이 여전히 가능한가?

        - 가격이 여전히 유효한가?

2. 의존성 확인 예시

- 예약에 항공편과 호텔이 포함되어 있다.
- 시스템은 다음을 검증한다.
  - 호텔 체크인 시간이 항공편 도착 이후인가?
  - 교통편 서비스 이용 가능 여부가 항공편 시간과 일치하는가?
  - 객실 유형이 여행자 수에 맞는가?
3. 비즈니스 규칙 예시
   - 국제선 예약이 진행 중이다.
   - 시스템은 다음을 확인한다.
     - 여권 정보가 제공되었는가?
     - 여행자 보험이 제공되었는가?
     - 취소 정책이 확인되었는가?

유효성 검사 단계 중 하나라도 실패하면, 시스템은 상태 변경을 차단하고 적절한 오류를 발생시켜 예약 시스템의 무결성을 유지한다.

7.2.4 모니터링과 적응

효과적인 모니터링은 지능형 에이전트 시스템에서 강력한 상태 및 환경 모델을 유지하는 데 중요한 역할을 한다. 포괄적인 모니터링 접근 방식은 시스템의 성능을 나타내는 핵심 성과 지표를 추적한다. 이러한 지표에는 실시간으로 변경사항에 대응하는 에이전트의 능력에 직접적인 영향을 미치는 상태 업데이트의 지연, 모델의 예측과 결정의 정확도와 정밀도가 포함된다. 또한 시스템은 리소스 사용 패턴을 모니터링하고, 오류율 및 복구 시간을 추적하고, 무엇보다 에이전트의 성능이 현실 세계에 미치는 영향을 반영하는 고객 만족 지표를 측정해야 한다.

최적의 성능을 유지하려면 지능형 에이전트는 모니터링을 통해 얻은 통찰에 대응하는 정교한 적응 전략을 사용해야 한다. 이를 위해 가변적인 작업량을 효율적으로 처리하기 위한 동적 리소스 할당을 구현하고, 새로운 데이터와 새로운 패턴에 따라 모델을 지속적으로 개선 및 업데이트해야 한다. 시스템은 계절별 여행 패턴이나 고객 선호도의 변화 같은 조건 변화에 맞춰 시스템의 규칙과 최적화 파라미터를 조정할 수 있어야 한다. 성능 튜닝 및 확장 메커니즘은 시스템이 증가하는 수요를 처리하면서도 반응성을 유지하게 보장하고, 사용자 피드백을 수용함으로써 시스템의 행동을 고객의 기대 및 요구와 일치시킨다.

지능형 에이전트 시스템의 궁극적인 성공은 상태 공간과 환경 모델을 효과적으로 표현 및 관리하는 능력, 변화하는 조건에 적응하는 능력에 달려 있다. 정적 요소와 동적 요소를 모두 고려한 신중한 설계, 강력한 통합 패턴 구현, 효과적인 모니터링 및 적응 메커니즘의 유지 관리를 통해 에이전트는 더 높은 수준의 성능을 달성하고 사용자에게 뛰어난 서비스를 제공할 수 있다. 시스템 설계 및 유지 관리에 대한 이러한 총체적 접근 방식은 운영 환경이 진화하고 새로운 과제가 등장한다고 하더라도 에이전트가 신뢰할 수 있고, 효율적이고, 사용자 요구에 반응한다는 것을 보장한다.

7.3 에이전트 메모리 아키텍처 및 콘텍스트 관리

메모리 아키텍처와 콘텍스트 관리는 지능형 에이전트가 일관된 상호작용을 유지하고 과거 경험 및 현재 콘텍스트를 바탕으로 정보에 기반한 의사결정을 내릴 수 있도록 하는 데 필수인 구성 요소다. 이번 절에서는 효과적인 메모리 시스템을 설계하고 에이전틱 시스템에서 콘텍스트 정보를 관리하기 위한 설계 원칙 및 구현 전략에 관해 살펴본다. 에이전트 메모리 아키텍처는 전형적으로 세 가지로 구분된 유형의 메모리를 포함하는데, 단기 메모리, 장기 메모리, 일화적 메모리다. 이 메모리 아키텍처들에 관해 자세히 살펴보자.

7.3.1 단기 메모리(작업 메모리)

단기 메모리short-term memory는 **작업 메모리**working memory라고도 알려져 있으며, 에이전트의 즉각적인 인지 작업 공간의 역할을 한다. 현재 상호작용이나 처리 중인 작업과 관련된 정보를 일시적으로 저장하고 관리한다. 이 유형의 메모리는 대화 콘텍스트를 유지하고, 다단계 프로세스를 처리하고, 활성 사용자 세션을 관리하는 데 특히 중요하다. 여행 에이전트 시스템에서 단기 메모리는 진행 중인 검색 파라미터를 추적하고, 예약 프로세스의 현재 상태를 유지하고, 즉각적인 결정을 내리는 데 영향을 줄 수 있는 콘텍스트별 세부 정보를 기억하는 데 필수다.

예를 들어 고객이 항공편을 검색할 때 단기 메모리는 현재 검색 조건, 최근에 본 옵션, 현재 세션 중에 나타난 임시 선호도 등의 세부 정보를 유지한다. 이러한 정보는 영구적으로 저장할 필요는 없지만, 진행 중인 상호작용 과정에서 일관성 있고 개인화된 경험을 제공하는 데 중요하다. 메모리의 임시적 특성은 세션이 종료되거나 정보가 더 이상 필요하지 않을 때 데이터를 지움으로써 시스템 리소스를 효율적으로 관리하는 데도 도움이 된다.

다음은 여행 에이전트 시스템에서 단기 메모리를 실질적으로 구축한 예시 클래스다. 이 클래스는

`customer_id`, 세션 시작 타임스탬프, 대화 스레드의 현재 쿼리, 사용자 쿼리에서 추출한 임시 선호도 등 활성화된 실시간 대화에 필요한 파라미터들을 정의한다. `update_context` 함수는 대화가 진행됨에 따라 `current_interaction`의 속성을 업데이트해 단기 메모리를 최신 정보로 유지한다. 단기 메모리는 일시적이고 특정 세션에 국한되므로 `clear_session` 함수는 `current_session`의 상태를 제거하고, 이후의 새 세션에 대비한다.

```python
class WorkingMemory:
    def __init__(self):
        self.current_interaction = {
            'customer_id': None,
            'session_start': None,
            'current_query': None,
            'active_searches': [],
            'temporary_preferences': {}
        }
    def update_context(self, new_information):
        # 현재 상호작용 콘텍스트를 업데이트한다.
        self.current_interaction.update(new_information)
    def clear_session(self):
        # 임시 세션 데이터를 초기화한다.
        self.__init__()
```

단기 메모리는 지능형 에이전트가 작업을 수행하는 데 필요한 충분한 콘텍스트를 제공한다. 그러나 에이전트가 목표를 달성하기 위해서는 일시적 정보와 달리 중요한 영구적 정보가 필요하다. 다음으로 지식 베이스라고도 알려진 장기 메모리에 관해 자세히 살펴보자.

7.3.2 장기 메모리(지식 베이스)

장기 메모리long-term memory는 에이전트의 영구적인 지식 저장소로서 여러 상호작용과 세션에 거쳐 관련과 가치를 유지해야 하는 정보를 저장한다. 단기 메모리와 달리, 이러한 유형의 저장소는 장기간 보존되고 사용돼야 하는 데이터를 위한 것이다. 이는 에이전트가 축적한 지식, 학습된 패턴, 고객과의 관계의 토대가 된다.

장기 메모리는 고객 서비스의 일관성을 유지하고, 과거 데이터에 기반해 개인화된 상호작용을 가능하게 하는 데 특히 중요하다. 예를 들어 여행 에이전트 시스템에서 장기 메모리는 여러 번의 예약을 통해 발견한 고객 선호도를 저장하고, 과거 여행 기록을 유지하고, 목적지, 계절별 패턴, 서비스 제공업체 관계에 대한 지식을 보존하는 데 사용된다. 이러한 영구 저장소를 통해 에이전트는 과거 패턴과 정보를 토대로 결정을 내릴 수 있고, 고객이 매번 선호도를 반복하지 않아도 개인화된 서비스를 제공할 수 있다.

장기 메모리를 구현할 때는 저장된 정보의 정확성과 접근성을 보장하기 위한 데이터 구조, 검색 효율성, 업데이트 메커니즘을 신중하게 고려해야 한다. 다음은 여행 에이전트 시스템에서 이를 구현한 예시 코드다.

1. 고객 프로필 및 선호도

```python
class CustomerMemory:
    def __init__(self):
        self.profiles = {
            'preferences': {},
            'travel_history': [],
            'feedback_history': [],
            'special_requirements': {},
            'loyalty_status': None
        }

    def update_profile(self, customer_id, new_data):
        # 새 정보를 기존 프로필과 병합
        self.profiles[customer_id] = {
            self.profiles.get(customer_id, {}),
            new_data
        }
```

2. 여행 지식 베이스

```python
class TravelKnowledge:
    def __init__(self):
        self.destination_info = {}
        self.seasonal_patterns = {}
        self.service_providers = {}
        self.travel_regulations = {}

    def update_knowledge(self, category, key, value):
        # 특정 지식 카테고리 업데이트
        getattr(self, category)[key] = value
```

단기 메모리와 장기 메모리는 지능형 에이전트 시스템의 중요한 초석이라고 할 수 있다. 그러나 최근 챗봇과 같은 대화형 인터페이스에서 세 번째 유형의 메모리인 일화적 메모리가 등장해 주목받고 있다. 이 유형의 메모리는 LLM과 지능형 에이전트가 행동을 더욱 세분화하여 사용자에게 더 정밀한 출력을 제공하는 데 도움을 준다.

7.3.3 일화적 메모리(상호작용 기록)

일화적 메모리episodic memory는 개별 상호작용, 사건, 그 결과를 개별 에피소드로 잡아내고 저장하는 특수한 형태의 메모리를 나타낸다. 이러한 유형의 메모리는 에이전트가 과거 경험에서 학습하고, 과거 상호작용을 바탕으로 미래의 의사결정을 내릴 수 있게 한다. 일반적인 장기 메모리와 달리, 일화적 메모리는 사건의 시간적 순서와 콘텍스트에 초점을 맞추며, 고객 행동 및 서비스 결과의 패턴을 이해하는 데 특히 가치가 있다.

우리가 다루는 여행 에이전트 시스템 콘텍스트에서 일화적 메모리는 여러 중요한 기능을 수행한다. 이 메모리는 성공적인 예약 패턴을 식별하고, 일반적인 고객 여정 경로를 이해하고, 과거에 긍정적 결과나 문제를 초래한 상황을 인식하는 데 도움을 준다. 예를 들어 고객이 특정 공항에서 경유 시간이 길어 불편을 겪은 적이 있다면, 에이전트는 이러한 일화적 정보를 활용해 다음 예약 시 유사한 상황을 피할 수 있다. 또한 과거 상호작용과 그 결과를 참조해 좀 더 콘텍스트에 맞는 응답을 제공할 수 있다.

일화적 메모리를 구현할 때는 상호작용 기록을 효율적으로 검색하고, 패턴을 인식할 수 있도록 구조화하고, 저장하는 방식을 신중히 고려해야 한다. 다음은 여행 에이전트 시스템에서 이를 구현한 예시 코드다.

```python
class EpisodicMemory:
    def __init__(self):
        self.interaction_history = []

    def record_interaction(self, interaction_data):
        # 타임스탬프 추가 후 상호작용 저장
        interaction_data['timestamp'] = datetime.now()
        self.interaction_history.append(interaction_data)

    def retrieve_relevant_episodes(self, context):
        # 유사한 과거 상호작용 찾기
        return [episode for episode in
                self.interaction_history
                if self._is_relevant(episode, context)]
```

핵심 메모리 시스템에 관해 살펴봤다. 다음으로 이러한 서로 다른 유형의 메모리가 실제로 어떻게 상호작용하는지를 살펴봐야 한다. 에이전트는 이 메모리 시스템 사이의 정보 흐름을 관리하고 적절한 시점에 적절한 정보를 제공하기 위한 정교한 메커니즘을 필요로 한다. 이는 두 가지 중요한 구성 요소인 콘텍스트 관리와 의사결정 통합으로 이어진다.

7.3.4 콘텍스트 관리

효과적인 **콘텍스트 관리**context management는 에이전트가 현재 상황과 관련된 과거 정보를 적절히 인식하게 보장한다. 예를 들어 도쿄와 싱가포르 등의 여러 도시로 출장 일정을 계획하고 있는 고객을 지원하는 여행 예약 시스템을 생각해보자. 이 에이전트는 다양한 콘텍스트 요소를 고려해야 한다. 고객의 기업 출장 정책에 따라 항공료는 2천 달러로 제한되고, 고객들은 출장 일정 때문에 오전 항공기를 선호하고, 특정 사무실 위치에서 도보 거리에 있는 호텔을 예약해야 하는 것 등을 포함한다. 예약 프로세스가 진행되는 동안 에이전트는 항공권 검색, 호텔 가능 여부, 회의 일정 제약 등을 탐색하면서 이 정보를 지속적으로 참조하고 업데이트한다. 이 현실적인 시나리오는 복잡한 다단계 여행 일정을 처리하기 위해 강력한 콘텍스트 관리가 필수인 이유를 잘 보여준다. 효과적인 콘텍스트 관리는 에이전트가 현재 상황과 관련된 과거 정보를 적절히 인식하게 보장한다. 이를 위해서는 다음과 같은 주요 구성 요소가 필요하다.

- **콘텍스트 계층**context hierarchy: 콘텍스트 관리 시스템은 다양한 수준의 콘텍스트를 유지해야 한다.
    - 글로벌 콘텍스트
        - 시스템 전반의 설정 및 제약사항
        - 현재 운영 상태
        - 글로벌 여행 경보 및 주의사항
    - 세션 콘텍스트
        - 현재 고객 상호작용 상태
        - 활성 검색 및 쿼리
        - 임시 선호사항 및 제약사항
    - 작업 콘텍스트
        - 특정 예약 세부사항
        - 다단계 프로세스의 현재 단계
        - 관련 예약 및 종속 관계

- **콘텍스트 전환**context switching: 콘텍스트 전환은 에이전트가 서로 다른 작업 콘텍스트 사이를 원활하게 이동하면서도 일관성과 연속성을 유지할 수 있게 하는 중요한 기능이다. 이 과정에는 다음과 같은 핵심 측면이 포함된다.
  - **콘텍스트 보존**context preservation
    - 전환 전 현재 상태 저장
    - 콘텍스트 변경 내역 유지
    - 전환 중 중요한 정보 유실 방지
  - **콘텍스트 복원**context restoration
    - 필요할 때 이전 콘텍스트 검색
    - 운영 환경 재구성
    - 관련 연결 및 상태 복원
  - **콘텍스트 병합**context merging
    - 여러 콘텍스트의 정보 결합
    - 서로 다른 콘텍스트 간 충돌 해결
    - 콘텍스트 변경 간의 일관성 유지

메모리 시스템과 콘텍스트 관리 간의 정교한 상호작용의 궁극적인 목적은 하나다. 즉, 지능적인 의사결정을 가능하게 하는 것이다. 에이전트는 과거 데이터와 현재 콘텍스트를 모두 인식함으로써, 보다 많은 정보를 바탕으로 효과적이고 정교한 결정을 내릴 수 있다. 다음으로 이러한 구성 요소들이 어떻게 결합되어 에이전트의 의사결정 프로세스를 지원하는지 살펴보자.

7.3.5 의사결정과의 통합

메모리 아키텍처와 콘텍스트 관리 시스템은 다음과 같은 핵심 메커니즘을 통해 에이전트의 의사결정 프로세스를 효과적으로 지원해야 한다.

1. **정보 수집**: 시스템은 다양한 메모리 구성 요소에서 관련 정보를 효율적으로 수집하고 통합하여 의사결정을 지원해야 한다. 다음 항목들을 포함한다.
   - 고객 이력 및 선호도에 접근
   - 유사한 과거 사례 및 그 결과 검색

- 현재 콘텍스트와 과거 데이터를 결합
- 관련 정보 필터링 및 우선순위 지정

2. **패턴 인식**: 패턴 인식 기능은 에이전트가 의사결정에 도움이 되는 관련 패턴과 트렌드를 식별할 수 있게 한다.
   - 과거 상호작용 패턴 분석
   - 성공적인 예약 패턴 식별
   - 과거 경험을 바탕으로 잠재적 문제 인식
   - 계절별 트렌드 및 선호도 감지

3. **의사결정 최적화**: 의사결정 프로세스는 다음과 같은 여러 요소를 고려해 최적의 결과를 도출해야 한다.
   - 다양한 옵션의 가중치 평가
   - 복수의 제약 조건 고려
   - 고객 선호도와 시스템 요구사항 간의 균형
   - 위험 평가 및 완화 전략

메모리 아키텍처와 콘텍스트 관리 시스템의 효과적인 통합은 에이전트가 일관된 상호작용을 유지하고, 과거 경험으로부터 학습하고, 정보에 기반한 결정을 내릴 수 있게 한다. 이러한 구성 요소들을 신중하게 설계하고 상호작용을 원활하게 보장함으로써 에이전트는 보다 개인화되고 효과적인 서비스를 제공하는 동시에 상호작용 전반에 걸쳐 일관성을 유지할 수 있다.

7.4 순차 및 병렬 처리의 에이전트 워크플로

지능형 에이전트 시스템의 효율성과 효과성은 종종 여러 작업과 프로세스를 얼마나 잘 관리하는가에 달려 있다. 이번 절에서는 에이전트 시스템의 워크플로 관리를 위한 두 가지 주요 접근 방식인 순차 처리와 병렬 처리에 관해 살펴본다.

7.4.1 순차 처리

순차 처리sequential processing는 작업을 정의된 순서로 처리하는 것을 의미하며, 각 단계는 이전 단계의 완료에 따라 결정된다. 여행 에이전트 시스템에서 순차 처리는 다음과 같은 단계별 작업에 필수다.

1. 항공편 및 호텔 연계
    - 호텔 예약 전에 항공편 이용 가능 여부 확인
    - 도착 시간에 맞춘 교통편 조율
    - 예약 완료 전 비자 요건 검증
2. 결제 처리
    - 자금 가용성 검증
    - 결제 처리
    - 예약 확정
    - 확인서 발송

그림 7.2는 여행 예약 시스템에서의 직관적인 순차 처리 워크플로를 보여준다.

그림 7.2 순차 처리

순차 처리는 의존적인 작업에 대해 명확하고 통제된 워크플로를 제공하지만 독립적인 여러 작업을 처리할 때는 비효율적일 수 있다. 이러한 제한은 특히 특정 작업을 동시에 실행할 수 있는 복잡한 사용 사례, 예를 들어 여행 예약에서 두드러진다. 에이전트의 성능과 응답 시간을 최적화하기 위해 언제 순차 처리와 병렬 처리를 적용할지 이해하는 것이 중요하다. 이제 병렬 처리가 어떻게 시스템의 효율성을 높일 수 있는지 살펴보자.

7.4.2 병렬 처리

병렬 처리parallel processing는 에이전트가 여러 독립적인 작업을 동시에 처리할 수 있게 함으로써 효율성을 향상시키고 응답 시간을 줄인다. 다음은 주요한 적용 사례다.

1. 동시 검색
    - 여러 항공사 시스템에 동시에 질의
    - 다양한 호텔 체인의 가용성 확인
    - 날씨 예보 및 여행 주의보 확인

2. 백그라운드 처리
    - 고객 프로필 업데이트
    - 피드백 및 리뷰 처리
    - 가격 변동 모니터링
    - 여행 주의보 업데이트

그림 7.3은 여행 예약 시스템에서의 병렬 처리 워크플로 예시다.

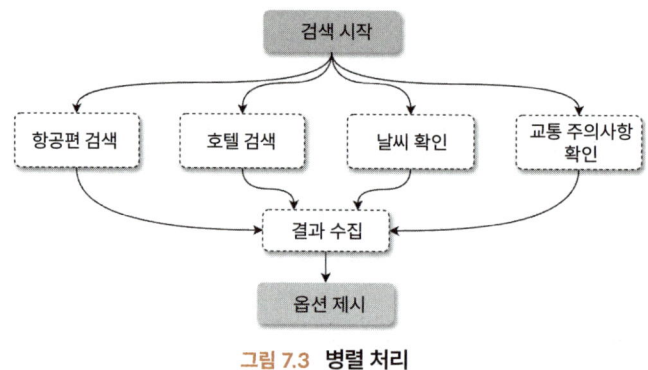

그림 7.3 병렬 처리

순차 처리와 병렬 처리 모두 각각 고유한 장점을 제공한다. 실질적인 문제는 언제 각 접근 방식을 사용할지, 어떻게 이들을 효과적으로 결합하는지에 달려 있다. 에이전트는 작업 요구사항, 시스템 부하, 시간 제약을 기반으로 이러한 처리 모드를 동적으로 전환할 수 있어야 한다. 이를 위해서는 세심하게 워크플로를 최적화해야 한다.

7.4.3 워크플로 최적화

에이전트 시스템에서 효과적인 워크플로 최적화workflow optimization를 위해서는 다양한 처리 패턴을 관리하고 조율하는 세련된 접근 방식을 사용해야 한다. 이는 단순히 순차 처리와 병렬 처리 중 하나를 선택하는 것을 넘어 시스템 자원, 시간 제약, 작업 간 의존성을 고려하면서 이를 효과적으로 결합하는 방법을 이해하는 것을 포함한다. 그림 7.4는 최적화된 동적 워크플로의 개념적 아키텍처를 나타낸다.

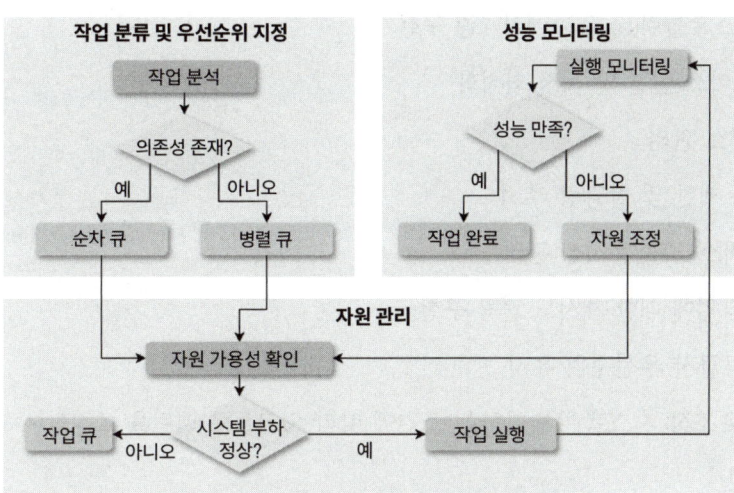

그림 7.4 동적 워크플로를 활용한 워크플로 최적화

다음은 워크플로 최적화에 관한 상세 분석이다.

1. **작업 분류 및 우선순위 지정**: 워크플로 최적화의 첫 번째 단계는 작업을 신중히 분석하고 분류하는 것이다.

    1) 의존성 분석
    - 반드시 순차적으로 완료해야 하는 중요 작업 식별
    - 예약 구성 요소 간 의존성 매핑
    - 작업 간 데이터 흐름 요구사항 이해
    - 시간 제약 및 데드라인 파악

    2) 우선순위 지정
    - 작업의 긴급성과 중요성 평가
    - 고객 SLA 및 기댓값 고려
    - 전체 예약 프로세스에 미치는 영향 평가
    - 자원 요구사항 파악

2. **자원 관리**: 자원의 효율적 할당과 활용은 워크플로 최적의 워크플로 성능을 위해 필수다.

    1) 시스템 자원 할당
    - CPU 및 메모리 사용량 모니터링 및 관리
    - 시스템 구성 요소 간 부하 균형 조정

- 필요 시 스로틀링throttling 메커니즘 구현
   - 데이터베이스 연결 및 캐시 최적화

   2) 외부 서비스 관리
   - API 호출 제한 및 할당량 추적
   - 외부 서비스 요청 동시성 관리
   - 실패한 작업에 대한 재시도 전략 구현
   - 서비스 공급자 우선순위 유지

3. **동적 워크플로 조정**: 시스템은 변화하는 조건에 따라 워크플로 패턴을 조정할 수 있어야 한다.

   1) 부하 분산
   - 시스템 부하에 따라 병렬 작업 실행 조정
   - 피크 시간대에 작업 재분배
   - 큐(대기열) 깊이 및 처리 속도 관리
   - 역압backpressure 메커니즘 구현

   2) 성능 모니터링
   - 작업 완료 시간 및 성공률 추적
   - 병목 현상 및 성능 문제 식별
   - 시스템 처리량 및 지연 시간 측정
   - 자원 사용 패턴 모니터링

이러한 최적화 전략을 신중히 구현함으로써 에이전트 시스템은 신뢰성을 유지하면서 더 나은 성능을 달성할 수 있다. 효율적일 뿐만 아니라 변화하는 조건에 탄력적으로 적용할 수 있는 워크플로를 만드는 것이 핵심이다. 이러한 균형 잡힌 접근 방식은 에이전트가 복잡한 여행 예약 시나리오를 처리하면서, 고객에게 일관되고 응답성 높은 서비스를 제공할 수 있게 한다.

요약

이번 장에서는 효과적인 에이전트 시스템을 설계하기 위한 필수 구성 요소와 기술에 대해 학습했다. 집중화된 시스템 프롬프트가 에이전트의 행동을 어떻게 이끄는지, 상태 공간 표현과 환경 모델이 의사결정의 토대를 어떻게 만드는지, 그리고 단기, 장기, 일화적 메모리 구조를 어떻게 콘텍스트 관리와 결합해 과거 경험에서 학습하고, 일관된 상호작용을 가능하게 하는지 살펴봤다.

여행 예약 에이전트의 예시를 통해 지능형 워크플로 최적화 전략을 기반으로 하는 순차 및 병렬 처리 패턴의 통합이 에이전트가 시스템의 신뢰성을 유지하는 동시에, 복잡한 작업을 효율적으로 처리할 수 있게 하는 방법을 살펴봤다. 이러한 설계 기술은 실제 시나리오를 효과적으로 관리하고, 변화하는 조건에 적응하고, 사용자에게 일관되면서도 고품질의 서비스를 제공할 수 있는 시스템을 만드는 데 기여한다. 개발자는 이러한 방법을 신중하게 구현함으로써, 현재 요구사항을 충족할 뿐만 아니라 미래의 필요에도 대응할 수 있는 에이전트 시스템을 만들 수 있다. 다음 장에서는 생성형 AI 시스템에서 신뢰를 구축하는 중요한 주제를 다룬다. 투명하고, 신뢰할 수 있고, 책임 있는 AI 설루션을 사용자가 확실하게 신뢰할 수 있도록 만드는 방법에 관해 살펴본다.

질문

1. 에이전트 시스템에서 세 가지 주요 메모리 아키텍처는 무엇인가? 효과적인 에이전트 행동을 유지하는 데 왜 중요한가?
2. 에이전트 워크플로에서 순차 처리와 병렬 처리의 차이점을 설명하라. 여행 예약 시스템에서 이들을 각각 언제 사용하면 좋을까?
3. 콘텍스트 관리는 효과적인 에이전트 운영에 어떻게 기여하는가? 관리해야 할 핵심 콘텍스트 계층은 무엇인가?
4. 환경 모델은 에이전트 설계에서 어떤 역할을 하는가? 상태 공간 표현과 다른 점은 무엇인가?
5. 워크플로 최적화에서 순차 처리와 병렬 처리 접근 방식을 선택할 때 어떤 요소들을 고려해야 하는가?

답변

1. 에이전트 시스템의 세 가지 주요 메모리 아키텍처는 다음과 같다.
   - **단기(작업) 메모리**: 현재 작업에 필요한 즉각적인 상호작용 콘텍스트와 임시 정보를 처리한다. 예를 들어 현재 검색 파라미터와 세션 상태를 유지한다.
   - **장기(지식 베이스) 메모리**: 여러 상호작용에 유용한 지속적인 정보를 저장한다. 고객 프로필, 여행 규정, 목적지 정보 등이 이 정보에 해당한다.
   - **일화적 메모리**: 특정 상호작용과 그 결과를 개별 에피소드로 기록한다. 이를 통해 과거 경험에서 학습하고 고객 행동에서 패턴 인식을 가능하게 한다. 이들은 현재와 과거 정보를 바탕

으로 콘텍스트를 유지하고, 경험을 통해 학습하고, 정보에 입각한 결정을 내릴 수 있게 돕는 역할을 하기 때문에 중요하다.

2. 순차 처리는 각 단계가 이전 단계의 완료에 의존하며 순서대로 작업을 처리한다(예: 항공편 가용성 확인 후 호텔 예약, 결제 후 예약 확인서 전송 등). 병렬 처리는 여러 독립적인 작업을 동시에 처리한다(예: 여러 항공사 시스템 조회, 호텔 가용성 확인, 날씨 정보 동시 조회 등). 여행 예약 시스템에서는 이들을 다음과 같이 활용할 수 있다.
   - 작업에 의존성이 있을 때 순차 처리를 사용한다(예: 결제 → 예약 확인).
   - 독립적인 작업에는 병렬 처리를 사용한다(예: 다중 공급업체 검색).

3. 콘텍스트 관리는 현재 상황과 관련된 과거 정보를 유지하여 에이전트가 일관성 있게 작동하도록 돕는 역할을 한다. 다음은 주요한 콘텍스트 계층이다.
   - 글로벌 콘텍스트: 시스템 전반의 설정 및 제약 조건
   - 세션 콘텍스트: 현재 고객 상호작용 상태 및 임시 환경 설정
   - 작업 콘텍스트: 개별 작업 세부사항, 다단계 프로세스의 현재 단계 및 종속성

4. 환경 모델은 외부 요소들 및 에이전트가 작동하는 시스템을 포괄적으로 표현한다. 여기에는 정적 규칙(비즈니스 정책과 시스템 인터페이스)과 동적 요소(자원 가용성 및 가격 변동)가 포함된다. 한편, 상태 공간 표현은 특정 시점에서의 지식, 가능한 작업 및 결과를 정의하여 현재 상태와 다음 상태를 추적하는 데 중점을 둔다. 환경 모델은 상태 공간 안에서 보다 넓은 운영 콘텍스트를 제공한다.

5. 워크플로 최적화를 할 때 주요하게 고려할 요소는 다음과 같다.
   - 작업 의존성: 작업들 사이에 선후 관계 여부, 또는 독립 실행 가능 여부
   - 리소스 가용성: 시스템 용량 및 외부 서비스 제한
   - 시간 제약: 작업 완료 긴급성 및 SLA 요구사항
   - 시스템 부하: 현재 처리 수용량 및 큐 깊이
   - 성능 요구사항: 처리량 및 지연 시간 기댓값

이러한 요소들을 균형 있게 고려하여 각 작업의 특정 요구사항과 시스템 전반의 효율성 목표를 동시에 달성할 수 있도록 해야 한다.

PART III

신뢰, 안전성, 윤리, 그리고 응용

3부에서는 신뢰할 수 있고, 안전하고, 윤리적인 생성형 AI 시스템을 구축하는 방법을 종합적으로 살펴본다. 그리고 실제 응용 사례와 이 분야의 미래 방향을 탐구해본다.

3부는 다음 장으로 구성된다.

CHAPTER 8 생성형 AI 시스템에서의 신뢰 구축

CHAPTER 9 안전 및 윤리적 고려사항 관리

CHAPTER 10 일반적인 사용 사례 및 응용 분야

CHAPTER 11 결론과 미래 전망

CHAPTER 8

생성형 AI 시스템에서의 신뢰 구축

이전 장에서는 지능형 에이전트를 바람직한 행동으로 이끌고, 동시에 윤리적 원칙을 지키게 효과적으로 유도할 수 있는 여러 설계 방법에 관해 살펴봤다. 집중 지침, 보호장치guardrail와 제약 조건, 자율성과 통제 사이의 균형 찾기는 에이전트를 인간의 가치와 정렬시키고 잠재적 위험을 완화하는 데 있어 핵심적인 전략이다.

집중 지침을 통해 명확한 목표, 작업, 운영 콘텍스트를 정의함으로써 에이전트가 작동할 수 있는 명확한 프레임워크를 제공할 수 있다. 보호장치와 제약 조건은 경계와 같이 동작하며 에이전트가 의도하지 않은 영역으로 벗어나지 않게 방지하고 부정적인 결과를 만들어낼 위험을 최소화한다. 이와 동시에, 자율적 의사결정과 인간의 통제를 결합한 균형 잡힌 접근 방식은 에이전트가 독립적인 판단을 내리는 동시에 우리가 가진 가치와 원칙에 연결되게 돕는다.

하지만 생성형 AI 시스템의 성공적인 채택과 수용의 기반에는 중요한 구성 요소가 존재한다. 그것은 바로 신뢰trust다. 이러한 기술들이 사회의 다양한 측면과 점점 얽히게 됨에 따라, 사용자의 신뢰와 확신을 구축하는 것은 효과적인 구현에 반드시 필요하다.

이번 장에서는 AI에서 신뢰의 중요성을 살펴보고 이를 달성하기 위한 전략을 탐구한다. 신뢰를 사용자의 신뢰와 책임 있는 구현을 촉진하는 데 핵심적인 요소로 강조하며, 여러 절로 나누어 각 측면을 상세히 설명한다. 특히 불확실성과 편향이라는 두 가지 큰 장애물을 다루고, 투명성, 설명 가능성, 명확한 의사소통의 중요성을 강조한다.

이번 장에서 다루는 주요 주제는 다음과 같다.

- AI에서 신뢰의 중요성
- 신뢰를 구축하기 위한 기법
- 투명성과 설명 가능성 구현
- 불확실성과 편향 처리

이번 장을 마치면 사용자와 이해관계자가 확신을 갖고 채용할 수 있는, 즉 신뢰할 수 있는 생성형 AI 시스템을 개발하는 방법과 함께 이들을 폭넓고 책임 있게 적용할 수 있는 기틀을 닦을 수 있을 것이다.

기술 요구사항

이번 장에서 사용하는 코드 파일은 GitHub 저장소 https://github.com/moseskim/Building-Agentic-AI-Systems에서 확인할 수 있다.

8.1 AI에서 신뢰의 중요성

신뢰는 일반적으로 생성형 AI를 포함한 AI 시스템의 성공적인 도입과 수용을 위한 핵심 요소다. 사용자가 새로운 기술의 내부 작동 방식과 의사결정 프로세스에 확신을 갖지 못한다면, 해당 기술의 결과물을 사용하거나 결과에 의존하지 않을 것이다. 생성형 AI 시스템에 대한 신뢰를 구축하는 것은 사용자 확신을 얻는 동시에 이러한 기술이 널리 책임감 있게 윤리적으로 사용될 수 있게 하는 중요한 단계다.

예를 들어 한 여행 에이전트가 고객의 휴가 계획을 지원하는 목적으로 생성형 AI 시스템을 도입했다고 가정해보자. AI는 고객의 선호도와 과거 데이터를 바탕으로 개인화된 여행 일정, 숙소 추천, 여행 팁 등을 제안할 수 있다. 하지만 고객이 AI의 추천을 신뢰하지 않는다면 AI의 제안에 의존하거나, 개인화된 추천을 위해 필요한 개인정보를 제공하지 않을 가능성이 높다.

이것은 AI에 대한 신뢰는 단일 요소가 아니라, 시스템의 신뢰성, 투명성, 사용자 기댓값 및 가치관과의 일치 등 여러 요소로 구성되어 있음을 의미한다. 사용자는 신뢰할 수 있다고 느끼는 AI 시스템에 좀 더 적극적으로 상호작용하고, 피드백을 제공하며, 데이터를 공유함으로써 해당 AI 시스템의 성능과 역량을 더 향상시키는 데 도움을 줄 것이다.

여행 에이전시 예시에서 볼 때, 고객은 AI가 자신의 선호도와 과거 여행 이력을 기반으로 특정 목적지나 액티비티를 추천하는 이유를 투명하게 설명해준다면 AI의 추천을 더 신뢰할 가능성이 높다. 또한 AI의 추천이 친환경 여행, 문화 중심 경험 우선과 같은 고객의 가치관과 기대에 부합한다면 시스템을 더욱 신뢰하게 될 것이다.

한편, 신뢰가 부족하면 사용자는 AI 시스템에 회의적이고, 도입을 꺼리고, 심지어 기술을 남용하거나 오용할 수도 있다. 여행 에이전트 시나리오에서 고객이 AI의 추천을 신뢰하지 않는다면 제안을 무시하거나 부정확한 정보를 제공하여 일정이 최적화되지 않으므로 이는 결과적으로 사용자 경험이 저하될 수 있다.

나아가 신뢰 부족은 AI 시스템의 지속적인 개선과 발전을 저해할 수 있다. 신뢰 부족으로 인해 고객이 피드백이나 데이터를 기꺼이 공유하지 않는다면, AI가 고객의 변화하는 선호도와 요구사항에 맞춰 학습하고 적응하는 데 한계가 있을 것이다.

이러한 우려를 해결하기 위해 여행 에이전트나 생성형 AI를 활용하는 조직들은 의사결정 프로세스의 투명성, 불확실성과 편향의 해소, 출력의 효과적 전달, 윤리적인 개발 등을 통해 시스템에 대한 신뢰를 구축하는 것을 최우선 과제로 삼아야 한다. 신뢰를 구축함으로써 기업은 생성형 AI가 가진 잠재력을 최대한 발휘하여 원활한 도입, 책임 있는 사용, 강력한 기술의 지속적 발전을 실현할 수 있다.

다음 절에서는 신뢰를 구축하기 위한 몇 가지 기법들에 관해 살펴본다.

8.2 신뢰를 구축하기 위한 기술

개발자와 연구자 커뮤니티는 생성형 AI 시스템에서 신뢰를 구축하기 위해 다양한 기술을 활용할 수 있다. 이러한 기술들은 사용자의 우려를 해소하거나 기대를 충족시킨다. 이번 절에서는 이러한 핵심 기법들에 관해 살펴본다.

8.2.1 투명성과 설명 가능성

AI 시스템이 의사결정을 내리고 콘텐츠를 생성하는 방법에 관한 투명성은 신뢰 구축의 기반을 형성한다. 사용자는 AI의 출력이 만들어지는 이유를 이해하고, 의사결정 프로세스에 확신을 가져야 한다. 사용자는 이러한 투명성과 설명 가능성이 없으면 AI를 블랙박스black box로 인식하게 되어, 그 추천이나 출력 결과를 신뢰하지 못하게 된다. AI의 투명성은 **알고리즘 수준**algorithmic level과 **표현 수준**presentation level의 두 가지 측면에서 작동한다. 알고리즘 투명성은 모델 아키텍처, 학습 데이터, 잠재적 편향에 대한 개방성을 포함해 개발자와 규제 당국이 모델의 신뢰성과 공정성을 평가할 수 있게 한다. 표현 수준의 투명성(또는 설명 가능성explainability)은 AI가 사용자에게 자신의 추론 과정을 전달하는 방법에 초점을 두고, 특정 결정이나 추천이 이루어진 이유를 사용자가 이해하도록 돕는다. 이 두 가지 측면은 모두 신뢰 구축에 필수다. 알고리즘 투명성이 부족하면 이해관계자는 시스템의 무결성을 의심하게 되고, 설명 가능성이 부족하면 사용자는 출력 결과를 불확실하다고 느낄 수 있다. 균형 잡힌 접근 방식은 AI 기반 의사결정에 대한 신뢰를 높인다.

여행 에이전시 예시를 다시 살펴보자. 이 고객은 가족 여행으로 유럽 여행을 계획하고 있고, AI 시스템이 고객의 선호 및 여행 이력을 기반으로 특정한 도시 방문을 추천했다고 가정해보자. AI 시스템이 그 도시를 추천한 이유를 투명하게 설명할 수 있다면, 고객은 그 추천을 더 신뢰할 것이다. 예를 들어 AI는 해당 도시가 가족 친화적인 명소, 풍부한 문화유산, 합리적인 숙박 옵션으로 유명해 고객이 선호하는 교육적인 동시에 예산도 적절하여 여행 선호도와 일치한다고 강조할 수 있다.

설명 가능한 AIexplainable AI, XAI 기술은 이러한 투명성을 달성하는 데 중요한 역할을 한다. GPT-4 같은 콘텐츠 생성 시스템에서 사용자는 특정 문구나 문장이 선택된 이유는 물론이고, AI가 어떻게 콘텍스트, 톤, 스타일 선호도를 반영했는지 알고 싶어 할 수 있다. **주의 시각화**attention visualization, **중요도 지도**saliency map, **자연어 설명**natual language explanation 기술 등은 모델의 내부 작동 방식을 이해하게 도움으로써 해석 가능성과 신뢰성을 높인다.

저장소의 `chapter08_xai` 파이썬 노트북은 주의attention 시각화, 중요도 지도, 자연어 설명을 간단하게 생성하는 예제를 제공한다. 코드는 사전 훈련된 BERT 모델을 사용해 주의 시각화를 활용한 텍스트 분석을 보여준다. 먼저 `torch`(텐서 연산용), `transformers`(BERT 토크나이저 로드용), `matplotlib`이나 `seaborn` 라이브러리를 임포트하는 것으로 시작한다.

모델(`bert-base-uncased`)은 시퀀스 분류를 위해 사용되며, 토크나이저는 입력 텍스트를 토큰 ID로 변환한다. 핵심 기능은 모델의 `output_attentions=True` 파라미터를 활성화해 주의 점수attention score를 추출하고, 이를 통해 입력 쿼리의 서로 다른 토큰 간의 관계를 분석한다. 마지막 주의 레이어의 점수를 히트맵으로 시각화해 모델이 쿼리를 처리할 때 어떤 부분에 주의를 기울이는지 확인할 수 있다. 토큰 ID를 인간이 읽을 수 있는 토큰으로 디코딩한 뒤, 주의 점수를 플롯해

BERT가 텍스트를 어떻게 처리하는지 상세히 분석할 수 있어, XAI의 투명성과 해석 가능성을 높이는 데 유용한 도구다.

'What are the best family-friendly travel destinations in Europe?(유럽에서 가족 여행에 가장 적합한 여행지는 어디일까?)'라는 질문을 생각해보자. 코드 스니펫은 사전 학습된 토크나이저를 사용해 입력 텍스트를 토큰화하고, 모델에 적합한 텐서tensor 형태로 변환하고, 필요에 따라 불필요한 데이터를 잘라내거나truncation 필요한 데이터를 채워 넣는다padding. 다음으로 토큰화된 입력을 모델에 전달해 주의 점수를 추출하는 동시에, 함수를 정의함으로써 입력 텍스트의 어떤 부분이 서로 주의를 기울이는지 시각적으로 확인할 수 있다. 또 다른 함수는 마지막 레이어의 주의 점수를 히트맵으로 시각화해 토큰 레이블을 축에 표시한다. 마지막으로 코드는 주의 점수를 추출하고, 토큰 ID를 적합한 토큰으로 해석하고, 주어진 웨이트를 시각화해 입력 데이터에서 모델이 주목하는 부분을 보여준다. 그림 8.1은 주의 시각화의 예시다.

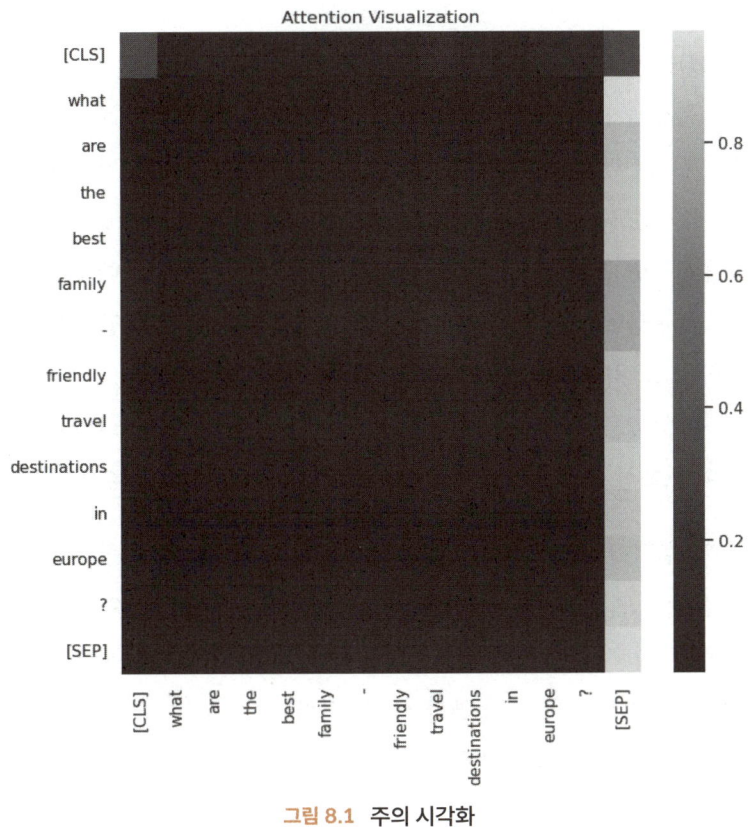

그림 8.1 주의 시각화

예를 들어 주의 시각화는 사용자의 프롬프트에서 AI가 콘텐츠를 생성하는 동안 주목한 특정 단어나

구절을 강조할 수 있다. 이를 통해 사용자는 AI가 입력을 해석하는 방식과 AI가 특정한 창의적 선택을 한 과정을 이해할 수 있다. 마찬가지로 그림 8.2는 동일한 문장에 대한 중요도 지도를 보여준다.

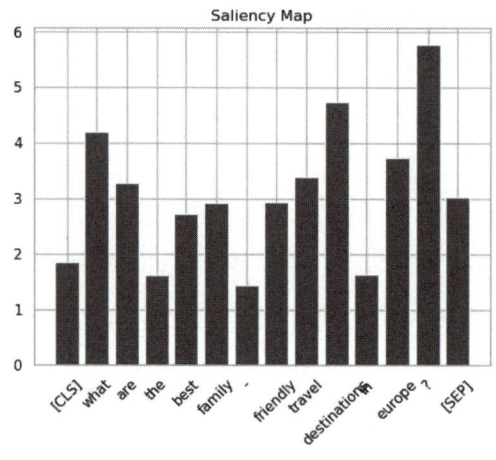

그림 8.2 중요도 지도

코드(chapter08_xai)는 미리 학습된 BERT 모델을 사용해 주어진 문장의 중요도 지도를 시각화한다. 이 과정은 입력 문장을 토큰 ID와 주의 마스크attention mask를 사용해 토큰화한 뒤, 이를 모델에 통과시키는 것부터 시작한다. 토큰에 대한 임베딩embedding을 추출하고, 기울기를 추적해 각 토큰이 모델 예측에 기여한 정도를 나타내는 중요도 점수를 계산한다. 커스텀 순방향 함수custom forward function를 사용해 임베딩을 모델에 입력하고, 중요도 속성 메서드를 사용해 중요도 점수를 계산한다. 그러한 다음 이 점수들을 토큰 임베딩에 걸쳐 집계하고, 토큰을 다시 인간이 읽을 수 있는 형태로 변환한다. 마지막으로, 각 토큰의 중요도saliency를 시각적으로 보여주는 막대 차트를 생성해 모델의 결정에 가장 큰 영향을 준 토큰을 보여준다. 이 접근 방식은 모델의 행동을 더 잘 해석할 수 있도록, 출력에 기여한 핵심 토큰을 강조함으로써 모델의 동작을 해석할 수 있게 만든다.

경우에 따라 자연어 설명이 모델에 관한 추가적인 통찰을 제공할 수도 있다. AI와 머신러닝에서 자연어 설명은 복잡한 모델 출력이나 결정을 인간이 이해할 수 있는 언어로 번역하는 인간 친화적인 설명이다. 이는 해석 가능성과 투명성을 높이는 데 필수이며, 사용자가 모델의 행동 이면에 있는 이유를 이해할 수 있게 도와준다. 예를 들어 모델이 이미지를 분류할 때, '**This image was classified as a dog because it contains a tails and ears typical of dogs**(이 이미지는 전형적인 개의 꼬리, 귀와 같은 특징을 포함하고 있기 때문에 개로 분류됐다).'와 같이 특징을 설명하는 자연어 설명을 포함할 수도 있다. 이 설명은 기계의 출력과 인간의 이해 사이의 간극을 줄이고, 인간과 AI 사이의 신뢰와 협업을 촉진한다. 그림 8.3은 이에 관한 예시다.

```
Explanation:
The question 'What are the best family-friendly travel destinations in Europe?' is significant for several reasons in the context of travel:

1. **Diverse Needs of Families**: Families traveling with children have unique requirements compared to solo travelers or couples. This includes considerations for safety, availability of kid-friendly activities, and accommodations that cater to families. Identifying the best destinations helps families plan trips that meet these specific needs.

2. **Quality Time and Bonding**: Family vacations provide essential opportunities for bonding and creating lasting memories. Finding destinations that offer activities and experiences suitable for all ages can enhance family dynamics and improve relationships.

3. **Educational Opportunities**: Europe is rich in history, culture, and art. Family-friendly travel destinations often incorporate educational components, allowing children to learn while having fun. This can enrich children's understanding of the world, making travel both enjoyable and informative.

4. **Health and Safety**: Choosing the right destination can also be crucial for health and safety. Certain locations may have better healthcare facilities, less crowded tourist areas, or environments that are more suitable for children, thus easing parents' worries.

5. **Budget Considerations**: Families often travel on a budget. Knowing which destinations are family-friendly can help parents find affordable options for accommodations, meals, and activities that provide good value for money.

6. **Cultural Exposure**: Traveling to Europe can expose families to different cultures, traditions, and languages. Family-friendly destinations often facilitate these experiences in a manner that's engaging and accessible for children.

7. **Travel Logistics**: Family travel often involves more logistical planning, including transportation and accessibility. Knowing which destinations are easier to navigate with children can simplify the travel experience and reduce stress.

8. **Encouragement for Travel**: By highlighting family-friendly options, more families may be encouraged to travel. This can lead to increased cultural exchange and a broader appreciation for global diversity among younger generations.

Overall, understanding the best family-friendly travel destinations in Europe allows families to make informed choices that enhance their travel experiences, contributing positively to their overall well-being and enjoyment.
```

그림 8.3 자연어 설명

우리는 텍스트 'What are the best family-friendly travel destinations in Europe?(유럽에서 가족 여행에 가장 적합한 여행지는 어디일까?)'를 입력했고, 모델(GPT-4o-mini)이 이를 어떻게 긍정적인 질문으로 인식했는지 명확하게 확인할 수 있다. 의료나 금융처럼 중요한 분야에서는 자연어 설명이 AI 결정의 책임성과 공정성을 확보하는 데 특히 중요하다. 자연어 설명은 모델이 결론에 도달하는 과정을 명확하게 보여줌으로써 책임 있고 윤리적인 AI 배포를 촉진한다.

의료 분야의 예를 들어보자. AI 시스템은 질병 진단 및 치료 권장과 같은 작업에 점점 더 많이 사용되고 있다. 이처럼 위험이 높은 시나리오에서 투명성과 설명 가능성은 매우 중요해진다. 의사와 환자는 AI의 진단이나 치료 계획이 기존 의료 지식이나 가이드라인과 상충할 때 그 이유를 이해할 수 있어야 한다. XAI 기법(예: 기능 중요성 feature importance, 규칙 추출 rule extraction 등)은 AI의 결정에 영향을 미치는 요인을 설명하는 데 도움을 주며, 의료 전문가가 추천 결과의 타당성을 평가하고 시스템에 대한 신뢰를 쌓을 수 있게 한다.

금융 분야에서도 AI 모델은 신용 위험 평가, 사기 탐지, 투자 포트폴리오 최적화 등의 작업에 사용된다. XAI는 금융 기관이 AI의 결정에 영향을 미치는 요인을 이해하는 데 도움을 주며 규제 준수와 고객 및 이해관계자와의 신뢰 구축을 가능하게 한다.

개발자와 연구자는 특정 사용 사례와 모델 아키텍처에 따라 다양한 XAI 기법을 활용할 수 있다. 예를 들어 중요도 지도는 컴퓨터 비전 작업에 유용할 수 있으며, 자연어 설명은 텍스트 생성이나 언어 이해 모델에 더 적합할 수 있다.

투명성과 설명 가능성을 우선함으로써 조직은 정확할 뿐만 아니라 신뢰할 수 있는 AI 시스템을 구축할 수 있다. 사용자는 AI 출력의 기저에 있는 이유를 이해하고, 그 결정을 평가하고, 궁극적으로 시스템의 역량에 대한 신뢰를 형성할 수 있다. 이는 이러한 강력한 기술의 책임감 있고 광범위한 채택을 위한 토대를 마련한다.

8.2.2 불확실성과 편향 처리

AI 시스템은 학습 데이터 또는 알고리즘을 통해 유입되었을 수 있는 불확실성과 편향을 식별하고 완화할 수 있게 설계돼야 한다. 불확실성을 정량화하고 전달하며, 편향을 최소화하려는 적극적인 시도는 생성형 AI 시스템과 사용자 간의 신뢰를 구축하는 데 대단히 중요하다.

여행 에이전트 시나리오에서 사용자의 선호도와 과거 데이터를 기반으로 개인 맞춤 여행 일정을 추천하는 생성형 AI 시스템을 생각해보자. 사용자가 'I want to go on an adventure(모험을 떠나고 싶다).' 같이 모호하거나 광범위한 요청을 입력했다면 AI 시스템은 이러한 광범위한 요청을 해석하는 데 수반되는 불확실성을 인식할 수 있어야 한다. AI 시스템은 잠재적인 여러 여행 일정 옵션을 제공하거나 사용자의 추가 설명이 필요함을 강조함으로써 이러한 불확실성을 전달할 수 있다.

또한 AI 시스템은 학습 데이터에서 비롯된 고유한 편향을 추천 결과에 포함할 수 있다. 예를 들어 학습 데이터가 주로 고소득 여행자 중심이거나 특정 지역에 집중된 것이었다면 AI는 고급 숙소나 유명 관광지만 추천하게 되어 다양하고 포괄적인 여행 경험을 충분히 담아내지 못할 수 있다. 이러한 편향을 해결하는 것은 신뢰를 구축하고, 공정하고 포용적인 추천을 보장하는 데 매우 중요하다.

성별, 인종, 연령 또는 사회 경제적 지위 등의 요소에 관련된 편향성을 줄이기 위해 편향 제거 알고리즘debiasing algorithm, 적대적 학습adversarial training, 인간 감독human supervision 등의 기술을 사용할 수 있다. 편향 제거 알고리즘은 모델의 파라미터를 조정하거나 학습 데이터를 수정해 편향을 제거하거나 완화하는 데 초점을 둔다. 적대적 학습은 편향되거나 적대적인 입력에 대해 모델이 강건성을 갖게 훈련하는 것이다. 인간 감독은 수작업 개입을 통해 편향된 출력을 교정할 수 있도록 한다. 예를 들어 텍스트-이미지 생성 모델은 모호한 프롬프트나 복잡한 장면을 생성할 때 수반되는 불확실성을 인식하고 이를 사용자에게 전달할 수 있어야 한다. 사용자가 마법의 숲 이미지를 요청하면 AI 시스템은 다양한 버전을 생성해 각 이미지의 신뢰 점수나 불확실성 추정치를 제공해 사용자가 모델의 해석과 잠재적 한계를 이해할 수 있게 해야 한다.

AI 시스템은 의료 분야에서 질병 진단이나 치료 권장 등의 작업에 점점 많이 사용되면서, 불확실성과 편향의 처리가 매우 중요해지고 있다. 특히 입력 데이터가 불완전하거나 모호한 경우 AI 모델은 예측의 불확실성을 정량화할 수 있어야 한다. 인종, 성별, 사회경제적 지위 등의 요소와 관련된 편향성을 해결하여 공정하고 형평성 있는 의료 결과를 보장하는 것이 중요하다. 개발자와 연구자는 불확실성과 편향성을 식별, 정량화 및 완화하기 위한 기술을 구현함으로써 정확한 동시에 투명하고 신뢰할 수 있는 AI 시스템을 구축할 수 있다. 사용자는 시스템의 한계와 잠재적 편향을 더 잘 이해할 수 있으므로, 정보에 입각한 의사결정을 하고 책임감 있는 기술을 사용할 수 있게 된다.

8.2.3 효과적인 출력 커뮤니케이션

AI가 생성한 콘텐츠를 제시하고 해석하는 방법은 사용자 신뢰에 중대한 영향을 미친다. 개발자는 결과물이 AI가 생성한 것임을 명확히 표시하고, 적절한 콘텍스트와 출처를 제공하고, 사용자가 출력물을 해석하고 활용하는 방법에 대한 지침을 제시해야 한다.

여행 에이전트 시나리오를 예로 들어보자. 사용자의 선호와 목적지를 기반으로 개인화된 여행 블로그 게시물이나 일정 설명을 생성하는 생성형 AI 시스템이 있다고 가장해보자. 이때, 효과적인 출력 커뮤니케이션은 사용자가 AI가 생성한 콘텐츠의 성격과 한계를 이해하는 것이 필수다.

먼저, AI가 생성한 여행 블로그 게시물이나 일정에 관해서는 AI가 생성했거나 AI의 도움을 받아 생성되었다는 점을 명확히 표시하여 사용자의 기댓값을 적절히 설정하고 오해나 잘못된 해석을 방지해야 한다. 또한, AI 시스템은 콘텐츠를 생성할 때 사용된 데이터 소스와 알고리즘에 대한 콘텍스트를 제공할 수 있다. 예를 들어 여행 데이터 유형, 사용자 리뷰, 사용된 언어 모델 등을 설명할 수 있다.

그뿐만 아니라 AI 시스템은 생성된 콘텐츠에 내재될 수 있는 잠재적 편향이나 한계에 관해서도 투명하게 알려야 한다. 예를 들어 학습 데이터가 인기 있는 관광지나 일반적인 여행 경험에 초점을 맞췄다면, AI가 생성한 콘텐츠에는 잘 알려지지 않았거나 독특한 여행 기회에 관한 정보가 부족할 수 있다. 이러한 한계를 명시함으로써 사용자는 AI가 생성한 콘텐츠의 범위와 잠재적 맹점을 더 잘 이해할 수 있다.

또한, AI가 생성한 콘텐츠를 책임감 있게 해석하고 활용하는 방법에 대한 가이드라인을 제시함으로써 신뢰를 형성할 수 있다. 예를 들어 AI 시스템이 특정 여행지의 개장 시간, 입장료, 현지 관습 같은 세부사항에 관해서는 사용자가 반드시 직접 사실을 확인하거나 검증할 것을 권장할 수 있다. 덧붙여 여행 일정 계획 시 다른 신뢰할 만한 소스와의 교차 확인이나 현지 전문가의 조언을 구하도록 안내할 수 있다.

뉴스 및 저널리즘 분야에서도 AI가 생성한 콘텐츠가 점점 증가함에 따라 효과적인 출력 커뮤니케이션이 매우 중요하다. AI가 생성한 뉴스 기사는 반드시 AI 생성 표시를 포함하고, 데이터 소스와 잠재적 편향이나 한계에 대한 정보도 제공해야 한다. 예를 들어 AI 시스템이 특정 뉴스 소스나 특정 기간의 데이터로 학습되었다면, 해당 기사에는 특정 관점이나 사건 프레임에 대한 편향이 내포될 수 있다.

사실 확인이나 정보 검증에 대한 가이드라인을 제공함으로써 AI가 생성한 콘텐츠를 사용자가 책임감 있게 소비할 수 있도록 도울 수 있다. 예를 들어 뉴스 기관에서는 사용자가 AI가 생성한 기사를 다른 신뢰할 수 있는 소스와 교차 확인이나 사실 확인을 하도록 체크리스트나 자료를 제공할 수 있다.

이처럼 효과적인 출력 커뮤니케이션 전략을 구현함으로써 개발자와 조직은 투명성을 높이고, 사용자 기댓값을 관리하고, AI가 생성한 콘텐츠를 사용자가 비판적으로 책임감 있게 소비하게 도울 수 있다. 이러한 접근 방식은 신뢰를 형성하고 잠재적 오해나 오용을 줄이며, 다양한 분야에서 생성형 AI 기술의 책임 있는 도입을 위한 길을 닦는다.

8.2.4 사용자 제어와 동의

사용자 제어와 동의user control & consent는 사용자가 생성 프로세스에 관해 좀 더 자유롭게 맞춤 설정을 할 수 있게 하고, 데이터 사용 및 콘텐츠 생성에 관한 명시적 동의를 구할 수 있게 하는 기능을 의미한다. 이는 시스템에 대한 신뢰를 구축하고 사용자 참여를 보장하는 데 도움이 될 수 있다.

여행 에이전트 시나리오를 예로 들어보자. 사용자 선호도와 과거 데이터를 바탕으로 개인화된 여행 일정이나 추천을 생성하는 생성형 AI 시스템이 있다고 가정해보자. 이때, 생성 과정에 대한 사용자의 제어권을 보장하면 AI가 생성한 콘텐츠가 사용자의 구체적 요구와 기대에 부합하게 할 수 있으며, 이는 시스템에 대한 신뢰 형성에 도움이 된다.

예를 들어 AI 시스템이 여행 스타일(예: 모험, 휴식, 문화), 예산 범위, 여행 기간, 원하는 액티비티 등을 사용자가 직접 조정할 수 있게 허용하면 사용자는 AI의 추천에 더 큰 영향을 미칠 수 있고, 생성된 출력물에 대한 통제감을 느낄 수 있다. 이러한 맞춤형 기능은 사용자의 만족도를 높이고, AI 시스템이 사용자 선호를 정확하게 반영하고 있다고 느끼게 함으로써 신뢰 형성에 기여하게 된다.

또한, 사용자의 개인 데이터나 여행 이력 사용에 대한 명시적 동의를 구하는 것은 투명성을 높이고 신뢰를 쌓는 데 도움이 될 수 있다. AI 시스템은 수집하는 데이터, 사용 목적, 잠재적 위험이나 한계에 대해 명확하고 이해하기 쉬운 정보를 제공할 수 있다. 그 후 사용자는 정보에 기반한 동의를 제공함으로써 개인정보와 자율성을 존중받는다는 확신을 가지고 AI 시스템이 자신들의 데이터를 사용하게 할 수 있다.

크리에이티브 분야에서는 AI 기반 글쓰기 도우미가 톤(예: 공식적인, 캐주얼, 유머러스한), 스타일(예: 서술형, 간결형, 묘사형), 콘텐츠 경계(예: 가족 친화적, 성인 콘텐츠) 같은 파라미터를 사용자가 직접 조정할 수 있도록 하는 것이 좋다. 이를 통해 AI가 생성한 콘텐츠가 사용자의 크리에이티브 비전과 더욱 잘 맞게 할 수 있으며, AI 시스템에 대한 주인의식과 신뢰를 높일 수 있다.

또한, 개인적인 글쓰기 샘플이나 데이터 사용에 대한 동의를 구함으로써 투명성을 높이고 사용자와 AI 시스템 간의 신뢰를 구축할 수 있다. AI 시스템은 사용자의 데이터가 학습이나 개인화 목적 등에 어떻게 사용될 것인지 명확히 설명하고, 사용자가 접근 수준을 제어하거나 언제든지 그 동의를 철회할 수 있게 옵션을 제공해야 한다.

개인화된 헬스케어 분야에서는 AI 시스템이 치료 접근 방식(예: 전통, 대체, 통합), 위험 수용 수준, 특정 식단이나 라이프스타일과 관련된 선호도를 사용자가 직접 조정할 수 있게 하면 좋다. 이렇게 하면 AI가 제안한 치료 계획이나 권장사항이 사용자의 가치관과 선호도에 더 부합하게 되고, AI 시스템의 권장에 대한 신뢰와 수용도를 높일 수 있다.

이처럼 사용자 제어와 동의 기능을 도입하면 개발자와 조직은 정확하고 효율적일 뿐만 아니라 투명하고, 사용자 자율성을 존중하고, 개인 선호와 필요에 대응하는 AI 시스템을 구축할 수 있다. 이러한 접근 방식은 신뢰를 구축하고, 사용자 참여를 촉진하며 다양한 분야에서 생성형 AI 기술의 책임 있는 도입을 가능하게 한다.

8.2.5 윤리적 개발과 책임

공정성, 프라이버시, 지적 재산권은 생성형 AI 시스템의 개발 및 배포 과정에서 사용자와 기타 이해관계자의 신뢰를 얻기 위해 반드시 강조돼야 하는 윤리적 고려사항이다. 개발자는 프라이버시 보호 기술, 책임 있는 데이터 처리, 지적 재산권 존중 등의 실천을 우선시해야 한다. 또한 AI 시스템이 유해한 편향을 영속하거나 특정 그룹에 대해 차별하지 않게 하는 것도 신뢰 형성과 책임 있는 도입을 위해 중요하다.

여행 에이전트 시나리오를 예로 들어보자. 개인화된 여행 추천과 일정을 생성하는 생성형 AI 시스템이 있다고 가정해보자. 이러한 AI 시스템의 윤리적 개발과 책임은 시스템이 공정하게 작동하고 사용자의 프라이버시를 존중하며 지적 재산권을 침해하지 않게 보장하는 데 핵심이 된다.

공정성과 비차별성은 이러한 AI 시스템 개발을 이끄는 필수 원칙이다. 추천을 생성하는 데 사용되는 학습 데이터와 알고리즘은 잠재적 편향이나 차별적 패턴을 식별 및 완화하고 주의 깊게 평가해야 한다. 예를 들어 학습 데이터가 특정 인구 집단이나 소득 수준에 맞춘 여행 경험만 포함한다면, AI 시스템이 의도치 않게 특정 커뮤니티나 여행 선호도를 배제하거나 적게 대표하는 편향을 나타낼 수 있다.

개발자는 편향 제거 알고리즘, 적대적 학습, 다양한 데이터 수집 전략 등의 기법을 통해 인종, 성별, 연령, 사회 경제적 지위 등의 요소에 관계없이 공정하고 포괄적인 추천을 하게 해야 한다. 공정성과 비차별성을 우선시함으로써 사용자는 AI 시스템이 그들을 평등하게 대하고 해로운 고정관념이나 편견을 강화하지 않는다는 것을 신뢰할 수 있다.

프라이버시는 생성형 AI 시스템 개발에서 또 다른 중요한 윤리적 고려사항이다. 사용자는 AI 시스템이 자신의 프라이버시를 제대로 보호하지 못한다고 느끼면 개인 데이터나 여행 기록을 공유하는 데 주저할 수 있다. 개발자는 차등 프라이버시, 안전한 다중 계산, 암호화 데이터 처리 등의 프라이버시 보호 기술을 도입하여 사용자 데이터가 무단 액세스나 오용으로부터 안전하게 보호되게끔 해야 한다.

또한 사용자 데이터가 관련 프라이버시 법률과 규제를 준수하며 수집, 저장, 처리되도록 책임 있는 데이터 처리 방침을 수립해야 한다. 투명한 데이터 정책과 사용자 동의 메커니즘을 통해 사용자가 AI 시스템이 자신의 데이터를 어떻게 사용하는지 통제할 수 있게 함으로써 신뢰를 형성할 수 있다.

지적 재산권 역시 생성형 AI 시스템 영역에서 중요한 문제다. 여행 콘텐츠나 추천을 생성할 때 AI 시스템은 저작권, 상표권, 기타 지적 재산권을 존중해야 한다. 개발자는 AI 시스템이 저작권이 있는 자료를 무단으로 사용하거나 기존 지적 재산권을 침해하는 콘텐츠를 생성하지 않도록 감지 및 방지 기술을 도입해야 한다.

또한, AI 시스템은 제3자 콘텐츠나 데이터 소스를 사용하거나 참조할 때 적절한 출처 표시와 크레딧credit을 제공해야 한다. 이는 지적 재산권을 존중할 뿐만 아니라 사용자가 정보의 출처와 신뢰성을 확인할 수 있게 함으로써 투명성과 신뢰를 높인다.

이처럼 공정성, 프라이버시, 지적 재산권에 대한 윤리적 개발 관행을 우선함으로써 개발자는 강력하고 효율적일 뿐만 아니라 신뢰할 수 있고 사회적으로 책임 있는 생성형 AI 시스템을 만들 수 있다. 사용자와 이해관계자는 AI 시스템의 진정성에 대한 확신을 갖게 되며 이러한 기술의 광범위한 채택과 책임 있는 사용을 촉진할 수 있다.

이러한 기법을 구현함으로써 개발자와 연구자는 투명하고 책임감 있으며 사용자 기대와 윤리적 원칙에 부합하는 생성형 AI 시스템을 만들 수 있고, 이는 사용자 신뢰를 높이고 강력한 기술의 책임 있는 사용을 가능하게 한다.

다음 절에서는 공정성과 책임이라는 기반 위에서, 이러한 기법을 실제로 어떻게 구현할 수 있는지 살펴본다.

8.3 투명성과 설명 가능성 구현하기

투명성과 설명 가능성은 신뢰할 수 있는 AI 시스템의 핵심적인 특성이다. 콘텐츠를 생성하는 AI 모델이 실제로 어떻게 결정을 내렸는지 설명해주면, 사용자가 그 결과물이 도출된 논리를 이해할 수 있어 시스템의 신뢰성과 신뢰도를 높일 수 있다.

여행 에이전트 시나리오를 예로 들어보자. 생성형 AI 시스템이 사용자 선호도와 이력 데이터를 기반으로 개인화된 여행 일정을 추천하는 경우, 투명성과 설명 가능성은 해당 시스템의 신뢰 구축에 핵심적인 요소가 된다. 사용자는 추천받은 특정 목적지나 액티비티를 AI가 어떤 기준으로 추천한 건지, AI가 어떻게 자신의 선호도, 예산 제약, 여행 이력을 반영했는지 이해하고 싶어 할 수 있다.

앞서 살펴본 것처럼 중요도 지도, 특징 중요도, 자연어 설명과 같은 XAI 기법을 사용해 AI 시스템의 투명성과 해석 가능성을 높일 수 있다. 이러한 기법은 AI가 어떤 특징이나 데이터 포인트를 가장 중요하게 여겼는지, 그리고 이러한 특징의 변화가 출력에 어떻게 영향을 미치는지에 대한 통찰을 제공한다.

예를 들어 중요도 지도는 사용자의 프로필이나 선호도 중 특정 부분이 특정 여행 추천을 생성하는 데 가장 큰 영향을 미쳤는지를 시각적으로 보여준다. 이를 통해 사용자는 AI의 결정 이유를 이해하고 추천이 실제 자신의 선호도와 일치하는지 확인할 수 있다.

특징 중요도 기법은 여행 이력, 예산, 선호 액티비티 등과 같은 다양한 입력 특징이 AI의 추천 형성에 각각 얼마나 중요한 영향을 미치는지 정량적으로 보여준다. 이 정보는 사용자가 AI의 의사결정 프로세스에서 잠재적인 편향이나 불일치를 식별하고 추가 개선을 위한 피드백을 제공하는 데 도움이 될 수 있다.

또한 자연어 설명은 AI 특정 목적지, 숙박 시설, 특정 액티비티를 추천하는 이유를 텍스트로 설명한다. 이러한 설명은 특히 비기술 사용자에게 유용하며, AI의 의사결정 프로세스를 접근 가능하고 이해하기 쉽게 만들어준다.

투명성의 또 다른 측면은 생성형 AI 시스템의 한계와 잠재적 위험 요소를 공개하는 것이다. 즉, 이 기술이 강력하긴 하지만 완벽하지 않으며 불확실성과 편향에 노출될 수 있다는 사실을 사용자에게 인식시켜야 한다.

예를 들어 여행 추천 AI 시스템은 상황에 따라 달라지는 선호도를 이해하는 데 한계가 있을 수 있으며, 학습 데이터의 특성 때문에 인기 있는 목적지에 편향될 수도 있다. 개발자는 현실적인 기댓값을 설정하고 기술의 강점과 한계를 명확히 안내함으로써 사용자가 시스템을 올바르게 활용할 수 있게 도와야 한다.

의료 분야에서는 AI 시스템을 진단이나 치료 권장과 같은 작업에 사용할 때, 투명성과 설명 가능성이 특히 중요하다. 의사와 환자는 AI의 결정이 특히 기존의 의학적 지식이나 가이드라인과 상충할 경우 AI가 그러한 의사결정을 내린 이유를 이해해야 한다. XAI 기법은 AI의 결정에 영향을 준 요소들을 설명하는 데 도움을 줄 수 있으며, 이를 통해 의료 전문가는 권장사항의 타당성을 평가하고 시스템에 대한 신뢰를 쌓을 수 있다.

8.4 불확실성과 편향 처리

불확실성과 편향은 생성형 AI 모델을 포함한 모든 AI 시스템에 내재하는 요소다. 불확실성은 데이터의 불완전성이나 모호함, 본질적으로 예측할 수 없는 사건, 모델의 지식이나 학습 과정의 한계 등으로 인해 발생할 수 있다.

여행 에이전트 시나리오에서 사용자 선호도와 이력 데이터를 기반으로 개인화된 여행 일정을 추천하는 생성형 AI 시스템을 예로 들어보자. 사용자의 모호하거나 일반적인 입력, 학습 데이터에 포함된 불완전하거나 오래된 여행 정보, 날씨 이상이나 지역 분쟁과 같은 예상치 못한 사건으로 인해 불확실성이 발생할 수 있다.

이러한 불확실성을 처리하기 위해 개발자는 생성형 AI 시스템에 확률적 모델링probabilistic modeling, 베이지안 추론Bayesian inference, 불확실성 정량화uncertainty quantification 접근 방식 등을 고려할 수 있다. 모델은 이러한 기법을 사용해 결정론적 출력 대신 확률값이나 신뢰 구간을 제공하고, 새로운 데이터가 도착함에 따라 신념을 업데이트함으로써 예측과 관련된 불확실성을 추정할 수 있다.

예를 들어 사용자가 'I want a romantic trip(로맨틱한 여행을 가고 싶다).' 같이 포괄적인 프롬프트를 입력했을 때, AI 시스템은 여러 개의 잠재적 일정 옵션을 제시하고 각 옵션에 대한 신뢰도 점수나 불확실성 추정치를 함께 제공할 수 있다. 이를 통해 사용자는 모델의 신뢰 수준을 이해하고 좀 더 정보에 기반한 결정을 내릴 수 있다.

한편, 편향은 학습 데이터, 알고리즘 설계, 사회적 편견 등 다양한 요인으로 인해 나타날 수 있다. 이러한 편향은 불공정하거나 차별적인 결과로 이어질 수 있으며, 역사적으로 존재해온 불평등을 지속시키고 시스템에 대한 신뢰를 저해할 수 있다.

여행 에이전트 시나리오에서 학습 데이터가 특정 인구 집단, 소득 수준, 문화적 관점에 초점을 맞춘 여행 경험을 주로 포함한다면 AI 시스템의 추천이 특정 커뮤니티, 여행 선호도, 목적지를 무심코 배제하거나 너무 적게 대표할 수 있다.

AI 시스템의 편향을 해결하기 위해서는 다층적으로 접근해야 한다. 대표성 있고 다양한 학습 데이터를 사용하고, 모델 성능을 자주 모니터링 및 평가하고, 다양한 이해관계자로부터의 피드백을 통합하는 과정이 필요하다. 이를 통해 잠재적인 편향을 식별하고 완화하여 AI 시스템이 공정하고 포용적인 추천을 생성하게 할 수 있다.

예를 들어 여행 추천 시스템에서 개발자는 인종, 성별, 사회·경제적 지위 등과 관련된 편향을 줄이기 위해 편향 제거 알고리즘을 구현할 수 있다. 또한 여행 전문가나 다양한 사용자 그룹의 감독을 도입해 AI의 추천을 검토하고 피드백을 제공함으로써 편향이나 누락된 부분을 식별하고 수정할 수 있도록 하는 것도 가능하다.

불확실성과 편향 문제를 해결함으로써 생성형 AI 시스템은 사용자의 신뢰를 얻고 기술이 책임감 있고 윤리적으로 사용되도록 할 수 있다. 사용자는 AI가 생성한 출력이 신뢰할 수 있고 공정하다는 확신을 가질 수 있으며, 이는 다양한 분야에서 기술의 보급과 긍정적 영향을 촉진한다.

요약

결론적으로 신뢰는 생성형 AI의 성공적 도입과 책임감 있는 사용을 위한 초석이다. 투명성과 설명 가능성은 사용자가 AI의 의사결정 논리를 이해할 수 있게 하여 신뢰와 신뢰성을 높인다. 중요도 지도, 특징 중요도 분석, 자연어 설명과 같은 고급 기술은 해석 가능성을 높이고, 불확실성과 편향 문제를 해결하여 견고하고 공정한 결과를 보장한다.

라벨링, 콘텍스트, 가이드라인을 통해 지원되는 명확한 커뮤니케이션은 사용자가 AI 출력물을 책임감 있게 다룰 수 있게 돕는다. 편향 완화, 윤리적 개발 관행, 사용자 중심의 제어 및 동의 메커니즘 등은 신뢰를 더욱 공고히 한다.

이러한 원칙을 수용함으로써 개발자는 생성형 AI의 변혁적 잠재력을 실현하여 의미 있는 혁신과 사회적 진보를 촉진할 수 있다. 이 기술이 발전함에 따라 사용자 신뢰에 꾸준히 초점을 맞추면 인간과 AI가 조화롭게 협력해 책임감, 공정성, 공동의 성공에 기반한 미래를 만들어갈 수 있다.

다음 장에서는 생성형 AI의 복잡성을 좀 더 깊이 탐구하면서 잠재적 위험과 과제, 안전하고 책임감 있는 AI를 보장하기 위한 전략, 윤리적 지침과 프레임워크, 프라이버시 및 보안 문제 처리의 중요성 등에 관해 살펴본다.

질문

1. 생성형 AI 시스템의 도입에서 신뢰가 중요한 이유는 무엇인가?
2. 투명성과 설명 가능성은 AI에 대한 신뢰 구축에 어떤 역할을 하는가?
3. 불확실성과 편향은 생성형 AI 시스템에 어떤 영향을 미치는가?
4. AI 개발자가 윤리적 개발 관행을 통해 신뢰를 구축하려면 어떻게 해야 하는가?
5. 조직이 AI 생성 출력물에 대한 사용자 신뢰를 높이기 위해 어떤 단계들을 취할 수 있는가?

답변

1. 신뢰는 생성형 AI의 광범위하고 책임감 있는 도입을 위해 필수다. 사용자가 시스템의 의사결정 프로세스를 신뢰할 수 없으면, 그 출력물을 신뢰하지 않을 가능성이 높다. 신뢰는 사용자가 AI와 상호작용하는 방식을 결정하며 이는 피드백 제공, 데이터 공유, 기술 도입 여부에도 영향을 준다. 신뢰 부족은 회의감, 저항, 심지어 AI 시스템의 오용으로 이어질 수 있다.
2. 투명성과 설명 가능성은 사용자가 AI 시스템이 어떻게 결정을 내렸는지 이해하게 도움으로써 시스템의 신뢰성을 높인다. 투명성은 두 가지 수준에서 작동한다.

- **알고리즘 투명성**: 모델의 아키텍처, 학습 데이터, 편향에 대한 개방성은 AI 시스템의 신뢰성과 공정성을 평가할 수 있게 한다.
- **출력 투명성(설명 가능성)**: AI는 자신의 의사결정 프로세스를 명확히 설명해야 사용자가 출력물을 해석하고 신뢰할 수 있다. 주의 시각화, 중요도 지도, 자연어 설명 등의 기법은 사용자가 AI의 의사결정 방식을 이해하는 데 도움을 준다.

3. 불확실성과 편향은 생성형 AI의 공정성과 신뢰성에 큰 영향을 미칠 수 있다.
   - 불확실성은 AI가 충분한 데이터를 확보하지 못했거나, 모호한 입력을 받았거나, 예측할 수 없는 시나리오를 만났을 때 발생한다. 이를 해결하려면 확률적 모델링과 신뢰도 점수를 통해 불확실성을 효과적으로 전달해야 한다.
   - 편향은 학습 데이터, 알고리즘 설계, 사회적 영향 등에 의해 유입될 수 있다. 편향을 완화하지 않으면 특정 그룹이나 관점을 배제하거나 차별적인 결과를 초래할 수 있다. 편향 제거 알고리즘, 적대적 학습, 다양성을 고려한 데이터 수집 등의 기법을 사용해 편향을 줄이고 공정성을 높일 수 있다.

4. 윤리적 AI 개발은 공정성, 프라이버시, 지식재산권 보호를 요구한다.
   - **공정성**: AI 모델은 편향을 피하기 위해 다양한 대표성을 지닌 데이터를 학습해야 한다.
   - **프라이버시**: 사용자 데이터는 책임감 있게 처리돼야 하며 차등 프라이버시differential privacy 및 암호화 같은 프라이버시 보호 기법을 사용해야 한다.
   - **지식재산권 보호**: AI가 생성한 콘텐츠는 저작권을 존중하고 적절한 출처 표시를 해야 한다.

이러한 원칙을 구현함으로써 개발자는 사용자들이 신뢰하고 책임감 있게 도입할 수 있는 AI 시스템을 구축할 수 있다.

5. 조직은 AI 생성 출력물을 명확히 전달함으로써 사용자 신뢰를 높일 수 있다. 여기에는 출력물의 한계와 해석 방법을 사용자가 이해할 수 있게 하는 것이 포함된다. 주요 전략은 다음과 같다.
   - AI 생성 콘텐츠를 명확히 표시해 기댓값을 설정한다.
   - 추천이나 결정에 대한 설명을 제공해 사용자가 출력물이 생성된 이유를 이해할 수 있게 한다.
   - 사용자 제어와 동의를 통해 사용자가 AI 행동을 맞춤화하고 의사결정에 영향을 미칠 수 있게 한다.

CHAPTER 9

안전 및 윤리 고려사항 관리

이전 장에서는 생성형 AI 시스템의 성공적인 채택과 수용을 촉진하는 데 있어 신뢰의 중요한 역할을 살펴봤다. 투명성, 설명 가능성, 편향과 불확실성 해결, AI 출력의 명확한 커뮤니케이션을 통해 사용자 이해와 신뢰를 향상시키는 방법에 관해 논의했다. 크리에이티브 산업부터 헬스케어에 이르기까지 다양한 분야에서 생성형 AI 기술이 빠르게 발전함에 따라, 이러한 강력한 시스템들의 안전 및 윤리적 의미를 다루어야 한다는 긴박한 필요성이 대두되었다. 그 논의들은 이제 생성형 AI와 관련된 잠재적 위험과 도전 과제, 안전하고 책임 있는 배포 전략, 윤리적 지침, 개인정보 및 보안에까지 이르렀다.

생성형 AI 시스템의 놀라운 능력은 경외와 우려를 동시에 불러일으켰으며, 잠재적 위험을 완화하고 책임감 있는 개발과 배포를 보장하기 위한 선제적인 접근이 필요함을 강조한다. 이러한 기술은 혁신과 긍정적인 변화를 주도할 수 있는 엄청난 잠재력을 지니고 있지만, 동시에 이를 오용하거나 의도치 않은 결과로 인해 광범위한 영향을 미칠 수 있다. 이번 장에서 다루는 주요 주제는 다음과 같다.

- 잠재적 위험 및 도전 과제 이해
- 안전하고 책임 있는 AI 보장
- 윤리적 지침 및 프레임워크 탐색
- 프라이버시 및 보안 문제 해결

이번 장을 마치면 생성형 허위 정보와 편향 문제를 포함한 AI의 핵심 위험과 도전 과제, 안전한 배포를 위한 전략을 이해하고, 프라이버시 및 데이터 보호와 관련된 중요한 윤리적 고려사항에 대한 통찰을 얻게 될 것이다. 또한 혁신과 사회적 복지를 균형 있게 조화시키는 책임 있는 AI 개발을 위한 프레임워크와 지침을 발견하게 될 것이다.

9.1 잠재적 위험 및 도전 과제 이해하기

생성형 AI와 에이전틱 시스템을 모두 지원하는 **대규모 언어 모델**의 출현으로 AI의 지형은 크게 진화했다. 생성형 AI는 주로 프롬프트와 패턴에 따라 콘텐츠를 생성하는 데 중점을 두지만, 동일한 LLM을 기반으로 구축된 에이전틱 시스템은 이러한 능력을 한층 발전시켜 의사결정, 계획 수립, 목표 지향적 행동까지 수행한다. 생성 능력과 에이전시의 결합은 강력하면서도 잠재적인 위험을 가진 시너지를 만들어낸다.

에이전틱 시스템은 LLM의 생성 능력을 활용해 단순히 콘텐츠를 생성하는 데 머무르지 않고 상황을 분석하고, 전략을 수립하고, 특정 목표를 달성하기 위한 행동을 할 수 있다. 이는 생성형 AI 시스템에 내재된 위험(예: 편향, 환각hallucination, 허위 정보misleading information 생성)은 시스템이 콘텐츠에 따라 자율적 또는 반자율적으로 행동할 수 있는 상황에서 특히 치명적이 될 수 있다.

생성형 AI 시스템은 강력한 대규모 언어 모델로 구동되며, 이는 엄청난 잠재력을 지니는 동시에 다양한 취약성과 위험을 내포하고 있다. 이러한 위험은 다음의 주요 영역으로 크게 나눌 수 있다.

9.1.1 적대적 공격

생성형 AI 시스템과 관련된 주요 위험 중 하나는 적대적 공격adversarial attack에 취약하다는 점이다. 악의적인 사용자는 신중하게 설계된 입력이나 미세한 변형을 사용해 데이터를 조작하여 시스템이 유해한 출력을 생성하게 하거나 기밀 정보를 추출하도록 악용할 수 있다. 이러한 적대적 공격은 데이터 유출, 민감 정보의 무단 접근, 악성 또는 오해를 불러일으키는 콘텐츠 생성 같은 심각한 결과를 초래할 수 있다.

이러한 취약점이 에이전틱 시스템으로 확장되면 위험은 더욱 커진다. 에이전틱 시스템은 단순히 응답을 생성하는 것을 넘어, 이해를 기반으로 직접 행동하기 때문이다. 에이전틱 시스템에 대한 적대적 공격은 의사결정 프로세스를 교란시켜, 시스템이 위험한 결정을 내리게 만들 수 있다. 예를 들어 공급망 운영을 관리하는 에이전틱 시스템이 공격을 받아 재고 관리와 관련된 치명적인 결정을 내리거나, 금융 거래 에이전트가 악의적으로 조작되어 해로운 금융 거래를 실행하게 될 수도 있다.

여행 산업의 예를 들어보자. 어떤 여행 에이전트가 에이전틱 AI 시스템을 도입해 고객 맞춤형 여행 추천뿐만 아니라 항공권, 호텔, 액티비티 예약까지 자동으로 처리한다고 가정해보자. 이러한 시스템에 대한 적대적 공격은 단순히 위험한 여행지를 추천하는 데 그치지 않고, 실제로 해당 위험 지역에 예약을 하거나 사기 업체와 예약을 확정하거나 고객의 금융 거래를 악용하여 보안을 위협할 수 있다.

또한 적대적 공격을 사용해 고객의 여행 기록, 신용카드 정보, 개인 선호도 등 민감한 정보를 시스템에서 탈취할 수도 있다. 에이전틱 시스템은 일반적으로 넓은 범위의 접근 권한을 갖고, 거래를 실행하고, 결정을 내리기 때문에 공격자는 보다 많은 민감한 데이터와 제어 지점을 노출시킬 수 있다.

실제로 이미 AI 시스템에 대한 적대적 공격 사례가 보고된 바 있다. 2017년, 연구진은 이미지에 미세한 노이즈를 추가해 최첨단 컴퓨터 비전 모델이 정지 표지판을 속도 제한 표지판으로 오인하게 만드는 실험을 통해 이 문제를 입증했다. 자연어 처리 영역에서도 연구자들은 이와 유사하게 교묘하게 설계된 입력 시퀀스를 사용해 언어 모델이 유해하거나 부적절한 콘텐츠를 생성하도록 유도할 수 있음을 보여주었다. 이러한 취약점은 에이전틱 시스템에서 단순한 콘텐츠 생성이 아니라 실제 세상에서의 행동과 결정에까지 영향을 줄 수 있다.

의료 분야의 사례도 생각해볼 수 있다. 질병 진단이나 치료 방법을 추천하는 에이전틱 AI 시스템이 적대적 공격을 받게 되면, 생명을 위협하는 오류나 데이터 유출을 일으킬 수 있다. 예를 들어 공격자가 의도한 입력으로 인해 AI가 질병을 잘못 진단하는 것뿐만 아니라, 잘못된 치료 일정을 예약하거나 잘못된 약물을 주문하거나 시스템이 제어하는 의료 기기를 위험하게 조정할 수도 있다.

이러한 사례는 적대적 공격이 생성형 AI 시스템과 에이전틱 시스템 모두에 미치는 심각한 결과를 여실히 보여주며, 이에 대한 강력한 보안 조치와 방어 메커니즘 연구의 필요성을 강조한다. 적대적 학습, 입력 정제input sanitization, 이상 탐지anomaly detection 등의 기술을 사용해 위험을 완화할 수는 있지만, 이러한 과제는 AI 커뮤니티의 지속적인 경계와 협력이 요구되는 분야다. 특히 에이전틱 시스템에서는 행동 검증action verification, 의사결정 감사decision auditing, 다단계 인증multi-step authentication 등과 같은 추가적인 안전장치가 반드시 필요하다. 이들은 시스템의 자율적 능력을 악용하는 것을 방지하는 데 중요한 역할을 한다.

9.1.2 편향과 차별

생성형 AI 모델은 방대한 데이터셋을 학습하면서 그 안에 내재된 편향과 역사적 선입견prejudice을 그대로 흡수할 수 있다. 이러한 모델이 에이전틱 시스템의 기반이 될 때 그 파급력은 더욱 치명적이다. 왜냐하면 이 시스템들은 단순히 콘텐츠를 생성하는 것이 아니라, 자율적으로 의사결정을 내려 사람들의 삶에 직접적인 영향을 미치기 때문이다.

AI 시스템의 편향 문제는 오랫동안 우려의 대상이었고, 생성형 AI 모델뿐만 아니라 이를 기반으로 한 에이전틱 시스템도 예외는 아니다. 이러한 모델은 학습 데이터로부터 학습하며, 그 데이터에 편향이 있거나 사회적 선입견이 반영되어 있다면, AI 역시 이러한 편향을 출력 결과는 물론이고 의사결정 프로세스과 행동에도 그대로 투영하게 된다.

예를 들어 단순히 이력서를 검토하는 것에 그치지 않고 자율적으로 채용 결정, 인터뷰 일정 관리, 직원 배치까지 담당하는 에이전틱 AI 시스템을 생각해보자. 만약 이 시스템이 편향된 데이터를 학습했다면, 특정 인구 집단을 체계적으로 차별하며, 채용 초기 단계부터 승진 결정까지 고루 영향을 미칠 수 있다. 이렇게 자동화된 편향은 대규모로 작동하면서 인간의 편향보다 발견하기 어려울 수 있다는 점에서 특히 위험하다.

여행 산업에서도 에이전틱 AI 시스템의 편향은 단순한 여행 추천을 넘어 실제 예약 결정이나 자원 할당까지 영향을 미칠 수 있다. 예를 들어 자율 여행 관리 시스템이 특정 인구 집단을 특정 동네나 특정 가격대만 배정하게 학습되어 디지털 레드라이닝digital redlining[1] 효과를 초래할 수도 있다. 또한 사용자별로 편향된 가정에 따라 서로 다른 요금이나 조건을 자동으로 제안하여 가격 책정이나 서비스 제공에서 알고리즘 차별이 발생할 수도 있다.

2018년, 연구자들은 상용 얼굴 인식 시스템이 여성이나 피부색이 어두운 사람들을 인식하는 데 있어 오류율이 더 높다는 사실을 밝혀냈다. 이러한 편향된 시스템이 건물 출입, 금융 서비스, 의료 자원을 통제하는 에이전틱 AI에 통합되면 기술적 한계가 특정 그룹에 실질적인 기회 제한과 서비스 배제로 이어지게 된다.

에이전틱 AI 시스템의 편향 문제를 해결하기 위해서는 기존의 생성형 AI에 적용되는 방식보다 확장된 접근이 필요하다. 다양한 학습 데이터와 편향 제거 알고리즘이 여전히 중요하지만, 자율적 의

---

[1] 옮긴이 디지털 기술, 디지털 콘텐츠, 인터넷을 사용해 이미 소외된 그룹들 간의 불평등을 만들고 영구화하는 관행이다. 주거 차별을 다시 만들어내는 관행인 레드라이닝(redlining)의 개념을 디지털로 확장한 용어이다.

사결정의 공정성을 보장하기 위해서는 추가적인 대책이 필요하다. 여기에는 의사결정 감사 시스템, 자율 행동에 대한 책임, 실시간 편향 감지 및 개입 메커니즘이 포함된다.

또한, 에이전틱 시스템을 개발할 때 다양한 이해관계자가 참여하는 것이 매우 중요하다. 이들은 시스템이 취할 수 있는 모든 자율적 행동의 범위에서 잠재적 부정적 영향을 식별하는 것을 도울 수 있다. 시스템 출력뿐만 아니라 의사결정 패턴과 행동 이력에 대한 정기적인 감사를 통해, 체계적 편향을 조기에 탐지하고 시정해야 한다.

생성형 AI와 에이전틱 AI 시스템 모두에서 편향 문제를 선제적으로 해결함으로써, 이러한 기술이 차별을 강화하는 도구가 아니라 공정성을 증진시키는 도구로 기능하게 할 수 있다. 특히 에이전틱 시스템에서는 편향된 가정에 따라 자율적으로 행동할 수 있는 능력이, 차별의 해악을 배가하고 불평등의 악순환을 만들 수 있다는 점에서 각별히 주의해야 한다.

9.1.3 허위 정보와 환각

생성형 AI 시스템은 실제와 일치하지 않거나 사실과 다른 정보를 만들어내는 경향이 있으며, 이를 **환각**hallucination이라고 부른다. 이러한 시스템이 자율 에이전트에 통합되면 그 파급력은 훨씬 심각해진다. 왜냐하면 환각으로 인해 생성된 정보가 에이전트의 실제 의사결정과 행동에 직접적인 영향을 미칠 수 있기 때문이다. 생성형 및 에이전틱 AI 시스템에서 환각 문제가 발생하는 이유는 그 기반 아키텍처에 있다. 이 모델들은 매우 강력하지만 세상을 진짜 이해하는 것은 아니며, 사실 정보와 허위 정보를 확실히 구분하지 못한다. 특히 에이전틱 시스템에서는 인간의 검증 없이 환각으로 인해 생성된 정보를 바탕으로 행동할 수 있다는 점에서 문제가 심각한데, 이는 잠재적으로 연쇄적인 오류나 위험한 결정으로 이어질 수 있다.

자율적 의사결정 영역에서 환각을 일으키는 에이전틱 시스템은 실존하지 않는 정보나 잘못된 가정에 따라 행동을 취할 수 있다. 예를 들어 자율 금융 거래 에이전트가 허구의 시장 트렌드에 근거해 대규모 금융 거래를 실행하거나, 의료 관리 에이전트가 잘못된 의료 기록을 바탕으로 치료 일정을 잡을 수도 있다. 이러한 시나리오는 그 결과가 실제 현실에 영향을 미친다는 점에서 단순한 텍스트 생성 오류보다 훨씬 위험하다.

예를 들어 재난 대응 관리에 배치된 에이전틱 AI 시스템을 생각해보자. 만약 이 시스템이 비상사태의 심각성이나 위치에 대해 허위 정보를 만들어낸다면 잘못된 위치에 자원을 파견하거나, 부적절한 대응 결정을 내려 인명 피해를 초래할 수 있다. 단순히 잘못된 텍스트를 출력하는 생성형 시스템과 달리, 에이전틱 시스템의 환각은 즉각적이고 현실적인 행동으로 이어져 심각한 결과를 초래할 수 있다.

여행 산업에서도 에이전틱 AI 시스템의 환각은 단순한 정보 오류를 넘어 실제로 존재하지 않는 항공편이나 호텔 예약을 진행하거나, 환각으로 인해 인식된 기상 상황을 근거로 여행객을 자동으로 우회하게 만들거나, 허위 보안 위협을 근거로 긴급 대피를 시행하는 등의 결과를 낳을 수 있다.

AI 시스템의 환각 문제는 이미 여러 분야에서 현실로 드러났다. 2022년 연구에서는 GPT-3와 같은 대규모 언어 모델이 그럴듯하지만 사실과 전혀 다른 과학적 주장을 만들어낼 수 있다는 사실이 밝혀졌다. 에이전틱 시스템이 이러한 모델을 기반으로 한다면 과학 연구 자원 할당, 실험 설계, 데이터 분석 등에서 잘못된 자동 결정을 내려 과학적 신뢰성을 해칠 수도 있다.

에이전틱 AI 시스템에서 환각 문제를 해결하기 위해서는 생성형 AI에서 사용하는 방법보다 더 강력한 안전장치가 필요하다. 팩트 체크나 지식 그라운딩이 여전히 중요하지만, 에이전틱 시스템에는 실시간 검증 메커니즘, 행동 검증 프로토콜, 정보 신뢰도가 불확실한 경우를 위한 백업 프로세스 등이 추가로 요구된다. 또한 정보 신뢰도가 낮은 상황을 적절히 처리할 수 있는 **불확실성 인식**uncertainty-aware 의사결정 프로세스를 구현하는 것이 중요하다.

에이전틱 시스템을 도입하는 조직은 환각으로 생성된 정보로 인해 발생할 수 있는 행동을 사전에 탐지 및 차단할 수 있는 견고한 모니터링 시스템을 구축해야 한다. 이는 핵심 의사결정에 대해 다단계 검증 프로세스를 두거나, 자율 행동에 대한 신뢰 임곗값을 설정하거나, 고위험 상황에 대해 인간 감독 메커니즘을 두는 방법이 될 수 있다. 에이전틱 AI 시스템에서 환각 문제를 선제적으로 다룸으로써, 자율 에이전트가 신뢰할 수 있는 정보를 기반으로 의사결정을 내리게 보장할 수 있다. 특히 이러한 시스템이 안전, 보안, 비즈니스 운영 등에서 중대한 결과를 초래할 수 있는 분야로 확산되는 시점에서 이러한 노력이 더욱 중요하다.

9.1.4 데이터 프라이버시 침해

생성형 AI 모델은 방대한 양의 데이터를 학습하면서 그 안에 **개인 식별 정보**personally identifiable information, PII나 민감한 데이터를 무심코 포함할 수 있다. 특히 에이전틱 시스템에서는 이 문제가 더 심각해진다. 왜냐하면 이 시스템은 단순히 정보를 처리하거나 생성하는 데 그치지 않고 자율적으로 개인 데이터에 적극적으로 접근하거나 조작하고 의사결정에 활용하기 때문이다.

이러한 시스템을 학습 및 운영하기 위해 필요한 데이터의 규모는 개인정보 침해 가능성을 더욱 높인다. 특히 에이전틱 시스템에서는 학습 데이터뿐만 아니라 사용자와의 상호작용, 거래 기록, 실시간 행동 데이터 등 시스템이 의사결정을 위해 능동적으로 수집/활용하는 운영 데이터도 포함되므로 위험이 확장된다.

예를 들어 헬스케어 분야에서의 에이전틱 AI 시스템은 과거 의료 기록뿐만 아니라 환자 일정 관리, 치료 계획, 의료기기 설정까지 관리할 수 있다. 만약 이러한 시스템이 민감한 정보를 잘못 처리한다면 민감한 의료 정보가 무단으로 유출되거나, 특정 질환 정보가 드러나는 예약이 잡히거나, 보호해야 할 의료 정보가 외부로 노출되는 등의 심각한 문제가 발생할 수 있다.

여행 산업에서는 단순히 여행 일정이 노출되는 것에서 그치지 않고 시스템이 개인정보를 위험에 빠뜨리는 행동까지 자율적으로 결정할 수 있다. 예를 들어 자율 여행 보조 시스템이 민감한 개인정보를 드러내는 예약을 자동으로 진행하거나, 제3자에게 위치 데이터를 공유하거나, 특정 패턴을 통해 기업 출장이나 개인 관계가 노출되는 사례도 발생할 수 있다. 실제로 2019년 OpenAI의 언어 모델이 학습 데이터 일부(이메일, 집 주소, 전화번호 등)를 기억해 출력하는 문제가 발생한 적이 있다. 에이전틱 시스템에서도 이와 유사하게, 학습 데이터에 포함된 개인정보를 바탕으로 자동으로 의사결정을 내려 시스템적으로 개인정보 침해를 유발할 수 있다.

에이전틱 AI 시스템에서의 개인정보 침해 문제를 해결하기 위해서는 기존 생성형 AI 시스템보다 강화된 대응이 필요하다. 데이터 거버넌스와 정제 작업은 여전히 중요하지만, 에이전틱 시스템에서는 실시간 개인정보 모니터링, 의사결정 감사 시스템, 자율 운영 중 무단 데이터 접근이나 공유를 방지하는 자동 프라이버시 메커니즘이 추가로 필요하다. 또한, 차등 프라이버시 기법도 실시간 의사결정 시나리오에 맞게 적절히 확장되어야 한다. 조직은 자율적 행동이 개별적으로는 문제가 없어 보여도 행동의 연속으로 인해 민감한 정보가 노출될 수 있는지 여부까지 고려한 '개인정보 인식 의사결정 프로토콜'을 구현해야 한다.

이러한 시스템에서 개인정보를 안전하게 보호하려면 기존의 데이터 보호 장치를 넘어서는 새로운 프레임워크가 필요하다. 에이전틱 AI를 배포하는 팀은 자율적 의사결정이 시간의 흐름에 따라 어떻게 개인정보를 위험에 빠뜨릴 수 있는지, 단일 행동이 아닌 행동의 연속으로 정보가 드러나지는 않는지를 면밀히 살펴야 한다. 즉, 프라이버시를 처음부터 새롭게 정의해야 한다. 이제 프라이버시는 단순히 데이터를 보호하는 것을 넘어, '자율적 의사결정의 연쇄'가 어떤 민감한 정보를 노출할 수 있는지를 이해하는 문제로 확장되었다.

가장 성공적인 에이전틱 AI 시스템은 프라이버시를 '신경계 시스템'처럼 핵심적으로 내장하여 모든 의사결정 지점에서 본능적으로 개인정보를 보호하게 설계한 시스템일 것이다. 인간이 일상적으로 콘텍스트에 따라 자신의 행동을 조절하여 개인정보를 보호하는 것처럼 AI도 마찬가지로 동작해야 한다. 프라이버시가 단순한 규정 준수 체크박스가 아니라 시스템의 의사결정 프로세스의 본질이 될 때, 강력한 에이전틱 AI 시스템이 개인정보 권리를 해치는 것이 아니라 오히려 보호하고 강화할 수 있을 것이다.

9.1.5 지적 재산권 위험

생성형 AI 기능이 에이전틱 시스템에 통합되면서, 전통적인 콘텐츠 생성 문제를 훨씬 넘어서는 복잡한 지적 재산권 문제가 발생하고 있다. 자율 에이전트가 단순히 콘텐츠를 생성하는 것에 그치지 않고 이를 활용, 수정, 배포하는 의사결정을 하도록 허용되면 그 위험은 훨씬 커진다.

자율 에이전트의 콘텐츠 생성 증가로 인해 **지적 재산권**intellectual property, IP 침해에 대한 우려가 커지고 있으며, 이를 탐지하고 완화하기 위한 강력한 전략이 필요해지고 있다. 예를 들어 표절 탐지를 위한 **Copyleaks**, AI 생성 이미지 워터마킹watermarking을 위한 구글의 **SynthID**, 디지털 진본 여부를 검증하는 **Truepic** 같은 AI 생성 콘텐츠 추적 시스템은 저작권이 있는 자료의 무단 사용을 식별하는 데 도움을 준다. Hugging Face의 **Dataset Card Standard**, LAION의 투명성 노력, Adobe의 **Content Authenticity Initiative**CAI 같은 데이터셋 감사 도구는 자율 에이전트가 사용하는 데이터셋이 라이선스 및 출처 요구사항을 준수하는지 보장한다. Microsoft의 **Azure Content Moderator**, 저작권이 있는 이미지와 로고를 식별하기 위한 **Amazon Rekognition**, 소셜 플랫폼에서의 지적 재산권 위반을 모니터링하는 Meta의 **Rights Manager** 같은 자동화된 저작권 위반 감시 서비스는 한층 개선된 규정 준수를 위한 노력에 해당한다. 또한 시간에 따른 IP 소유를 증명하기 위한 **WIPO PROOF**(현재 서비스 중단), 침해 위험을 평가하기 위한 IBM의 **AI Governance Toolkit**, API 수준의 제한을 부여하기 위한 OpenAI의 라이선싱 합의 등은 IP 위반에 대한 구조화된 안전장치를 제공한다. 이러한 방법론을 통합함으로써 조직은 자율 에이전트가 윤리적/법적 경계를 지키며 작동하게 할 수 있으며, 무단 콘텐츠 생성 및 배포와 관련된 위험을 최소화할 수 있다.

근본적인 문제는 학습과 운영 양쪽 모두에서 발생한다. 에이전틱 AI 시스템은 생성형 시스템과 마찬가지로 방대한 양의 잠재적으로 저작권이 있는 자료(코드, 디자인 파일, 창작물, 비즈니스 프로세스)를 학습 데이터로 삼는다. 그러나 단순히 텍스트나 이미지를 생성하는 생성형 시스템과 달리, 에이전틱 시스템은 이러한 학습 정보를 실제로 구현하여 대규모로, 그리고 기계 속도로 저작권을 침해할 수 있다.

예를 들어 단순히 코드 스니펫을 제안하는 것이 아니라 실제로 애플리케이션을 작성하고 배포하는 자율 소프트웨어 개발 에이전트를 상상해보자. 이러한 시스템은 특정 프로젝트에 저작권 보호 알고리즘이나 코드 패턴을 무심코 포함시켜 수천 건의 프로젝트에서 무단 침해를 발생시킬 수 있다. 마찬가지로, 콘텐츠 제작을 관리하는 자율 에이전틱 시스템이 저작권이 있는 자료를 무단으로 혼합하거나 재사용하여 파생 저작물을 대량으로 만들어낼 수도 있다. 각각의 파생 저작물은 또 다른 저작권 문제를 발생시킬 수 있다.

이미 현실에서도 이러한 문제가 드러나고 있다. 2022년 Stability AI의 Stable Diffusion 이미지 생성기를 대상으로 한 소송은 학습 데이터 사용 문제를 부각시켰다(https://jipel.law.nyu.edu/andersen-v-stability-ai-the-landmark-case-unpacking-the-copyright-risks-of-ai-image-generators). 하지만 에이전틱 시스템에서는 더 복잡한 문제가 발생한다. 예를 들어 AI 에이전트가 저작권이 있는 스타일 요소를 학습하여 마케팅 캠페인을 자율적으로 생성/집행한다면? 또는 AI가 공정 이용fair use에 근거해 콘텐츠를 수정 및 배포한다면 어떻게 될까?

이러한 도전 과제에 대응하려면 자율 시스템 시대의 지적 재산권 보호를 근본적으로 재설계해야 한다. 조직은 저작권 침해가 발생한 후 사후 감지하는 방식이 아니라, 사전에 방지할 수 있는 프레임워크를 구축해야 한다. 즉, 에이전트가 생성한 콘텐츠의 출처를 실시간으로 추적하고, 자율 의사결정이 내려지기 전 IP 영향을 평가할 수 있는 의사결정 트리를 구현해야 한다.

기술 혁신도 핵심 역할을 한다. 블록체인 기반 콘텐츠 추적, 자동 라이선스 검증 시스템, 다른 에이전트를 감사audit하는 AI 에이전트까지 새로운 접근 방식이 등장하고 있다. 이러한 도구와 기존의 법적 안전장치를 결합하면, 자율 시스템 시대의 IP 보호를 위한 새로운 토대를 마련할 수 있다.

이 복잡한 환경을 헤쳐나가려면 유연성과 적응력이 핵심이다. 현재의 지적 재산권 법 제도는 인간 창작자와 인간 의사결정자를 위한 시스템이다. 에이전틱 AI 시스템이 확산됨에 따라, 이 법적 틀도 단순한 권리 보호를 넘어 기계가 창의적 프로세스의 능동적 참여자가 되는 새로운 세상에 맞게 진화해야 한다.

9.2 안전하고 책임 있는 AI 보장

LLM 기반의 에이전틱 시스템 도입은 안정성과 책임 문제 측면에서 기존의 생성형 AI보다 훨씬 복잡하다. 생성형 AI가 주로 콘텐츠 생성에 초점을 맞추는 반면, 에이전틱 시스템은 자율적으로 계획을 세우고, 의사결정을 내리며, 행동까지 수행할 수 있기 때문에 안전한 배포는 더욱 중요하다. 에이전틱 시스템의 핵심 안전 고려사항은 다음과 같다.

- **행동 경계**action boundary: 에이전틱 시스템이 안전하고 윤리적인 제약 내에서 작동하도록 엄격한 행동 경계를 정의해야 한다. 이를 위해 OpenAI의 Function Calling API, Amazon Bedrock Guardrails와 같은 정책 기반 거버넌스 프레임워크를 사용해 외부 시스템과 상호작용하되, 사전에 정의된 운영 한계를 준수하게 할 수 있다. 또한 **역할 기반 접근 제어**role-based access control, RBAC와 콘텍스트 인식 권한을 구현하여 금융, 의료와 같은 고위험 도메인에서 무단 행동을 방지할 수 있다.

- **의사결정 검증**decision verification: 에이전틱 시스템은 중요한 의사결정에 대해 다단계 검증 프로세스를 통합해 강건성과 인간의 감독 정렬을 확보해야 한다. 이를 위해 신경-기호 추론neural-symbolic reasoning, 제약 만족 모델constraint satisfaction model, 논리 검증 기법logical verification technique 등을 적용하여 사전에 정의된 윤리적/운영적 제약을 충족하는지 검증한 뒤 실행한다. 트리 탐색 알고리즘과 몬테카를로 시뮬레이션 등을 사용해 여러 가능한 결과를 평가하고 실시간 최적 의사결정을 보장할 수도 있다.

- **롤백 기능**rollback capabilities: 자율 행동의 의도치 않은 결과를 완화하려면 되돌리기 또는 롤백 기능이 반드시 필요하다. Apache Kafka, Temporal.io 같은 이벤트 소싱 및 상태 관리 프레임워크를 사용하면 에이전트 행동을 불변 로그로 기록해 통제된 롤백을 구현할 수 있다. 또한 의사결정 상태의 버전 관리와 체크 포인팅 기법을 결합해 이상이나 실패가 감지되면 안정적인 상태로 되돌릴 수 있다.

- **실시간 모니터링**: 에이전트의 행동을 지속적으로 모니터링하여 이상 징후를 탐지하고 해로운 행동을 방지하는 것이 중요하다. Facebook의 AI Anomaly Detection Pipeline, Amazon CloudWatch Anomaly Detection은 이상 탐지 모델의 머신러닝 기반 패턴 인식을 활용해 실시간으로 행동 변화를 추적한다. 또한 드리프트 탐지 알고리즘drift detection algorithm을 통해 에이전트 행동이 예상 패턴에서 벗어나면 알림을 생성하거나 교정 작업을 시작하게 할 수 있다. **설명 가능한 AI**Explainable AI, XAI 기법은 에이전트의 특정 의사결정 이유를 사람이 이해할 수 있도록 설명하여 모니터링을 강화한다.

- **강화 학습 피드백 루프**: **인간-피드백 강화 학습**reinforcement learning from human feedback, RLHF을 통해 학습 과정에 인간의 감독을 포함하여 에이전틱 시스템의 의사결정 프로세스를 미세 조정할 수 있다. 인간 리뷰어의 피드백을 지속적으로 통합함으로써 시간이 지남에 따라 행동을 개선하고 안전성과 윤리적 정렬을 유지할 수 있다. 특히 고위험 환경에서는 인간 판단이 필요한 의사결정은 하이브리드 AI-인간 워크플로로 이관할 수 있다.

- **성능 지표**performance metrics: 에이전틱 시스템의 평가에서는 단순한 출력 품질만이 아니라 의사결정 일관성, 윤리적 정렬, 리스크 평가, 적응성 등을 함께 고려해야 한다. IBM의 AI Fairness 360, 구글의 Explainable AI와 같은 AI 감사 도구는 정확도분만 아니라 투명성, 강건성, 공정성을 종합적으로 평가하는 프레임워크를 제공한다. 또한 인과추론 모델을 사용해 에이전트의 의사결정이 미치는 영향을 정량화해 윤리적/규제적 기준과의 정렬 여부를 확인할 수 있다.

이러한 기술과 방법론을 통합함으로써 조직은 **안전하고, 투명하고, 규제 및 윤리적 고려사항에 부합하는** 에이전틱 시스템을 배포할 수 있다. 이를 통해 자율적 의사결정에 따른 위험을 줄이는 동시에 운영 효율성을 유지할 수 있다.

다음으로 이러한 안전 조치가 실제 배포에서 어떻게 나타나는지 살펴보자. 예를 들어 한 에이전틱 시스템이 기업 여행 프로그램을 관리한다고 가정하자. 이 시스템은 단순히 추천을 생성하는 데 그치지 않고 항공편을 예약하고 일정을 조정하며 경비를 관리한다. 이러한 시스템에는 생성적 측면과 자율적 측면을 모두 다루는 다층적 안전 프로토콜이 필수이며, 이는 다음과 같이 구체화될 수 있다.

- 행동 경계는 승인 없이 예약 변경 시 허용되는 재정적 한도를 설정하거나, 고위험 국가 예약 제한, 일정 변경의 자율성에 대한 규칙(예: 출발 24시간 이전에만 자율 변경 가능) 등을 포함할 수 있다.
- 의사결정 검증은 고액 예약을 최종 확정하기 전 다단계 검토 프로세스를 포함할 수 있다. 예를 들어 일정 금액 이상의 거래에는 관리자의 승인을 요구하거나, 회사 여행 정책과 자동으로 교차 검증하는 방식을 포함할 수 있다.
- 시스템 롤백 기능은 실제 항공사 취소 정책, 호텔 예약 마감일 등 현실적 제약 조건을 고려함으로써, 이를 통해 자율 행동이 불필요한 벌금을 발생시키지 않게 조치할 수 있다.
- 실시간 모니터링은 예약 패턴과 경비 사용 패턴을 추적하는데, 예를 들어 단기간에 예약 변경이 빈번하게 발생하거나 일반적이지 않은 여행 패턴이 나타날 경우 이를 감지해 플래그를 표시할 수 있다.
- 성능 지표는 단순히 예약 성공 여부를 통해 의사결정의 품질을 평가하는 것에 그치지 않고, 시스템이 일관성 있게 비용 효율적인 결정을 하는지와 여행자의 선호도 기업 정책의 준수 여부까지 평가하도록 설계할 수 있다.

이러한 여행 관리 사례는 잠재적 위험을 방지하면서도 효율적 운영을 보장하기 위해 안전 조치가 얼마나 세심하게 설계되어야 하는지를 잘 보여준다. 시스템은 자율성(예: 항공편 결항 시 자동으로 대체 예약)과 신중함(예: 일정 변경 시 승인 필요) 간의 균형을 유지하면서, 의사결정의 감사 추적성과 설명 가능성을 제공해야 한다. 그림 9.1은 이 에이전틱 여행 관리 시스템의 안전 조치를 보여준다.

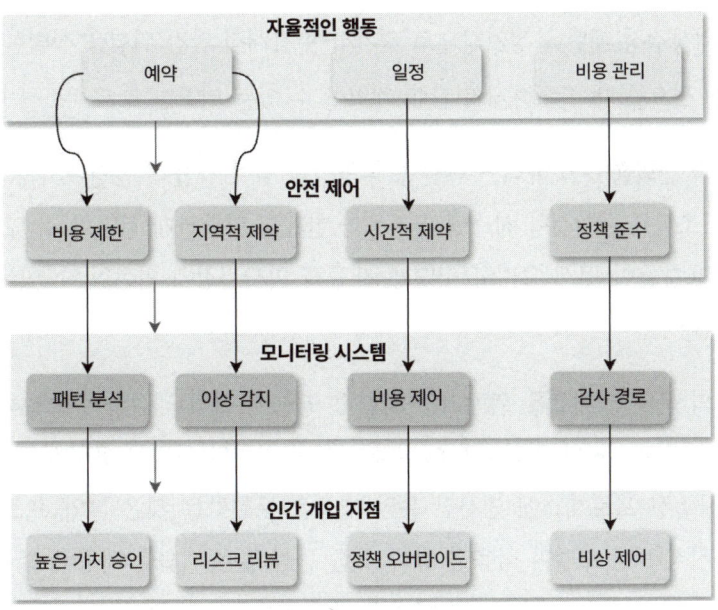

그림 9.1 에이전틱 여행 관리 시스템의 안전 조치

에이전틱 시스템에 대한 테스팅은 기존의 생성형 AI에 대한 것보다 훨씬 포괄적으로 수행해야 한다. 생성형 AI에 대한 테스팅은 주로 출력 품질에 집중하는 반면, 에이전틱 시스템에 대한 테스팅은 전체 의사결정 체인과 행동 시퀀스를 평가해야 한다. 여기에는 에이전트가 상호 연결된 의사결정을 내리고, 예기치 않은 상황을 처리하며, 여러 행동 단계에 걸쳐 안전 제약을 유지하는 복잡한 시나리오를 시뮬레이션하는 작업이 포함된다.

에이전틱 시스템에서는 인간 감독이 새로운 차원을 갖는다. 단순히 생성된 콘텐츠를 검토하는 것이 아니라 의사결정 패턴을 모니터링하고, 복잡한 상황에서 개입하고, 허용 가능한 행동에 대한 시스템의 이해를 지속적으로 개선해야 한다. 이를 위해 자율 행동을 실시간으로 추적하고 평가할 수 있는 새로운 감독 도구와 프레임워크가 필요하다.

에이전틱 시스템에서는 **안전한 학습**safe learning의 개념이 매우 중요하다. 이러한 시스템은 운영 중에 안전성을 훼손하지 않으면서 경험을 통해 학습할 수 있어야 한다. 이를 위해 에이전트가 새로운 전략을 안전하게 탐색할 수 있는 샌드박스 환경을 만들거나 시스템의 신뢰성이 검증됨에 따라 점진적으로 자동화를 확대하는 방식이 필요하다. 주요 구현 전략은 다음과 같다.

- **점진적 자율성**: 초기에는 행동 능력을 엄격히 제한하고, 신뢰성이 입증되면 점진적으로 확대한다.
- **콘텍스트 안전 경계**: 특정 행동의 위험 수준에 따라 안전 프로토콜을 차등 적용한다.
- **지속적 검증**: 의사결정 패턴을 정기적으로 평가하여 잠재적 안전 위험을 식별한다.
- **비상 프로토콜**: 필요할 때 신속하게 인간이 개입할 수 있는 명확한 프로세스를 마련한다.

에이전틱 시스템과 신뢰를 구축하려면 단순한 투명성을 넘어 자율적 운영에서의 확실한 신뢰성을 보여주어야 한다. 조직은 에이전틱 시스템의 기능과 한계를 명확하게 전달할 수 있는 프레임워크를 마련하여 이해관계자들이 언제 그리고 어떻게 자율적 의사결정에 의존할 수 있는지를 이해할 수 있도록 도와야 한다.

에이전틱 시스템의 윤리적 배포를 위해서도 사회적 영향에 대해 세심하게 고려해야 한다. 이러한 시스템은 개인의 프라이버시와 권리뿐만 아니라 사회적 가치와 규범을 존중하도록 설계되어야 한다. 시스템의 의사결정 프로세스에 명시적 윤리 제약을 구현하는 것은 제약 프로그래밍, 규칙 기반 윤리 엔진, 윤리적 보상 모델이 적용된 강화 학습 등과 같은 기법을 사용해 사전에 정의된 윤리 규칙, 공정성 제약, 규정 준수 정책을 시스템 논리에 통합함으로써 달성할 수 있다. 예를 들어 상징적 AI 접근 방식은 아시모프Isaac Asimov의 로봇 3원칙Three Laws of Robotics이나 GDPR 프라이버시 규정을 공식적으로 윤리 규칙으로 통합해 의사결정 파이프라인에 적용할 수 있어, 에이전트가 사전에 정의된 윤리적 경계 내에서 작동하게 보장한다. 또한 IBM의 AI Fairness 360과 같은 알고리즘을 사용해 런타임에서 공정성과 프라이버시 준수를 실현할 수 있다.

윤리적 적응성을 보장하기 위해 **휴먼인더루프**human-in-the-loop, HITL 시스템을 통한 커뮤니티 피드백 루프를 구현함으로써 의사결정을 검토하고 이를 미래 모델 개선에 반영할 수 있다. 또한 거버넌스 프레임워크에는 정기적인 윤리 감사, 극한 상황에서 의사결정을 스트레스 테스트하는 레드팀 훈련, 이해관계자 피드백을 시스템 개선에 반영하는 메커니즘을 포함해야 한다. 에이전틱 시스템이 더욱 보편화됨에 따라 이러한 종합적 거버넌스 조치는 자동화와 윤리적 책임 간의 균형을 유지하는 데 핵심이 될 것이다.

이러한 에이전틱 시스템의 고유한 과제를 이해하고 해결함으로써, 조직은 자율 운영의 힘을 활용하는 동시에 시스템 수명 주기 전반에 걸쳐 안전성, 책임성 및 윤리적 고려를 우선시하는 배포를 실현할 수 있다.

9.3 윤리 지침 및 프레임워크 탐색

생성형 AI 시스템이 점점 정교해지고 사회의 여러 분야에 통합되면서, 책임 있는 개발과 배포를 보장하기 위해 강력한 윤리 지침과 프레임워크를 수립해야 한다. 건전한 윤리 프레임워크는 인간의 복지, 책임성, 프라이버시, 포용적 거버넌스를 우선시하는 다양한 원칙과 지침을 포함해야 한다.

9.3.1 인간 중심 설계

윤리적 AI 개발의 핵심에는 인간 중심 설계human-centric design의 원칙이 자리 잡고 있다. 생성형 AI 시스템은 인간의 복지를 증진하고 긍정적인 경험을 제공하는 데 중점을 두어야 한다. 이는 공정성, 존엄성, 개인의 자율성 존중 등 인간의 가치와 일치하는 직관적이고 접근 가능하며 포용적인 솔루션을 개발하는 것을 의미한다.

예를 들어 여행 에이전트 콘텍스트에서 인간 중심의 생성형 AI 시스템은 다양한 선호도, 문화적 민감성, 접근성 요구를 반영한 맞춤형 추천을 우선시하여 모든 사용자가 기술의 혜택을 의미 있고 존중받는 방식으로 누릴 수 있도록 해야 한다.

9.3.2 책임과 책임 소재

생성형 AI 시스템을 개발/배포하는 조직은 이 기술의 산출물과 잠재적 영향에 대한 책임을 져야 한다. 따라서 명확한 책임 주체 설정, 의사결정 프로세스의 포괄적 문서화, 윤리적 영향을 검토하고 대응할 수 있는 메커니즘이 필요하다.

이를 위해 윤리학자, 법률 전문가, 잠재적으로 영향을 받을 수 있는 커뮤니티 대표 등 학제 간 전문가로 구성된 검토 위원회나 자문 위원회를 구성하여 복잡한 윤리 문제를 탐색하고 책임 있는 의사결정을 내릴 수 있게 해야 한다.

9.3.3 프라이버시 및 데이터 보호

사용자의 프라이버시와 데이터 보호는 생성형 AI 시스템 개발의 기본 원칙으로 자리 잡아야 한다. 조직은 **프라이버시 설계**privacy-by-design 접근 방식을 채택해 데이터 최소화, 민감한 데이터 익명화, 관련 개인정보보호법 및 규정을 준수하는 데이터 처리 관행을 실천해야 한다. 이때 유럽의 **일반 개인정보보호법**General Data Protection Regulation, GDPR, **캘리포니아 소비자 개인정보보호법**California Consumer Privacy Act, CCPA, 미국의 **건강보험이식성과 책임법**Health Insurance Portability and Accountability, HIPPA 같은 법률을 준수해야 한다. 이것은 구체적으로 데이터 최소화(필수 정보만 수집), 익명화(k-익명성, 가명 처리 등의 기법), 연합 학습/동형 암호화/**다자간 보안 컴퓨팅**secure multi-party computation, SMPC 같은 **프라이버시 보호형 머신러닝**privacy-preserving machine learning, PPML 등을 포함한다. 예를 들어 헬스케어 AI 어시스턴트는 환자 데이터를 연합 학습 방식으로 로컬에서 암호화해 처리하고, **역할 기반 접근제어**role-based access control, RBAC를 통해 승인된 인원만 민감한 데이터에 접근하게 할 수 있다. 또한 자동화된 감사 로그와 설명 가능성 도구를 활용해 의사결정을 추적하여 책임성을 강화할 수 있다.

여행 산업에서는 강력한 데이터 거버넌스 프레임워크를 구축하고, 사용자에게 데이터 수집/이용에 대한 명확한 동의를 구해야 하며, 여행 기록, 선호도, 결제 정보 등 민감한 정보를 보호할 수 있는 안전한 데이터 저장 및 처리 메커니즘을 구현해야 한다.

9.3.4 다양한 이해관계자의 참여

윤리적 AI 개발에는 윤리학자, 기술자, 정책입안자, 잠재적으로 영향을 받는 커뮤니티 대표 등 다양한 이해관계자의 참여가 필요하다. 이러한 협력적 접근 방식은 포용적 대화를 촉진하고 잠재적 사각지대나 의도치 않은 결과를 식별하며, 더 공정하고 사회적으로 책임 있는 AI 거버넌스를 촉진한다.

예를 들어 여행 추천을 위한 생성형 AI 시스템 개발에서 다양한 문화적 배경의 이해관계자, 장애인 권리 옹호자, 환경 단체 등과의 협업은 편향, 접근성 장벽, 지속 가능성 문제 등을 식별하고 이를 반영한 더 포용적이고 책임 있는 솔루션을 개발하는 데 기여할 수 있다.

이러한 윤리 지침과 프레임워크를 준수함으로써 조직은 생성형 AI 기술의 개발과 배포 과정에서 신뢰, 책임성, 책임 있는 혁신을 증진할 수 있다. 이는 잠재적 위험과 의도치 않은 결과를 완화할 뿐만 아니라, 이러한 강력한 기술이 사회적 영향력을 발휘하는 동시에 기본적 인권과 가치를 존중하게 하는 데 기여한다.

9.4 프라이버시 및 보안 문제 대응

생성형 AI 시스템이 다양한 분야에서 점점 널리 사용됨에 따라, 프라이버시와 보안 문제에 대한 대응은 그 어느 때보다 중요하다. 조직은 민감한 데이터를 안전하게 보호하고, 잠재적인 침해로부터 방어하며, 악의적인 공격에 대한 AI 시스템의 회복력을 보장하기 위해 선제적인 조치를 취해야 한다.

여행 에이전트가 개인화된 추천과 여행 일정 계획을 위해 생성형 AI 시스템을 사용하는 콘텍스트에서는 포괄적인 데이터 거버넌스 프레임워크를 수립하는 것이 필수다. 이 프레임워크는 데이터 처리 관행, 접근 제어, 규제 준수 등을 정의하여 조직 내에서 고객의 여행 기록, 선호도, 결제 정보와 같은 개인정보를 보호하게 해야 한다.

접근 제어와 역할 기반 권한 부여는 권한이 있는 인력만이 민감한 데이터에 접근하거나 수정할 수 있게 함으로써 데이터 유출이나 오용의 위험을 줄일 수 있다. 또한 GDPR이나 **지불 카드 산업 데이터 보안 표준**Payment Card Industry Data Security Standard, PCI DSS 등 관련 개인정보보호법과 업계 규제를 준수해 법적 책임을 회피하고 데이터 보호 수준을 강화해야 한다.

AI 개발 생명주기와 보안에 대한 고려를 통합하는 것도 중요하다. 이는 잠재적 취약점을 식별하기 위한 정기적인 보안 위험 평가 수행과 안전한 코딩 표준을 적용해 코딩 오류나 보안 결함을 방지하고, AI 시스템의 취약점을 탐지 및 해결하기 위한 정기적인 테스트와 감사 수행을 포함한다. 예를 들어 여행 에이전트는 침투 테스트를 활용해 잠재적 공격 시나리오를 시뮬레이션하고, 생성형 AI 시스템이 적대적 공격이나 데이터 유출에 대한 복원력 정도를 평가할 수 있다. 이러한 선제적 접근 방식은 공격자에 의한 악용 이전에 보안 취약점을 식별하고 해결하는 데 도움이 된다.

사용자에게 생성형 AI 관련 잠재적 위험을 교육하고 안전한 사용 방법을 안내하는 것도 중요하다. 여행 에이전트 사례에서 보면 고객에게 프라이버시의 중요성, 피싱 시도나 의심스러운 연락을 식별하는 방법, 우려사항이나 사건 발생 시 즉시 보고하는 프로세스 등을 교육할 수 있다.

조직은 보안 침해나 데이터 유출에 효과적으로 대응하기 위한 강력한 사고 대응 계획incident response plan을 수립해야 한다. 이 계획은 신속 대응, 피해 범위 제한, 사건 조사 및 완화 전략을 명확히 규정해 피해를 최소화하고, 관련 개인이나 기관을 보호할 수 있어야 한다.

만약 고객 정보와 관련된 데이터 유출이 발생하면, 여행 에이전트는 영향을 받은 고객, 규제 기관, 이해관계자에게 신속히 알리고, 침해된 시스템을 안전하게 보호하며 추가 데이터 손실을 방지하기 위한 조치를 취해야 한다.

또한, 적대적 학습과 이상 탐지 같은 기법을 통해 생성형 AI 시스템의 회복력을 강화할 수 있다. 적대적 학습은 AI 모델을 훈련하는 과정에서 정교하게 설계된 적대적 예제에 반복적으로 노출시킴으로써 모델이 이러한 공격을 인식하고 방어하게 돕는다. 이상 탐지 알고리즘은 의심스러운 입력이나 출력을 식별하고 플래그를 처리하여 신속한 대응과 문제 완화가 가능하게 한다. 이처럼 AI 개발 및 배포 전 과정에서 프라이버시와 보안을 우선시함으로써, 조직은 관련 규제 준수뿐만 아니라, 민감한 데이터와 지적 재산권을 안전하게 보호하며 사용자와 이해관계자의 신뢰를 구축할 수 있다.

요약

이번 장에서는 고급 지능형 에이전틱 시스템이 혁신을 촉진하고, 창의성을 높이고, 다양한 산업 분야를 혁신할 수 있는 엄청난 잠재력을 지니고 있음을 살펴봤다. 그러나 이러한 시스템을 배포하고 개발할 때는 최대한 신중하고 책임 있게 접근해야 한다. 생성형 AI의 잠재적 위험과 과제를 인식함으로써 조직과 이해관계자는 안전을 보장하고, 윤리적 원칙을 준수하고, 프라이버시와 보안 문제를 해결하기 위한 사전 조치를 취할 수 있다. 이렇게 함으로써 이러한 기술의 변혁적 힘을 신뢰할 수 있고, 책임감 있게 활용할 수 있으며, 사용자와 이해관계자 사이의 신뢰를 높일 수 있다. 생성형 AI 개발에 대한 선제적이고 책임 있는 접근 방식에는 강력한 테스트 및 모니터링 프레임워크 구현, 인간의 쾌적한 삶, 책임성, 포용적 거버넌스를 우선하는 윤리적 지침과 프레임워크 준수, 민감한 정보 및 지적 재산을 보호하기 위한 포괄적 데이터 거버넌스 및 보안 프로토콜 수립 작업 등이 포함된다.

AI 시스템이 가진 불확실성과 편향 문제를 해결하는 것은 매우 중요하다. 개발자는 확률적 모델링, 불확실성 정량화, 편향 제거 알고리즘과 같은 기술을 사용함으로써 생성형 AI 모델의 신뢰성과 공정성을 개선해 신뢰를 구축하고 책임감 있는 채택을 촉진할 수 있다. 개발자, 연구자, 정책 수립자, 윤리학자를 포함한 다양한 이해관계자의 협업은 생성형 AI의 도전과 윤리적 함의를 해결하는 데 필수다. 포괄적이고 다각적인 접근 방식은 사각지대를 식별하고, 의도하지 않은 결과를 완화하여, 인간이 가진 가치와 일치하는 설루션을 개발하는 데 도움을 준다. 에이전틱 시스템이 편향되거나 허위 정보를 바탕으로 자율적으로 행동하면 AI 리스크가 높아지므로 행동 경계, 의사결정 검증, 실시간 모니터링을 포함한 강력한 안전 조치가 반드시 필요하다. 효과적인 배포를 위해서는 특히 결정의 위험성이 높은 영역에서 자율성과 적절한 인간 감독의 균형을 맞추는 것이 필요하다. 프라이버시는 단순한 데이터 보호를 넘어 자율적 의사결정을 통해 민감한 정보가 노출될 가능성까지 고려해야 한다. 또한, 지적 재산권 프레임워크는 AI 에이전트를 능동적인 창작자로 다룰 수 있게 발전해야 하며, 이를 위해 실시간 모니터링과 검증 시스템이 필요하다.

다음 장에서는 지금까지 학습한 다양한 패턴과 기술을 사용해 LLM 기반 지능형 에이전트를 사용하는 일반적인 사례와 적용에 관해 살펴본다.

질문

1. 생성형 AI와 에이전틱 시스템에서의 환각이 가진 리스크는 어떻게 다른가? 에이전틱 시스템에서의 환각이 위험한 이유는 무엇인가?
2. LLM 기반 에이전틱 시스템을 배포할 때 반드시 고려해야 할 핵심 안전 요소들은 무엇인가? 여행 관리 시스템과 같은 실제 예시에서는 어떻게 구현되는가?
3. 생성형 AI 시스템과 에이전틱 AI 시스템에서의 편향은 어떻게 다른가? 이를 해결하기 위해 추가로 조치해야 할 것은 무엇인가?
4. 에이전틱 시스템은 기존 생성형 AI 시스템에 비해 데이터 프라이버시 측면에서 어떤 고유한 문제를 제기하는가? 조직은 이러한 문제를 해결하기 위해 어떻게 대응해야 하는가?
5. 지적 재산권 리스크는 생성형 AI에서 에이전틱 시스템으로 이동하면서 어떻게 진화했는가? 이를 해결하기 위해 어떤 새로운 접근 방식이 필요한가?

답변

1. 생성형 AI에서의 환각은 주로 잘못된 콘텐츠 생성으로 끝나지만, 에이전틱 시스템에서는 환각 정보가 실제 세계의 결정과 행동에 직접 영향을 미칠 수 있다. 예를 들어 생성형 AI가 단순히 잘못된 텍스트를 생성하는 데 그친다면, 에이전틱 시스템은 환각에 의해 판단한 시장 트렌드를 바탕으로 금융 거래를 실행하거나 허위 환자 기록에 근거해 의료 결정을 내릴 수 있다. 이는 인간의 검증 없이 즉각적으로 현실에 영향을 미치기 때문에 훨씬 위험하다.
2. 핵심 안전 고려사항에는 행동 경계, 의사결정 검증, 롤백 기능, 실시간 모니터링, 성과 지표가 포함된다. 예를 들어 여행 관리 시스템에서는 재무 한도를 설정해 일정 변경을 통제하고, 예약 비용이 높을 때는 다단계 검증을 시행하고, 취소 정책을 준수하는 메커니즘을 구현하고, 예약 패턴의 이상 징후를 추적하고, 회사 정책 및 여행자 선호도와의 일관성을 평가하는 등의 방식으로 적용된다. 이러한 조치는 리스크 방지와 효율적 운영을 동시에 보장한다.
3. 에이전틱 시스템에서의 편향은 단순히 편향된 콘텐츠를 생성하는 수준을 넘어, 사람들의 삶에 직접적인 영향을 미치는 편향된 결정을 내린다는 데서 전통적인 생성형 AI에서의 그것과 다르다. 예를 들어 생성형 AI가 편향된 텍스트를 생성하는 데 그친다면, 에이전틱 시스템은 인사 결정이나 자원 배분에서 시스템 차원의 차별을 초래할 수 있다. 이를 해결하기 위해서는 의사결정 감사 시스템, 자율 행동에 대한 책임 프레임워크, 실시간 편향 탐지 메커니즘, 의사결정 패턴 및 행동 이력에 대한 정기적 감사 등의 추가 조치가 필요하다.

4. 에이전틱 시스템은 단순히 정보를 처리하고 생성하는 데 그치지 않고, 개인 데이터를 직접 접근/조작/결정하는 작업까지 수행한다. 따라서 실시간 개인정보 모니터링, 의사결정 감사 시스템, 개인정보 인식 의사결정 프로토콜 등의 강화된 보호조치가 필요하다. 조직은 개별 행동이 개인정보를 준수하는 것처럼 보이더라도 자율적 결정의 연쇄작용을 통해 민감한 정보가 누출될 가능성을 검토하고, 시스템의 의사결정 프로세스에 프라이버시를 통합하는 구조를 만들어야 한다.

5. 에이전틱 시스템은 학습된 정보를 능동적으로 구현하고, 지적 재산권 사용과 관련된 결정을 기계 속도로 대규모로 실행할 수 있다. 예를 들어 수천 개의 프로젝트에서 독점 코드를 자율적으로 통합하거나 복잡한 파생 작품을 만들어낼 수 있다. 이를 해결하기 위해서는 콘텐츠 출처를 실시간으로 모니터링하는 시스템, 선제적 IP 평가를 위한 의사결정 트리, 블록체인 기반 콘텐츠 추적, 자동 라이선스 검증 시스템 등의 새로운 접근 방식이 필요하다. 법적 프레임워크 역시 기계가 크리에이티브 프로세스의 능동적 참여자로서 역할을 수행하는 상황을 다룰 수 있도록 발전해야 한다.

CHAPTER 10
일반적인 활용 사례와 응용 분야

앞서 LLM 기반 에이전틱 시스템이 가진 잠재적 위험과 도전 과제(적대적 공격부터 윤리적 문제까지)에 관해 살펴봤다. 이를 기반으로 이번 장에서는 이러한 시스템의 실질적인 적용 사례로서 에이전틱 시스템이 LLM과 목표 지향적 행동, 자율적인 의사결정 능력을 결합하여 얼마나 다양한 영역의 변화를 주도하고 있는지 살펴본다. 또한 에이전틱 시스템이 어떻게 콘텍스트를 이해하고, 계획을 수립하고, 특정 목표를 달성하기 위해 행동하고, 동시에 인간과 의미 있는 상호작용을 유지할 수 있는지 살펴본다.

특히 이번 장에서는 LLM을 단순한 언어 처리기가 아니라 고도의 계획과 실행을 가능하게 하는 핵심 추론 엔진으로 활용하는 방식에 초점을 두고, 에이전틱 시스템이 어떻게 다양한 도메인에서 혁신을 이루고 있는지를 탐구한다. 이는 전통적인 IT 시스템으로부터의 근본적인 이동을 의미한다. 에이전틱 시스템은 상호작용을 통해 학습하고, 행동을 적응시키고, 인간의 의도에 부합하는 방향으로 자율성을 높여갈 수 있다는 점에서 큰 변화를 의미한다. 이번 장에서는 크리에이티브 및 예술 분야에 미치는 LLM 기반 에이전틱 시스템의 혁신적인 영역에서 시작해, 자연어 처리와 대화형 에이전트에서의 발전과 로보틱스 및 자율 시스템 내 통합에 관해 살펴보고, 마지막으로 의사결정 지원 및 최적화 분야에서의 활용까지 다룬다.

이번 장에서 다루는 주요 주제는 다음과 같다.

- 크리에이티브 및 예술 분야의 응용
- 자연어 처리 및 대화형 에이전트

- 로보틱스 및 자율 시스템
- 의사결정 지원 및 최적화

이번 장을 마치면 LLM 기반 에이전틱 시스템이 다양한 분야에서 자동화와 인간-AI 협업 방식을 어떻게 재편하고 있는지 이해하게 될 것이다. 또한 좀 더 자율적이고 상호작용적인 AI 시스템의 독특한 능력과 고려사항을 인식하고, 여러분이 일하는 분야에서 에이전틱 시스템을 도입할 기회를 식별하는 데 도움을 얻을 수 있을 것이다.

10.1 크리에이티브 및 예술 분야의 응용

LLM 기반 에이전틱 시스템이 크리에이티브 분야에 통합되면서 단순한 생성형 AI 도구를 넘어서는 중대한 진화가 이루어지고 있다. 이번 절에서는 이러한 에이전틱 시스템이 콘텍스트 이해, 크리에이티브 방향 유지, 인간 아티스트와의 적극적 협업 능력을 활용하여 크리에이티브 워크플로를 어떻게 혁신하고 있는지 살펴본다. 전통적인 AI 도구가 단순히 콘텐츠를 생성하는 데 그쳤다면, 에이전틱 시스템들은 지속적으로 크리에이티브 대화에 참여하고, 변화하는 요구사항에 적응하고, 동시에 여러 예술적/기술적 제약을 균형 있게 다룰 수 있다.

10.1.1 크리에이티브 및 예술 에이전트의 발전

크리에이티브 및 예술 에이전트의 발전은 AI 시스템이 크리에이티브 프로세스에 기여하는 방식을 근본적으로 변화시키고 있다. 초기 생성형 AI 도구는 주로 정해진 프롬프트에 따라 정적인 출력물을 생성하는 데 초점을 두었으며 상호작용성과 적응성은 제한적이었다. 그러나 최신 에이전틱 시스템은 역동적이고 반복적인 크리에이티브 프로세스에 적극적으로 참여하는 수준으로 진화했다. 이러한 시스템은 고급 기능인 콘텍스트 유지, 적응 학습, 멀티모달 통합 등을 활용해 단순한 도구가 아닌 진정한 협업자로서 역할을 수행한다. 이 에이전트들은 단순히 콘텐츠를 생성하는 데 그치지 않고 예술적 의도를 이해하고, 피드백을 바탕으로 결과물을 정제하고, 인간 협업자의 비전과 일치하도록 지원한다. 이러한 진화는 AI 개발에서 큰 흐름, 즉 정적 콘텐츠 생성에서 상호작용적이고 콘텍스트 인식이 가능하며, 인간의 크리에이티브를 전례 없이 보완하고 확장하는 시스템으로의 발전을 상징한다. 특히 에이전틱 시스템은 다음 분야에서 큰 영향력을 발휘하고 있다.

- **예술 협업**: 다양한 반복 사이에서 일관성 있는 스타일, 예술적 의도, 주제적 응집성을 유지함으로써 아티스트를 돕고, 인간의 능력과 AI가 생성한 개선을 매끄럽게 통합할 수 있는 에이전트

- **음악 작곡**: 음악 이론을 이해하고, 다양한 장르에 적응하고, 연주자나 작곡가와 실시간으로 협업해 조화롭고 혁신적인 작곡을 지원하는 시스템
- **글쓰기 및 내러티브 개발**: 캐릭터 일관성, 플롯 흐름, 내러티브의 일관성을 유지하고 작가의 독창적 목소리와 스토리텔링 스타일을 보존하면서 창의적인 제안을 제공할 수 있는 에이전트

10.1.2 실제 적용 사례

크리에이티브 분야에서는 에이전틱 시스템을 실제 적용하면서 이미 유망한 성과를 보여주고 있다. Adobe의 Firefly 에이전트 시스템은 복잡한 프로젝트에서 크리에이티브 일관성을 유지하는 데 여러 전문화된 에이전트가 어떻게 협력할 수 있는지를 잘 보여준다. 이 시스템에서는 브랜드 아이덴티티와 스타일 가이드라인을 유지하는 에이전트, 다양한 미디어에서 자산 표현의 일관성을 보장하는 에이전트, 기술적 사양과 형식 요건을 처리하는 에이전트가 함께 작동한다. 이것은 단순한 생성형 도구에서 벗어나 실시간으로 사용자 피드백에 적응하며 크리에이티브 콘텍스트를 유지하는 협업형 시스템으로의 중요한 진화를 보여준다.

이와 유사하게 Universal Music Group의 AI 기반 음악 제작 시스템은 음악 작곡에서 크리에이티브 일관성을 유지하는 데 에이전틱 시스템이 어떻게 기여할 수 있는지 보여준다. 이 시스템은 음악 크리에이티브의 다양한 측면을 위해 전문화된 에이전트를 활용한다. 멜로디 에이전트melody agent는 음악의 주제와 모티프를 이해하고, 하모니 에이전트harmony agent는 음조의 일관성을 유지하며, 오케스트레이션 에이전트orchestration agent는 악기 편성을 담당한다. 이 에이전트들은 서로 협력해 작곡가의 크리에이티브 의도와 스타일 선호도를 제작 과정 전체에서 유지하며, 복잡한 크리에이티브 작업에서도 여러 에이전트가 예술적 비전을 유지하면서 협업할 수 있음을 보여준다.

복잡한 크리에이티브 워크플로에서 에이전틱 시스템이 어떻게 변화를 이끌 수 있는지에 관해 더욱 깊이 이해하기 위해 이번에는 영화 산업에서의 구체적인 사례를 살펴보자. 이 사례는 크리에이티브 비전과 기술적 실행 간의 간극을 연결하는 데 여러 에이전트가 어떻게 협업할 수 있는지를 보여준다. 이 문제는 영화 제작의 사전 시각화 단계에서 오랫동안 발생해왔다.

1 문제 설명

영화 감독과 스토리보드 아티스트는 사전 시각화 시퀀스를 반복하면서 상당한 시간을 보낸다. 이 과정에서는 다양한 부문 사이에서 크리에이티브 비전과 기술적 실현 가능성을 정렬하기 위해 끊임없이 커뮤니케이션해야 한다. 전통적인 도구는 크리에이티브 의도를 이해하고 기술적 제약을 동

시에 고려하는 능력이 부족하다. 목표는 감독의 크리에이티브 비전을 기술적으로 실현 가능한 사전 시각화 시퀀스로 변환하면서 예술적 일관성과 제작 제약을 유지하는 데 도움을 주는 다중 에이전트 시스템을 만드는 것이다.

이 에이전틱 시스템의 접근 방식은 다음과 같다.

- **감독 에이전트**director agent
    - 장면에 대한 자연어 설명을 처리한다.
    - 전체 크리에이티브 비전과 스타일 일관성을 유지한다.
    - 예술적 의도를 다른 에이전트에게 전달한다.
- **기술 감독 에이전트**technical supervisor agent
    - 기술적 실현 가능성을 평가한다.
    - 예산 및 자원 제약을 고려한다.
    - 필요할 때 대안을 제안한다.
- **시각화 에이전트**visualization agent
    - 초기 스토리보드와 3D 프리뷰를 생성한다.
    - 다른 에이전트로부터 받은 피드백을 기반으로 출력을 조정한다.
    - 장면 간 시각적 일관성을 유지한다.

이 에이전트들은 다음과 같은 방식으로 협업한다.

- LLM 기능을 통한 공유 콘텍스트 이해
- 크리에이티브 요구사항과 기술적 요구사항 간의 지속적인 피드백 루프
- 크리에이티브 방향 또는 기술적 제약의 변경에 실시간으로 적응

이러한 접근 방식을 통해 크리에이티브 에이전틱 시스템은 단순한 생성에서 벗어나 인간 창작자와 기술 부서 간의 협업 허브로 기능하면서, 영화 산업의 사전 시각화 문제를 혁신적으로 해결할 수 있다.

❷ 환경 및 외부 시스템

이 다중 에이전트 시스템은 다음과 같은 프러덕션 제작 환경에서 작동한다.

- **애셋 관리 데이터베이스**asset management database: 3D 모델, 텍스처, 기존 스토리보드를 저장
- **제작 관리 시스템**production management system: 예산, 일정, 자원 배분을 추적
- **렌더링 팜 API**rendering farm API: 3D 시각화를 위한 컴퓨팅 자원 관리
- **카메라 및 장비 데이터베이스**: 기술 사양 및 가용성
- **참조 라이브러리**: 과거 제작물, 스타일 가이드, 무드 보드 등의 아카이브
- **버전 관리 시스템**: 반복 및 변경 내역을 관리
- **협업 플랫폼**: 팀원 간 실시간 피드백 지원

❸ 왜 이것이 더 나은가

현재의 사전 시각화 도구는 고립된 방식으로 운영된다. 이를 위해서는 크리에이티브 요구사항과 기술적 요구사항 간의 번역을 위해 사람의 중재가 필요하다. 이에 비해 에이전틱 시스템 접근 방식은 여러 가지 이점을 제공한다.

- 크리에이티브 비전과 기술적 실현 가능성 간의 지속적인 정렬
- 실시간 협업을 통한 반복 주기 단축
- 제약사항에 적응하면서 크리에이티브 일관성 유지
- 자동화된 기술 검증을 통한 자원 효율성 향상

이 접근 방식은 에이전틱 시스템이 단순한 콘텐츠 생성 도구를 넘어, 다양한 제약사항과 목표들을 이해하면서 크리에이티브 의사결정 프로세스에 적극적으로 기여할 수 있음을 보여준다. 사전 시각화 단계에서의 이러한 성공을 통해 이와 같은 시스템이 복잡한 협업, 반복적인 정제, 진화하는 아티스트의 비전에 대한 적응력을 가지고 좀 더 넓은 범위에 적용될 수 있음을 시사한다. 콘텍스트를 유지하고, 의도를 이해하고, 우선순위의 균형을 조정함으로써 이 시스템들은 단순한 도구이기 보다 반드시 필요한 크리에이티브 파트너로서 자리매김하고 있다.

에이전틱 시스템이 크리에이티브 워크플로에 미치는 혁신적 영향력을 살펴봤으므로, 가장 혁신적인 응용 분야의 하나인 자연어 처리 및 대화형 인터페이스로 주제를 전환하자. 이러한 시스템은 미묘한 언어 이해, 복잡한 대화에서의 콘텍스트 유지, 효과적인 작업 수행에 탁월하여 인간과 AI의 상호작용에서 중요한 역할을 한다. 다음 절에서는 이러한 주제에 관해 자세히 다룰 것이다.

10.2 자연어 처리 및 대화형 에이전트

앞서 살펴본 크리에이티브 응용 분야를 바탕으로 이번에는 LLM 기반 에이전트에게 가장 자연스러운 영역인 언어 이해와 대화에 관해 살펴보자. 기존의 언어 모델도 텍스트 처리와 생성은 가능했지만, 에이전틱 시스템은 여기에 중요한 기능을 추가로 제공한다. 바로 장기간에 걸쳐 이루어지는 상호작용에서 콘텍스트를 유지하고, 대화를 통해 복잡한 작업을 실행하고, 사용자 요구와 피드백에 맞춰 응답을 조정하는 기능이다.

10.2.1 언어 에이전트의 발전

오늘날의 대화형 에이전트는 단순한 챗봇이나 가상 비서의 수준을 훨씬 뛰어넘는다. 복잡한 대화를 유지하고, 미묘한 콘텍스트를 이해하고, 자연스러운 대화를 통해 정교한 작업을 실행할 수 있다. 예를 들어 Anthropic의 Claude와 OpenAI의 ChatGPT는 사용자의 전문 지식 수준과 이전 상호작용에 기반해 응답을 조정하며, 여러 차례turn에 걸쳐 일관성을 유지하면서 상세한 기술 토론에 참여할 수 있다. 현대 언어 에이전트와 기본 챗봇을 구분하는 핵심 기능은 다음과 같다.

- **콘텍스트 유지**context retention: 현대 언어 에이전트는 여러 주제와 세션을 넘나들어도 일관성 있고 의미 있는 대화를 탁월하게 유지한다. 이전 대화를 기억함으로써 좀 더 개인화되고 콘텍스트에 적합한 응답을 제공할 수 있다.
- **작업 실행**task execution: 이러한 에이전트는 단순한 질문-답변(Q&A) 기능을 넘어 자연어 명령을 실행 가능한 단계로 변환하여 일정 예약, 데이터 조회, 시스템 구성 등의 작업을 원활하게 수행할 수 있다. 이를 통해 의사소통과 실행 사이의 간극을 좁힌다.
- **적응형 상호작용**adaptive interaction: 현대 에이전트는 사용자 선호, 전문성 수준, 상황적 요구에 따라 의사소통 방식, 어조, 복잡성을 동적으로 조정해 다양한 사용자에게 흥미롭고 접근 가능한 상호작용을 제공한다.
- **멀티모달 이해**: 전통적인 챗봇과 달리 현대 에이전트는 텍스트, 이미지, 코드, 구조화된 데이터 등을 조합해 처리하고 응답할 수 있다. 이를 통해 더 복잡한 질의를 해결하고 다양한 형태의 정보를 통합하여 사용자 요청에 관한 풍부하고 정교한 이해를 제공한다.

10.2.2 실제 응용 사례

현재의 언어 에이전트는 다양한 분야에서 그 유연성을 발휘하고 있다. 예를 들어 Salesforce의 Agentforce(구 아인슈타인 가상 어시스턴트)는 고객 서비스 담당자가 여러 고객과의 상호작용에서 콘텍스트를 유지하면서 관련 데이터베이스 정보를 실시간으로 검색할 수 있게 지원한다. 이와 유사하게 GitHub의 Copilot Chat은 코드에 대한 기술적 논의를 유지하면서 개발 작업을 진행할 수 있다. 다음으로는 엔터프라이즈 지식 관리 시스템에서의 활용 사례를 살펴보자.

1 문제 설명

대기업에서는 부서별로 지식이 파편화되어 있어 직원들이 조직의 지식을 효과적으로 검색하고 활용하기 어렵다. 전통적인 검색 시스템과 문서는 다양한 정보 간의 콘텍스트와 연결을 충분히 포착하지 못한다.

이 문제를 해결하려면 자연어 질의를 이해하고, 조직의 지식을 체계적으로 탐색하고, 복잡한 질의를 처리할 수 있는 멀티 에이전트 시스템을 설계해야 한다.

이 에이전틱 시스템의 접근 방식은 다음과 같다.

- **질의 이해 에이전트**query understanding agent
  - 자연어 질문을 처리한다.
  - 암묵적 콘텍스트와 요구사항을 식별한다.
  - 복잡한 질의를 하위 작업으로 분해한다.
- **지식 탐색 에이전트**knowledge navigation agent
  - 서로 다른 지식 소스 사이의 관계를 매핑한다.
  - 여러 문서에 걸친 콘텍스트 유지한다.
  - 정보 출처를 관리한다.
- **응답 생성 에이전트**response synthesis agent
  - 여러 출처로부터의 정보를 종합한다.
  - 사용자 역할에 따라 응답의 상세 수준을 조절한다.
  - 여러 상호작용 사이의 일관성을 유지한다.

에이전트들은 다음 방식으로 협업한다.

- 조직의 콘텍스트에 대한 공통 이해
- 사용자 상호작용을 통한 지속적 학습
- 사용자 역할과 필요에 따른 동적 적응

2 환경 및 외부 시스템

지식 관리 시스템은 여러 기업 시스템과 데이터 소스 사이의 가교 역할을 한다.

- **내부 시스템**
    - **문서 관리 시스템**: SharePoint, Confluence, 내부 위키
    - **커뮤니케이션 플랫폼**: Slack 및 MS Teams
    - **프로젝트 관리 도구**: Jira 및 Asana 프로젝트 문서
    - **이메일 서버**: 보관된 이메일 스레드 및 첨부 파일
    - **코드 저장소**: GitHub 및 GitLab 문서 및 discussions
    - **HR 시스템**: 교육 자료 및 정책 문서
    - **고객 관계 관리**: 고객 상호작용 이력 및 지원 티켓

- **외부 API 및 서비스**
    - **산업 뉴스 API**: Bloomberg 또는 Reuters의 시장 업데이트
    - **연구 데이터베이스**: 학술 논문 및 특허 데이터베이스
    - **규제 데이터베이스**: 컴플라이언스 문서 및 법률 업데이트
    - **클라우드 저장소**: Google Drive 또는 OneDrive의 공유 문서
    - **번역 서비스**: 다국어 문서 처리
    - **웹 모니터링**: 소셜 미디어 및 경쟁사 웹사이트

- **액세스 제어 계층**
    - 역할 기반 액세스 관리 시스템
    - 보안 분류 데이터베이스
    - 사용자 인증 서비스
    - 감사 로깅 시스템
    - 컴플라이언스 모니터링 도구

3 왜 이 방식이 더 나은가

전통적인 지식 관리 시스템은 정확한 키워드 일치와 미리 정의된 카테고리에 의존한다. 에이전틱 접근 방식은 다음과 같은 몇 가지 장점을 제공한다.

- 복잡한 쿼리에 대한 자연어 이해
- 콘텍스트 인식 정보 검색
- 관련 정보의 동적 연결
- 사용자 역할과 전문성에 기반한 맞춤형 응답

지식 관리에 대한 이러한 접근 방식은 조직 내 정보 접근성과 활용을 혁신하여 기관 지식을 보다 쉽게 접근하고 실행할 수 있게 만든다. 언어 에이전트가 정보 접근 및 커뮤니케이션을 혁신할 수 있는 방법을 살펴봤듯이 이제 이들이 물리적 세계에서 어떻게 활용되는지, 즉 로보틱스 및 자율 시스템에 대한 적용으로 시선을 돌려보자. 언어 이해와 물리적 제어를 결합할 수 있는 능력은 인간–로봇 상호작용의 새로운 가능성을 열어준다. 다음 절에서 이에 관해 살펴볼 것이다.

10.3 로보틱스와 자율 시스템

언어 기반 상호작용에서 물리적 세계의 응용으로 넘어가면서 이제 LLM 기반 에이전트가 로보틱스와 자율 시스템을 어떻게 변화시키고 있는지 살펴본다. 기존 로봇은 사전에 프로그래밍된 행동과 고정된 제어 시스템에 의존했지만 에이전트 시스템은 로봇이 자연어 명령을 이해하고, 환경을 추론하고, 행동을 동적으로 조정할 수 있게 한다. 언어 모델을 물리적 제어 시스템과 통합함으로써 로봇이 인간 및 환경과 상호작용하는 방식을 근본적으로 변화시키고 있다.

10.3.1 로봇 에이전트의 발전

LLM과 로보틱스의 결합으로 인해 인간의 의도와 물리적 행동 사이의 간극을 연결하는 시스템이 만들어졌다. 전통적인 규칙 기반 로보틱스 시스템과 달리, 현대의 로봇 에이전트는 콘텍스트를 이해하고, 경험을 통해 학습하고, 인간의 목표에 맞춰 자율적으로 결정을 내릴 수 있다. 현대 로봇 에이전트를 구분 짓는 핵심 기능은 다음과 같다.

- 물리적 작업에 대한 자연어 이해
- 환경 제약 조건에 대한 콘텍스트 기반 추론
- 변화하는 상황에 대한 실시간 적응
- 시연과 피드백을 통한 학습
- 비전, 언어, 제어의 멀티모달 통합

10.3.2 실제 응용 사례

현재의 구현 사례들은 다양한 분야에서 에이전트 시스템의 다재다능함을 보여준다. Boston Dynamics의 Atlas 같은 로봇은 언어 기반 명령을 복잡한 물리적 동작으로 변환하는 방식을 시연한다. UC Berkeley의 로봇 시스템은 생성 모델을 사용해 혼잡한 환경에 실시간으로 적응하는 방식을 보여준다. 또한 MIT의 RoboBrain 시스템은 방대한 지식 베이스를 활용해 물리적 조작 과제를 창의적으로 해결하는 방법을 보여준다. 한 가지 실제 사례를 살펴보면서 에이전트 시스템이 어떻게 이를 구현하는 데 도움을 줄 수 있는지 평가해보자.

1 문제 설명

전통적인 제조 셀cell은 제품의 다양성과 예기치 않은 문제에 효과적으로 대응하지 못한다. 현재의 시스템은 새로운 제품을 위해 광범위한 재프로그래밍이 필요하며, 설비 고장이나 공급망 문제 같은 예기치 않은 상황을 효율적으로 처리하지 못한다. 인간 작업자는 변화에 대응하고 워크플로를 최적화하기 위해 지속적으로 개입해야 한다. 목표는 제품 변화에 유연하게 대응하고, 문제 상황을 처리하고, 품질 표준과 안전 프로토콜을 유지하면서 프로세스를 최적화할 수 있는 유연한 제조 셀을 조율하는 다중 에이전트 시스템을 만드는 것이다.

에이전틱 시스템 접근 방식은 다음과 같다.

- **계획 및 조정 에이전트**
    - 자연어 생산 요구를 이해한다.
    - 제조 시퀀스를 개발하고 조정한다.
    - 서로 다른 로봇 시스템 사이를 조율한다.
    - 전체 생산 목표를 유지한다.
- **로봇 제어 에이전트**
    - 상위 수준의 명령을 기본 움직임으로 변환한다.
    - 실시간 센서 피드백을 관리한다.
    - 환경 변화에 따라 움직임을 조정한다.
    - 인간-로봇 상호작용의 안전을 보장한다.
- **품질 및 최적화 에이전트**
    - 실시간으로 생산 품질을 모니터링한다.

- 프로세스 개선을 제안한다.
- 유지 보수의 필요성을 예측한다.
- 자원 활용을 최적화한다.

- **예외 처리 에이전트**
    - 이상 현상과 문제를 감지한다.
    - 복구 전략을 생성한다.
    - 예상치 못한 인간의 개입을 관리한다.
    - 예외 상황에서 안전 프로토콜을 유지한다.

이 에이전트들은 다음과 같은 방식으로 협업한다.

- 제조 콘텍스트의 공유 이해
- 실시간 센서 데이터 통합
- 프로세스 최적화를 위한 지속적인 피드백 루프
- 문제 발생 시 작업의 동적 재할당

❷ 환경 및 외부 시스템

이 제조 시스템은 여러 시스템 사이의 가교 역할을 한다.

- **제조 인프라스트럭처**
    - **로봇 암 및 엔드 이펙터**robotic arms and end effector: 다양한 기능의 여러 로봇 유형
    - **비전 시스템**: 부품 인식 및 품질 관리를 위한 카메라와 3D 센서
    - **PLC 시스템**PLC system: 장비 제어용 프로그램 가능 논리 제어기programmable logic controller, PLC
    - **자재 처리 시스템**: 컨베이어, 자동 유도 차량automated guided vehicle, AGV, 저장 시스템
- **정보 시스템**
    - **제조 실행 시스템**manufacturing execution system, MES: 생산 일정 및 추적
    - **전사적 자원 관리**enterprise resource planning, ERP: 자원 및 재고 관리
    - **품질 관리 시스템**quality management system, QMS: 품질 데이터 및 사양
    - **디지털 트윈 플랫폼**digital twin platform: 실시간 시뮬레이션 및 예측
    - **유지 보수 관리 시스템**: 장비 상태 모니터링

- **외부 인터페이스**
  - **공급망 관리 시스템**: 자재 가용성 및 물류
  - **고객 주문 시스템**: 제품 사양 및 요구사항
  - **컴플라이언스 데이터베이스**: 안전 표준 및 규제 요건
  - **지식 베이스**: 과거 생산 데이터 및 모범 사례

3 왜 이게 더 나은가

전통적인 로봇 제조 시스템은 고정된 프로그래밍에 의존하며, 변화에 대응하기 위해서는 광범위한 인간 개입이 필요하다. 그러나 에이전틱 시스템 접근 방식은 다음과 같이 혁신적인 장점을 제공한다.

- 생산 변경 및 문제 해결을 위한 자연어 상호작용
- 재프로그래밍 없이 제품 변형에 실시간 적응
- 문제 상황과 예외를 자율적으로 처리
- 과거 및 실시간 데이터를 기반으로 한 지속적 최적화
- 필요 시 인간 전문성을 매끄럽게 통합
- 사전 품질 관리 및 유지 보수 예측

이러한 접근 방식은 로봇이 콘텍스트를 이해하고, 변화에 적응하고, 생산 목표와 안전 요구사항을 유지하면서 자율적으로 의사결정을 내릴 수 있게 함으로써 제조 유연성을 근본적으로 변화시킨다. 제조 현장에서 에이전틱 시스템의 성공은 복잡한 물리적 환경에서 여러 시스템이 협력하며 변화에 적응해야 하는 분야에서의 잠재력을 보여준다. 언어 이해와 물리적 제어, 실시간 최적화를 결합함으로써 이 시스템들은 단순한 자동화 도구에서 제조 프로세스의 지능형 협력자로 진화하고 있다.

로봇 공학 및 자율 시스템에 대한 탐구를 마치고, 다음으로 에이전틱 시스템이 비즈니스 운영을 어떻게 변화시키는지 살펴본다. 복잡한 데이터 스트림을 처리하면서도 비즈니스 콘텍스트를 유지할 수 있는 능력은 전략적 의사결정에서 특히 가치가 크다. 다음 절에서는 이러한 측면에 관해 살펴본다.

10.4 의사결정 지원 및 최적화

물리적 세계에서 에이전트 시스템이 응용되는 형태를 살펴봤다. 다음으로 인간의 의사결정을 보조하고 복잡한 최적화 문제를 해결하는 데 있어 이 시스템들의 역할을 살펴본다. 전통적인 의사결정 지원 시스템은 고정된 규칙과 정적 분석에 의존했지만 LLM 기반 에이전트는 콘텍스트를 이해하고, 트레이드오프를 고려하고, 비즈니스 목표와 제약 조건을 유지하면서 적응형 추천을 제공할 수 있다.

10.4.1 의사결정 지원 에이전트의 발전

LLM과 의사결정 지원 시스템의 통합은 조직이 정보를 처리하고 전략적 선택을 내리는 방식을 변화시켰다. 최신의 의사결정 에이전트는 여러 데이터 스트림을 분석하고, 복잡한 비즈니스 콘텍스트를 이해하고, 조직의 목표와 제약 조건을 유지하면서 실행 가능한 통찰을 생성할 수 있다. 최신의 의사결정 지원 에이전트의 핵심 능력은 다음과 같다.

- 멀티모달 데이터 분석 및 통합
- 콘텍스트 인식을 기반으로 하는 추천 생성
- 변화하는 조건에 실시간으로 적응
- 추론과 트레이드오프 설명
- 도메인 전문 지식과 데이터 기반 통찰의 통합

10.4.2 실제 응용 사례

현재의 구현 사례들은 여러 분야에서 에이전틱 시스템의 다재다능함을 보여준다.

- **금융 분야**
    - JPMorgan Chase의 LOXM 시스템은 시장 데이터, 뉴스, 소셜 미디어를 분석하여 투자 기회를 식별
    - Two Sigma의 Venn 시스템은 시장 분석과 강화 학습을 결합하여 투자 전략을 수립
- **헬스케어**
    - 미시건 대학의 HealthPal은 의료 기록과 유전 데이터를 분석하여 개인 맞춤형 치료법을 추천
    - 스탠포드 대학의 DeepPill 시스템은 환자 프로필과 병력에 기반하여 약물 치료를 최적화
- **산업 응용**
    - Siemens의 MindSphere는 실시간 분석과 적응을 통해 제조 프로세스를 최적화

- ExxonMobil의 Energy Outlook은 예측 모델링을 활용하여 장기 자원 계획을 수립

현대 공급망의 복잡성은 에이전트 시스템이 전통적인 비즈니스 프로세스를 어떻게 변화시킬 수 있는지 잘 보여주는 사례다. 여기에서는 여러 에이전트가 협력하여 글로벌 공급망 네트워크를 조율하는 실제 구현 사례를 살펴보고, 이 시스템이 복잡한 다중 이해관계자 환경에서 어떻게 비즈니스 목표를 유지하면서 작동하는지 확인한다.

1 문제 설명

글로벌 공급망은 다수의 이해관계자, 가변적인 리드 타임, 빈번한 혼란으로 인해 전례 없는 복잡성에 직면해 있다. 전통적인 최적화 도구는 현대 공급망의 동적 특성을 효과적으로 처리하지 못하고 비용, 속도, 지속 가능성 같이 상충하는 목표들을 균형 있게 관리하지 못한다. 인간 계획자는 데이터의 방대함과 빠른 의사결정 속도에 압도되고 있다. 여기서 우리는 전체 공급망을 최적화하는 다중 에이전트 시스템을 구축하여 여러 목표를 균형 있게 유지하면서, 실시간 의사결정을 수행하고 혼란에 적응할 수 있도록 하는 것을 목표로 한다.

이 에이전틱 시스템의 접근 방식은 다음과 같다.

- **전략 계획 에이전트**
  - 시장 동향과 수요 패턴을 분석한다.
  - 장기 조달 전략을 개발한다.
  - 비용, 리스크, 지속 가능성 목표의 균형을 맞춘다.
  - 비즈니스 목표와의 정렬을 유지한다.

- **운영 최적화 에이전트**
  - 일상적인 물류 운영을 관리한다.
  - 경로를 최적화하고 자원을 할당한다.
  - 실시간 일정을 조정한다.
  - 여러 운송 업체와 창고 사이를 조율한다.

- **리스크 관리 에이전트**
  - 글로벌 이벤트와 혼란을 모니터링한다.
  - 공급망 운영에 대한 영향을 평가한다.
  - 비상 계획을 수립한다.

- 조기 경보 신호를 제공한다.
- **지속 가능성 최적화 에이전트**
  - 환경 영향 지표를 추적한다.
  - 탄소 배출 감소를 위해 최적화한다.
  - 대체 경로 및 조달을 제안한다.
  - 환경 규제 준수를 보장한다.

이 에이전트들은 다음을 통해 협업한다.

- 공급망 콘텍스트에 대한 공동 이해
- 실시간 데이터 통합 및 분석
- 지속적인 시나리오 계획 및 리스크 평가
- 변화하는 상황에 따른 동적 재최적화

❷ 환경 및 외부 시스템

공급망 시스템은 여러 기업 시스템과 데이터 소스 사이의 가교 역할을 한다.

- **핵심 인프라**
  - **ERP 시스템**
    - SAP와 Oracle로 비즈니스 운영 데이터 관리
    - 재고 관리 시스템
    - 생산 계획 시스템
  - **운송 관리 시스템** transportation managements system, TMS
    - 실시간 차량 추적
    - 운송사 관리 플랫폼
    - 경로 최적화 엔진
  - **창고 관리 시스템** warehouse management system, WMS
    - 재고 추적 및 최적화
    - 인력 관리
    - 주문 이행 시스템

- 외부 데이터 소스
  - 시장 정보 플랫폼
    - 블룸버그Bloomberg 또는 로이터Reuters의 시장 데이터
    - 산업별 뉴스 피드
    - 소셜 미디어 모니터링 시스템
  - 날씨 및 환경 시스템
    - 글로벌 기상 예보
    - 자연 재해 추적
    - 환경 영향 모니터링
  - 공급업체 네트워크
    - 공급업체 성과 데이터베이스
    - 생산 능력 및 역량 추적
    - 리스크 평가 플랫폼
- 통합 계층
  - API 관리 시스템
  - 실시간 데이터 스트리밍 플랫폼
  - 이벤트 처리 엔진
  - 문서 관리 시스템
  - 추적 가능성을 위한 블록체인 네트워크

❸ 왜 이것이 더 나은가?

전통적인 공급망 최적화 시스템은 한정된 콘텍스트에서만 작동하고, 급격한 변화에 적응하는 데 어려움을 겪는다. 에이전틱 시스템 접근 방식은 다음과 같은 변혁적인 이점을 제공한다.

- 전략 개발과 문제 해결을 위한 자연어 상호작용
- 여러 변수를 고려한 실시간 적응
- 리스크의 사전 식별 및 완화
- 상충하는 목표 간 균형 잡힌 최적화

- 전략적 의사결정 지점에서 인간 전문성 통합
- 과거 의사결정으로부터의 지속적 학습과 개선

이러한 접근 방식은 공급망 관리의 본질을 바꾸어놓는다. 여러 이해관계자와 목표를 동시에 고려하면서 비즈니스 목표와 지속 가능성 요구를 유지하는 지능적이고 콘텍스트를 이해하는 의사결정을 가능하게 한다.

공급망 최적화에서의 에이전트 시스템의 성공은 다양한 요소를 균형 있게 조율하고 지속적인 변화에 적응해야 하는 복잡한 비즈니스 환경에서 잠재력을 보여준다. 언어 이해와 고급 최적화 기술, 실시간 적응을 결합함으로써, 이러한 시스템은 단순한 의사결정 지원 도구에서 신뢰할 수 있는 전략적 조언자로 발전하고 있다.

요약

이제 LLM 기반의 에이전트 시스템 응용 분야에 대한 심층 탐구를 마무리할 시간이다. 이번 장에서는 다양한 분야에서 이 시스템들이 어떻게 변혁을 일으키고 있는지 살펴봤다. 이 시스템들은 단순한 기술적 진보를 넘어 AI가 복잡한 인간 활동을 이해하고, 추론하고, 그 과정에 적극적으로 참여할 수 있도록 하는 근본적인 전환점을 보여준다.

이번 장에서는 에이전틱 시스템이 가능성을 새롭게 정의하고 있는 네 가지 핵심 영역인 크리에이티브 응용, 자연어 처리, 로보틱스, 의사결정 지원에 관해 다루었다. 이 도메인에서 중요한 발전을 볼 수 있지만, 이는 에이전틱 시스템이 활약하는 수많은 분야 중 일부에 불과하다. 교육, 과학 연구, 헬스케어, 환경 보호 등 이 책에서 다루지 않은 다양한 분야에서도 에이전틱 시스템들은 새로운 응용 사례를 만들어내고 있다.

이번 장에서 살펴본 현실 사례들(영화 사전 시각화에서의 협업부터 제조 셀 오케스트레이션, 기업 지식 관리, 공급망 최적화에 이르기까지)은 에이전트 시스템이 도구를 넘어 가치 있는 파트너로 자리 잡고 있음을 보여준다. 이는 AI의 미래가 인간의 역량을 대체하는 데 있는 것이 아니라, 지능형 협업을 통해 인간의 역량을 확장하는 데 있다는 점을 잘 보여준다.

마지막 장에서는 에이전틱 시스템의 핵심 개념을 다시 살펴보고, 최신 도구와 연구 동향을 탐구하면서 인공 일반 지능artificial general intelligence, AGI 및 인공 초지능artifical super intelligence, ASI의 가능성과 도전 과제를 논의한다. 그리고 이러한 기술들이 발전함에 따라 다가올 기회와 도전 과제를 정리하며 마무리할 것이다.

질문

1. 크리에이티브 응용에서 에이전트 시스템은 전통적인 생성형 AI 도구와 어떻게 다른가? 이번 장에서의 예시를 사용해 설명하라.
2. 제조 셀 오케스트레이션 콘텍스트에서 여러 에이전트는 어떻게 협업하는가? 왜 이 접근 방식이 전통적인 자동화 시스템보다 효과적인지 설명하라.
3. 로보틱스와 의사결정 지원 시스템에서 에이전트 시스템의 역할을 비교/대조하라. 두 시스템의 콘텍스트 유지에 대한 접근 방식이 어떻게 다른지 설명하라.
4. 이번 장에서 다룬 기업 지식 관리 사례를 이용해 서로 다른 에이전트들이 어떻게 협력하여 복잡한 정보 검색 문제를 해결하는지 설명하라.
5. 공급망 최적화 네트워크 사례에서 에이전트 시스템 접근 방식의 주요 이점은 무엇인지 설명하라. 또한 서로 다른 에이전트들이 어떻게 보완적으로 작동하는지 설명하라.

답변

1. 크리에이티브 응용에서의 에이전틱 시스템은 단순히 콘텐츠를 생성하는 전통적인 도구와 달리 여러 차례의 반복 작업에서도 콘텍스트와 크리에이티브 비전을 유지한다. 예를 들어 영화 사전 시각화 사례에서 감독 에이전트는 크리에이티브 비전을 관리하며, 기술 감독 에이전트 및 시각화 에이전트와 협력하여 예술적 완성도와 기술적 타당성을 동시에 확보한다. 이를 통해 크리에이티브 목표와 현실적 제약 간의 연속적 정렬을 가능하게 한다. 이는 전통적인 생성형 도구로는 불가능하다.
2. 제조 셀 오케스트레이션에서는 기획/조정, 로봇 제어, 품질/최적화, 예외 처리 등 네 개의 전문화된 에이전트가 제조 콘텍스트의 공유 이해와 지속적 피드백 루프를 통해 협력한다. 이러한 접근 방식은 제품 변화나 돌발 상황에 실시간으로 적응하면서 품질 기준을 유지할 수 있으므로 효과적이다. 반면, 전통적인 자동화 시스템은 이러한 유연성이 부족하여 변화나 예상치 못한 상황에서는 인간의 개입이 필요하다.
3. 로보틱스 분야에서 에이전틱 시스템은 언어 이해를 물리적 행동으로 변환하면서 안전성과 운

영 제약을 동시에 유지하는 데 중점을 둔다. 예를 들어 로봇 제어 에이전트는 고수준 명령을 기본 동작으로 변환하면서 안전한 인간-로봇 상호작용을 보장한다. **기본 동작**motion primitive은 물체 잡기, 회전 같은 기본 동작 패턴으로 복잡한 작업을 수행할 때 기반이 되는 구성 요소다. 반면, 의사결정 지원 시스템에서는 다중 정보 스트림을 처리하면서도 비즈니스 콘텍스트와 전략적 목표를 유지하는 데 중점을 둔다. 두 시스템 모두 콘텍스트를 유지하지만 로보틱스 에이전트는 물리-디지털 간의 연결을 다루어야 하고, 의사결정 지원 에이전트는 여러 상충되는 목표를 균형 있게 조율해야 한다.

4. 기업 지식 관리 시스템 사례에서는 세 개의 에이전트가 협력한다.
   - 쿼리 이해 에이전트는 자연어 질문을 처리하고 암묵적 콘텍스트를 식별한다.
   - 지식 탐색 에이전트는 서로 다른 정보 소스 간의 관계를 매핑한다.
   - 응답 생성 에이전트는 여러 소스의 정보를 통합해 사용자 역할에 맞게 답변을 조정한다.

   이 에이전트들은 조직의 콘텍스트를 공유하며 사용자와의 상호작용을 통해 학습하고, 여러 도메인과 문서를 아우르는 복잡한 질문도 전통적인 검색 시스템보다 효과적으로 처리한다.

5. 공급망 최적화 네트워크는 전략 기획, 운영 최적화, 리스크 관리, 지속 가능성 최적화라는 네 개의 전문화된 에이전트가 협력하여 여러 목표를 균형 있게 조율한다. 주요 이점으로는 전략 수립을 위한 자연어 상호작용, 실시간 변화 적응, 선제적 리스크 식별, 상충되는 목표 간의 균형 최적화가 있다. 각 에이전트는 공급망 콘텍스트의 서로 다른 측면을 담당하며(장기 전략, 일상 운영, 리스크 관리, 지속 가능성 목표) 상호 보완적으로 작동한다.

CHAPTER 11

결론과 미래 전망

이번 장에서는 AI 기반의 자율적 시스템(에이전틱 시스템)에 대해 지금까지 학습한 내용을 종합적으로 정리한다. 먼저 앞서 다루었던 주요한 아이디어들을 다시 살펴보고, 이러한 시스템에 작동하는 원리와 방법에 대한 탄탄한 이해를 돕는다. 다음으로 이 분야에서 새롭게 등장한 흥미로운 연구와 아이디어들을 살펴보고, 앞으로의 기술 발전이 우리의 생각과 활용 방식에 어떤 변화를 가져올지 전망한다.

또한, 인간처럼 다양한 작업을 수행하고 학습할 수 있는 **인공 일반 지능**artificial general intelligence, AGI에 관해서도 이야기한다. AGI는 아직 개념 단계에 머물러 있는 분야이므로, 실용적으로 구현된 사례는 없다. 현재의 AI 시스템은 특정 작업에 특화된 **좁은 의미의 AI**narrow AI이며, 특정 작업에서는 뛰어난 성능을 발휘하지만 일반적인 추론 능력은 부족하다. 딥러닝과 대규모 언어 모델이 눈부시게 발전했음에도 불구하고 **진정한 AGI를 위해서는 미리 정의된 작업을 넘어서는 추론, 적응성, 자기 학습 등에서의 혁신이 필요하다.** 이번 장에서는 최근의 연구 동향과 AGI 실현의 어려움 및 향후 발전 방향에 대해 다룬다.

이러한 발전과 동시에 중요한 질문들도 생긴다. 시스템을 더 큰 규모로 작동시키는 문제, AI의 의사결정 방식을 이해하는 문제, 이러한 시스템이 사회에 미치는 영향 등을 논의한다. 문제점과 기회를 모두 살펴봄으로써 이 기술을 더욱 책임감 있게 다루고 발전시킬 수 있는 토대를 마련한다. 이번 장에서 다루는 주요 주제는 다음과 같다.

- 핵심 개념 요약
- 새로운 트렌드와 연구 방향
- 인공 일반 지능
- 도전 과제와 기회

이번 장을 마치면 오늘날의 AI 시스템이 어디까지 왔는지, 앞으로 어디를 향해 가는지에 관해 분명한 그림을 그릴 수 있을 것이다. 또한 이 기술이 가진 잠재력과 한계를 동시에 이해함으로써 더 책임감 있는 기술 발전 논의에 참여할 수 있게 될 것이다.

11.1 핵심 개념 요약

AI 에이전트의 세계를 향한 우리의 여정은 생성형 AI의 기본 구성 요소에서 시작했다. 우리는 이 시스템들이 **생성적 적대 신경망**generative adversarial network, GAN와 자기회귀 모델 같은 이전과 다른 접근 방식을 사용해 이미지부터 텍스트까지 새로운 콘텐츠를 만들어내는 것을 학습했다. 이를 기초로 하여 이러한 AI 시스템이 어떻게 작동하는지, 현재 가지고 있는 한계는 무엇인지 이해할 수 있었다.

이어서 AI 시스템이 어떻게 **에이전틱**agentic, 즉 스스로 동작할 수 있게 되는지 살펴봤다. 이러한 시스템은 세 가지 핵심 능력을 가져야 한다. 환경에 반응할 수 있어야 하고, 목표를 향해 주도적으로 행동해야 하고, 다른 에이전트들과 잘 협력할 수 있어야 한다. 컴퓨터가 독립적으로 행동하면서도 훌륭한 팀원이 되도록 가르치는 것이라고 생각할 수 있다.

또한, AI 에이전트가 어떻게 사고하고 의사결정을 내리는지에 관해 학습했다. 이들은 지식을 저장하고, 경험에서 학습하고, 행동 계획을 세울 수 있어야 한다. 인간이 기억과 경험에 기반해 선택을 내리듯이 AI 에이전트가 효과적으로 작동하려면 동일하게 이러한 능력이 필요하다.

굉장히 흥미로웠던 부분 중 하나는 AI가 자신의 행동을 돌아보고 평가할 수 있는 반영과 내적 성찰 능력이다. 이러한 자기인식 능력 덕분에 시간이 지남에 따라 더 나은 결정을 내릴 수 있게 된다. 또한 AI가 어떻게 도구를 사용하고 계획을 수립하는지에 관해서도 학습했다. 이는 인간이 문제를 효율적으로 해결하기 위해 도구와 계획을 활용하는 방식과 매우 유사하다.

주요한 실용적인 프레임워크로 조정자-작업자-위임자 모델도 소개했다. 이 모델은 작업을 다른 유형의 에이전트로 나눠서 처리하는 방법이다.

- 조정자는 전체 프로세스를 관리한다.
- 작업자는 특정 작업을 처리한다.
- 위임자는 누가 어떤 작업을 해야 하는지 결정한다.

또한, AI 시스템을 안전하고 책임감 있게 구축하는 방법에 관해서도 살펴봤다. AI 시스템은 자신이 내린 결정을 설명할 수 있어야 하고, 개인정보를 보호하고, 윤리적 가이드라인을 준수해야 한다. AI가 일상생활에 깊이 통합됨에 따라 이러한 사항들에 대한 고려는 더욱 중요해지고 있다.

마지막으로 예술과 음악 같은 창의적인 작업부터 로봇 공학과 의사결정 시스템까지 다양한 분야에서 AI 에이전트가 어떻게 실제로 사용되는지도 살펴봤다. 이러한 사례들은 AI 에이전트가 이미 여러 산업에서 변화를 만들어내고 있다는 것을 보여준다.

다음 절에서는 이 분야의 최신 동향과 앞으로의 발전 방향에 관해 살펴본다. AI 에이전트가 어떻게 미래를 바꿀지, 우리가 일하고 살아가는 방식을 어떻게 바꿀 수 있을지에 관해 살펴볼 것이다.

전체적인 학습 내용에 관한 요약을 통해 앞으로 논의할 최첨단 개발을 이해할 수 있는 튼튼한 토대를 마련했다. 이러한 기본 개념들을 숙지하고 있으면 앞으로 다룰 최신 기술과 연구 동향들을 더욱 잘 이해할 수 있을 것이다.

11.2 최신 동향과 연구 방향

AI 에이전트와 생성형 생성형 시스템의 미래를 만드는 최신 개발 상황을 살펴보자. 이번 절에서는 AI가 다양한 입력을 이해하는 방법, 언어 이해에 대한 개선, 경험에서 학습하는 새로운 방법이라는 세 가지 주요 영역에서 이루어진 흥미로운 발전을 살펴보고, 마지막으로 이러한 발전이 실제 가지는 의미가 무엇인지 정리한다.

11.2.1 멀티모달 인텔리전스 – 다양한 입력의 통합

AI 시스템은 점점 텍스트, 이미지, 오디오, 비디오 등 다양한 형태의 데이터를 동시에 처리하고 통합할 수 있게 변하고 있다. 이러한 멀티모달 접근 방식은 인간의 지각 방식을 모방한 것으로, 좀 더 포괄적인 이해와 상호작용을 가능하게 한다. 예를 들어 OpenAI의 GPT-4o 같은 모델은 텍스트,

이미지, 오디오를 동시에 처리하고 생성할 수 있으며, 다음과 같은 기능을 제공한다.

- **시각적 해석**: 이미지를 분석해 상세한 설명 제공
- **이미지 생성**: 텍스트 프롬프트로부터 시각 자료 생성
- **음성 처리**: 음성 명령 이해 및 적절한 응답
- **상호작용 응답**: 시각 정보와 텍스트 정보를 결합해 상황에 맞는 출력 생성

이러한 기능은 사용자와의 상호작용을 강화해 AI를 더 직관적이고 다재다능하게 만든다.

11.2.2 고급 언어 이해

언어 모델은 놀라운 발전을 이룸에 따라, 더 정교하고 콘텍스트에 맞는 AI 상호작용이 가능하게 됐다. 주요한 발전사항은 다음과 같다.

- **퓨-샷 학습** few-shot learning: 최소한의 예시만으로 학습하고 새로운 작업을 효율적으로 처리
- **향상된 콘텍스트 기반 이해**: 긴 대화에서도 일관성을 유지하며 더 적절하고 정확한 응답 제공
- **도메인 전문성**: 의료, 법률 등 특정 분야에 특화된 모델을 개발하여 전문가 수준의 통찰력 제공
- **자연스러운 대화 능력**: 유머와 미묘한 뉘앙스를 포함한 더 인간적인 상호작용 제공

예를 들어 **OpenAI의 o1 모델**은 향상된 추론 능력에 초점을 맞추어 이전 모델보다 복잡한 문제 해결에서 뛰어난 성과를 보인다. 이전 AI 시스템들이 패턴 매칭이나 통계적 추론에 의존했던 것과 달리, o1 모델은 구조적인 추론 기법을 사용해 문제를 세분화하고, 다양한 가능성을 분석하고, 보다 정확하고 일관된 결론에 도달한다. 이러한 발전은 AI가 고급 문제 해결에 점점 더 가까워지고 있음을 보여주지만, 여전히 진정한 AGI에는 미치지 못했다. 아직 다양한 분야에서 인간과 같은 적응성, 직관, 자율 학습 능력을 갖지는 못했다.

11.2.3 경험적 학습 – 강화 학습의 혁신

강화 학습 reinforcement learning, RL 분야의 발전은 AI 시스템이 상호작용과 경험을 통해 학습하는 방식을 혁신하고 있다. 주목할 만한 발전사항은 다음과 같다.

- **자율적 기술 향상**: AI 에이전트가 인간의 개입 없이 독립적으로 작업을 연습하며 숙련도를 향상
- **적응 학습**: 과거의 오류를 기반으로 전략을 수정해 미래 성과를 개선
- **실제 적용 사례**

- **로보틱스**: 로봇을 훈련시켜 복잡한 물리적 작업을 수행하게 하고, 이를 통해 동적 환경에서의 적응성을 개선
- **게이밍**: 새로운 전략을 고안해 전통적인 인간의 접근 방식을 뛰어넘는 AI를 개발
- **의사결정 능력 향상**
  - **불확실성 관리**: 불완전하거나 모호한 정보를 처리해 정보에 기반한 선택을 수행
  - **투명한 추론**: 결정에 대한 설명을 제공해 신뢰를 구축하고 이해를 촉진

예를 들어 구글의 DeepMind는 RoboCat과 같은 AI 모델을 개발했다. RoboCat은 로봇 팔을 제어할 수 있고, 인간의 개입을 최소화하면서도 새로운 작업과 하드웨어에 적응할 수 있다.

11.2.4 산업 전반에 걸친 실질적 영향

이러한 AI 발전은 다양한 산업 분야에서 혁신과 효율성을 촉진하고 있다.

- **헬스케어**: 의료 데이터를 분석해 진단과 치료 계획을 지원
- **금융**: 정교한 데이터 분석을 통해 시장 동향을 예측하고 위험을 관리
- **엔터테인먼트**: AI 구동 캐릭터를 사용해 더욱 몰입할 수 있고 반응성이 높은 게임 경험 창출
- **창작 예술**: 예술, 음악, 디자인 생성을 지원하며 크리에이티브 표현의 경계를 확장

예를 들어 이전 장에서 언급했듯이 AI가 생성한 음악과 예술 작품은 점점 널리 사용되고 있으며, 최소한의 입력만으로도 독창적인 작품을 만들어낼 수 있는 모델이 등장하고 있다. 멀티모달 인텔리전스, 고급 언어 이해, 경험적 학습의 융합은 AI를 좀 더 정교하고 인간에 가까운 능력으로 발전시키면서 기술과 사회 전반에 걸쳐 깊은 영향을 미치고 있다.

11.3 인공 일반 지능

인공 일반 지능artificial general intelligence, AGI이 무엇인지, 그리고 지능형 시스템의 미래가 중요한 이유에 관해 살펴보자.

11.3.1 AGI는 무엇이 다른가

오늘날의 AI는 아주 특화된 도구들의 집합체다. 다만 특정 작업에는 뛰어나지만 새로운 상황에 적응하는 능력은 부족하다. AGI는 인간처럼 생각하고, 배우고, 문제를 해결할 수 있는 기계를 만드는

것을 목표로 한다. 예를 들어 하루는 교향곡을 작곡하고, 다음날은 복잡한 공학 문제를 풀면서 두 작업의 본질을 모두 이해하는 AI가 있다고 상상해보자.

11.3.2 큰 도전

AGI를 구현하기는 어렵다. 인간의 지능이 정확하게 어떻게 작동하는지 아직 완전히 이해하지 못했기 때문이다. AI 모델과 달리 인간은 단순히 정보를 처리하는 것에 그치지 않고 이유를 따지고, 적응하고, 지식을 유연하게 전이한다. 어린이가 학습하는 과정을 생각해보자. 어린이는 새로운 기술을 빠르게 배우고, 인과관계를 파악하고, 하나의 상황에서 배운 것을 전혀 다른 상황에 적용할 수 있다. 기계가 이러한 능력을 갖추려면 다음과 같은 주요 과제를 해결해야 한다.

11.3.3 학습 방법 배우기

AGI를 구축하려면 AI 시스템이 단순한 암기 단계를 넘어 여러 작업에 걸쳐 지식을 일반화해야 한다. 여기에는 다음이 포함된다.

- **추상적 개념 이해**: 더 깊은 의미, 유추, 고차원적 사고를 인식하는 능력
- **새로운 상황에 지식 적용**: 기존에 학습한 원칙을 재훈련 없이 새로운 작업에 적용하는 능력
- **상식적 추론 개발**: 일상 경험을 바탕으로 직관적 판단을 내리는 능력
- **이전 경험의 축적과 확장**: 새로운 작업을 할 때마다 처음부터 다시 학습하는 것이 아니라, 학습한 지식을 지속적으로 유지하고 발전시키는 능력

11.3.4 현실 세계 이해

인간의 지능은 **지각**perception, **콘텍스트**context, **적응력**adaptability과 깊게 연결되어 있으며, 이러한 특성은 AI가 모방하기 매우 어렵다. AGI 개발에서 해결해야 할 주요 과제는 다음과 같다.

- **인간처럼 정보 처리하기**: 여러 감각 입력을 통합하고 구조화된 데이터 이상의 추론을 수행하기
- **현실 세계의 복잡한 데이터를 이해하기**: 불완전하고 모순되거나 모호한 정보 다루기
- **콘텍스트와 뉘앙스 이해하기**: 문화적, 감정적, 상황적 단서를 바탕으로 의미 해석하기
- **예상치 못한 상황에 대처하기**: 미리 프로그램되지 않은 새로운 문제에 유연하게 대응하기

이러한 어려운 문제를 해결하려면 인과적 추론, 자기지도 학습, 구체화된 AIembodied AI 분야에서의 획기적인 발전이 필요하다. 즉 단순한 패턴 인식에서 벗어나 진정으로 적응하고 스스로 개선하는

시스템을 개발해야 한다. 현재의 AI 모델들은 좁은 범위의 작업에서는 탁월하지만, 진정한 AGI는 여전히 먼 미래의 목표로 남아 있다. 기계가 학습하고 추론하며 세상과 상호작용하는 방식을 근본적으로 바꿔야 가능한 일이다.

AGI와 에이전틱 시스템을 결합하면 정말로 혁신적인 무언가를 만들어낼 수 있다. 이 시스템들은 깊이 사고하면서도 세상에서 독립적으로 행동할 수 있는 능력을 갖추게 된다. 단순히 기술적 측면만이 아니라, 의사결정의 사회적/윤리적 의미까지 이해하며 복잡한 문제를 스스로 판단할 수 있다. 이들은 인간이나 다른 시스템과의 상호작용을 통해 끊임없이 학습하는데 이는 시간이 갈수록 더욱 강력해진다. 무엇보다 이 시스템들은 인간의 목표와 가치를 이해하고, 자신의 고유한 역량을 발휘해 문제 해결에 도움을 주는 진정한 파트너로서 함께 일하게 된다.

AGI와 에이전틱 시스템의 결합은 우리가 주요 문제에 접근하는 방식 자체를 근본적으로 바꿀 수 있다. 예를 들어 연구 현장에서 인간이 가진 연구 목표와 뉘앙스를 깊이 이해하는 AI 파트너와 함께 일한다면, 인간이 놓치기 쉬운 새로운 통찰이나 연결점을 발견해낼 수 있을 것이다. 의료 분야에서는 드물게 나타나는 질환까지도 개별 환자의 상황을 고려하여 진단하며, 방대한 지식 베이스를 토대로 증상들을 연결해낼 수 있다. 환경 문제에서는 경제적 영향부터 생태계 효과까지 복잡한 글로벌 요인을 균형 있게 고려해 종합적인 해결책을 마련할 수 있을 것이다. 교육 분야에서는 각 학생의 필요와 학습 스타일, 관심사까지 반영해 최적의 콘텐츠를 제공하는 맞춤형 학습 경험을 만들어낼 수 있다.

AGI와 에이전틱 시스템의 결합을 위한 여정은 안전성, 통제, 윤리와 같은 중대한 질문을 동반한다. 우리는 이러한 강력한 시스템들이 인간의 가치에 부합하며 적절한 한도 내에서 작동하게 해야 한다. 더 이상 이것은 공상과학 소설이 아니다. 진지한 연구자들과 기관들이 이러한 목표를 향해 실제로 진전을 이루고 있다. 이 시스템들의 엄청난 잠재력과 현실적인 한계를 모두 이해하며 책임감 있게 개발해나가는 것이 바로 이 원대한 비전을 향한 핵심 열쇠다.

다음 절에서는 이러한 도전과 기회에 대해 다루면서, 이러한 혁신적인 시스템을 책임감 있게 개발하고 인류에게 최대의 혜택을 가져올 수 있는 방법을 모색해보겠다.

11.4 도전과 기회

AI 에이전트와 생성형 시스템의 미래를 바라보며, 흥미로운 가능성과 동시에 반드시 해결해야 할 중요한 과제들을 마주하고 있다. 이러한 큰 과제 중 하나는 방대한 양의 복잡한 데이터를 효율적으로 처리할 수 있는 학습 시스템을 만드는 것이다. 데이터가 기하급수적으로 증가함에 따라 현재의 학습 방식은 한계에 직면하고 있다. 이를 해결하기 위해 연구자들은 메타 학습, 전이 학습, 퓨-샷 학습과 같은 새로운 접근 방식을 개발하고 있다.

메타 학습은 AI 시스템에게 학습하는 방법을 학습하게 만드는 흥미로운 분야다. 특정 작업만 학습하는 것이 아니라, 학습 과정 자체를 스스로 학습함으로써 훨씬 적은 데이터를 사용해 새로운 기술을 빠르게 습득할 수 있게 된다. 예를 들어 **모델에 구애받지 않는 메타 학습**model-agnostic meta-learning, MAML은 이미지 인식부터 언어 처리까지 다양한 작업에서 작동할 수 있는 대표적인 메타 학습 시스템이다.

전이 학습은 AI가 한 분야에서 배운 지식을 다른 문제 해결에 적용할 수 있게 돕는다. 예를 들어 피아노를 배운 사람이 기타를 배우는 데 유리한 것처럼, AI 또한 대규모 이미지 데이터셋을 사용해 학습한 모델이 의료 영상 분석과 같은 특정 작업에 쉽게 적응할 수 있다.

퓨-샷 학습은 또 다른 핵심 과제를 해결한다. 방대한 라벨링 데이터를 필요로 하는 기존 학습 방식과 달리, 퓨-샷 학습은 단 몇 개의 예시로 모델을 학습시키는 것을 목표로 한다. 이는 희귀 질환 진단이나 고도로 전문화된 산업 분야 등에서 방대한 라벨링 데이터 수집이 어려운 경우에 매우 유용하다. 인간처럼 최소한의 예시로부터 학습하는 방식을 모방함으로써, AI의 새로운 가능성을 열어준다.

이러한 진보된 학습 패러다임은 도전과 기회를 동시에 제공한다. 혁신적인 아키텍처, 계산 효율성, 일반화와 편향 문제에 대한 세심한 고려가 필요하지만, 보다 적응력 있고 자원 효율적이며 영향력 있는 AI 시스템을 가능하게 한다는 점에서 생성형 AI와 자율 에이전트의 미래를 여는 핵심 열쇠가 된다.

또 다른 중요한 과제는 AI 시스템이 의사결정을 어떻게 내렸는지를 명확하게 설명할 수 있게 만드는 것이다. AI 시스템이 복잡해질수록 결론에 이르는 과정을 이해하기 어려워진다. 이러한 불투명성은 특히 의료나 금융처럼 중요한 분야에서 AI에 대한 신뢰를 저해할 수 있다. 이를 해결하기 위해 입력의 어떤 부분에 주목했는지 보여주는 주의 지도 같은 기법을 개발하여 AI의 결정 과정을 시각화하고 이해할 수 있게 돕고 있다.

현실 세계에서 AI 시스템의 신뢰성과 안전성을 보장하는 것도 매우 중요하다. 예상치 못한 상황이나 악의적 공격에도 잘 작동하도록 설계해야 한다. 이를 위한 보호장치를 마련하고 지속적으로 성능을 모니터링하는 시스템이 필요하다.

그러나 그만큼 큰 기회도 앞에 있다. 그중 하나는 사람과 좀 더 자연스럽게 상호작용하는 AI를 만드는 것이다. 이미 Siri나 Alexa와 같은 가상 비서가 기술과의 상호작용 방식을 바꿨듯이, 앞으로의 시스템은 단어뿐만 아니라 몸짓, 표정, 대화의 맥락까지 이해할 수 있을 것이다.

또한 개인의 학습 스타일에 딱 맞춘 AI 튜터도 등장할 수 있다. 예를 들어 어려운 개념을 사용자의 관심사에 맞춰 설명해주는 AI 학습 어시스턴트를 상상해보자. 사용자가 이해하기 쉬운 방식으로 학습을 도와줄 수 있다.

앞으로 나아가기 위한 핵심은 혁신을 추구하면서도 기술을 책임감 있게 균형적으로 개발하는 방법을 찾아내는 데 있다. 기술적 과제를 해결하는 동시에, 이러한 기술이 사회에 이로움을 주게 만들어야 한다. 확장 가능하고, 이해 가능하며, 신뢰할 수 있고, 사람 친화적인 AI 시스템을 만드는 데 집중한다면, AI가 우리의 삶을 의미 있는 방식으로 향상시키는 잠재력을 열어줄 수 있을 것이다.

요약

자율적으로 사고하고 행동할 수 있는 AI 기반 시스템의 세계를 탐험하면서 우리는 기술의 흥미로운 전환점에 도달했다. 이 책에서는 단순한 소프트웨어나 알고리즘의 진화가 아니라, 문제 해결 방식과 기술과의 상호작용 방식을 근본적으로 바꿀 수 있는 지능형 시스템의 창조에 관해 다루었다.

우리는 이 시스템들을 구성하는 요소인 학습 방법, 의사결정 방식, 팀으로 협력하는 방식까지 살펴봤다. 또한 이 시스템들이 스스로의 행동을 되돌아보며 개선하고, 도구를 사용해 문제를 해결하고, 복잡한 작업의 다양한 부분을 처리하는 여러 에이전트와 함께 협력하는 방식도 배웠다. 그리고 이 강력한 도구들이 해를 끼치지 않고 도움이 되도록 하는 신뢰와 안전의 중요성에 대해서도 다뤘다.

미래는 도전적이면서도 흥미롭다. 물론 방대한 데이터 처리, 의사결정의 명확한 설명, 보안 강화와 같은 어려운 문제들을 해결해야 한다. 하지만 동시에, AI가 인간을 진정으로 이해하는 개인 어시스턴트, 학습자에게 딱 맞는 교육 도구, 기후 변화와 질병 같은 글로벌 문제를 해결하게 돕는 시스템을 상상해보자. 그 가능성은 놀라울 정도다.

사람처럼 사고하고 학습하는 AGI에 관한 아이디어는 아직 멀리 있는 꿈처럼 보일 수 있다. 그러나 지금 우리가 만들고 있는 시스템, 즉 경험을 통해 학습하고, 함께 협력하고, 세상을 이해하는 자율 시스템 구축 작업이 바로 그 미래를 위한 토대를 닦고 있다. AI 에이전트가 경험을 통해 배우고, 협력하고, 세상을 이해하는 방식을 발전시킬 때마다 그 목표는 한 걸음씩 가까워지고 있다.

하지만 무엇보다 중요한 것은 이러한 시스템을 만드는 것이 단순한 기술적 과제가 아니라 인간적 과제라는 점이다. 우리는 이러한 시스템이 우리가 가진 가치에 부합하고, 공익에 기여하도록 신중하게 만들어야 한다. AI의 미래는 인간 지능을 대체하는 것이 아니라, 인간의 역량을 보완하고 문제를 새로운 방식으로 해결할 수 있게 돕는 도구를 만드는 데 있다.

이 책의 마지막 페이지를 덮으면서 여러분도 이제 이 여정의 일부가 되었다. 개발자이든, 연구자이든, 아니면 기술의 미래에 관심이 있는 사람이든 여러분은 이러한 시스템이 어떻게 발전하고, 어떻게 사회에 도움이 될 수 있는지에 관한 통찰을 갖게 되었다. AI와 자율 시스템의 분야는 빠르게 변화하고 있지만 우리가 책에 다룬 원칙들인 시스템의 학습 방식, 책임감 있는 설계, 인간과의 협력의 중요성은 기술의 발전과 함께 계속될 것이다. 미래는 이 시스템들이 무엇을 할 수 있는가가 아니라, 우리가 그것들을 어떻게 사용할 것인가에 달려 있다.

앞으로의 가능성은 무궁무진하다. 우리는 단순히 더 똑똑한 소프트웨어를 만드는 것이 아니라, 인류가 당면한 가장 큰 문제들을 인공지능이 해결하게 돕고, 우리가 상상조차 하지 못했던 새로운 기회를 열어줄 미래를 향해 나아가고 있다. 그것이 바로 AI 에이전트의 진정한 약속이다. 단순히 더 똑똑한 기계가 아닌, 인간이 가진 문제를 보다 잘 해결하는 설루션이다.

■ **진솔한 서평을 올려주세요!**

이 책 또는 이미 읽은 제이펍의 책이 있다면, 장단점을 잘 보여주는 솔직한 서평을 올려주세요.
매월 최대 5건의 우수 서평을 선별하여 원하는 제이펍 도서를 1권씩 드립니다!

■ **서평 이벤트 참여 방법**
- ❶ 제이펍 책을 읽고 자신의 블로그나 SNS, 각 인터넷 서점 리뷰란에 서평을 올린다.
- ❷ 서평이 작성된 URL과 함께 review@jpub.kr로 메일을 보내 응모한다.

■ **서평 당선자 발표**
매월 첫째 주 제이펍 홈페이지(www.jpub.kr)에 공지하고, 해당 당선자에게는 메일로 연락을 드립니다.
단, 서평단에 선정되어 작성한 서평은 응모 대상에서 제외합니다.

독자 여러분의 응원과 채찍질을 받아 더 나은 책을 만들 수 있도록 도와주시기를 바랍니다.

찾아보기

A

A* 계획	121, 122
agent communication language (ACL)	158
AI 에이전트	256
Amazon Web Services (AWS)	70
artificial general intelligence (AGI)	254
AutoGen	136, 139

C

Content Authenticity Initiative (CAI)	219
CrewAI	134, 135, 139
CWD 모델	142, 143
CWD 접근 방식	161

D, E, F

Drift	103
explainable AI (XAI)	198
Fast Forward (FF)	121, 122

G

Google Cloud Platform (GCP)	70
gpt-4o-mini 모델	86
GraphPlan	121, 122

L

LangGraph	138, 139
LLM 기반 계획	121, 124
LLM 기반 AI 에이전트	12
LLM 모델 유형	10, 11
LLMFastForward 클래스	123

M, R, S, V, W

Microsoft Azure	70
RPA	18
STRIPS	121
Visual Studio Code (VS Code)	17
weather_lookup 도구	113

ㄱ

가설 추론	59
가장 높은 실용성을 가진 계획 알고리즘	124
강화 학습	62, 94, 253
개인 식별 정보(PII)	217
개체명 인식(NER)	10
건강보험이식성과 책임법(HIPAA)	225
경험적 학습	253
계층적 계획	65, 68
계층적 작업 네트워크(HTN)	121, 127, 142
계획 기반형 계층	38
계획 기반형 아키텍처	35
계획 알고리즘	65
고급 언어 이해	253
관리자 에이전트	149
교통 작업자	154
귀납 추론	58
그래프 기반 계획	65, 66

그래픽 처리 장치(GPU)	21	반성적 지능형 에이전트	102
기호 기반 아키텍처	35	반응형 계층	38
		반응형 아키텍처	36

ㄴ

낮은 실용성을 가진 계획 알고리즘	121	변분 오토인코더(VAE)	3, 5
논리 기반 표현	55	병렬 처리	187
		분석 및 지능형 작업자 에이전트	154
		분석가 에이전트	150
		불확실성과 편향 처리	202, 208
		비지도 학습	61

ㄷ

다자간 보안 컴퓨팅(SMPC)	226
다중 속성 간 트레이드오프	65
다중 슬롯 머신(MAB)	94
다중 에이전트 시스템(MAS)	40
단기 메모리	180
대형 언어 모델(LLM)	10, 213
대화형 에이전트	236
데이터베이스 도구	116
도구 사용	110, 111, 120
도구 사용과 계획의 통합	131
도구 유형	116
도구 호출	112
독스트링	114
디지털 트윈 플랫폼	241

ㅅ

상태 공간 그래프	66
상태 공간 및 환경 모델링	173
상태 공간 표현	173
상태 관리	164
상호작용 패턴	164
생각의 사슬(CoT)	15
생성기	7
생성적 적대 신경망(GAN)	3, 7, 251
생성형 AI	3, 19, 69, 213, 220
생성형 AI 모델	4, 5
생성형 AI 시스템	161
생성형 AI의 응용	16
설명 가능한 AI(XAI)	198, 221
소형 언어 모델(SLM)	21
순차 처리	186
시스템 엔지니어링	26
시스템 프롬프트	161
신뢰	195
신뢰를 구축하기 위한 기술	197

ㄹ

로보틱스	26
로보틱스와 자율 시스템	239

ㅇ

안전하고 책임 있는 AI 보장	220
알고리즘 수준	198
애플리케이션 프로그래밍 인터페이스(API)	116
액티비티 계획 작업자	153
양방향 커뮤니케이션 흐름	145
에이전트	145, 148
에이전트 간 커뮤니케이션 및 협업	158
에이전트 능력	69

ㅁ

멀티모달 인텔리전스	252
메모리 아키텍처	180
메시지 전달 프로토콜	164
메타 추론	77, 84
명제 논리	55
모델에 구애받지 않는 메타 학습(MAML)	257
몬테카를로 트리 탐색(MCTS)	65, 67, 121, 122

ㅂ

반성 기능	84
반성 기능 구현 기법	84, 95, 99
반성자 에이전트	150

에이전트 역할	148
에이전트를 위한 계획 알고리즘	121
에이전트를 위한 도구	114
에이전트의 반성	77, 78
에이전트의 행동	161
에이전틱 시스템	25
에이전틱 시스템 아키텍처	34
에지 비용	66
여행 경험 작업자	155
여행 계획 에이전트	151
여행 기회 작업자	155
여행 데이터 분석 작업자	154
역할 기반 접근 제어(RBAC)	221, 226
연역 추론	57
워크플로 최적화	188
위임자 에이전트	156
유지 보수 관리 시스템	241
유틸리티 함수	63, 116
윤리적 AI 개발	225
의미망	51
의사결정 지원 에이전트	243
인간-피드백 강화 학습(RLHF)	221
인공지능(AI)	3, 196
일반 개인정보보호법(GDPR)	225
일시 논리	55
일차 논리	52
일화적 메모리	183
입력 구조화	162

ㅈ

자극-반응 아키텍처	36
자기 관리	27
자기 모델링	99
자기 설명	95
자기 성찰	77
자기회귀 모델	8
자동 유도 차량(AGV)	241
자연어 이해(NLU)	10
자연어 처리	8, 236
자율성	28, 30

작업 해석자 에이전트	150
장기 메모리	181
장비 제어용 프로그램 가능 논리 제어기(PLC)	241
적응형 에이전트	61
적응형 에이전트를 위한 학습 메커니즘	61
전사적 자원 관리(ERP)	241
전이 학습	62
전통적인 추론	84
제약 만족 문제(CSP)	65, 68
제조 실행 시스템(MES)	241
조정자-작업자-위임자(CWD)	142
주체성	28, 30
중간 실용성을 가진 계획 알고리즘	122
지능형 에이전트	33, 51, 56, 61, 83
지능형 에이전트에서의 지식 표현	51
지능형 에이전트와 그 특성	33
지능형 에이전트의 추론	56
지도 학습	61
지불 카드 산업 데이터 보안 표준(PCI DSS)	227
지시 형식 지정	162
지식 기반 아키텍처	35
지적 재산권(IP)	219
집중 지침	168

ㅊ

최신 동향과 연구 방향	252
출력 템플릿	163

ㅋ

캘리포니아 소비자 개인정보보호법(CCPA)	225
커뮤니케이션 프로토콜	163
콘텍스트 관리	180, 184
콘텍스트 인식	172
크리에이티브 및 예술 분야의 응용	232
크리에이티브 및 예술 에이전트	232

ㅌ

탐색자 에이전트	150
통합 개발 환경(IDE)	17
통합 도구	117

통합 및 상호작용 패턴	177	**ㅎ**	
투명성	96	하드웨어 인터페이스 도구	117
투명성과 설명 가능성	197, 207	하이브리드 아키텍처	38
트랜스포머 아키텍처	8, 9	함수 호출	112
		항공권 예약 어시스턴트	12
ㅍ		핵심 성과 지표(KPI)	104
판별기	7	핵심 여행 작업자 에이전트	152
표현 수준	198	행동 기반 아키텍처	36
품질 관리 시스템(QMS)	241	현대 언어 에이전트	236
프라이버시 보호형 머신러닝(PPML)	226	환각	216
프레임	53	환경 모델링	175
피드백 루프	164	휴리스틱 탐색	65, 67
		휴먼인더루프(HITL)	224